Estudos de Direito do Trabalho

Estudos de Direito do Trabalho

Teresa Coelho Moreira

Doutora em Direito

Professora da Escola de Direito da Universidade do Minho

2016 - Reimpressão

ESTUDOS DE DIREITO DO TRABALHO
AUTOR
Teresa Coelho Moreira
EDITOR
EDIÇÕES ALMEDINA, S.A.
Rua Fernandes Tomás nºs 76, 78, 80
3000-167 Coimbra
Tel.: 239 851 904 · Fax: 239 851 901
www.almedina.net · editora@almedina.net
DESIGN DE CAPA
FBA.
PRÉ-IMPRESSÃO
EDIÇÕES ALMEDINA, S.A.
IMPRESSÃO E ACABAMENTO
DPS - DIGITAL PRINTING SERVICES, LDA

Janeiro, 2016
DEPÓSITO LEGAL
335312/11

Apesar do cuidado e rigor colocados na elaboração da presente obra, devem os diplomas legais dela constantes ser sempre objecto de confirmação com as publicações oficiais.
Toda a reprodução desta obra, por fotocópia ou outro qualquer processo, sem prévia autorização escrita do Editor, é ilícita e passível de procedimento judicial contra o infractor.

BIBLIOTECA NACIONAL DE PORTUGAL – CATALOGAÇÃO NA PUBLICAÇÃO
MOREIRA, Teresa Coelho
Estudos de direito do
trabalho. - (Monografias)
ISBN 978-972-40-4630-3
CDU 349

Ao João
Às nossas filhas Joana e Maria Beatriz

NOTA PRÉVIA

Este livro reúne um conjunto de artigos dispersos e vários comentários a jurisprudência escritos entre 2010 e 2011 sobre direitos de personalidade no CT, a privacidade dos trabalhadores e as NTIC, assim como a discriminação com base na orientação sexual dos trabalhadores. De par com artigos e comentários já publicados em revistas ou em livros, outros são inéditos. É o caso do artigo "Diálogo social y empleo: nuevos yacimientos, estabilidad y calidad desde el Derecho portugués", que serviu de base à nossa comunicação no *Encuentro Internacional sobre Derecho del Empleo y Diálogo Social*, em 28 de Outubro de 2010, na Universidade de Santiago de Compostela, assim como de dois comentários: "Discriminação com base na orientação sexual dos trabalhadores: anotação ao acórdão do TJUE, *Jürgen Römer vs. City of Hamburg*, de 5 de Maio de 2011, processo C-147/08", que anotámos para uma sessão no Seminário de Direito Europeu do Trabalho, do Mestrado em Direito da União Europeia da Escola de Direito da Universidade do Minho, e "Os ilícitos disciplinares dos trabalhadores detectados através de sistemas de videovigilância e a sua admissibilidade como prova – comentário aos acórdãos da Relação de Évora, de 9 de Novembro de 2010, e da Relação do Porto, de 9 de Maio de 2011", que escrevemos para a sessão ocorrida no Porto, a 3 de Junho de 2011, no âmbito da formação contínua do CEJ 2010/2011, intitulada *Alterações ao Código do Trabalho e de Processo do Trabalho*.

Esperamos que este trabalho possa servir para fomentar a discussão jurídica sobre estes temas assim como auxiliar os estudantes nesta importante área científica.

Vila Nova de Gaia, 16 de Agosto de 2011

TERESA COELHO MOREIRA

Artigos

As novas tecnologias de informação e comunicação e o poder de controlo electrónico do empregador[*]

1. Introdução

As NTIC associadas à informática fizeram com que o tema do direito à privacidade e à dignidade dos trabalhadores adquirisse enorme importância no Direito do trabalho, de tal forma que há quem refira, a esse nível, uma verdadeira revolução industrial, agora de tipo informático, na medida em que se opera uma ruptura com o sistema anteriormente vigente com a emergência e o surgimento de uma longa série de transformações económicas e sociais que nunca mais param.

Nos últimos anos, o impacto das NTIC na sociedade tem sido notável e incidiu, com uma velocidade vertiginosa, e com efeitos sinergéticos incalculáveis, não só no modo de viver, de pensar e de agir de todas as pessoas[1][2], como também no mundo do trabalho, transformando em profundidade a estrutura empresarial, revolucionando todo o processo de produção, a programação e a organização da actividade do trabalho, assim

---

[*] Publicado in *Scientia Iuridica*, nº 323, 2010.
[1] SUSANA RODRÍGUEZ ESCANCIANO, "Requisitos para el tratamiento de datos personales de ciudadanos de la Unión Europea no nacionales", in *RDS*, nº 46/2009, p. 121, menciona que o aumento da utilização da informática nos vários sectores da vida tem vindo a colocar novos problemas e desafios a todos os operadores do direito.
[2] Ver as várias questões colocadas por JEAN-EMMANUEL RAY, "Actualité des TIC", in *DS*, nº 3/2010, pp. 267 e ss., sobre as repercussões destas mudanças na vida das pessoas, começando pela noção de vida privada.

como a própria profissionalidade e as condições de vida materiais e morais dos trabalhadores e, consequentemente, a própria configuração da relação de trabalho. E a centralidade da informação e da comunicação constitui uma das características fundamentais da sociedade actual, sendo nesta sociedade informacional que a empresa dos nossos dias necessariamente se coloca e movimenta.

Simultaneamente, moldam-se e modelam-se novas sociedades que colocam múltiplas e diferenciadas questões ao Direito do trabalho, principalmente porque o homem passa a ser instrumentalizado, considerado como uma verdadeira fonte de informação pessoal, com a secundarização dos valores humanos e com a prevalência do dito pensamento único, economicista.

De facto, com as NTIC surgem vários instrumentos informáticos capazes de ameaçar a privacidade das pessoas, em geral, e dos trabalhadores, em especial. Esta situação levanta um verdadeiro e quase insolúvel desafio à privacidade já que através destas inovações tecnológicas é possível efectuar, quase de forma ilimitada, a recolha e o tratamento de informações pessoais, associadas a uma enorme rapidez de acesso através dos computadores, a que acresce a circulação informacional em moldes quase inimagináveis.

É, assim, possível tratar, armazenar, regular e controlar grande número de informação sobre as pessoas, o que provoca um enorme controlo sobre elas e sobre a sua privacidade.

No entanto, também não pode deixar de atender-se a que a tecnologia é em si mesma neutra, o mesmo não se podendo dizer do homem que a utiliza, cujo *leitmotiv* é o controlo das pessoas. Na verdade, conforme a história tem vindo a demonstrar ao longo do tempo, tão curto e tão longo, as inovações tecnológicas só dependem da utilização que lhes é dada pelo homem.

E a questão que, desde logo, se coloca é a de saber se o tratamento de dados pessoais associado à enorme facilidade da sua recolha, tratamento e circulação através das inovações tecnológicas se poderá circunscrever aos parâmetros tradicionais ou se será necessária uma regulamentação nova, num mundo *novo*[3] que atenda às características extremamente

---

[3] ALDOUS HUXLEY, O *Admirável Mundo Novo*, Colecção Mil Folhas, Lisboa, 2003.

intrusivas das NTIC, não deixando de ter em consideração que a informação, mesmo a mais pessoal, circula de forma muito rápida, em muito maior quantidade e através de muitos mais sujeitos do que em qualquer outra época, aumentando o perigo da sua descontextualização[4].

Torna-se necessário, se bem vemos, aferir da forma como o tratamento de dados pessoais deve ser feito, já que os que estão computorizados e telematicamente disponíveis podem ser recolhidos de modo muito mais simples e com um custo substancialmente menor para o empregador.

A sociedade actual, entendida como sociedade da informação, identifica-se cada vez mais com uma sociedade da identificação, onde o espaço da privacidade é cada vez mais acanhado.

É fácil constatar que, com o aumento da possibilidade de controlo e da vigilância neste tipo de sociedade, o tema da privacidade das pessoas, em geral, e dos trabalhadores, em especial, adquire importância extraordinária e excepcional.

Desta forma, torna-se necessário, diria mesmo imperioso, aferir qual a extensão da protecção da privacidade e tentar saber se a tecnologia comporta e impõe os seus próprios limites.

2. O poder de controlo electrónico do empregador

2.1. A faculdade de vigilância e controlo é necessária para a organização laboral da empresa, representando um instrumento fundamental para a valoração das formas de execução do contrato de trabalho[5]. O empregador tem, desta forma, o poder de, na fase de execução do contrato de trabalho, controlar e vigiar a prestação de trabalho realizada pelo tra-

---

[4] Como refere SABRINA BELLUMAT, *"Privacy* e «controlli tecnologici» del lavoratore: tra "contrasti" della giurisprudenza e "certezze" dell'Autorità Garante", *in ADL*, nºs 4-5/2009, p. 1217, esta matéria move-se num terreno de "luzes e de sombras".

[5] Neste sentido MARTÍNEZ FONS, *El poder de control del empresario en la relación laboral*, CES, Madrid, 2002, p. 27. Veja-se, ainda, GIUSEPPE PERA, *Diritto del Lavoro*, Giuffrè Editore, 1990, p. 189, mencionando que o empregador tem o direito de vigiar a execução da prestação e, em geral, o comportamento do trabalhador, Adverte, porém, que este poder tem no *Statuto dei Lavoratori* muitos limites com o fim de garantir a liberdade e a dignidade do trabalhador. Também JÚLIO GOMES, *Direito do Trabalho, Volume I, Relações Individuais de Trabalho*, Coimbra Editora, Coimbra, 2007, p. 320, entende que o empregador "goza da faculdade de controlar a correcta execução da prestação de trabalho".

balhador. A doutrina é unânime em entender que este poder de controlo é inerente ao próprio contrato de trabalho já que não teria lógica que o empregador pudesse ditar ordens e instruções ao abrigo do seu poder directivo e, depois, não pudesse verificar se elas estariam a ser bem cumpridas[6]. Não se pode, desta forma, duvidar da faculdade do empregador controlar o cumprimento por parte dos trabalhadores das suas obrigações, já que o seu fundamento tem alicerces constitucionais na liberdade de empresa e, também, na própria definição de contrato de trabalho do art. 11º do CT.

Este poder de controlo vem definido em directa relação com o dever de subordinação do trabalhador, sendo o acento tónico colocado não nas características do contrato de trabalho mas na modalidade de desenvolvimento da prestação de trabalho. O trabalhador, submetido à dependência de outrem, insere-se numa organização produtiva alheia onde o seu titular tem a possibilidade de ditar ordens, instruções e directrizes, e de verificar o seu correcto cumprimento[7]. Por outro lado, o fundamento contratual deste poder de controlo torna-se o elemento de "racionalização essencial" no seu conteúdo e objectivos já que a funcionalização desta faculdade ao estrito âmbito do contrato de trabalho conduz a uma noção rigorosa de subordinação[8]. Assim, a questão do poder de controlo, legitimada constitucional, legal e contratualmente, coloca-se não tanto em relação à sua existência, mas, em relação aos seus limites, já que o controlo sobre a prestação de trabalho constitui um elemento natural e indispensável próprio de qualquer relação sinalagmática.

---

[6] No seguimento de MONTOYA MELGAR, "Nuevas dimensiones jurídicas de la organización del trabajo en la empresa", *in RMTAS*, nº 23, 2000, p. 38, e em "Libertad de empresa y poder de dirección del empresário", *in Libertad de empresa y relaciones laborales en España*, (coord. PÉREZ DE LOS COBOS ORIHUEL), Instituto de Estudios Económicos, Madrid, 2005, p. 172, a empresa constitui um sistema de supervisão e o empregador está legitimamente autorizado para realizar a "valoração da eficiência" dos seus trabalhadores. Para tal, pode determinar quais os pertinentes meios de controlo que entende necessários.

[7] Como notam MONTOYA MELGAR, JESÚS GALIANO MORENO, SEMPERE NAVARRO e RÍOS SALMERON, *Comentarios al Estatuto de los Trabajadores*, 5ª edição, Thomson Aranzadi, Navarra, 2003, p. 141, enquanto nas obrigações de resultado a correcção da prestação aprecia-se mediante o exame do trabalho realizado, nas obrigações de actividade, como é o caso da prestação de trabalho, impõe-se o controlo da própria actividade para se verificar se se ajusta com os critérios devidos de aptidão e diligência.

[8] Veja-se MARTÍNEZ FONS, *El poder de control...*, cit., p. 29.

O poder de controlo e vigilância do empregador configura-se, assim, tradicionalmente, como uma manifestação do poder directivo, pois por lógica, a atribuição de poderes para a organização produtiva da empresa deve ser acompanhada das faculdades tendentes à comprovação do grau de diligência empregue pelo trabalhador na execução do seu contrato de trabalho[9] [10]. Assim, esta visão do poder de controlo tem em atenção o vazio em que se insere o poder directivo sem a faculdade de controlar a actividade laboral, tentando evidenciar o nexo entre a faculdade de ordenação e disposição do empregador e o poder disciplinar[11].

[9] Neste sentido GOÑI SEIN, *El respeto a la a la esfera privada del trabajador – un estudio sobre los límites del poder de control empresarial*, Civitas, Madrid, 1988, p. 109. Também MONTOYA MELGAR, "Artículo 20 – Dirección y control de la actividad laboral", in *Comentarios a las leys laborales. El Estatuto de los Trabajadores, Tomo V artículos 19 a 25*, (coord. EFRÉN BORRAJO DA CRUZ), Editorial Revista de Derecho Privado, Madrid, 1985, p. 143, entende que este poder de controlo é um aspecto do poder directivo que se encontra na relação "da parte com o todo".

[10] Mas o contrato de trabalho não é o único negócio jurídico onde o ordenamento jurídico reconhece um poder de controlo sobre o cumprimento da obrigação contratada, tal como notam BELLAVISTA, *Il controllo sui lavoratori*, Giappichelli Editore, Turim, 1995, p. 1, e MARTÍNEZ FONS, *El poder de control...*, cit., p. 23, *Nuevas tecnologias y poder de control empresarial*, in www.ceveal.com, (*site* entretanto indisponível), p. 1, e "El poder de control empresarial ejercido a través de médios audiovisuales en la relación de trabajo – A propósito de las SSTC 98/2000, de 10 de Abril y 186/2000, de 10 de julio", in *RL*, nº 4, 2002, p. 11. É o próprio ordenamento jurídico que reconhece, em via de princípio, o poder do credor de uma prestação continuada ou periódica de controlar a actividade desenvolvida pelo devedor. Um poder atribuído ao credor com certas condições e com algumas consequências. Neste sentido GIORGIO GHEZZI e FRANCESCO LISO, "Computer e controllo dei lavoratori", in *GDLRI*, nº 30, 1986, p. 358, e FÁBIO MAZZIOTTI, *Diritto del Lavoro*, 4ª edição, 2ª reimpressão, Liguori Editore, Nápoles, 1995, p. 383. Contudo, também não pode deixar de ter-se em atenção que esta actividade de controlo é muito mais intensa na relação de trabalho já que o devedor da prestação não tem – ou tem muito reduzida – autonomia organizativa, sendo a contraparte que dirige, orienta e programa a actividade exercida pelo trabalhador. Este tem de sujeitar-se às disposições do empregador para atingir a finalidade por este definida. Veja-se neste sentido SMURAGLIA, *La persona del prestatore nel rapporto di lavoro*, Giuffrè Editore, Milão, 1967, p. 271.

[11] Neste sentido pode ver-se Mª DO ROSÁRIO PALMA RAMALHO, *Direito do Trabalho, Parte II – Situações Laborais Individuais*, Almedina, Coimbra, 2006, pp. 588-589, defendendo que este poder de controlo não deve ser visto como um poder autónomo, mas, simultaneamente, entende que também não é suficiente a sua recondução ao poder directivo, porque este poder também pode ser exercido pela entidade com competência disciplinar. Assim, preconiza que este poder deve ser tratado como componente do poder de vigilância e do poder disciplinar já que é "corolário natural do primeiro e um pressuposto essencial do segundo". Também nos parece ser este o entendimento de RUI ASSIS, *O poder de direcção do empregador – Configuração geral e problemas actuais*, Coimbra Editora, Coimbra, 2005, p. 104, já que entende que este poder

2.2. Este tipo de vigilância e de controlo impregnaram o *código genético* da forma de organização do trabalho desde a aplicação da teoria de TAYLOR na versão fordista. Neste tipo de organização um papel muito importante é realizado pelo controlo e pela vigilância feita pelo pessoal de gestão, de forma a obter a realização de determinados objectivos produtivos[12]. Mas, se originalmente se poderia entender a análise desta faculdade empresarial como uma mera faceta do poder directivo, actualmente, questões como o controlo do *e-mail* e da *Internet*, a utilização do computador como instrumento de controlo dos trabalhadores, e a vigilância através de meios audiovisuais, converteram esta matéria num fenómeno de dimensões complexas, que justificam, possivelmente, a consideração deste poder de controlo como uma faculdade autónoma ou própria[13]. Assim, actualmente, as transformações na organização da empresa e na estrutura produtiva e as mudanças na organização do trabalho, originadas pela introdução das novas tecnologias, estão a afectar o poder de controlo e a exigir novas formas de racionalização e de gestão dos recursos humanos, assim como a favorecer o aparecimento de novas formas de controlo e de vigilância. Se o controlo por parte do empregador não é novo nem proibido, a novidade provém do facto de surgirem novas tecnologias que têm maior efectividade de controlo e com uma capacidade de recolher

---

de controlo se inserirá no poder directivo quando estiver em causa a prestação laboral em si mesma considerada. Quando se tratar de aspectos laborais ou conexos, então o poder de controlo já se inserirá no poder disciplinar.

[12] Neste sentido BELLAVISTA, "Le prospettive della tutela dei dati personali nel rapporto di lavoro", *in RGLPS*, I, 2003, p. 55. Também DAVID LYON, *The Electronic Eye – The Rise of Surveillance Society*, Polity Press, Reino Unido, 1994, pp. 121-122, dá o exemplo da primeira industrialização como uma forma de controlo dos trabalhadores sem necessidade de recurso à força, pois a forma de controlo baseia-se nas novas formas de gestão industrializada, dando como exemplo MARX, como um autor que conseguiu demonstrar estas novas formas de controlo. Este autor defendeu que colocar os trabalhadores juntos era uma forma de os manter controlados e antecipou, também, como as novas tecnologias seriam o instrumento para manter esse controlo. No mesmo sentido pode ver-se MARK INHAT, *The eyes of capitalism: surveillance in the workplace – a Study of the Issue of Employee Privacy*, Universidade de Queen, Kingston, Ontario, 2000, *in* www.proquest.com, p. 38-39, que considera estas primeiras fábricas como o local onde se intensificou o controlo dos trabalhadores.

[13] A questão da autonomia deste poder tem na doutrina espanhola especial incidência dado o teor do art. 20º, nº 3, do *ET*, pois o legislador estabeleceu a divisão entre "Direcção e controlo da actividade laboral". Veja-se JESÚS MARTÍNEZ GIRON, ALBERTO ARUFE VARELA e XOSÉ CARRIL VÁZQUEZ, *op.* cit., p. 239, e MARTÍNEZ FONS, *El poder de control...*, cit., pp. 21 e ss.

dados que, por vezes, parecem não ter limites. Estas novas tecnologias, directamente conexas com os meios informáticos, poderão mesmo determinar uma mudança no poder de controlo do empregador na medida em que grande parte da direcção, controlo e vigilância será realizada à distância através do computador. Nesta medida, "trabalhar sobre informação implicará conhecer quem tratou, elaborou e fez circular a informação"[14]. Esta realidade exige que se redobrem os esforços no sentido de assegurar a posição do trabalhador perante o exercício do controlo por parte do empregador.

Os próprios poderes do empregador, e entre eles, o poder de controlo, não constituem conceitos isolados e estanques em relação às mutações ocorridas na sociedade a nível político, social, económico e tecnológico, mas sim, o contrário, integrando uma "instituição absolutamente receptiva"[15].

2.3. Com as inovações tecnológicas o problema do controlo dos trabalhadores conheceu uma nova realidade e uma nova actualidade[16] [17]. O controlo do empregador não é novo[18], nem proibido[19], pois não teria

---

[14] Cf. MARTÍNEZ FONS, última op. cit., p. 33. No mesmo sentido JEAN-EMMANUEL RAY, Le droit du travail à l'épreuve des NTIC, 2ª edição, Editions Liaisons, Rueil-Malmaison, 2001, pp. 83-84.

[15] Mª BELÉN CARDONA RUBERT, Informática y contrato de trabajo, (Aplicación de la Ley Orgánica 5/1992, de 29 de octubre, de Regulación del Tratamiento Automatizado de los datos de carácter Personal), Tirant monografías, Tirant lo Blanch, Valencia, 1999, p. 40.

[16] Tal como evidencia BERNARD BOSSU, "Nouvelles Technologies et surveillance du salarié", in RJS, nºs 8-9, 2001, p. 663.

[17] Como observa HANS-JOACHIM REINHARD, "Vías de aplicación", Tecnología Informática y Privacidad de los Trabajadores, (coord. MARK JEFFERY, JAVIER THIBAULT ARANDA e ÁNGEL JURADO), Thomson Aranzadi, Navarra, 2003, p. 349, o uso destas NTIC, salientou a tensão existente entre dois princípios distintos que aparentemente parecem contraditórios: por um lado o princípio da inviolabilidade da vida privada dos trabalhadores, assim como das suas comunicações pessoais e, por outro lado, o princípio do livre exercício por parte do empregador do seu direito à propriedade privada e do seu poder de controlo.

[18] LARRY O. NATT GANTT, II, "An affront to human dignity: electronic mail monitoring in the private sector workplace", in Harvard Journal of Law & Technology, vol. 8, nº 2, 1995, p. 345, observa que, desde sempre os empregadores controlaram os trabalhadores, assim como ANN BRADLEY, "An Employer's Perspective on Monitoring Telemarketing Calls: Invasion of Privacy or Legitimate Business Practice", in Labor Law Journal, nº 5, 1991, p. 260, escrevendo acerca da antiguidade do controlo exercido pelos empregadores, e RITA MANNING, "Liberal and Communitarian Defenses of Workplace Privacy", in Journal of Business Ethics, nº 16, 1997, p. 817, preconizando que os trabalhadores sempre estiveram sob "o olhar do supervisor". Mas, tam-

sentido o empregador poder dar ordens e instruções se não pudesse verificar como estariam a ser cumpridas. A questão que se coloca não é a legitimidade do controlo mas a dos seus limites, tendo em consideração que com estas tecnologias ressurgiu o clássico debate relativo ao equilíbrio entre o direito fundamental à privacidade dos trabalhadores e os legítimos direitos dos empregadores de dirigir os trabalhadores e controlar as suas tarefas[20]. O grande perigo advém das tecnologias que são utilizadas, já que com elas foram criadas formas mais sofisticadas e efectivas de controlar os trabalhadores[21]. Assim, se estas e a introdução de novos meios de comunicação electrónicos têm inúmeras vantagens para o funcionamento interno das empresas, é inquestionável que suscitam importantes questões jurídicas em diversas áreas, com especial incidência no campo laboral. É o caso das relativas à privacidade e à dignidade dos trabalhadores aquando da sua utilização[22], que não podem ser descuradas, bem como a capacidade de conservação de toda a sua movimentação[23].

bém não pode deixar de atender-se, tal como DAVID LYON, *op.* cit., pp. 24 e 36, que a ideia de controlo, tal como hoje é entendida, só recentemente é que surgiu.
[19] Como defende DÄUBLER, *Internet und Arbeitsrecht*, 3ª edição, Bund-Verlag, Frankfurt am Main, 2004, p. 122, ninguém duvida da legitimidade do empregador para controlar a actividade laboral do trabalhador. No mesmo sentido, chamando a atenção para este direito do trabalhador ANDREA RAFFLER e PETER HELLICHE, "Unter welchen Voraussetzungen ist die Überwachung von Arbeitnehmer-e-mails zulässig?", *in NZA*, nº 16, 1997, p. 862, assim como JEAN-EMMANUEL RAY, *Le droit du travail...*, cit., p. 83, entendendo que nada é mais legítimo que controlar e vigiar a actividade dos trabalhadores.
[20] Como refere BELLAVISTA, "I poteri dell' imprenditore e la *privacy* del lavoratore", *in DL*, vol. 76, nº 3, 2002, p. 149, a evolução tecnológica e as mudanças nas formas organizativas da empresa contribuíram para criar novos movimentos de tensão na relação entre o legítimo exercício do poder de controlo do empregador e os direitos do trabalhador subordinado.
[21] Ver LARRY O. NATT GANTT, II, *op.* cit., p. 345, e "Adressing the new hazards of the high technology workplace", *in Harvard L. Rev.*, vol. 104, 1991, p. 1898. Também FREDERICK S. LANE III, *op.* cit., pp. 3-4, entende que, embora existam várias razões legítimas para o empregador controlar os trabalhadores, com a tecnologia torna-se possível recolher informação acerca dos trabalhadores que vai muito mais além do necessário para satisfazer as necessidades lícitas de controlo, associado ao facto de as novas tecnologias serem cada vez mais baratas, rápidas e pequenas, o que facilita o seu uso.
[22] Neste sentido ADALBERTO PERULLI, *Il potere direttivo dell'imprenditore*, Giuffré Editore, Milão, 1992, p. 281, entende que as novas tecnologias criam a necessidade de proteger os trabalhadores principalmente na sua dignidade e *riservatezza*.
[23] Como refere JEAN-EMMANUEL RAY, última *op.* cit., p. 83, "controlar a actividade é correcto, mas toda a actividade?", sendo que as novas tecnologias aumentaram o nível de preocupação

Se o poder de controlo do empregador configura um aspecto essencial da subordinação dos trabalhadores e da própria relação de trabalho, reconduzível ao interesse próprio do credor de trabalho, a difusão dos sistemas informáticos inevitavelmente associados às novas tecnologias, aumentou e muito as potencialidades deste poder.

A introdução da informática nas empresas não é um instrumento neutro, mas, ao invés, é complexo e capaz de redimensionar o poder de controlo e vigilância do empregador, incidindo directamente sobre o "sistema nervoso da organização e de toda a sociedade"[24], sistema onde o trabalho representa uma parte fundamental. Através da inserção das NTIC opera-se um novo equilíbrio entre os diferentes poderes do empregador, centrando-se estes poderes no controlo da actividade, sendo que o uso destas tecnologias se torna um "observatório privilegiado"[25] da evolução do seu exercício[26].

2.4. Entende-se que um dos aspectos mais inquietantes da introdução da tecnologia informática está relacionado com as novas formas do exercício do poder de controlo do empregador, pois as novas tecnologias aumentam-no o de uma forma inusitada, sem precedentes[27]. É verdade

---

pela protecção da privacidade, assim como por outros direitos fundamentais, podendo originar uma "transparência total" dos trabalhadores, tal como adverte DÄUBLER, última *op. cit.*, p. 122. No mesmo sentido pode ver-se MAXIMILIEN AMEGEE, *Le contrat de travail à l'épreuve des NTIC: Le temps effectif du travail et le lien de subordination sont-ils remis en cause?*, in www.droit-technologie.org, p. 10, assim como ISABELLE DE BENALCÁZAR, *Droit du travail et nouvelles Technologies – collecte des données Internet cybersurveillance télétravail*, Gualiano éditeur, Paris, 2003, p. 83.
[24] GILDRE GENTILE, I controlli oculti sui lavoratori", *in DL*, II, nº 3, 1997, pp. 490 e 495.
[25] FABRICE FEVRIER, *Pouvoir de contrôle de l'employeur et droits des salariés à l'heure d'Internet – les enjeux de la cybersurveillance dans l'entreprise*, 2003, in www.droit-technologie.org, p. 13.
[26] Veja-se neste sentido ALARCÓN CARACUEL, "La informatización y las nuevas formas de trabajo", *Nuevas tecnologias de la información y la comunicación y Derecho del Trabajo*, (coord. ALARCÓN CARACUEL e ESTEBAN LEGARRETA), Editorial Bomarzo, Alicante, 2004, p. 14, observando que o uso das NTIC pode originar o aperfeiçoamento e a ampliação do exercício do poder de controlo do empregador.
[27] Surgem cada vez mais novos instrumentos de vigilância que facilitam o controlo dos trabalhadores, associados sempre a um enorme decréscimo no custo e no tamanho. Vejam-se os inúmeros exemplos citados em ANDERS PERSSON e SVEN HANSSON, "Privacy at work – Ethical Criteria", *in Journal of Business Ethics*, nº 42, 2003, p. 60, assim como ANITA BERNSTEIN, *op. cit.*, p. 3, CARLO SARZANA, "Evoluzione tecnológica e diritti dell'individuo", *in Dir. Inf.*, nº 2, 1992,

que este poder existiu desde sempre, mas perante a vigilância tradicional, limitada, a monitorização informática pressupõe um salto qualitativo já que se está perante um "controlo à distância, frio, incisivo, sub-reptício e aparentemente infalível"[28], tornando possível um controlo total, ou quase total, de todos os movimentos da vida dos trabalhadores, o que origina que o trabalhador se torne *transparente* para os empregadores e deixe de se sentir livre[29] [30]. Na verdade, com a absorção das novas tecnologias,

---

pp. 400-401, nota nº 7, FREDERICK S. LANE III, *op.* cit., pp. 127 e ss., e GARY MARX, "The Case of the Omniscient Organization", *in Harvard Bus. Rev.*, Março, Abril, 1990, pp. 12 e ss..

[28] JAVIER THIBAULT ARANDA, "El derecho español", *in Tecnología Informática...*, cit., p. 59.

[29] A mesma opinião é partilhada por BELLAVISTA, "Le prospettive della tutela dei dati personali nel rapporto di lavoro", *in RGLPS*, I, 2003, p. 56, e *Il controllo...*, cit., p. 59, assim como DÄUBLER, "Nuove Tecnologie: un nuovo Diritto del Lavoro", *in GDLRI*, nº 25, 1986, p. 79, *Direito do trabalho e Sociedade na Alemanha*, (trad. ALFRED KELLER), Editora LTR, São Paulo, 1997, pp. 209-210 e 217, e *Arbeitsrecht...*, cit., pp. 214-216, e MARIAPAOLA AIMO, "I «lavoratori di vetro»: regole di trattamento e meccanismi di tutela dei dati personali", *in RGLPS*, nº 1, 2002, pp. 50-51, referindo-se à omnisciência deste poder do empregador que pode tornar o trabalhador num "trabalhador sob vigilância".

[30] Muitos autores tendem a associar ao local de trabalho a ideia da prisão panóptica de JEREMY BENTHAM que, já em 1791, tinha criado uma obra sobre uma prisão onde existia a ilusão de uma vigilância permanente, mesmo que não estivesse ninguém a controlar. As instalações prisionais consistiriam num edifício circular (ou poligonal), com celas em cada piso dispostas ao longo do círculo, tendo no centro uma estrutura de observação ocularcêntrica. Esta disposição visava garantir que os reclusos, localizados nas suas celas, pudessem ser vistos a todo o instante pelos guardas. Mas as condições desta vigilância são tais que os reclusos não se apercebiam se, e quando, estavam a ser observados. O panóptico seria, como observa DAVID LYON, *op.* cit., p. 63, uma prisão modelo, uma "nova partida", um novo modelo de "disciplina social", sendo passível de ser transposta para o local de trabalho. Seria uma forma de controlar a partir da incerteza, de não ver o controlador que está oculto sendo que o mero receio de poder estar a ser controlado funcionava como fenómeno dissuasor. Este novo modelo de prisão seria um novo instrumento de poder, exercido através da "visão absoluta e da observação perfeita", conforme refere CARLOS CARDOSO, *A organização panóptica e a polícia do amor: o argumento da produtividade e a reserva da vida privada em contexto de trabalho – Lição síntese*, Universidade do Minho, Braga, 2004, p. 18. Este poder de controlo panóptico representa uma nova forma de poder, o poder dos controladores sobre os controlados, exercido através da possibilidade de observar sem ser observado e de vigiar os comportamentos não-conformes, ou desviantes e de obter uma conformação antecipada, e auto-infligida nos comportamentos dos trabalhadores controlados. Mas não pode deixar de atender-se que se trata da ilusão de uma vigilância permanente, onde os controlados não estão realmente perante um controlo constante embora pensem que isso acontece. Como refere FOUCALT, *apud* MERCADER UGUINA, *Derecho del Trabajo, Nuevas Tecnologías y Sociedad de la Información*, Editorial Lex Nova, Valladolid, 2002, p. 100, a ideia de BENTHAM consistia numa "tecnologia política" que induz o sujeito a um

o poder de controlo do empregador sobre a prestação de trabalho e sobre o próprio trabalhador aumentou exponencialmente porque está muito mais presente na medida em que é da sua própria essência[31]. A utilização de auto-comutadores telefónicos, de *badges* e do controlo do acesso dos trabalhadores a certos locais de trabalho, constituem um tipo de controlo que incide basicamente sobre a presença ou a localização física do indivíduo, ficando ainda na "periferia do processo de trabalho"[32]. Porém, com o aparecimento das novas tecnologias de comunicação e, particularmente, com a introdução da *Internet* na empresa, operou-se como que uma "verdadeira migração das tecnologias de controlo da periferia até ao coração do processo de trabalho propriamente dito"[33]. JEAN-EMMANUEL RAY[34], ao

---

"estado de consciência e visibilidade permanente que asseguram o funcionamento automático do poder". Esta ideia da empresa panóptica, onde o controlo e a vigilância fazem parte essencial da actividade de trabalho, quase que acompanhando o trabalhador, tem sido uma constante nos teóricos da organização da empresa, dando como exemplo FORD e TAYLOR. O primeiro tinha um departamento específico – departamento sociológico – para verificar, através do controlo por investigadores que visitavam os trabalhadores em casa, que não bebiam ou que não viviam em condições "imorais". O segundo descobriu através da sua gestão científica do trabalho um funcionamento operativo e quotidiano da organização empresarial através de uma maior capacidade de vigilância. Cf. CYNTHIA GUFFEY e JUDY WEST, "Employee privacy: legal implications for managers", in *Labor Law Journal*, vol. 47, nº 11, 1996, p. 735, e MERCADER UGUINA, *op. cit.*, p. 100. *Vide*, ainda, sobre a aplicação da utopia de BENTHAM à nova realidade operada pelas novas tecnologias, e a título meramente exemplificativo, ANNE UTECK, *Electronic surveillance and workplace privacy*, Universidade de Dalhousie, Halifax, Nova Scotia, *in* www.proquest.com, pp. 36 e ss., BRUNO VENEZIANI, "Nuove tecnologie e contratto di lavoro: profili di diritto comparato", in *GDLRI*, nº 33, 1, 1987, pp. 32-33, DANIEL IHNAT, *The eyes of capitalism: surveillance in the workplace – a Study of the Issue of Employee Privacy*, Universidade de Queen, Kingston, Ontario, 2000, *in* www.proquest.com, pp. 32-33, e MARIE-NOËLLE MORNET, *La vidéosurveillance et la preuve*, Presses Universitaires d'Aix-Marseille, Aix-en-Provence, 2004, p. 18.

[31] Neste sentido ANTONMATTEI, "NTIC et vie personnelle au travail", in *DS*, nº 1, 2002, p. 38. Como refere CHRISTOPHE VIGNEAU, "El control judicial de la utilización del correo electrónico y del acceso a internet en las empresas en Francia", in *RL*, nºs 5-6, 2009, pp. 25-26, este controlo quebra todos os limites e restrições espácio-temporais, provocando uma enorme interpenetração entre as esferas profissionais e pessoais.

[32] Estes meios são denominados por MERLINI, *apud* Mª BELÉN CARDONA RUBERT, *Informática y...*, cit., p. 57, como "passado artesanal".

[33] HUBERT BOUCHET, *Rapport d'étude et de consultation publique – La cybersurveillance des salariés dans l'entreprise, in* www.cnil.fr, p. 3.

[34] *Le droit du travail...*, cit., pp. 9 e 88.

referir-se às novas tecnologias da informação e comunicação, defende que ao trabalho subordinado, modelo Taylor, de inícios do séc. XX, sucede um novo tipo de relações sociais suportadas numa base contraposta: a autonomia e "se o trabalho intelectual permite a realização de um velho sonho poderá, graças às novas tecnologias, transformar-se num pesadelo: a ubiquidade", considerando ainda que uma das principais dificuldades das NTIC é o facto de serem "fundamentalmente ambivalentes: são uma fonte evidente de liberdade e autonomia mas podem inversamente reenviar o *Big Brother* para a idade da pedra, e fazer passar Taylor por um aprendiz" pois após o seu aparecimento é permitido um acumular de informações incomparável, tendo junto uma memória de um computador[35].

Com as NTIC entrou-se numa nova etapa na vigilância e controlo do homem-trabalhador, já que o computador permite actualmente um conhecimento do modo de pensar do trabalhador[36], permite conhecer a "caixa negra"[37] que é o pensamento dos trabalhadores, e efectuar conclusões de natureza preditiva, através do controlo das técnicas de trabalho mas igualmente pela atenção centrada nos seus interesses pessoais registados nas diversas conexões à *Internet*. O instrumento informático pode recriar um perfil do trabalhador, assim como a própria evolução deste. Pode defender-se, assim, que o controlo passou de uma vertente física para atender a um nível qualitativo inegável. Para o empregador torna-se fácil de apreender a maneira de pensar e de reagir dos seus trabalhadores, tornando-se difícil disfarçar uma parte da vida privada.

Nota-se, desta forma, como, com a introdução destas NTIC, há uma mudança no alcance do poder de controlo do empregador, renovando a clássica questão dos seus limites e ao espaço de liberdade dos trabalhadores[38].

---

[35] Também em "Avant-propos de la sub/ordination à la sub/organisation", *in DS*, nº 1, 2002, p. 7, o autor volta a chamar a atenção para esta ubiquidade das novas tecnologias, que permitem a existência de um "supervisor virtual", muitas vezes com o desconhecimento dos trabalhadores, assim como para o facto das possibilidades de controlo serem hoje praticamente infinitas.
[36] HUBERT BOUCHET, "À l'épreuve des nouvelles nouvelles technologies: le travail et le salarié", *in DS*, nº 1, 2002, p. 78.
[37] THIBAULT ARANDA, "La vigilância del uso de internet en la empresa y la protección de datos personales", *in RL*, nºs 5-6, 2009, p. 68.
[38] Neste sentido ver CHRISTOPHE VIGNEAU, última *op*. cit., p. 26.

2.5. Existe uma outra característica das NTIC que aumenta, e muito, a possibilidade de controlo e que é o seu carácter ambivalente na medida em que estas tecnologias se empregam, simultaneamente, como instrumento para desempenhar a actividade produtiva e como mecanismo de controlo da prestação de trabalho executada pelo trabalhador. Opera-se, desta forma, uma perfeita concentração numa mesma máquina da actividade produtiva e de controlo[39], de tal forma que enquanto o computador é utilizado para fins produtivos pelo trabalhador, está ao mesmo tempo a proporcionar uma enorme quantidade de dados aos empregadores, contribuindo para aumentar a esfera de exercício do seu poder, e originando também uma participação directa do trabalhador na actividade de controlo[40]. O trabalhador torna-se, simultaneamente, sujeito activo e passivo de uma máquina de tal forma que é possível realizar um controlo bidireccional[41].

O uso do computador produz uma enorme dilatação no plano quantitativo mas também no plano qualitativo do poder de controlo do empregador, já que permite a obtenção por parte deste de elementos de conhecimento sobre a organização produtiva e sobre a actividade desenvolvida por cada um dos trabalhadores, marcando um "notável salto"[42] de qualidade na capacidade de controlo do empregador.

Associando-se a tudo isto a imperceptibilidade desta forma de controlo nota-se como a capacidade de controlo parece não ter limites. Anterior-

---

[39] Como refere PÉREZ DE LOS COBOS ORIHUEL, *Nuevas tecnologías y relaciones de trabajo*, tirant lo blanch, Valencia, 1990, p. 73, "são os mesmos instrumentos que o trabalhador utiliza para realizar a prestação laboral que a controlam. Em muitos casos, o controlo deixou de ser uma actividade alheia e anexa à prestação de trabalho para tornar-se um elemento integrante da própria prestação". No mesmo sentido GILDRE GENTILE, *op.* cit., pp. 491-492, referindo-se ao "diálogo interactivo" entre o homem e a máquina, tornando coexistencial e contemporâneo ao desenvolvimento da actividade laboral o controlo do trabalhador.

[40] Neste sentido MARTÍNEZ FONS, "Uso y control de las...", cit., pp. 1315-1316, e *Nuevas tecnologias...*, cit., p. 25.

[41] Neste sentido FABRIZIA SANTINI, "La corrispondenza elettronica aziendale tra diritto alla riservatezza e potere di controllo del datore di lavoro", *in ADL*, nº 3, 2007, p. 759, referindo-se à perfeita concentração da actividade de produção com a de controlo tornando-se o computador por tal motivo mais do que um instrumento de trabalho, num "instrumento de controlo", estando o sistema de controlo incorporado na máquina através de um controlo à distância, em tempo real ou histórico.

[42] GIORGIO GHEZZI e FRANCESCO LISO, *op.* cit., p. 379.

mente à introdução da informática, a vigilância laboral implicava sempre uma certa intromissão física: um superior hierárquico ou, ainda, revistas aos trabalhadores e aos seus bens. Por outro lado, para interceptar as comunicações dos trabalhadores era também necessária a sua realização física e, por vezes, tornava-se fácil detectar quando um correio tinha sido aberto. Actualmente, porém, com o auxílio das novas tecnologias informáticas, os empregadores podem aceder a todos os dados armazenados num computador ou num sistema distribuído em rede sem que os trabalhadores estejam conscientes disso e "quando o trabalhador se senta em frente ao computador e observa o monitor, este, por seu lado, pode estar a observar o trabalhador"[43]. Os empregadores podem, inclusive, se o sistema estiver em rede, ordenar que se reproduza no seu computador uma cópia exacta dos conteúdos que um determinado trabalhador está a visualizar e seguir todos os movimentos por ele realizados sem que este note ou saiba do facto, o que dificulta bastante a protecção dos seus direitos e a sua própria defesa.

Desta forma, as NTIC têm uma capacidade inquisitória que parece não ter limites e que afecta o próprio contrato de trabalho, chamando a atenção para um verdadeiro "risco de corrupção"[44] deste que origina uma profunda mudança no próprio poder de controlo porque grande parte do seu exercício, dado o carácter ambivalente destas novas tecnologias, será feito à distância através do computador, passando este poder de elemento eventual da actividade para uma parte própria da actividade laboral. Há, assim, uma extensão do poder de controlo tanto do ponto de vista qualitativo como quantitativo, assim como uma descentralização da subordinação e uma dificuldade em distinguir entre a estrutura de controlo, o seu objecto e a sua finalidade, na medida em que todas estas vertentes parecem estar integradas numa mesma função e momento temporal com a própria actividade laboral do trabalhador[45]. Há, assim, um enorme aumento do poder de controlo do empregador sem que exista, simultaneamente, uma articulação de formas de contrapeso a esse poder[46].

---

[43] MATTHEW W. FINKIN, "El Derecho de los EE UU", in *Tecnologia Informática...*, cit., p. 300. Cf., ainda, FABRICE FEVRIER, *Pouvoir de contrôle...*, cit., p. 11. Ver, ainda, as estatísticas referidas por SONNY ARISS, "Computer monitoring: benefits and pitfalls facing management", in *Information and Management*, nº 39, 2002, p. 554.

[44] MARTÍNEZ FONS, *El poder de control...*, cit., pp. 32-33.

[45] MARTÍNEZ FONS, "Uso y control...", cit., p. 1316.

[46] Veja-se, a mesma opinião, em FERNÁNDEZ DOMÍNGUEZ e SUSANA RODRÍGUEZ ESCANCIANO,

2.6. Através das NTIC há um esbatimento das fronteiras espácio-temporais, alterando-se profundamente a relação de proximidade que existia entre empregador e trabalhador e que havia caracterizado o poder de controlo no passado. As novas tecnologias permitem que se transcenda a própria noção de tempo, bastando lembrar a enorme capacidade de armazenamento dos computadores e a possibilidade de deixar sempre rasto e de ser invisível[47][48], o que origina que os computadores possam constituir uma grande ajuda para os empregadores ao permitir-lhes carrear elementos de prova para eventuais litígios. Os computadores como que se tornaram "nos novos supervisores" dos trabalhadores[49].

Por outro lado, é cada vez mais visível uma menor separação entre as fronteiras da vida pessoal e da profissional na medida em que os trabalhadores poderão usufruir, através destas tecnologias, de tempo pessoal, inclusive de carácter muito privado, durante o trabalho. Porém, elas poderão, simultaneamente, invadir o domicílio e a vida privada do trabalhador e, assim, "as horas de trabalho oficiais não significam nada quando o trabalho pode levar-se para casa e continuar aí a ser realizado, sem qualquer limite temporal"[50]. Como esclarece ALAIN SUPIOT[51], as novas tecnologias estão a "criar novas formas de subordinação"[52], defendendo-se que o tra-

---

Utilización y control de datos laborales automatizados, Agencia de Protección de Datos, Madrid, 1997, p. 107.

[47] E o trabalhador não deve ter ilusões quanto à possibilidade de não deixar rastos já que uma outra característica destas NTIC é que deixam sempre pistas, podendo facilmente um especialista nesta área conhecer tudo o que um trabalhador fez. Veja-se neste sentido DÄUBLER, *Internet und...*, cit., p. 120.

[48] Tal como referem JEAN-EMMANUEL RAY e JEAN-PAUL BOUCHET, "Vie professionnelle, vie personnelle et TIC", *in DS*, nº 1, 2010, p. 47, qualquer "bom pai de família" deste século sabe que informações verdadeiramente confidenciais não devem circular nos circuitos informáticos do empregador, na medida em que podem ser lidas sem deixar qualquer vestígio.

[49] *Vd.* CHRISTOPHE VIGNEAU, "El Derecho...", cit., pp. 187-188.

[50] Como entende ALAIN SUPIOT, "Travail, droit et technique", *in DS*, nº 1, 2002, p. 21, os "fantasmas da ubiquidade" começam a aparecer, já que se pretende ter um ser humano disponível em todo o local e a toda a hora para trabalhar. No mesmo sentido cf. ARMIN HOELAND, "A comparative study...", cit., pp. 162-163.

[51] "Les nouveaux visages de la subordination", *in DS*, nº 2, 2000, p. 132. No mesmo sentido veja-se MYRIAM DELAWARI e CHRISTOPHE LANDAT, *Les enjeux de la relation salariale au regard du développement du réseau Internet*, in www.ntic.fr, pp. 43 e ss..

[52] Ver, também, CRISTOPHE RADÉ, "Nouvelles technologies de l'information et de la communication et nouvelles formes de subordination", *in DS*, nº 1, 2002, p. 26, referindo que estas

balhador tem um *direito à desconexão*[53], entendido como o direito à vida privada do século XXI. O trabalhador tem direito a não ser incomodado permanentemente na sua vida privada e no seu tempo privado, criando-se um direito ao "isolamento", à *desconexão*, a um repouso "efectivo"[54]. Trata-se de uma desconexão técnica que, segundo JEAN-EMMANUEL RAY[55] é favorável para a empresa pois os trabalhadores que não têm um tempo livre não se tornam mais produtivos, nem mais *fiéis* à empresa.

Assim, em relação à distinção entre vida privada e vida profissional a fronteira ficou muito mais esbatida[56], já que, como se refere no Relatório da CNIL[57], "o fenómeno da convergência não permite mais distinguir claramente o que relevará da vida profissional e o que releva da intimidade da vida privada: o disco duro do computador é igualmente usado num domínio como noutro; a mensagem electrónica enviada ou recebida é feita através das mesmas condições técnicas, quer seja de ordem profissional ou pessoal, e a consulta de *sites* da *Internet* opera-se do mesmo modo qualquer que seja a natureza do *site* ou o motivo da sua conexão". Pode ocorrer, desta forma, uma evasão no local e tempo de trabalho. O traba-

---

novas formas de subordinação são acompanhadas de novos riscos, de novas formas de insegurança no emprego e de novas ameaças para os direitos dos trabalhadores. Cf., ainda, OLIVIER PUJOLAR, "Poder de dirección del empresário y nuevas formas de organizacion y gestión del trabajo", in *El poder de dirección del empresário: nuevas perspectivas*, (coord. ESCUDERO RODRÍGUEZ), La Ley, Madrid, 2005, p. 141, referindo que existem com as inovações tecnológicas "novos hábitos de subordinação".

[53] Veja-se neste sentido JEAN-EMMANUEL RAY, "Avant-propos...", cit., pp. 6-7.

[54] Este direito ao descanso é fundamental bastando referir, a título de exemplo, os suicídios de trabalhadores ocorridos em França onde o serviço de mensagens instantâneas funcionava vertical e horizontalmente todos os dias, noites e fins-de-semana. Como refere FRANÇOIS LECOMBE, *apud* JEAN-EMMANUEL RAY, "Actualités des...", cit., p. 277, nota nº 43, " a mensagem instantânea pode perturbar o trabalho e ser fonte de enorme aumento do *stress* dos trabalhadores, ao exercer uma pressão enorme se o pedido é evidentemente urgente ou percebido como tal pelo trabalhador".

[55] "Avant-propos de la sub/ordination à la sub/organisation", *in DS*, nº 1, 2002, p. 7.

[56] Como referem JEAN-EMMANUEL RAY e JEAN-PAUL BOUCHET, *op.* cit., p. 44, durante muito tempo os trabalhadores podiam trabalhar intelectualmente em qualquer local "graças aos seus neurónios" mas não tinham associado uma memória de computador, praticamente ilimitada. Actualmente isso não acontece e a linha divisória entre vida privada e vida profissional quase desapareceu.

[57] *La Cybersurveillance sur les Lieux de Travail*, in www.cnil.fr. Ver, ainda, ÉVELYNE COLLOMP, "La vie personnelle au travail. Dernières évolutions jurisprudentielles", *in DS*, nº 1, 2010, p. 43.

lhador navega na *internet* acedendo a redes sociais, *inter alia*, para encontrar velhos conhecidos e amigos ou para discutir assuntos em determinados *chats* ou *newsgroups*. Todavia, um outro lado da questão, e que nos parece que está a aumentar exponencialmente, está relacionado com a enorme invasão da vida privada e familiar pelo trabalho. Durante o seu tempo de descanso, diário, semanal, em férias ou feriados, os trabalhadores são constantemente *perturbados* com questões profissionais[58].

Também para VICENTE PACHÉS[59], as novas formas de organização do trabalho permitem uma maior flexibilidade e autonomia dos trabalhadores, o que originou maior esbatimento das fronteiras entre a vida profissional e a vida privada, assim como aumento do poder de controlo do empregador. Como refere, "a tendência actual é exigir uma implicação cada vez maior dos trabalhadores na vida da empresa; e que os trabalhadores estejam cada vez mais disponíveis mesmo fora do horário de trabalho, o que origina uma maior dificuldade na altura de delinear a diferença entre a jornada laboral e a vida privada e familiar do trabalhador". Este autor defende, ainda, que as novas tecnologias transformaram os instrumentos de trabalho em manifestação e desenvolvimento da personalidade do trabalhador, tornando cada vez mais visível a existência de uma vida privada e social dentro do âmbito das relações laborais. No mesmo sentido, ISABELLE DE BENALCÁZAR[60] considera que as novas tecnologias, graças à facilidade e à rapidez das comunicações, permitiram que as pessoas estejam permanentemente acessíveis, o que causou um grande impacto ao nível das relações de trabalho, nomeadamente quanto aos tempos de trabalho, na medida em que a fronteira entre o tempo consagrado ao trabalho e o tempo reservado para outras actividades tende a desaparecer, passando os trabalhadores a uma situação de quase disponibilidade permanente[61].

---

[58] Secundando JEAN-EMMANUEL RAY e JEAN-PAUL BOUCHET, *op.* cit., p. 45, a cortesia mínima do milénio passado de não telefonar depois das 20.00 horas parece ter desaparecido com o advento destas novas tecnologias e com o declínio dos telefones fixos.
[59] "Las facultades empresariales...", cit., p. 19.
[60] *Op.* cit., p. 17.
[61] Também no *Documento de trabalho sobre a vigilância das comunicações electrónicas no local de trabalho*, do Grupo de Protecção de Dados do art. 29º, p. 6, se alude a este facto ao referir-se que "as condições de trabalho evoluíram de tal forma que, hoje em dia, se torna mais difícil separar claramente o tempo de trabalho da vida privada. Em particular, à medida que se está a desen-

Trata-se, como preconiza JEAN-EMMANUEL RAY[62], de "uma guerra de tempos". As quarenta horas oficiais[63] não têm qualquer significado quando o trabalhador não tem direito ao descanso legalmente previsto por ter de estar constantemente *on line* e por não poder *desconectar-se* e usufruir do necessário restabelecimento do equilíbrio físico e psicológico. Se até há algum tempo atrás poder-se-ia defender que estes trabalhadores, *Net-Addicts*, também usufruíam de um tempo pessoal no local de trabalho, podendo ocorrer um certo equilíbrio entre vida pessoal no escritório e vida profissional em casa, hoje em dia isso já não é defensável nos mesmos termos[64]. Actualmente, a vida profissional absorveu grande parte da vida pessoal e, secundando JEAN-EMMANUEL RAY[65], a subordinação jurídica, um dos elementos da existência de um contrato de trabalho, segundo o art. 11º do CT, tornou-se, na verdade, um critério permanente da vida do trabalhador.

A grande questão neste tipo de situações é a de que, na maior parte dos casos, não há uma ordem expressa do empregador neste sentido. Há, sim, uma interiorização desta ideia pelos trabalhadores e uma gestão realizada por objectivos de tal forma que, após algum tempo, são os próprios trabalhadores a não conseguirem separar a vida profissional da vida privada e a levar, *voluntariamente*[66], trabalho para casa. Surge, assim, uma espécie de "servidão voluntária"[67] dos trabalhadores onde a contabilização dos seus tempos de trabalho não passa de uma mistificação. Contudo, não podem esquecer-se todas as regras legais impostas, quer comunitárias[68], quer nacionais, relativamente ao respeito do descanso dos traba-

---

volver o "escritório em casa", muitos trabalhadores continuam aí o seu trabalho, usando as infra-estruturas informáticas fornecidas pelo empregador, para esse fim ou não".
[62] "La guerre des temps: le NET? Never Enough Time", *in DS*, nº 1, 2006, p. 3.
[63] Sujeitas a alguma flexibilidade legalmente prevista.
[64] Utilizando a expressão de JEAN-EMMANUEL RAY e JEAN-PAUL BOUCHET, *op. cit.*, p. 46, há uma *"overdose"* de trabalho, uma "toxicomania numérica", que invadiu totalmente a vida privada do trabalhador e que não só o afecta como toda a sua família.
[65] "D'un droit des travailleurs aux droits de la personne au travail", *in DS*, nº 1, 2010, p. 11.
[66] Vontade quase imposta, ainda que indirectamente, na medida em que há objectivos a atingir.
[67] JEAN-EMMANUEL RAY e JEAN-PAUL BOUCHET, *op. cit.*, p. 46.
[68] E defendidas em várias decisões do TJCE. Vejam-se, a título de exemplo, os acórdãos, *Jaeger*, de 9 de Setembro de 2003, e *Dellas*, de 1 de Dezembro de 2005.

lhadores, regras estas que visam uma melhor protecção da segurança e saúde do trabalhador. Não nos parece possível nesta matéria um retrocesso e qualquer acordo que derrogue o mínimo estabelecido nas regras comunitárias que visam a defesa destes princípios essenciais e tão caros ao Direito do trabalho será ilegal[69].

2.7. As novas possibilidades de controlo relacionadas com as novas tecnologias parecem conduzir a uma transformação das modalidades de exercício do poder de controlo do empregador pois, seguindo o entendimento de PÉREZ DE LOS COBOS ORIHUEL[70], numa organização de trabalho onde dominam as NTIC, a coordenação espácio-temporal dá lugar à coordenação telemática e informática como modalidade de exercício do poder de controlo do empregador, tornando-se o controlo à distância através do computador a prática usual da maior parte das empresas[71][72].

Perscruta-se, desta forma, um novo tipo de controlo, o controlo electrónico do trabalhador, controlo este *des-verticalizado*, objectivo, incorporado na máquina e sistema com o qual interage, tornando-se um controlo à distância, em tempo real, com uma enorme capacidade de armazena-

---

[69] É interessante referir um acórdão da *Cour de Cassation*, de 1 de Julho de 2009, referida por JEAN-EMMANUEL RAY e JEAN-PAUL BOUCHET, *op.* cit., p. 55, onde o Tribunal entendeu que não era possível uma cláusula do contrato de trabalho de um educador especializado que o obrigava, fora das horas de trabalho, a estar permanentemente disponível através do seu telefone celular profissional. A *Cour de Cassation* entendeu que se tratava de uma *astreinte*, no seguimento de uma outra decisão, já premonitória, de 10 de Julho de 2002, talvez a primeira que se debruça sobre o *direito à desconexão* dos trabalhadores, em que se decidiu que "salvo situações excepcionais, o tempo de repouso supõe que o trabalhador esteja totalmente dispensado, directa ou indirectamente, de realizar uma prestação de trabalho, mesmo que esta seja eventual ou ocasional". Consideramos que este tem de ser o caminho a seguir sob pena de existir uma subordinação permanente.

[70] *Nuevas tecnologías....*, cit., p. 74.

[71] Para LAËTITIA BUSNEL, *Les nouveaux moyens de surveillance de la productivité du salarié*, Universidade Panthéon-Assas Paris II, 2004, pp. 6-7, há uma passagem de uma vigilância de produtividade quantitativa, para uma vigilância de produtividade qualitativa.

[72] Tal como aponta PISANI, "I controlli a distanza sui lavoratori", *in GDLRI*, nº 33, 1, 1987, pp. 132-133, grande parte das funções de controlo serão realizadas à distância, e as coordenadas espácio-temporais serão substituídas pelas coordenadas informáticas e telemáticas, prescindindo da continuidade espácio-temporal. Também o próprio poder de controlo sobre a execução da prestação laboral tende a transformar-se, de uma modalidade organizativa meramente eventual, numa componente essencial do objecto próprio desta actividade.

mento, capaz de memorizar, cruzar e reelaborar detalhadamente muitos dos comportamentos dos trabalhadores.

Considera-se, assim, que as características das novas tecnologias aplicadas à relação laboral estão a permitir a substituição de um controlo periférico, descontínuo e parcial, realizado pela hierarquia humana, por um controlo centralizado e objectivo, incorporado na máquina, que se verifica em tempo real, originando o aparecimento de um novo e sofisticado tipo de controlo que consiste na reconstrução do perfil do trabalhador, através do armazenamento e reelaboração de uma série de dados aparentemente inócuos[73].

No controlo realizado através de meios informáticos, diferentemente dos meios tradicionais, pode não existir uma simultaneidade entre a actividade de controlo e o resultado que se obtém, querendo com isto dizer-se que, embora o controlo seja directo sobre a actividade ou comportamento do trabalhador, não pode defender-se que permita um conhecimento directo e imediato do mesmo. O controlo realiza-se através da recolha sistemática e exaustiva de dados do comportamento dos trabalhadores que, devidamente recolhidos, armazenados, tratados e reelaborados, permitem uma projecção deste comportamento e a criação de perfis de trabalhadores. Esta nova forma de controlo origina uma alteração da estrutura do poder de controlo, incidindo esta, fundamentalmente, na possibilidade de recolher dados, que podem ser tratados e reelaborados para fins distintos. Assim, o controlo não se baseia somente na eventual possibilidade de recolher informação sobre o trabalhador mas também na virtualidade de tal informação ser devidamente tratada até obter resultados adequados ao fim do controlo[74].

As novas formas de controlo tornaram-se também automáticas, não estando os supervisores limitados pelo que podem ver mas pela quantidade de dados e de aspectos que conseguem recolher através do controlo exercido pelas máquinas. O controlo torna toda a realidade transparente, provocando a visibilidade do que até aí era ignorado ou invisível. O "olho electrónico"[75] torna-se omnipresente e mecânico, conduzindo a sensa-

---

[73] Neste sentido veja-se PÉREZ DE LOS COBOS ORIHUEL, *op. cit.*, p. 72.
[74] Neste sentido MARTÍNEZ FONS, "El control empresarial del uso de las nuevas tecnologias en la empresa", *in Relaciones Laborales...*, cit., p. 200
[75] Alusão à obra de DAVID LYON, *op. cit.*.

ções de controlo total que podem alterar os sentimentos dos trabalhadores e provocar o seu medo pelo facto de não estar confinado espacialmente ao local de trabalho, podendo estender-se para outros locais, inclusive sítios muito íntimos, e por não ter barreiras temporais.

2.8. Por tudo o que se acaba de referir pode constatar-se o grande paradoxo que consiste no facto de as novas tecnologias favorecerem a maior autonomia dos trabalhadores mas, ao mesmo tempo, ampliarem a dependência perante o empregador. Assim, embora estes meios tragam inúmeras vantagens para a relação de trabalho, há que ter algumas cautelas na sua aplicação pois poderão conduzir, se não forem devidamente aplicadas e reguladas, ao parcial desaparecimento de alguns direitos fundamentais no âmbito da empresa, como o da privacidade, liberdade e dignidade dos trabalhadores[76]. A vigilância "impessoal, sub-reptícia"[77] e constante, que os novos meios de controlo proporcionam, converte-se num "substituto perfeito"[78] dos tradicionais meios de controlo, directos e pessoais, contribuindo para um aumento da dimensão *desumana* do poder de controlo[79] e que pode originar o quase total desaparecimento da privacidade dos trabalhadores. O enorme aumento do poder de controlo pode levar ao adormecimento e, mesmo, ao esquecimento de que a liberdade pessoal dos trabalhadores e os seus direitos fundamentais são limites infranqueáveis a este poder do empregador. Esta dimensão *desumana* do poder ao permitir um controlo potencialmente vexatório, contínuo e total, pode, inclusivamente, comportar riscos para a saúde dos trabalhadores, tanto físicos, como psíquicos, nomeadamente por saber ou sentir-se constantemente vigiado, o que pode provocar, *inter alia*, uma grande pressão psicológica que poderá conduzir a casos de assédio moral[80] e doenças como depressões e *stress*[81].

---

[76] Neste sentido INMACULADA MARÍN ALONSO, *El poder de control empresarial sobre el uso del correo electrónico en la empresa – su limitación en base al secreto de las comunicaciones*, Tirant Monografias, nº 338, Valencia, 2005, pp. 52-53.
[77] GOÑI SEIN, *El respeto a la...*, cit., p. 140.
[78] INMACULADA MARÍN ALONSO, *op.* cit., p. 54.
[79] Neste sentido veja-se SYLVAIN LEFÈBVRE, *Nouvelles Technologies et protection de la vie privée en milieu de travail en France et au Québec*, Presses Universitaires d'Aix-Marseille, Aix-en-Provence, 1998, p. 28, referindo-se a esta dimensão *desumana* do poder de controlo.
[80] INMACULADA MARÍN ALONSO, *op.* cit., pp. 52-53.

Desta forma, se as NTIC facilitam, incontestavelmente o trabalho humano, são, simultaneamente, uma fonte de aumento de riscos para a saúde no trabalho, principalmente pela intensificação deste. Pode dizer-se, assim, que com este tipo de controlo electrónico há uma omnipresença dos riscos psicológicos e sociais e aparecimento de doenças deste foro.

O enorme aumento das formas de controlo e as possíveis consequências psicológicas que lhe estão associadas levam que se esteja a colocar em causa o primeiro direito histórico dos trabalhadores e que foi o respeito pela sua integridade e a sua saúde, anteriormente física, hoje mental[82].

2.9. Na esteira de G. LYON-CAEN[83], há que ter em atenção que "o direito, principalmente o relativo às liberdades individuais, não pode incli-

---

[81] A introdução das novas tecnologias também se repercute na saúde dos trabalhadores, quer positivamente, tornando mais seguras certas actividades, como negativamente. Veja-se o caso do trabalho em vídeo-terminais, ou doenças associadas a um controlo total, humilhante, vexatório, que afecta a moral e a satisfação dos trabalhadores, originando depressões, fadiga, ansiedade, e síndrome de *burn out*, que pode originar situações de assédio moral. Sobre o problemas das novas doenças surgidas com as NTIC veja-se LOÏC LEROUGE, *La reconnaissance d'un droit à la protection de la santé mentale au travail*, LGDJ, Paris, 2005, pp. 162 e ss., referindo-se, detalhadamente às inúmeras novas doenças que surgem e aos problemas psicológicos associados às novas tecnologias. Também há estudos que referem impactos consideráveis, tanto a nível físico como psicológico, por utilização de sistemas de controlo electrónico extremamente intrusivos da privacidade dos trabalhadores. Segundo estes estudos, os trabalhadores estabelecem relações de trabalho mais "agitadas" e apresentam níveis de satisfação inferiores, sobretudo quando sujeitos a um controlo electrónico de forma permanente, sendo que o maior impacto destes sistemas de controlo incide nos níveis de *stress* e de ansiedade, reportando os trabalhadores sujeitos a este tipo de controlo, com maior frequência do que os outros, dores de cabeça, dores musculares, depressão, perturbações no sono, fadiga e angústia, sintomas que se agravam se o sistema de controlo for feito ocultamente. Neste caso, esta forma de controlo e vigilância, gera ainda medos, ansiedades e desconfianças que afectam o clima de confiança e a moral dos trabalhadores, reduzindo o seu empenho e envolvimento. Também a utilização de sistemas de controlo do tempo dispendido nas deslocações às casas-de-banho, apresentam apreciáveis impactos sobre o bem-estar físico e psicológico, contribuindo para criar um ambiente de trabalho caracterizado por "intrusão, *stress* e medo". Veja-se, neste sentido, MISHRA e CRAMPTON, *op.* cit., pp. 10-11, e WOOD, "Omniscient organizations and bodily observations: electronic surveillance in the workplace", *in International Journal of Sociology and Social Policy*, vol. 18, nºs 5/6, 1998, pp. 150 e ss..
[82] JEAN-EMMANUEL RAY e JEAN-PAUL BOUCHET, *op.* cit., p. 45.
[83] *Apud* ANTONMATTEI, "NTIC et vie personnelle au travail", *in DS*, nº 1, 2002, p. 38.

nar-se perante o estado da tecnologia; esta é que deve adaptar-se, e tem virtualidades para isso, às exigências fundamentais do direito"[84]. Desta forma, as medidas de controlo, sejam informáticas ou não, têm de ser avaliadas de acordo com o facto de se considerar o trabalhador um sujeito ou um objecto[85], e se na imposição da medida o empregador actua com veracidade e lealdade, isto é, sem destruir o clima de confiança mútua que há-de impregnar a relação laboral[86].

Pensa-se que, apesar das NTIC constituírem um desenvolvimento muito positivo dos recursos colocados à disposição dos trabalhadores e dos empregadores, os instrumentos de vigilância electrónica podem ser usados de forma a lesar certos direitos fundamentais dos trabalhadores, sobretudo a sua dignidade e a privacidade. Mas não pode esquecer-se que, com o advento destas inovações tecnológicas, é fundamental que os trabalhadores possam usufruir dos mesmos direitos que tinham anteriormente[87]. A dignidade do homem impõe-se sobre quaisquer outras considerações.

Parece-nos que, nesta matéria, se deveria reflectir na frase do filósofo alemão H. JONAS[88], que defende que "nem tudo o que é tecnicamente possível é forçosamente sustentável". No mundo do Direito, poderíamos sustentar que nem tudo o que é tecnicamente possível é juridicamente admissível. Assim, os direitos à privacidade e à dignidade dos trabalhadores nunca podem ceder perante argumentos de maior produtividade ou maior eficácia. Com estas novas formas de controlo do empregador pode surgir uma nova forma de *taylorização*, agora de carácter informá-

---

[84] Deve existir desta forma uma adaptação do trabalho ao homem e não o oposto. Ver, neste sentido, PHILIPPE WAQUET, "Vie privée, vie professionnelle et vie personnelle", *in DS*, nº 1, 2010, p. 20.
[85] O que é claramente interdito.
[86] Neste sentido LUZ PACHECO ZERGA, *La Dignidad Humana en el Derecho del Trabajo*, Thomson Civitas, Navarra, 2007, p. 260.
[87] Como menciona GILES TRUDEAU, "En conclusion...Vie professionnelle et vie personnelle ou les manifestations d'un nouveau droit du travail", *in DS*, nº 1, 2010, p. 76, a tentativa de encontrar um justo equilíbrio entre os poderes do empregador e os direitos e liberdades fundamentais dos trabalhadores constitui o objecto do "novo Direito do trabalho". "O direito do trabalho está a mudar de paradigma: de um direito dos trabalhadores passa-se para um direito dos direitos da pessoa no trabalho".
[88] Citado por JEAN-EMMANUEL RAY, "Avant-propos...", cit., p. 9.

tico[89]. Permitir que o empregador aceda ao conteúdo de todos os *e-mails*, aos *sites* visitados pelos trabalhadores, assim como a todos os seus gestos e conversas, cria cada vez mais um local de trabalho mecanizado, onde o trabalhador é visto como qualquer outro instrumento de trabalho, não muito diferente do computador que usa. E se é inquestionável que as empresas devem ser eficientes, dinâmicas e actualizadas, não é menos certo que esses objectivos não podem ser conseguidos à custa da dignidade dos trabalhadores.

3. Conclusões

Com as NTIC o problema do poder de controlo do empregador conheceu uma nova realidade e uma nova actualidade, dado que a introdução da informática nas empresas não é um instrumento neutro.

Defende-se a existência de um novo tipo de controlo, agora de natureza electrónica, controlo *des-verticalizado*, objectivo, incorporado na máquina e no sistema com o qual interage, tornando-se um controlo à distância, em tempo real, com uma enorme capacidade de armazenamento, capaz de memorizar, cruzar e reelaborar detalhadamente todos os comportamentos dos trabalhadores. O controlo periférico, descontínuo e parcial, realizado pelo homem, está a ser substituído por um controlo centralizado, objectivo, incorporado na máquina, que se verifica em tempo real, originando o surgimento de um novo tipo de controlo que consiste na reconstrução do perfil do trabalhador.

Entende-se, ainda, que os direitos à privacidade e à dignidade dos trabalhadores nunca podem ceder perante argumentos de maior produtividade ou eficácia, devendo o seu respeito ser entendido como critério hermenêutico indispensável para identificar o correcto exercício do poder de controlo electrónico do empregador.

---

[89] Para PÉREZ DE LOS COBOS ORIHUEL, *op. cit.*, p. 35, pode surgir agora um *taylorismo* de novo tipo, que pode tornar o controlo do empregador em "omnipotente, anónimo e invisível", tal como referem BELLAVISTA, *Il controllo...*, cit., p. 67, e FERNÁNDEZ DOMÍNGUEZ e SUSANA RODRÍGUEZ ESCANCIANO, *op. cit.*, p. 93.

O Controlo das Comunicações Electrónicas dos Trabalhadores[*]

1. Introdução

Nos últimos tempos tem-se assistido a um enorme aumento e desenvolvimento das NTIC no local de trabalho o que tem originado grandes mudanças a nível laboral. Se têm existido inúmeros benefícios para os trabalhadores e também para os empregadores, estas novas tecnologias, nomeadamente a *Internet*, têm originado novos desafios para os sujeitos laborais e novas questões, assim como o repensar de *velhas* questões[1]. Desta forma, o tema das comunicações electrónicas[2] e do controlo à dis-

---

[*] Publicado originariamente in *Direito do Trabalho + Crise = Crise do Direito do Trabalho?*, (coord. CATARINA CARVALHO e JÚLIO GOMES), Coimbra Editora, Coimbra, 2011.

[1] Os novos sistemas de comunicação, sobretudo a *Internet* e o *e-mail*, têm gerado conflitos que, até ao momento, eram considerados excepcionais, ou, noutros casos, manifestações particulares que requerem uma aproximação diferente da abordagem clássica. Neste sentido veja-se MARTÍNEZ FONS, *El poder de control del empresário en la relación laboral*, CES, Madrid, 2002, p. 131, referindo-se ao problema do aumento de um tipo de assédio sexual – assédio sexual ambiental – através destes meios. Também ROGER BLANPAIN, "Some Belgian and European Aspects", *in Comp. Labor Law & Pol'y Journal*, vol. 24, 2002, pp. 57-58, refere-se a vários problemas novos que este tipo de comunicações traz para a relação laboral.

[2] A comunicação pode ser definida, secundando BENJAMIM SILVA RODRIGUES, *Das escutas telefónicas – à obtenção da prova [em ambiente] digital*, Tomo II, Coimbra Editora, Coimbra, 2008, p. 246, como um processo com um objectivo concreto que é o da recepção pelo destinatário de uma informação sem necessidade de dar uma resposta imediata, ou será o estabelecimento de uma transferência recíproca de comunicações, uma conversação, seja ela simultânea, como é o caso de uma conversa telefónica, de uma videoconferência ou transmissão via *VOIP*, quer

tância proporcionado pelas novas tecnologias tem-se tornado numa questão de considerável interesse e rodeada de grande controvérsia nos últimos anos[3], principalmente porque os avanços tecnológicos permitem a captação e gravação de conversas a uma grande distância, tornando-se essencial proteger de modo adequado a segurança e o segredo destas novas formas de comunicação, difundidas amplamente no local de trabalho como um importante instrumento de trabalho.

Estas novas formas de comunicação constituem poderosos meios de controlo e de vigilância de memorização, de análise e de intromissão na privacidade das pessoas, sendo que um dos maiores desafios colocado ao jurista do moderno Direito do trabalho é o da regulação do emprego dos meios de comunicação electrónicos na empresa.

Em muitos sectores, estes sistemas de comunicação deixaram de ser meras ferramentas de trabalho para se converterem no meio através do qual se oferecem os serviços e os produtos da empresa ao mercado. Desta forma, a prestação da actividade dos trabalhadores consubstancia-se, essencialmente, naqueles instrumentos técnicos, existindo o problema da concentração do controlo do empregador e o desenvolvimento da prestação de trabalho na medida em que os instrumentos de

---

seja diferida por insignificantes espaços de tempo, como acontece no caso dos *chats*. Contudo, com a evolução das comunicações electrónicas, assiste-se ao surgimento de comunicações automáticas que podem ser definidas, segundo NICOLA LUGARESI, *Internet, privacy e pubblici poteri negli Stati Uniti*, Giuffrè, Milão, 2000, pp. 177-178, como as que ocorrem entre dois ou mais sujeitos através de meios que utilizam o computador. Podem citar-se, como exemplo, as conexões através da *Internet*. A informação que circula pela rede atravessa uma série de diferentes sistemas antes de chegar ao destino desejado. Estes sistemas são geridos por diversos *system operators*, sendo capazes de ler e de recolher a informação em trânsito.

[3] Cf., neste sentido, JENNIFER FISHER, *Implications of electronic mail policies for fairness and invasion of privacy: a field experiment*, Universidade de Albany, 2002, in www.proquest.com, p. 1, e JOSEPH KIZZA e JACKLINE SSANYU, "Workplace surveillance" in *Electronic Monitoring in the Workplace: Controversies and Solutions*, (coord. JOHN WECKERT), Idea Group Publishing, EUA, 2005, pp. 3-4. Estes últimos autores citam várias estatísticas que atestam a enorme importância do aumento do uso das comunicações electrónicas no local de trabalho. Podem ver--se, ainda, os sucessivos relatórios da UCLA Center for Communication Policy, *The UCLA Internet Report – Surveying the Digital Future*, desde 2000 a 2009, para verificar o enorme aumento do uso das novas formas de comunicação no local de trabalho, especialmente na parte relativa à *Internet*.

trabalho deixam vestígios que são imediatamente perceptíveis pelo empregador[4].

Tratam-se das novas "impressões digitais"[5], relacionadas com os mais diversos sectores: pessoal, profissional, político, social, que vão deixando vestígios em vários locais e que através de uma pesquisa em motores específicos permitem construir perfis dos trabalhadores e dos candidatos. O fantasma do *Big Brother*, que todos poderíamos identificar e que controlava tudo, parece *artesanal*, quando comparado com estes inúmeros "Little Brothers"[6], que nos conseguem seguir e conhecer ao mais ínfimo detalhe[7].

As comunicações electrónicas implicam, desta forma, uma acentuada responsabilização dos sujeitos na sua utilização[8] devido à maior vulnerabilidade destes meios, à inevitável redução das margens de reserva exigíveis e a maiores riscos de exclusão social pela desigualdade de conhecimentos técnicos.

O problema encontra-se no facto de com estas novas tecnologias permitir-se um tipo de controlo muito mais intrusivo, com programas capazes de gravar a actuação do trabalhador de tal maneira que o empregador pode observar todos os detalhes em que se realiza a prestação, vendo os erros cometidos, as palavras digitadas, o tempo utilizado e vários outros detalhes que, de outra forma, escapariam ao seu conhecimento.

Com as novas possibilidades apresentadas pelas NTIC, o empregador pode valer-se do próprio instrumento de trabalho empregue pelo trabalhador na sua prestação laboral para controlar a sua actividade profissio-

---

[4] Ver, em idêntico sentido, ELEONORA STENICO, "L'esercicio del potere di controlli «informático» del datore di lavoro sugli strumenti tecnologici di «ultima generazione»", in *RGLPS*, I, 2003, p. 130.
[5] JEAN-EMMANUEL RAY e JEAN-PAUL BOUCHET, "Vie professionnelle, vie personnelle et TIC", in *DS*, nº 1/2010, p. 45.
[6] Ver últimos autores e obra citada.
[7] EMMANUEL HOOG, *apud* JEAN-EMMANUEL RAY e JEAN-PAUL BOUCHET, *op.* cit., p. 45, nota nº 3, defendeu ser necessário reflectir sobre a eventual necessidade de um "*habeas corpus* numérico", que permitisse um controlo real e efectivo sobre os dados pessoais, assim como a possibilidade real de eliminação dos mesmos.
[8] Neste sentido CRISTINA MÁXIMO DOS SANTOS, "As novas tecnologias da informação e o sigilo das telecomunicações", in *RMP*, Ano 25, nº 99, Jul/Set., 2004, p. 115.

nal, já que existe uma concentração nestas novas tecnologias do instrumento de trabalho e do instrumento de controlo[9].

O controlo electrónico permite um tratamento dos dados pessoais dos trabalhadores ilimitado e indiscriminado, facilitando que os dados que se encontram disseminados em várias fontes de informação, surjam instantaneamente reunidos numa base de dados sem terem sido submetidos a uma elaboração prévia acerca da sua relevância relativamente aos requisitos de aptidão ou com as obrigações derivadas do conteúdo da prestação laboral[10].

O problema reside no facto de juntamente com esta utilização lógica e necessária das NTIC, o empregador servir-se delas para outras utilizações, não tão legítimas nem lícitas, disfarçando-as sob a forma de interesses produtivos ou comerciais, quando na realidade supõem verdadeiros comportamentos de *pseudo-espionagem* e controlo do cidadão/trabalhador[11].

Contudo, não pode concluir-se que os trabalhadores abandonam o direito à privacidade e à protecção de dados quando celebram um contrato de trabalho. De facto, eles têm uma fundada e legítima expectativa de um certo grau de privacidade no local de trabalho, na medida em que desenvolvem uma parte significativa das suas relações com outros seres

---

[9] Para Mª BELÉN CARDONA RUBERT, *Informática y contrato de trabajo*, (*Aplicación de la Ley Orgánica 5/1992, de 29 de octubre, de Regulación del Tratamiento Automatizado de los datos de carácter Personal*),Tirant monografías, Tirant lo Blanch, Valencia, 1999, p. 63, a introdução destas novas tecnologias originou uma "perfeita concentração" numa mesma máquina da actividade produtiva e de controlo o que origina uma enorme quantidade de dados.

[10] Segue-se o defendido por GOÑI SEIN, "Vulneración de derechos fundamentales en el trabajo mediante instrumentos informáticos, de comunicación y archivo de datos", *in Nuevas tecnologias de la información y la comunicación y Derecho del Trabajo*, (coord. ALARCÓN CARACUEL e ESTEBAN LEGARRETA), Editorial Bomarzo, Alicante, 2004, pp. 51-52. Cf., ainda, DANIEL IHNAT, *The Eyes of Capitalism: Surveillance in the Workplace*, National Library of Canada, Canada, 2000, pp. 1-2. Ver, também, PÉREZ DE LOS COBOS ORIHUEL e THIBAULT ARANDA, "El uso laboral del ordenador y la buena fe (A propósito de la STS de 26 de septiembre de 2007, rec. 966/2006)", *in RL*, nº 6, 2008, p. 52, referindo-se à enorme capacidade de armazenamento dos computadores.

[11] MICHAEL FORD, "Two conceptions of worker privacy", *in ILJ*, vol. 31, nº 2, 2002, p. 237. A este propósito vejam-se as estatísticas citadas por MARTINEZ-HERRERA, "BIG EMPLOYER: A study of the continuously decreasing expectation of privacy of employees in the US workplace", *in Iuslabor*, nº 1, 2007, p. 2, nota nº 12, acerca do enorme número de trabalhadores alvo de controlo electrónico no ordenamento jurídico norte-americano.

humanos neste local[12] e, por isso, há que tutelar esta expectativa e tê-la em atenção aquando do controlo das comunicações electrónicas[13].

Os trabalhadores são dotados, assim, de "direitos *on-line*"[14], direitos relacionados com a utilização das novas tecnologias na empresa, em particular as que se baseiam no uso da *Internet*, abarcando vários direitos que têm como denominador comum o facto de vincular o seu exercício ou os seus efeitos às NTIC.

2. O controlo electrónico da utilização da *internet* e do *e-mail* dos trabalhadores[15]

2.1. A eficácia empresarial vê-se multiplicada através da utilização de redes de comunicação desde a própria sede da organização até outros

---

[12] *Vd.* neste sentido GAIL LASPROGATA, NANCY KING e SUKANYA PILLAY, "Regulation of Electronic Employee Monitoring: Identifying Fundamental Principles of Employee Privacy through a Comparative Study of Data Privacy Legislation in the European Union, United States and Canada", *in Stan. Techn. L. Rev.*, nº 4, 2004, p. 13, e GIAMPIERO GOLISANO, "Posta elettronica e rete internet nel rapporto di lavoro. USA, Unione Europea e Italia", *in ADL*, nº 6, 2007, pp. 1310-1311. Cf., ainda Grupo de Protecção de Dados, *Documento de trabalho sobre a vigilância das comunicações electrónicas no local de trabalho*, de 29 de Maio de 2002, p. 4.

[13] No ordenamento jurídico norte-americano os empregadores do séc. XIX proibiam que em certas ocasiões os trabalhadores conversassem entre eles sob pena de serem despedidos. Actualmente, impede-se que os empregadores proíbam conversas entre os trabalhadores mas tão só em relação a manifestações realizadas fora das horas de trabalho, ou no caso de conversas em relação à retribuição, tempo de trabalho ou condições laborais. Assim, tal como refere FINKIN, "Menschbild: La noción del trabajador como persona en Derecho occidental", *in Tecnología Informática y Privacidad de los Trabajadores*, (coord. MARK JEFFERY, JAVIER THIBAULT ARANDA e ÁNGEL JURADO), Thomson Aranzadi, Navarra, 2003, pp. 406-407, neste ordenamento jurídico, salvo algumas excepções, o empregador pode recusar que o local de trabalho se converta num local para a interacção humana, podendo estabelecer regras que imponham tal proibição.

[14] Expressão utilizada por RODRIGUÉZ-PIÑERO ROYO e LÁZARO SÁNCHEZ, "Hacia un tratamiento integrado de la comunicación electrónica no professional", *in Relaciones Laborales y Nuevas Tecnologías*, (coord. SALVADOR DEL REY GUANTER e LUQUE PARRA), La Ley, Madrid, 2005, p. 12. Também BARBA RAMOS e RODRIGUÉZ-PIÑERO ROYO, "Alternativas de regulación de los derechos on-line en el ordenamiento laboral español", *in Derecho y conocimiento*, nº 1, abordam estes direitos.

[15] Para maiores desenvolvimentos *vide* TERESA COELHO MOREIRA, *A Privacidade dos Trabalhadores e as Novas Tecnologias de Informação e Comunicação: contributo para um estudo dos limites do poder de controlo electrónico do empregador*, Almedina, Coimbra, 2010.

locais. Por outro lado, a implementação deste novo tipo de comunicações coloca problemas relacionados com a protecção de certos direitos fundamentais, *maxime*, da privacidade, na sua vertente de direito à autodeterminação informativa e do segredo das comunicações tutelados constitucionalmente. O poder informático do empregador e o controlo electrónico mostram, desta forma, a sua dupla virtualidade, quer como ferramenta para a consecução de melhorias a nível da empresa, com diminuição dos custos e do tempo necessário para a consecução de certas actividades, quer, simultaneamente, como um instrumento de limitação ou, até, de supressão ou eliminação de certas garantias individuais dos trabalhadores[16].

Defende-se que o facto do desenvolvimento tecnológico permitir certo tipo de controlo não significa que o seu uso seja lícito tendo em atenção os princípios fundamentais do sistema jurídico[17].

2.2. O problema centra-se no estabelecimento de limites e estes estão relacionados com a aplicação dos princípios de protecção de dados pessoais, vertente do direito à privacidade. Através deste tipo de controlo, o empregador conhece informação individual que integra o conceito de dados pessoais, devendo aplicar-se os princípios fundamentais estabelecidos nesta Lei, nomeadamente o princípio da finalidade, da transparência, da proporcionalidade e da compatibilidade com a finalidade declarada, o que supõe a obrigação de informar o trabalhador acerca do tratamento, e o princípio de que a informação recolhida não pode destinar-se a finalidades incompatíveis com a finalidade originária.

2.2.1. Atendendo ao defendido, o empregador, antes da adopção de qualquer medida de controlo electrónico destes meios tem de respeitar o princípio da finalidade. Este princípio previsto no art. 6º, nº 1, alínea b) da Directiva 95/46/CE, e no art. 5º, nº 1, alínea b), da Lei de Protecção

---

[16] No mesmo sentido, MORALES GARCÍA, "La tutela penal de las comunicaciones laborales", *in Tecnología Informática*..., cit., pp. 457-458.

[17] *Vide* RODOTÀ, *Tecnologie e diritti*, Societa Editrice il Mulino, Bolonha, 1995, p. 114. Cf., ainda, CAMAS RODA, "La influencia del correo electrónico electrónico y de Internet en el âmbito de las relaciones laborales", *in RTSS – CEF*, nº 50, 2001, p. 151.

de Dados Pessoais, significa que os dados de carácter pessoal apenas podem ser recolhidos quando existam motivos determinados, explícitos e legítimos[18] [19], indicando que os dados pessoais dos trabalhadores só podem ser tratados se respeitarem estes pressupostos[20], sendo essencial a definição precisa destas finalidades. Desta forma, exigências de segurança, de não congestionamento da rede podem ser consideradas finalidades lícitas e que permitem um controlo electrónico da navegação dos trabalhadores através da análise de dados externos como a frequência e as horas da navegação na *internet*.

Este princípio constitui o princípio verdadeiramente cardinal da protecção de dados[21], sendo os demais princípios função deste na medida em que os dados devem ser adequados, pertinentes e não excessivos em relação à finalidade pretendida; devem ser exactos, completos e actualizados em função da finalidade; e só devem ser conservados pelo tempo que a finalidade exige. Por outro lado, a finalidade assume também relevância no momento em que é assegurado o direito à informação nos termos do art. 10º, nº 1, da Lei de Protecção de Dados Pessoais, assim como

---

[18] Logo nos termos do art. 35º da CRP, tem de existir a especificação das finalidades, tal como escrevem GOMES CANOTILHO e VITAL MOREIRA, *Constituição da República Portuguesa Anotada*, 4ª edição, Coimbra Editora, Coimbra, 2007, p. 552, significando que a finalidade da recolha e o processamento devem ser especificados logo no momento da recolha.

[19] *Vide* DÄUBLER, *Derecho del Trabajo*, Ministério de Trabajo y Seguridad Social, Madrid, 1994, p. 637, e *Arbeitsrecht – Ratgeber für Beruf, Praxis und Studium*, 5ª edição, Bund-Verlag, Frankfurt am Main, 2004, p. 216. Ver, ainda, CYNTHIA CHASSIGNEUX, *Vie privée et commerce électronique*, Les Éditions Thémis, Montreal, 2004, pp. 155-156.

[20] Cf. JEAN-EMMANUEL RAY, "Avant-propos la sub/ordination à la sub/organisation", *in DS*, nº 1, 2002, p. 9.

[21] Em idêntico sentido pode ver-se BELLAVISTA, "I poteri dell' imprenditore e la *privacy* del lavoratore", *in DL*, vol. 76, nº 3, 2002, p. 152, ENRICO GRAGNOLI, "La prima applicazione della lege «sul trattamento dei dati personali» ed il rapporto di lavoro privato", *in RCDP*, nº 4, 1997, p. 703, MARIAPAOLA AIMO, "I «lavoratori di vetro»: regole di trattamento e meccanismi di tutela dei dati personali", *in RGLPS*, nº 1, 2002, pp. 106-107, assim como RODOTÀ, *Tecnologie...*, cit., p. 62. Também JORGE MIRANDA e RUI MEDEIROS, *Constituição Portuguesa Anotada*, Tomo I, Coimbra Editora, Coimbra, 2005, p. 382, entendem que o princípio da finalidade "é o elemento essencial da legitimidade do tratamento dos dados". Cf., ainda, perfilhando a mesma opinião acerca da relevância deste princípio, LAËTITIA BUSNEL, *Les nouveaux moyens de surveillance de la productivité du salarié*, Universidade Panthéon-Assas Paris II, 2004, p. 26, e AGATHE LEPAGE, *Libertés et droits fondamentaux à l'épreuve de l'internet – Droits de l'internaute, Liberté d'expression sur l'Internet, Responsabilité*, Litec, Paris, 2002, p. 28.

no momento em que a autoridade de controlo vai apreciar os pedidos de autorização ou de notificação dos tratamentos de dados pessoais[22].

O princípio da finalidade move-se, desta forma, numa área que serve de exercício das liberdades fundamentais[23] e ao nível das relações laborais significa que as restrições à privacidade dos trabalhadores devem respeitar este princípio, o que equivale a dizer que mesmo que as restrições, sejam admissíveis em abstracto e consentidas em concreto pelos trabalhadores, deverão ser sempre justificadas pela natureza da actividade e proporcionais face à finalidade pretendida[24].

Considerando tudo isto, a finalidade deve ser definida da forma mais precisa possível pois só a sua especificação pormenorizada poderá comprovar a proporcionalidade dos dados registados e permitir aferir da legitimidade de outras operações efectuadas com os mesmos.

Assim, a finalidade pretendida pelo empregador tem de ser legítima, isto é, deve estar em conformidade com o ordenamento jurídico e ser especialmente respeitadora dos valores fundamentais[25].

O defendido assume maior relevância quando esta relação se funda numa relação de trabalho, representando um importante limite ao tratamento, circulação interna ou externa, e conservação de dados pessoais sob forma de restrição de elaboração de perfis automáticos que com base

---

[22] Neste sentido cf. AMADEU GUERRA, *A Privacidade no Local de Trabalho – As novas Tecnologias e o Controlo dos Trabalhadores através dos sistemas Automatizados. Uma abordagem ao Código do Trabalho*, Almedina, Coimbra, 2004, pp. 66-67. Ver, ainda, CATARINA SARMENTO E CASTRO, "A protecção de dados pessoais dos trabalhadores", *in* QL, nº 19, 2002, cit., p. 53, e *Direito da informática Privacidade e Dados Pessoais*, Almedina, Coimbra, 2005, p. 151.

[23] Tal como menciona PASQUALE CHIECO, *Privacy e Lavoro – La disciplina del trattamento dei dati personali del lavoratore*, Cacucci Editore, Bari, 2000, p. 91. No mesmo sentido MARCO MAGLIO, *Penelope, Narciso e il mito della privacy: la cultura della riservatezza tra antichi e nuove virtu*, *in* www.privacy.it, p. 3, entende que o respeito pelo princípio da finalidade representa o "fundamento sobre o qual o edifício da cultura da riservatezza deve edificar-se". Também GIOVANNI NICOLINI, "Tutela della riservatezza del lavoratore", *in La tutela della...*, cit., pp. 106-107, defende o mesmo, assim como LUCA FAILLA e CARLO QUARANTA, *op.* cit., p. 123, referindo-se a este princípio como estabelecendo um princípio de "coerência".

[24] Neste sentido cf. JEAN SAVATIER, "La liberté dans le travail", *in* DS, nº 1, 1990, p. 55, e RUI ASSIS, *O poder de direcção do empregador – Configuração geral e problemas actuais*, Coimbra Editora, Coimbra, 2005, p. 243.

[25] Neste sentido THIBAULT ARANDA, "El derecho...", cit., p. 78.

nestes tenham sido obtidos[26]. Este relevo surge, sobretudo do facto de nenhuma informação assumir um valor imutável e único quando se trata do tratamento de dados, sendo que a sua importância varia consoante o contexto em que se insere, as finalidades para as quais vão ser recolhidas e outras informações que possam ser tratadas[27].

O princípio da finalidade visa, desta forma, evitar a pretensão do empregador de converter o contrato de trabalho numa unidade de recolha de informação pessoal sobre os trabalhadores, que permita o estabelecimento de perfis[28]. Pretende-se evitar, desta forma, uma espécie de "abdicação do homem em favor da propriedade cognitiva e decisória do computador"[29].

2.2.2. O empregador terá, ainda, de respeitar sempre o princípio da proporcionalidade. Este princípio da proporcionalidade ou da proibição do excesso[30] é considerado um princípio fundamental, sendo actualmente entendido como um princípio de controlo[31] [32] e um mecanismo de equilíbrio entre os diferentes direitos em causa[33].

---

[26] Neste sentido vd. FRANK HENDRICKX, Protection of worker's personal data in the European Union – Two studies, edição da União Europeia, in www.europa.eu, pp. 23-24.

[27] BELLAVISTA, Il controllo sui lavoratori, Giappichelli Editore, Turim, 1995, p. 139.

[28] Neste sentido MARTÍNEZ FONS, El poder de control..., cit., p. 231 e, ainda, ENRICO GRAGNOLI, op. cit., p. 703.

[29] BUTARELLI, Banche dati e tutela della riservatezza – La privacy nella Società dell'informazione – Commento analitico alle leggi 31 dicembre1996, nº 675 e 676 in matéria di tratamento dei dati personali e alla normativa comunitária ed internazionale, Giuffrè Editore, Milão, 1997, p. 343.

[30] Esta terminologia é referida por GOMES CANOTILHO, Direito Constitucional e Teoria da Constituição, 5ª edição, Almedina, Coimbra, 2002, p. 268.

[31] Neste sentido GOMES CANOTILHO, última op. cit., p. 268.

[32] A noção deste princípio não é nova. Já nos séculos XVIII e XIX, ela estava presente na ideia britânica de reasonableness, no conceito prussiano de Verhältnismäßigkeit, na figura do détournement du pouvoir no ordenamento jurídico francês, e na categoria italiana de ecesso di potere. Mas, como observa GOMES CANOTILHO, Direito Constitucional e ..., cit., p. 268, o alcance do princípio era menor porque "era mais o de revelação de sintomas de patologias administrativas – arbitrariedade, exorbitância de actos discricionários da administração – do que o de um princípio material de controlo das actividades dos poderes públicos". A situação altera-se após as Guerras Mundiais, onde a tentativa de encontrar um direito materialmente justo implica a que este instituto se expanda para outros campos.

[33] Cf. ROIG BATALLA, "El uso de Internet en la empresa: aspectos constitucionales", in El uso laboral y sindical del correo electrónico e Internet en la empresa – Aspectos constitucionales, penales y labo-

Este princípio tende a realizar a procura do equilíbrio entre as obrigações do trabalhador, que emanam do seu contrato de trabalho, e o âmbito de liberdade constitucional da sua privacidade, garantindo que a modulação deste direito fundamental vai ser realizada na medida estritamente imprescindível ao seu correcto respeito, isto é, com as restrições na quantidade, na qualidade e no procedimento[34].

Entende-se, ainda que o princípio da proporcionalidade, quando aplicado ao âmbito laboral, pressupõe um juízo prévio sobre a necessidade ou indispensabilidade da medida e um outro posterior sobre a proporcionalidade dos sacrifícios que comporta para os direitos fundamentais dos trabalhadores.

Este princípio está previsto no art. 6º, nº 1, alínea c) da Directiva 95/46/CE, e no art. 5º, nº 1, alínea c), da Lei de Protecção de Dados Pessoais, e significa que o tratamento de dados pessoais deve respeitar este princípio, devendo ser adequado, pertinente e não excessivo relativamente às finalidades para que os dados são recolhidos[35].

Este princípio da proporcionalidade está associado à qualidade dos dados pessoais, constituindo um factor fundamental para a legalidade do seu tratamento[36].

---

rales, (coord. ROIG BATALLA), tirant lo blanch, Valencia, 2007, p. 48. Este autor entende que o princípio da proporcionalidade pode ser entendido como uma espécie de princípio da boa fé de aplicação multilateral e não já unilateral como no passado. Também WILLIS GUERRA FILHO, "Notas em torno ao princípio da proporcionalidade", *in Perspectivas Constitucionais – Nos 20 anos da Constituição de 1976*, (coord. JORGE MIRANDA), vol. I, Coimbra Editora, Coimbra, 1996, p. 259, escreve que este princípio é entendido como um "mandamento de otimização do respeito máximo a todo o direito fundamental, em situação de conflito com outro(s)".

[34] Ver MARGARITA APILLUELO MARTÍN, "Contornos de control empresarial de la intimidad del trabajador ante las nuevas tecnologías y a la luz de la doctrina judicial", *in AS*, I, 2003, p. 774.

[35] Também se refere a este princípio o Documento do Grupo de Protecção de Dados do art. 29º, relativo ao tratamento de dados pessoais no âmbito do emprego – *Opinion 8/2001 on the processing of personal data in the employment context*, de 13 de Setembro de 2001, p. 3. *Vd.*, ainda JÚLIO GOMES, *Direito do Trabalho, Volume I, Relações Individuais de Trabalho*, Coimbra Editora, Coimbra, 2007, p. 331.

[36] Cf. CATARINA SARMENTO E CASTRO, *Direito da Informática, Privacidade e Dados Pessoais*, Almedina, Coimbra, 2005, p. 150. No mesmo sentido veja-se a *Deliberação nº 61/2004* sobre *Princípios sobre a privacidade no local de trabalho – O tratamento de dados em centrais telefónicas, o controlo do e-mail e do acesso à Internet*, in www.cnpd.pt, da CNPD, p. 6, onde se refere que "o princípio da proporcionalidade exige uma apreciação sobre a «qualidade dos dados»". Ver, ainda, CAMAS

Impõe-se, desta forma, o tratamento exclusivo dos dados pertinentes e não excedentários em relação à finalidade para a qual são recolhidos, sendo a *ratio* da norma a do emprego dos dados pessoais aos casos em que seja indispensável para a consecução dos objectivos pretendidos, funcionando como *ultima ratio, in extremis*[37]. Desta forma, é sempre necessário realizar um juízo prévio sobre a necessidade ou indispensabilidade da medida e um juízo posterior sobre a proporcionalidade dos sacrifícios que comporta[38].

2.2.2.1. Tendo em atenção este princípio, relativamente ao controlo electrónico da *internet*, em primeiro lugar, o empregador pode regulamentar o uso destes meios estabelecendo quanto tempo os trabalhadores poderão utilizá-los e sancionar disciplinarmente quem exceda esses limites[39]. Mas não fica legitimado para controlar as páginas visitadas, pois cai

---

RODA, "La influencia del correo electrónico y de Internet en el âmbito de las relaciones laborales", in *RTSS – CEF*, nº 50, 2001, p. 146.

[37] Veja-se EULALIA POLICELLA, "Il controllo dei dipendenti tra Codice privacy e Statuto del lavoratori", *in LNG*, nº 10, 2004, p. 938. No mesmo sentido BELLAVISTA, "I poteri dell'...", cit., p. 159, entendendo que o controlo electrónico só pode ser realizado em "*extrema ratio*", relacionado com um princípio de indispensabilidade, reduzindo ao mínimo a lesão dos direitos dos trabalhadores.

[38] A decisão do TSJ de Cantabria, de 18 de Janeiro de 2007 é elucidativa relativamente a este princípio. Neste acórdão, o tribunal decidiu ser ilegal o controlo efectuado ao trabalhador apesar de ter-se cumprido o princípio da transparência, assim como com as regras da boa fé, na medida em que se tinha informado previamente os trabalhadores acerca da existência de um sistema de controlo da utilização da *Internet*. Porém, a recolha de dados não se limitava a realizar controlos estatísticos dos acessos à *Internet*, mas pelo contrário, permitiam conhecer, *inter alia*, as várias páginas *Web* visitadas, as fotografias, bem como todos os *sites* visitados e o tempo de conexão, o que permitia reconstruir minuciosamente todos os passos dos trabalhadores. Cf. THIBAULT ARANDA, "La vigilância del uso de internet en la empresa y la protección de datos personales", *in RL*, nºs 5-6, 2009, pp. 73-74.

[39] Ver o defendido por STEPHAN ALTENBURG, WOLFGANG REINERSDORFF e THOMAS LEISTER, "Telekommunikation am Arbeitsplatz", *in MMR*, nº 3, 2005, p. 136, referindo-se à possibilidade de controlo dos dados externos dos *sites* visitados, nomeadamente a data, o início da ligação, assim como o final, dados que nos parecem ser suficientes para a imputação de factos aos trabalhadores e, eventualmente, a sua utilização abusiva. Cf., ainda, referindo-se à possibilidade de controlo dos dados externos, ACHIM LINDEMANN e OLIVER SIMON, "Betriebsvereinbarungen zur E-Mail –, Internet- und Intranet-Nutzung", *in BB*, nº 38, 2001, pp. 1952-
-1953, assim como PETER GOLA, "Neuer Tele-Datenschutz für Arbeitnehmer? Die Anwendung von TKG und TDDSG im Arbeitsverhältnis", *in MMR*, nº 6, 1999, pp. 326-327. No mesmo

dentro da protecção do direito à privacidade em sentido amplo que engloba o direito previsto constitucionalmente no art. 35º da CRP. Se é certo que não se pode considerar a *internet* como um meio de comunicação tutelado pelo direito ao abrigo do sigilo das comunicações, a verdade é que pode facultar uma série de dados acerca da pessoa e originar a constituição de perfis, devendo invocar-se a protecção do direito à autodeterminação informativa.

Parece, ainda, que há outro aspecto a atender em relação ao controlo do uso da *internet* e que é o de que os empregadores devem ser cautelosos em retirar conclusões, atendendo à facilidade com que os *sites* podem ser visitados inadvertidamente, quer por reacções involuntárias dos motores de busca, quer por ligações de hipertexto pouco claras, quer por anúncios enganadores em *banners* ou erros de introdução de texto, sendo que os factos deverão ser apresentados aos trabalhadores dando-se-lhes a possibilidade de contestar a utilização incorrecta alegada pelo empregador.

Defende-se, assim, que o tipo de controlos a realizar deve ser indirecto, na medida em que na maior parte das vezes será suficiente para defender o interesse do empregador, optando-se por controlos estatísticos relativos à generalidade dos trabalhadores em relação ao tempo de conexão e aos *sites* mais visitados.

Excepcionalmente, contudo, e perante um interesse do empregador constitucionalmente relevante poderá efectuar-se um controlo individual quando não for possível o controlo através doutra forma menos ofensiva e respeitando sempre o princípio da proporcionalidade[40].

Na medida em que a fiscalização sobre a actividade realizada pelo trabalhador limita o direito fundamental à privacidade, deve pautar-se pelo princípio da intervenção mínima, devendo a medida de controlo sobre a navegação na *internet* ter uma repercussão mínima nos direitos do trabalhador. Quer isto dizer que o empregador só pode efectuar um controlo

---

sentido, HAZEL OLIVER, "E-mail and Internet Monitoring in the workplace: Information Privacy and Contracting-Out", *in ILJ*, vol. 31, nº 4, 2002, p. 328.

[40] Vejam-se OLIVIER RIJCKAERT, *Surveillance des travailleurs: Nouveaux procédés, multiples contraintes*, in www.droit-technologie.org, p. 12, e SEMPERE NAVARRO e CAROLINA SAN MARTÍN MAZZUCCONI, "Intimidad del trabajador y registros informáticos", *in Revista Europea de Derechos Fundamentales*, nº 1, 2003, p. 58. Ver, ainda, FERNÁNDEZ VILLAZÓN, *Las facultades empresariales de control de la actividad laboral*, Thomson Aranzadi, Navarra, 2003, pp. 146-147.

individualizado quando tiver detectado alguma irregularidade no uso da *internet* por parte do trabalhador e não seja possível satisfazer o seu interesse através de outros meios de controlo[41]. Acresce, para além do carácter indispensável do controlo, que este tem que ser o menos intrusivo possível, limitando o conhecimento da informação do trabalhador assim como o período temporal de sujeição ao estritamente necessário para o fim que esteve na base do controlo electrónico. Assim, por exemplo, se a finalidade era a de verificar a utilização abusiva dos tempos de conexão à *internet*, bastará registar o tempo de conexão do trabalhador e compará-lo com outros trabalhadores que desempenhem idênticas funções.

Entende-se, desta forma, que um controlo arbitrário e injustificado sobre a *internet*, ou que não preencha os requisitos da proporcionalidade, é interdito por constituir uma violação do direito à privacidade do trabalhador[42].

Parecem ser estes os princípios que decorrem do art. 22º do CT considerando que este estipula a protecção da *internet* na parte em que tutela o acesso a informação de natureza não profissional que o trabalhador envie, receba ou consulte[43].

Entende-se, assim, que o legislador pretendeu atribuir ao trabalhador o direito à reserva em relação ao tipo de informação a que aceda, via *internet*, e que tenha um carácter não profissional na medida em que se tutelam aspectos relacionados com a privacidade[44].

---

[41] No mesmo sentido GOÑI SEIN, *op.* cit., p. 87.
[42] No mesmo sentido *vide* MARTÍNEZ FONS, "Uso y control de las...", cit., pp. 1340-1341, e "El control empresarial...", cit., pp. 218-219, escrevendo que os controlos individuais só podem ser realizados se cumprirem vários requisitos: deverá ter por base um interesse do empregador suficientemente relevante que justifique a restrição do direito do trabalhador, a medida só poderá ter a extensão temporal que se infere do fim que justificou a sua adopção; e, por último, a natureza do controlo fica limitada pela sua finalidade, devendo a informação que fica registada ser a estritamente necessária para satisfazer o interesse do empregador.
[43] Sublinhado nosso.
[44] Neste sentido AMADEU GUERRA, *op.* cit., pp. 399-400, e GUILHERME DRAY, *Direitos de personalidade – Anotações ao Código Civil e ao Código do Trabalho*, Almedina, Coimbra, 2006, p. 88, e em PEDRO ROMANO MARTINEZ e outros, – *Código do Trabalho Anotado*, 7ª edição, Almedina, Coimbra, 2009, p. 158, referindo que "em regra, o controlo dos acessos à *internet* deve ser feito de forma não individualizada e global e não persecutória".

2.2.2.2. Relativamente ao controlo do *e-mail*, terá de ter-se em atenção toda a protecção constitucional dada não só ao direito à privacidade na sua vertente de direito à autodeterminação informativa mas, sobretudo, ao direito previsto no art. 34º de segredo de correspondência. Estes princípios, quer constitucionais, e mesmo penais, têm de ser atendidos quando se pretende regular o controlo dos *e-mails* dos trabalhadores por parte dos empregadores, tendo ainda em atenção o art. 22º do CT.

Em primeiro lugar, defende-se que o empregador não pode invocar os seus legítimos poderes de organização, direcção e controlo para limitar o exercício do direito constitucional previsto no art. 34º e, também, no art. 22º do CT.

Entende-se, assim, que a titularidade do meio utilizado não justifica, por si mesma, o acesso às comunicações electrónicas realizadas através da empresa. O contrato de trabalho não transforma o empregador num interlocutor da mensagem ou num terceiro qualificado para transgredir o sigilo das comunicações[45]. O empregador é um terceiro e o acesso deste ao conteúdo dos *e-mails* enviados ou recebidos pelo trabalhador pode vulnerar o sigilo das comunicações[46].

---

[45] Neste sentido veja-se INMACULADA MARÍN ALONSO, *El poder de control empresarial sobre el uso del correo electrónico en la empresa – su limitación en base al secreto de las comunicaciones*, Tirant monografias, Valencia, 2005, pp. 159-160, e ROIG BATALLA, *op. cit.*, p. 73. No mesmo sentido GARCIA PEREIRA, "A grande e urgente tarefa da dogmática juslaboral: a constitucionalização das relações laborais", *in V Congresso Nacional de Direito do Trabalho – Memórias*, (coord. ANTÓNIO MOREIRA), Almedina, Coimbra, 2003, pp. 287-288, referindo que estes direitos não podem ceder perante exigências organizativas do direito de propriedade do empregador e, por isso, os trabalhadores só podem ter as suas comunicações pessoais "devassadas" por ordem judicial. Conclui, assim, que "nenhum fundamento constitucional permite que um empregador privado se arrogue fazer aquilo que afinal, mesmo em caso de responsabilidade criminal, nem os polícias estatais podem, sem autorização de um Juiz de instrução levar a cabo...".

[46] Defende-se, assim, a ideia de que a titularidade dos meios de comunicação não elimina o direito ao segredo e às garantias constitucionais. Aliás, isto foi referido pelo acórdão do STJ, de 5 de Julho de 2007, disponível em www.dgsi.pt, e quanto a nós muito bem, no ponto IV do sumário – "não é pelo facto de os meios informáticos pertencerem ao empregador que afasta a natureza privada da mensagem e legitima este a aceder ao seu conteúdo". Esta decisão do Supremo parece-nos muito positiva pois colocou nos devidos termos a questão do controlo electrónico do empregador na medida em que se baseou na tutela do direito ao sigilo da correspondência. No mesmo sentido pode ver-se o acórdão da Relação do Porto de 8 de Fevereiro de 2010, *in* www.dgsi.pt

Não se pode esquecer, ainda, que o controlo exercido pelo empregador tem de respeitar sempre a dignidade da pessoa humana e, por isso, não é pelo facto de colocar à disposição do trabalhador uma conta de correio electrónico que pode automaticamente defender-se o poder de controlar arbitrariamente as comunicações realizadas através da mesma.

Entende-se, assim, que o empregador fica limitado no seu poder de controlo electrónico, não podendo controlar o conteúdo dos *e-mails* pessoais[47], devendo proceder-se a uma distinção entre diferentes situações.

Considera-se que deve fazer-se a distinção entre os *e-mails* profissionais e os *e-mails* pessoais, não deixando de considerar, contudo, que, por vezes, a distinção é difícil.

Deve, em primeiro lugar, distinguir-se consoante se trate de *e-mails* recebidos ou enviados, devendo o empregador assegurar ao trabalhador os meios mais eficazes para eliminar automaticamente os *e-mails* recebidos cuja entrada na sua caixa postal ele não pode controlar[48].

Devem distinguir-se os *e-mails* profissionais dos *e-mails* pessoais para efeitos de um diferente controlo do empregador.

Parece-nos excessivo abranger dentro da protecção do sigilo das comunicações os *e-mails* profissionais, no caso de existir uma política clara acerca da utilização destes e contas separadas de *e-mails*. Entende-se que, no caso dos *e-mails* profissionais há uma relação comitente-comissário[49] em que o empregador pode controlar o conteúdo destas mensagens, respeitando todos os requisitos para o exercício correcto do seu poder de

---

[47] Neste sentido, referindo a impossibilidade de visualização de conteúdos, vejam-se, a título exemplificativo, AMADEU GUERRA, *op*. cit., pp. 388-389, Mª REGINA REDINHA e Mª RAQUEL GUIMARÃES, "O uso do correio electrónico no local de trabalho – algumas reflexões", *in Estudos em Homenagem ao Professor Doutor Jorge Ribeiro de Faria*, Coimbra Editora, Coimbra, 2003, p. 666, referindo que "as mensagens pessoais destinadas ao trabalhador podem pressupor a sua inviolabilidade por terceiros", MENEZES LEITÃO, "A protecção dos dados pessoais no contrato de trabalho", *in A reforma do Código do Trabalho*, Coimbra Editora, Coimbra, 2004, p. 135, referindo-se a esta inviolabilidade, PEDRO ORTINS DE BETTENCOURT, "A internet no local de trabalho", *in VIII Congresso Nacional de Direito do Trabalho – Memórias*, (coord. ANTÓNIO MOREIRA), Almedina, Coimbra, 2006, p. 41, RITA GARCIA PEREIRA, "Os E-mails: O cavalo de Tróia Actual", *in Minerva – Revista de Estudos Laborais*, Ano IV, nº 7, 2005, pp. 198-199, e RUI ASSIS, *O poder de direcção do empregador – Configuração geral e problemas actuais*, Coimbra Editora, Coimbra, 2005, p. 254.

[48] AMADEU GUERRA, *op*. cit., p. 388.

[49] Neste sentido GOÑI SEIN, *op*. cit., p. 81.

controlo, principalmente o requisito da proporcionalidade, na medida em que não nos parece que o empregador seja um terceiro para efeitos de obtenção de uma prévia autorização judicial. Nestes casos, a comunicação transmite-se por canais "fechados" de transmissão, embora estas comunicações contenham meras execuções da prestação de trabalho e não ideias dos comunicantes. Não pode deixar de sublinhar-se, no entanto, que o controlo exercido tem de ser o menos intrusivo possível, entendendo-se que existe um consentimento do trabalhador neste sentido, até porque envia e recebe mensagens de acordo com as ordens que recebe do empregador. Assim, o conteúdo das mensagens electrónicas profissionais não pode considerar-se património exclusivo do trabalhador, sendo também da empresa[50].

Contudo, o empregador não pode controlar tudo e a todo o momento porque há que ter em atenção a Lei de Protecção de Dados Pessoais, nomeadamente o princípio da finalidade e da compatibilidade com a finalidade declarada, e todos os princípios que devem ser seguidos em relação ao poder de controlo electrónico do empregador, principalmente o princípio da proporcionalidade.

Assim, quando existe uma política clara acerca da utilização destes meios com o estabelecimento de limites proporcionais e de acordo com o princípio da boa fé que os trabalhadores conhecem, respeitando-se assim os princípios da informação e da publicidade, deve considerar-se lícita a possibilidade de acesso do empregador ao *e-mail* profissional do trabalhador sem necessitar de autorização judicial.

No entanto, este tipo de controlo não pode ser permanente, devendo respeitar o princípio da proporcionalidade. Assim, em princípio, a abertura destes *e-mails* deve ser excepcional, devendo ocorrer na presença do trabalhador, a não ser que este se encontre ausente por algum motivo e seja exactamente este a causa da sua visualização.

É, assim, necessária a presença de uma razão objectiva para o exercício do poder de controlo do empregador, não podendo realizar-se controlos arbitrários, indiscriminados ou exaustivos dos *e-mails* dos trabalhadores.

---

[50] Ver, neste sentido, GOÑI SEIN, *op.* cit., p. 81, MARTÍNEZ FONS, "El control de la...", cit., p. 40, e ROSA MORATO GARCÍA, El control sobre internet y correo electrónico en la negociación colectiva", *in RL*, nº 24, 2005, pp. 104-105.

Se tal ocorre, este controlo é ilícito porque viola os princípios que têm de estar presentes aquando da adopção de medidas de controlo: princípio da proporcionalidade, da transparência e da boa fé.

Por outro lado, o empregador tem de respeitar o princípio da adequação não tomando conhecimento superior ao necessário e recorrendo às técnicas menos intrusivas, de acordo com o princípio da proporcionalidade. Só se não for possível através destes meios menos intrusivos obter a satisfação do interesse do empregador é que se legitima o recurso ao controlo do conteúdo[51].

No caso de se tratar de mensagens marcadas como pessoais ou de mensagens que não estão qualificadas como tais mas que pelo teor dos dados externos se deduz que o sejam a situação é totalmente diferente[52]. Nestes casos as mensagens estão protegidas pelo direito ao sigilo das comunicações nos termos constitucionais e também pelo art. 22º do CT, sendo, assim, invioláveis. O empregador não pode controlar o conteúdo destas mensagens nem mesmo em situações excepcionais em que há suspeitas de abuso. Qualquer acto de intercepção da comunicação contida nesta parte da caixa postal constituirá uma violação dos preceitos referidos anteriormente, sendo que a prova obtida será considerada nula nos termos do art. 32º, nº 8, da CRP[53]. E isto independentemente do con-

---

[51] Veja-se GOÑI SEIN, *op.* cit., p. 81.

[52] Mas não só. Mesmo que aparentemente pareçam profissionais, se o empregador as visualizar e notar que são pessoais, tem a obrigação de não as divulgar a terceiros e parar a leitura quando se aperceber desse teor pessoal. Isto foi também o defendido pelo acórdão do STJ, de 5 de Julho de 2007, já citado anteriormente, que estabeleceu no ponto VIII do sumário que "a falta de referência prévia, expressa e formal da "pessoalidade" da mensagem não afasta a tutela prevista no art. 21º, nº 1 do CT." E, mais à frente, estabeleceu que "IX – Tendo o Director da Divisão de após Venda acedido à pasta de correio electrónico, ainda que de boa fé por estar de férias a destinatária da mensagem em causa, e tendo lido esta, a natureza pessoal do seu conteúdo e a inerente confidencialidade impunham-lhe que desistisse da leitura da mensagem logo que se apercebesse dessa natureza e, em qualquer caso, que não divulgasse esse conteúdo a terceiros".

[53] Veja-se no mesmo sentido o decidido pelo acórdão do STJ, de 5 de Julho de 2007, já citado anteriormente, ao estipular em relação aos *e-mails*, que "X – A tutela legal e constitucional da confidencialidade da mensagem pessoal (arts. 34º, nº 1, 32º, nº 8 e 18º da CRP, 194º, nºs 2 e 3 do CP e 21º do CT) e a consequente nulidade da prova obtida com base na mesma, impede que o envio da mensagem com aquele conteúdo possa constituir o objecto de processo dis-

teúdo revestir carácter privado ou não já que a tutela constitucional é realizada em termos objectivos, independentemente do conteúdo.

Entende-se, desta forma, que perante suspeitas razoáveis de incumprimentos contratuais por parte do trabalhador, o empregador não poderá controlar o conteúdo sem uma prévia autorização judicial, nos termos do art. 34º da CRP, mesmo que aquele tenha violado as regras estabelecidas pelo empregador, na medida em que a propriedade dos meios não retira a titularidade do direito e a infracção cometida pelo trabalhador é, quanto muito, uma infracção disciplinar[54].

No caso de não existir uma política clara sobre a utilização destes meios ou mesmo que exista, se se permitir um uso indiscriminado, a questão não se afigura de fácil resolução. Assim, nos casos em que o trabalhador tem uma só conta de *e-mail* e a usa indistintamente para fins pessoais ou profissionais. Nestes casos parece-nos que o *e-mail* estará protegido pelo direito ao sigilo das comunicações gozando, em princípio, da inviolabilidade. O empregador não pode aceder ao mesmo, nem aos ficheiros dos trabalhadores de forma indiscriminada nem com fins preventivos para controlar ou assegurar o seu bom uso[55]. Se o fizer estará a violar os arts. 34º da CRP e 22º do CT.

Defende-se que o controlo destes *e-mails* reveste particular acuidade e parece que nestes casos, o acesso aos *e-mails* deve ser a última instância a ser utilizada pelo empregador, sendo que este acesso deve ser realizado na presença do trabalhador e de um seu representante (a não ser que aquele o dispense). O acesso deve limitar-se à visualização do assunto, à

---

ciplinar instaurado com vista ao despedimento da trabalhadora, acarretando a ilicitude do despedimento nos termos do art. 429º, nº 3 do CT".

[54] Veja-se, neste sentido, GUILHERME DRAY, *op. cit.*, pp. 88-89, escrevendo que "o incumprimento das regras de utilização fixadas nos termos do nº 2 consubstancia uma infracção disciplinar, mas não legitima a violação, pelo empregador, do direito à confidencialidade a que se refere o nº 1", assim como MENEZES LEITÃO, *op. cit.*, p. 135. Também Mª DO ROSÁRIO PALMA RAMALHO, "O telemóvel e o trabalho algumas questões jurídicas", *in Estudos em Honra do Professor Doutor José de Oliveira Ascensão, volume II*, (coord. MENEZES CORDEIRO, PEDRO PAIS DE VASCONCELOS e PAULA COSTA E SILVA), Almedina, Coimbra, 2008, pp. 1588-1589, ainda que em relação ao telemóvel, defende o mesmo.

[55] Ressalta, desta forma, a importância de se adoptarem políticas claras de utilização destes meios, dividindo entre *e-mails* profissionais e *e-mails* pessoais.

data e à hora do envio, podendo o trabalhador qualificar certos *e-mails* como pessoais[56], ficando o empregador inibido de os ler[57].

O empregador, apesar de não poder controlar o conteúdo das mensagens no caso dos *e-mails* pessoais ou no caso de um uso indiscriminado, poderá, contudo, controlar alguns dados externos para tentar visualizar se os trabalhadores estão a utilizar correctamente ou não os seus meios de comunicação.

Não se duvida de que o direito ao sigilo das comunicações também abrange estes dados, e que o próprio TEDH, no caso *Malone* entendeu que o simples registo dos números telefónicos realizados constitui uma ingerência ilegítima na privacidade das pessoas, sobretudo do destinatário da chamada, na medida em que o direito ao segredo das comunicações abrange estes dados. Contudo, realizando uma interpretação menos restrita do sigilo das comunicações e comparando-as com as de outro tipo também cobertas pelo segredo, como é o caso do correio tradicional, pode ver-se que neste conhece-se quem é o destinatário de uma carta e quem é o remetente e nem o serviço de correios, nem o carteiro, ao conhecer esses dados estão a incorrer na violação do direito ao sigilo das comunicações[58].

Nota-se que, atendendo ao princípio da proporcionalidade, o conhecimento de certos dados externos configura uma menor intensidade da ingerência neste direito fundamental. Por outro lado, parece que há que tutelar de certa forma os interesses do empregador e, por isso, se não se permitisse o controlo destes dados ele ficaria sem qualquer possibilidade de controlo.

Parece, ainda, que na defesa desta opinião pode acrescer outro argumento tendo em conta o teor da Directiva 2002/58/CE. Desde logo, deve ter-se em consideração o art. 6º, nº 2, que refere: "podem ser tratados dados de tráfego necessários para efeitos de facturação dos assinantes e de pagamento de interligações", assim como o art. 6º, nº 2, alínea b), da Lei nº 41/2004, de 18 de Agosto que transpôs esta Directiva. Podem ver-se ainda os considerandos nºs 26, 27 e 29 desta Directiva, a defenderem,

---

[56] Se já não estiverem qualificados previamente como tal pelo trabalhador.
[57] AMADEU GUERRA, *op.* cit., p. 389.
[58] Em idêntico sentido MUÑOZ LORENTE, "Los limites penales en el uso del correo electrónico e Internet en la empresa", in *El uso laboral y sindical...*, cit., p. 170.

em certas circunstâncias, a possibilidade de tratamento de determinados dados de tráfego.

A questão que se coloca é a de saber que tipo de dados externos e de tráfego o empregador poderá conhecer.

É essencial fazer uma distinção entre o conteúdo de uma mensagem de *e-mail* e os dados de tráfego. Estes são os dados que os *protocolos* necessitam para realizar a transmissão adequada do remetente ao destinatário. Os dados de tráfego consistem, em parte, em informações fornecidas pelo remetente e, em parte, em informações geradas automaticamente durante o tratamento do *e-mail*[59]. Estes dados estão colocados, no todo ou em parte, no cabeçalho, que é transmitido a quem recebe o *e-mail*, juntamente com a própria mensagem. As partes transmitidas dos dados de tráfego são utilizadas pelo servidor de correio e pelo "cliente de correio" do destinatário, para tratar correctamente os *e-mails* recebidos.

Tendo em atenção este tipo de dados, defende-se que o empregador pode controlar alguns. Assim, o empregador tem ao seu dispor, sem chegar a vulnerar um direito fundamental como é o do sigilo das comunicações, meios jurídicos suficientes para controlar e sancionar o comportamento indevido do trabalhador, utilizando para isso meios que não vulnerem os seus direitos fundamentais.

Desta forma podem controlar-se, dentro do seu legítimo poder de controlo, questões adjacentes a este tipo de comunicação como, *inter alia*, o custo da ferramenta de trabalho, o tempo gasto pelos trabalhadores na utilização da mesma e o acesso à rede informática[60]. Pode chegar, inclusive, a controlar certos dados de tráfego, que, embora em princípio estejam protegidos pelo direito ao segredo das comunicações, através das novas características destes meios tornam-se muitas vezes patentes e descobertos, como será o caso do controlo dos remetentes das mensagens, do assunto desta, do tipo de anexos e do seu tamanho, assim como o número de mensagens enviadas ou recebidas na direcção de *e-mail* e o tempo de permanência na rede. O controlo destas circunstâncias, sendo possível, permite ao empregador, em função da aplicação do princípio da boa fé, ou melhor, da sua não transgressão, fazer cessar ou não a relação

---

[59] Por exemplo, data e hora de envio.
[60] Neste sentido INMACULADA MARÍN ALONSO, *op.* cit., p. 208.

de trabalho com base numa utilização inadequada ou abusiva das ferramentas de trabalho da empresa[61].

Sustenta-se, contudo, que não deve ser possível, à semelhança do defendido no ordenamento jurídico alemão, o controlo do destinatário dos *e-mails* na medida em que se trata de um terceiro e de dados pessoais deste, além de que este pode até desconhecer qual a política de *e-mail* da empresa[62]. Assim, entende-se que o conhecimento dos dados de tráfego deve ficar limitado ao remetente, ao assunto, à hora do envio, ao tamanho deste assim como ao tipo de anexo, mas não ao seu conteúdo porque este também está abrangido pelo direito ao sigilo das comunicações. Parece-nos que o conhecimento deste tipo de dados é suficiente para o empregador poder controlar correctamente a utilização destes meios e estabelecer sanções para quem viole as instruções dadas, podendo visualizar-se se estão a ser utilizados para acções ilícitas, bastando ver o tipo de anexos.

Entende-se, desta forma, que o empregador não fica legitimado para controlar o conteúdo dos *e-mails* pessoais enviados ou recebidos pois estes caiem dentro da protecção do direito ao sigilo da correspondência previsto no art. 34º da CRP e no art. 22º do CT, só podendo o controlo cingir-se a este tipo de dados.

2.3. O empregador terá ainda, previamente à adopção de qualquer medida de controlo que respeitar o princípio da transparência que consiste no conhecimento da vigilância e do controlo exercido pelo empregador, sendo essencial para o correcto tratamento de dados pessoais das pessoas, em geral, e dos trabalhadores, em especial. Desta forma, o direito do titular dos dados a receber toda a informação relativa a si mesmo, constitui um dos princípios geralmente aceites como parte essencial e integrante do direito à autodeterminação informativa[63].

Desta forma, os trabalhadores têm de ser informados de como, quando e de que forma, este controlo é realizado[64]. Os empregadores têm

---

[61] Neste sentido veja-se, a título meramente exemplificativo, GOÑI SEIN, *op.* cit., p. 84, e INMACULADA MARÍN ALONSO, *op.* cit., pp. 208 e ss..
[62] No mesmo sentido RITA GARCIA PEREIRA, *op.* cit., p. 199.
[63] Perfilha a mesma opinião MARTÍNEZ FONS, "Tratamiento y protección...", cit., p. 64.
[64] Veja-se MAURIZIO DE ARCANGELIS, *L'Internet et la vie privée*, Editions "Les Fils d'Arianne", Aix-en-Provence, 2004, pp. 82-83. Também ver GARCÍA NINET, "Sobre el uso y abuso del telé-

de advertir com clareza os trabalhadores sobre os limites ao uso destas novas tecnologias, limites que devem ser razoáveis e não excessivos em relação à finalidade pretendida[65]. Torna-se, assim, absolutamente imprescindível que os trabalhadores conheçam as limitações na utilização destes novos meios de comunicação, não esquecendo que a informação sobre a aplicação do controlo constitui um princípio de legitimidade da actividade, sendo que a boa fé no exercício dos poderes do empregador, em geral, e no do controlo, em especial, origina a proibição do controlo oculto[66].

Assim, o empregador, de acordo com este princípio de transparência e de boa fé, tem de facultar aos seus trabalhadores uma explicação de acesso imediato, clara e rigorosa da sua política relativamente à utilização e eventual controlo do correio electrónico e da *Internet*. O empregador deverá fornecer aos trabalhadores as indicações sobre a utilização do correio electrónico e da *Internet* dentro da empresa, descrevendo, pormenorizadamente, em que medida os meios de comunicação da empresa poderão ser usados para comunicações pessoais pelos trabalhadores, nomeadamente a limitação das horas e a duração do uso, parecendo também, no seguimento do adoptado no *Documento de trabalho sobre a vigilância das comunicações electrónicas*[67], de referir, ainda, em relação ao correio electrónico, *inter alia*, se um trabalhador tem direito a uma caixa de correio electrónico para uso meramente pessoal, se o uso de caixas de correio de *webmail* é permitido no trabalho e se o empregador recomenda a utilização, pelos trabalhadores, de uma caixa de correio de *webmail* para uso meramente pessoal do correio electrónico; deve informar, também, sobre

---

fono, del fax, del ordenador y del correo electrónico de la empresa para fines particulares en lugar y tiempo de trabajo. Datos para una reflexión en torno a las nuevas tecnologías", *in TS*, nº 127, 2001, p. 13, referindo-se ao princípio da transparência no controlo electrónico. No mesmo sentido ALLEGRA STRACUZZI, "L'uso della posta elettronica e di internet sul luogo di lavoro: conflitti tra norme e necessita di una regolamentazione ad hoc", *in Dir. Inf.*, vol. 18, nº 6, 2002, p. 1078, e FRANCO TOFFOLETTO, *Nuove tecnologie informatiche e tutela del lavoratore – Il potere di controllo del datore di lavoro – Il telelavoro*, Giuffrè Editore, Milão, 2006, p. 23.

[65] Ver idêntica opinião em CARDENAL CARRO, "El abuso de internet en el trabajo, vamos bien?", *in AS*, nº 12, 2004, p. 188.

[66] Veja-se GOÑI SEIN, *op. cit.*, pp. 80-81. Cf., ainda, MARTÍNEZ FONS, *El poder de control...*, cit., p. 145.

[67] Cit., pp. 5 e 23.

o período de armazenamento de uma possível cópia de segurança e informação sobre quando as mensagens são definitivamente apagadas do servidor.

Entende-se que a forma mais apropriada para realizar este dever de transparência é a elaboração de "cartas de boa conduta"[68] sobre a utilização deste tipo de instrumentos de comunicação, integrando, eventualmente, o regulamento interno e sujeito, assim, a todas as formalidades legais necessárias[69].

Nestas *Cartas* deve estabelecer-se o direito de cada trabalhador a uma caixa de correio pessoal de *e-mail*, na medida em que se acha preferível a separação entre caixas de correio pessoais e caixas de correio profissionais, ou, pelo menos, à possibilidade de se ter uma pasta pessoal dentro da caixa de correio normal; deve ainda permitir-se a encriptação volun-

---

[68] *Vide*, defendendo esta ideia, *inter alii*, AALBERTS, TOWNSEND, WHITMAN e SEIDMAN, "A proposed model policy for managing telecommunications-related sexual harassment in the workplace", in *Labor Law Journal*, 1997, p. 617, ELEONORA STENICO, "L'esercicio del potere di controlli «informático» del datore di lavoro sugli strumenti tecnologici di «ultima generazione»", in *RGLPS*, I, 2003, pp. 131-132, EULALIA POLICELLA, *op. cit.*, pp. 941-942, GARY ANTON e JOSEPH WARD, Every breath you take: employee privacy rights in the workplace – an Orwellian prophecy come true?", in *Labor Law Journal*, n.º 3, 1998, p. 906, JAY KESAN, "Cyber-working or Cyber-Shrinking?: a First Principles Examination of Electronic Privacy In the Workplace", in *Florida Law Review*, vol. 54, 2002, pp. 299-300, JENNIFER FISHER, *Implications of electronic mail policies for fairness and invasion of privacy: a field experiment*, Universidade de Albany, 2002, in www.proquest.com, p. 3, MARIE-PIERRE FENOLL-TROUSSEAU e GÉRARD HAAS, *La cybersurveillance dans l'entreprise et le droit – Traquer Être traqué*, LITEC, Paris, 2002, pp. 155-156, ROGER BLANPAIN, "Some Belgian and European Aspects", in *Comp. Labor Law & Pol'y Journal*, vol. 24, 2002, cit., p. 58, e WILLIAM BROWN, *Workplace Privacy and Technological Control*, Universidade de Pittsburgh, 2003, in www.proquest.com, p. 14.

[69] Neste sentido veja-se AMADEU GUERRA, *op. cit.*, pp. 332 e 366-368. Também JÚLIO GOMES, *op. cit.*, p. 382, defende o mesmo, ao escrever que considera aconselhável a elaboração do que apelida de "carta das tecnologias da informação", que deveria constituir uma componente do regulamento interno e, por isso, sujeita às mesmas condições procedimentais e de publicidade.

Na doutrina germânica alguns autores defendem a criação de acordos com os representantes dos trabalhadores. Veja-se, neste sentido, KONRAD-KLEIN, "Sinn und Unsinn von IKT-Sicherheitsrichtlinien", in *CF*, n.º 9, 2006, p. 14, e MARTIN BECKSCHULZE, "Internet –, Intranet – und E-Mail-Einsatz am Arbeitsplatz", in *Der Betrieb*, n.ºs 51/52, 2003, p. 2777.

Na doutrina francesa pode ver-se ISABELLE DE BENALCÁZAR, *Droit du travail et nouvelles Technologies – collecte des données Internet cybersurveillance télétravail*, Gualiano éditeur, Paris, 2003, p. 99, a defender o mesmo.

tária das comunicações pessoais; dentro do respeito pela boa fé contratual que tem de reger as relações laborais, o trabalhador poderá usar o *e-mail* para as suas comunicações com os sindicatos e com a administração pública para questões pessoais e profissionais, assim como com terceiros perante necessidades pessoais[70]; Deve estabelecer-se, ainda, que os *e-mails* pessoais enviados devem ser legais e não incluírem afirmações difamatórias, não podendo ser usado como meio para assediar outros trabalhadores, nem para enviar comentários ofensivos baseados no género, idade, sexualidade, raça, incapacidade ou aparência das pessoas[71].

Mas também os próprios *e-mails* profissionais não poderão conter qualquer destas situações e o trabalhador que violar estas regras poderá ser sancionado, como aconteceu no ordenamento jurídico francês onde um comercial enviava aos seus clientes *e-mails* contendo anexos com fotografias pornográficas "para melhorar as relações profissionais com os mesmos". O trabalhador foi despedido por falta grave, decisão confirmada pela *Cour de Cassation*, em 22 de Outubro de 2008[72].

Defende-se, ainda, que o empregador, nas *Cartas de Boa Conduta* sobre a utilização dos meios de comunicação, pode estabelecer limites quanto ao tempo que os trabalhadores poderão estar a utilizá-los, assim como ao tipo de anexos que podem ser enviados, limitando determinados tipos que podem indiciar a prática de crimes.

Entende-se, ainda, que devem estabelecer-se regras claras sobre a política de acesso aos *e-mails* quando os trabalhadores estão temporariamente

---

[70] Contudo, ter em atenção que esta possibilidade de comunicação e de utilização dos meios tem limites e ver, muito recentemente, a decisão do TEDH, de 8 de Dezembro de 2009, *Aguilera J. et autres c. Espagne*, relacionada com os limites à liberdade de expressão de sindicalistas. O Tribunal, embora tenha defendido a necessidade de salvaguardar este direito em relação aos sindicalistas considerou que algumas das afirmações contidas no artigo, devido ao seu tom e à sua gravidade, ataques pessoais, ofensivos e desnecessários para a prossecução dos seus interesses. Porém, não nos parece ter sido o melhor caminho, defendendo-se antes a posição do juiz *Power* que no seu voto de vencido fez várias considerações acerca desta temática.

[71] No mesmo sentido, veja-se RODRIGUÉZ-PIÑERO ROYO e LÁZARO SÁNCHEZ, "Hacia un tratamiento integrado de la comunicación electrónica no professional", *in Relaciones Laborales y Nuevas Tecnologías*, (coord. SALVADOR DEL REY GUANTER e LUQUE PARRA), La Ley, Madrid, 2005, cit., pp. 39-40.

[72] JEAN-EMMANUEL RAY, "Actualités des TIC", *in DS*, nº 3, 2010, p. 273.

ausentes, altura em que os empregadores poderão ter que aceder à caixa de correio electrónico dos trabalhadores. Nestes casos convém que os trabalhadores sejam previamente informados sobre esta situação, preferencialmente através deste meio e tenham dado o seu consentimento prévio[73], embora mais uma vez reafirmemos que tal não legitima a possibilidade de o empregador abrir ou ler correspondência privada do trabalhador, sob pena de violação do art. 34º da CRP e do art. 22º do CT[74]. Deve, ainda, estabelecer-se o regime de acesso aos *e-mails* profissionais quando o trabalhador está ausente e a necessidade de quando este se ausentar, criar uma mensagem instantânea de aviso para os seus contactos e, se necessário, o *e-mail*, de quem fica responsável por continuar a responder aos *e-mails* profissionais dos trabalhadores ausentes. Por outro lado, estes trabalhadores responsáveis devem ser sempre os mesmos e só estes terem acesso.

Por outro lado, deve ainda constar a obrigação dos trabalhadores distinguirem correctamente os *e-mails* de natureza profissional dos *e-mails* de natureza pessoal, obrigando-se o trabalhador a não classificar *e-mails* profissionais como pessoais e vice-versa, devendo a empresa poder presumir[75] como profissional todo o correio que não é qualificado como pessoal[76].

O problema que se tem colocado é o de saber quais serão os e-mails que revestirão natureza pessoal. Bastará pela sua inserção numa pasta identificada por pessoal, ou com o nome do trabalhador ou identificados como tal? Terão de ser individualizados caso a caso?

A questão tem sido colocada na jurisprudência francesa com alguma frequência e a resposta dada pela *Cour de Cassation* tem vindo a ser cada vez mais exigente. Assim, numa decisão de 17 de Junho de 2009, denominada *Corbeau*, a *Cour de Cassation*, estabeleceu que o "empregador não pode abrir as mensagens identificadas pelo trabalhador como tal.

Mais recentemente, a decisão de 21 de Outubro de 2009, a *Cour de Cassation* decidiu que o facto de uma pasta estar intitulada "JM", iniciais do nome do trabalhador, não originava a proibição de conhecer já que os

---

[73] JÚLIO GOMES, *op.* cit., p. 383.
[74] Veja-se PEDRO ORTINS DE BETTENCOURT, *op.* cit., p. 41.
[75] Presunção *iuris tantum*.
[76] Neste sentido JÚLIO GOMES, *op.* cit., p. 383.

ficheiros e pastas têm de estar, "sem qualquer sombra de dúvida", intitulados de pessoal, o que é extremamente exigente para os trabalhadores.

Mais tarde, a 8 de Dezembro de 2009, reafirmou este princípio, ao decidir que o facto de um ficheiro estar intitulado com o nome *Alain*, nome do trabalhador, não lhe conferia o carácter de pessoal.

Parece-nos, contudo, que há uma posição muito exigente para o trabalhador.

Parece ser esta a melhor forma de informação aos trabalhadores sobre os possíveis usos correctos e incorrectos não podendo, contudo, parece-nos estabelecer uma proibição absoluta para fins pessoais, mas podendo, perfeitamente, interditar a utilização pessoal para certos fins, mesmo que não tenham carácter ilegal, nomeadamente o acesso a fóruns de discussão, a *chats*, para evitar a transmissão de segredos de fabrico, a *sites* de origem pornográfica ou erótica, assim como de jogos, a criação de páginas pessoais e o envio de *spam*.

Não se defende, assim, a possibilidade de proibir absolutamente para fins pessoais, atendendo à enorme difusão destes meios e ao consequente esbatimento entre as fronteiras espácio-temporais[77]. Se o trabalhador pode através do *e-mail* estar muitas vezes disponível para além do seu período normal de trabalho e fora do horário de trabalho, também é legítimo que possa utilizar, dentro destes, as possibilidades oferecidas por estes novos meios para fins pessoais. A flexibilidade das relações laborais tem de ser entendida como uma via de dois sentidos, abrangendo quer o trabalhador, quer o empregador, embora consideremos que, actualmente, este possível equilíbrio já não existe nos mesmos termos, assistindo-se a uma verdadeira *overdose* da utilização para fins profissionais. As empresas exigem muitas vezes que os trabalhadores estejam constantemente *on-line*, defendendo-se que os trabalhadores têm direito ao repouso e à desconexão, sob pena de uma das primeiras conquistas do Direito do trabalho deixar de existir.

---

[77] Aliás, o estabelecimento de políticas claras é o que se deduz do art. 22º, nº 1 do CT. Porém, não se percebe do seu conteúdo se o empregador pode proibir a utilização destes meios para fins pessoais. Entende-se que, sob pena de existir uma contradição entre o nº 1 e o nº 2, existe a impossibilidade de proibir a utilização para fins pessoais. No mesmo sentido, ainda que sem grandes certezas, RITA GARCIA PEREIRA, *op.* cit., p. 197.

E não pode deixar de ter-se em atenção, tal aliás como foi apontada por JEAN-EMMANUEL RAY[78], que estamos, nesta temática, perante "uma guerra de tempos". As horas de trabalho dita oficiais[79] não têm qualquer significado quando o trabalhador não tem direito ao descanso legalmente previsto por ter de estar constantemente *on line* e por não poder *desconectar-se* e usufruir do necessário restabelecimento do equilíbrio físico e psicológico.

Se até há algum tempo atrás poder-se-ia defender que estes trabalhadores, *Net-Addicts*, também usufruíam de um tempo pessoal no local de trabalho, podendo ocorrer um certo equilíbrio entre vida pessoal no escritório e vida profissional em casa, hoje em dia isso já não é defensável nos mesmos termos[80]. Actualmente, a vida profissional absorveu grande parte da vida pessoal e, secundando JEAN-EMMANUEL RAY[81], a subordinação jurídica, um dos elementos da existência de um contrato de trabalho segundo o art. 11º do CT, tornou-se, na verdade, um critério permanente da vida do trabalhador.

A grande questão neste tipo de situações é a de que, na maior parte dos casos, não há uma ordem expressa do empregador neste sentido. Há, sim, uma interiorização dos trabalhadores neste sentido e uma gestão realizada por objectivos de tal forma que, após algum tempo, são os próprios trabalhadores a não conseguirem separar a vida profissional da vida privada e a levar, *voluntariamente*[82], trabalho para casa. Surge, assim, uma espécie de "servidão voluntária"[83] dos trabalhadores onde a contabilização dos seus tempos de trabalho não passa de uma "mistificação".

Contudo, não podem esquecer-se todas as regras legais impostas em relação ao respeito do descanso dos trabalhadores, regras estas que visam uma melhor protecção da segurança e saúde do trabalhador. Não nos

---

[78] "La guerre des temps: le NET? Never Enough Time", *in DS*, nº 1, 2006, p. 3.
[79] Sujeitas a alguma flexibilidade legalmente prevista.
[80] Utilizando a expressão de JEAN-EMMANUEL RAY e JEAN-PAUL BOUCHET, *op.* cit., p. 46, há uma "*overdose*" de trabalho, uma "toxicomania numérica", que invadiu totalmente a vida privada do trabalhador e que não só o afecta como toda a sua família.
[81] "D'un droit des travailleurs aux droits de la personne au travail", *in DS*, nº 1, 2010, p. 11.
[82] Vontade quase imposta, ainda que indirectamente, na medida em que há objectivos a atingir.
[83] JEAN-EMMANUEL RAY e JEAN-PAUL BOUCHET, *op.* cit., p. 46.

parece possível nesta matéria um retrocesso[84], sendo que, actualmente, parece que se está a colocar em causa o primeiro direito histórico dos trabalhadores e que foi o respeito pela sua integridade e a sua saúde, antigamente física, hoje mental[85].

O empregador pode, ainda, restringir o acesso da consulta da *internet* para fins pessoais a uma definição de lista de *sites* preestabelecida, que seja constantemente actualizada, embora não pareça ser a melhor solução. Prefere-se a filtragem de determinados *sites* à criação de listas positivas de *sites* autorizados.

Estas "cartas" deverão ter por objectivo assegurar uma perfeita informação aos seus utilizadores dos comportamentos permitidos, de sensibilizar os trabalhadores para finalidades de segurança do sistema e de chamar-lhes a atenção para determinados comportamentos que poderão implicar perigos para o seu interesse colectivo e da empresa[86].

---

[84] É interessante referir um acórdão da *Cour de Cassation*, de 1 de Julho de 2009, referida por JEAN-EMMANUEL RAY e JEAN-PAUL BOUCHET, *op.* cit., p. 55, onde o Tribunal entendeu que não era possível uma cláusula do contrato de trabalho de um educador especializado que o obrigava, fora das horas de trabalho, a estar permanentemente disponível através do seu telefone celular profissional. A *Cour de Casstion* entendeu que se tratava de uma *astreinte*, no seguimento de uma outra decisão, já premonitória, de 10 de Julho de 2002, talvez a primeira que se debruça sobre o *direito à desconexão* dos trabalhadores, em que se decidiu que "salvo situações excepcionais, o tempo de repouso supõe que o trabalhador esteja totalmente dispensado, directa ou indirectamente, de realizar uma prestação de trabalho, mesmo que esta seja eventual ou ocasional". Consideramos que este tem de ser o caminho a seguir sob pena de existir uma subordinação permanente.

[85] JEAN-EMMANUEL RAY e JEAN-PAUL BOUCHET, *op.* cit., p. 45.

[86] *Vd.* HUBERT BOUCHET, *La cybersurveillance des salariés dans l'entreprise*, *in* www.cnil.fr, p. 4, criticando várias cartas em que não se respeitaram estes princípios. Também JEAN-PHILIPPE DUNAND, "L'usage de l'Internet sur le lieu de travail au vu de la jurisprudence recente du tribunal federal", *in Internet au lieu de travail*, (coor. JULIEN PERRIN), CEDIDAC, Lausanne, 2004, p. 16, se refere ao conteúdo que deve constar destas "cartas", podendo o empregador estipular que o uso pessoal não pode sobrecarregar o sistema informático da empresa, que não pode constituir a participação num acto ilícito, que deve respeitar as regras sobre a protecção de dados pessoais e a segurança desses mesmos dados e os direitos relacionados com a propriedade industrial. Podem ver-se, ainda, vários exemplos deste tipo de "cartas" e o seu conteúdo em OLIVIER RIJCKAERT, "Exemple de directives à l'utilisation du courrier électronique et d'internet au sein de l'entreprise", 2000, *in* www.droit-tecnologie.org, pp. 2 e ss., e "Exemple de directives à l'utilisation du courrier électronique et d'internet au sein de l'entreprise", 2002, *in* www.droit-tecnologie.org, pp. 1 e ss., assim como em FERNÁNDEZ HERNÁNDEZ, "Una pro-

Parece-nos, assim, que o meio necessário para a diminuição da utilização do *e-mail* e da *Internet* para fins ilícitos deve traduzir-se numa política clara e desprovida de ambiguidades sobre o uso correcto e incorrecto da utilização destes novos meios de comunicação electrónica.

Conclusões:

Está-se perante uma temática em contínua evolução, sendo que o equilíbrio entre os direitos dos trabalhadores, principalmente a sua privacidade, e o poder de controlo electrónico do empregador não constitui uma tarefa fácil, estando hoje o Direito do trabalho a ser alvo de uma verdadeira *metamorfose*.

Os valores reconhecidos e promovidos pela privacidade estão directamente em causa na relação de trabalho. A autonomia, a dignidade, a confiança, o respeito e a diversidade adquirem importância fundamental nesta relação, principalmente quando existe a consciencialização de que os trabalhadores estão a gastar cada vez mais tempo em assuntos profissionais. Estes devem ser protegidos bem como a sua privacidade, principalmente quando é a sua dignidade que está muitas vezes em causa.

A regulamentação laboral desta matéria parece uma mais-valia, pois se não é com mais leis que se terá um melhor Direito, também é certo que a falta de regulação desta matéria poderia conduzir a mais abusos, embora se entenda que, ao nível do Código do Trabalho, o legislador poderia ter previsto mais situações e clarificado algumas questões.

As NTIC exigem, cada vez mais rapidamente, respostas do legislador na medida em que *a realidade corre mais depressa do que o Direito*, e que não podem basear-se em esquemas antigos que não conseguem ser eficazes perante os inúmeros e novos problemas colocados.

---

puesta de regulación del uso de los medios electrónicos de comunicación en la empresa", *in RL*, nº 24, 2001, pp. 33-36. Cf., ainda, MARÍA NATALIA OVIEDO, *Control empresarial sobre los «e-mails» de los dependientes – Uso e abuso del correo electrónico en el marco de una relación laboral. Controles permitidos y prohibidos. Responsabilidad civil y penal. Analisis jurisprudencial – Proyectos legislativos*, hamurabi, Buenos Aires, 2004, pp. 79-81, e MERCADER UGUINA, *Derecho del Trabajo, Nuevas Tecnologías y Sociedad de la Información*, Editorial Lex Nova, Valladolid, 2002, pp. 116-117.

O legislador tem de ser capaz de criar soluções que tenham em atenção esta nova realidade que se reflecte sobre todos os sectores sociais, originando uma verdadeira *revolução* na sociedade, impedindo toda a tentativa de visualização dos trabalhadores como autómatos, isto é, a sua instrumentalização, coisificação ou reificação.

Direitos de Personalidade*

Os direitos de personalidade encontram-se ligados à dignidade da pessoa humana e, por isso, justifica-se a sua consagração ao nível do Direito do trabalho. O contrato de trabalho pressupõe o reconhecimento da dignidade do trabalhador, sendo que a execução das obrigações que dele decorrem não pode traduzir-se num atentado à dignidade da pessoa do trabalhador, tendo o ordenamento jurídico que lhe garantir os direitos fundamentais que tem enquanto pessoa. Os direitos de personalidade penetram, assim, na relação de trabalho, erigindo-se como um importante limite aos poderes do empregador e, ao mesmo tempo, como uma garantia do exercício de vários direitos fundamentais.

A consagração destes direitos corresponde à superação de uma distinção entre um estatuto geral do cidadão e um estatuto do trabalhador que, por força do contrato de trabalho e da subordinação jurídica a ele inerente, se encontraria, à partida, diminuído na sua liberdade e direitos[1], relacionando-se, assim, com uma certa constitucionalização[2] e uma certa

---

* Publicado originariamente in "Direitos de personalidade", in *Código do Trabalho – A revisão de 2009*, (coord. PAULO MORGADO DE CARVALHO), Coimbra Editora, Coimbra, 2011.

[1] Vd. GOÑI SEIN, *El respeto a la esfera privada del trabajador – un estúdio sobre los limites del poder de control empresarial*, Civitas, Madrid, 1988, p. 21, e MARTÍNEZ RANDULFE, "Derecho a la intimidad y relación de trabajo: aproximaciones", in *Derechos Fundamentales y contrato de Trabajo – 1.as Xornadas de Outono de Dereito Social*, Editorial Comares, Granada, 1998, p. 46.

[2] Actualmente, a constitucionalização dos direitos sociais e económicos é uma realidade presente e generalizada nas constituições da maioria dos países ocidentais. Assim, a nossa Constituição prevê, especificamente, um conjunto de normas e princípios laborais, a maioria dos quais se encontra na parte respeitante aos direitos fundamentais – Capítulo III do Título II

democratização[3] da relação de trabalho[4], embora não possa deixar de considerar-se que o trabalhador, ao celebrar o contrato de trabalho, está, explícita ou implicitamente, a limitar os seus direitos de personalidade[5].

da Parte I – arts. 53º a 57º – e Capítulo I do Título III, também da Parte I – arts. 58º e 59º. Corresponde assim, a Constituição portuguesa, ao típico Estado social de direito e, nas palavras de GOMES CANOTILHO, *Direito Constitucional*, 6ª edição, Almedina, Coimbra, 1993, p. 476, e *Direito Constitucional e Teoria da Constituição*, 5ª edição, Almedina, Coimbra, 2002, pp. 344--345, "A Constituição erigiu o «trabalho», os «direitos dos trabalhadores» e a «intervenção democrática dos trabalhadores» em elemento constitutivo da própria ordem constitucional global e em instrumento privilegiado de realização do princípio da democracia económica e social". Para MARTINEZ ESTAY, *Jurisprudencia Constitucional Española sobre Derechos Sociales*, Cedecs Editorial, Barcelona, 1997, p. 49, em teoria, a Constituição portuguesa constitui um dos paradigmas contemporâneos do constitucionalismo social, em particular no que concerne aos direitos sociais, na medida em que contém um extenso catálogo deste tipo de direitos, assim como a possibilidade do Estado intervir na economia. Também JOSÉ JOÃO ABRANTES concorda com este autor em "O Direito do Trabalho e a Constituição", *in Estudos de Direito do Trabalho*, AAFDL, Lisboa, 1992, p. 63, quando defende que "a base antropológica da Constituição de 1976 é, sem sombra de dúvidas, o homem como pessoa, como cidadão e como trabalhador". No mesmo sentido PEDRO ROMANO MARTINEZ, *A Constituição de 1976 e o Direito do Trabalho*, AAFDL, Lisboa, 2001, p. 7, refere que a «Constituição Laboral» significa que desta consta um conjunto significativo de normas de Direito laboral – "Da Constituição constam direitos fundamentais dos trabalhadores, que visam assegurar condições de vida dignas, sendo, em grande parte, direitos sociais, apesar de também constarem direitos de participação e liberdades".
[3] JOSÉ JOÃO ABRANTES, "Contrato de trabalho e meios de vigilância da actividade do trabalhador (breves considerações)", *in Estudos em Homenagem ao Prof. Doutor Raúl Ventura*, vol. II, (coord. OLIVEIRA ASCENSÃO), Coimbra Editora, Coimbra, 2003, pp. 809-811, assim como JÚLIO GOMES, *Direito do Trabalho*, Coimbra Editora, Coimbra, 2007, p. 265.
[4] Como defende RUI ASSIS, *O poder de direcção do empregador – Configuração geral e problemas actuais*, Coimbra Editora, Coimbra, 2005, p. 209, a particular incidência que a relação de trabalho assume em relação à privacidade do trabalhador, que quase não encontra paralelo em qualquer outra relação jurídica, tal como salienta GUILHERME DRAY, "Justa causa e esfera privada", *in Estudos do Instituto de Direito do Trabalho*, vol. II, *Justa causa de Despedimento*, Instituto de Direito do Trabalho da Faculdade de Direito da Universidade de Lisboa (coord. PEDRO ROMANO MARTINEZ), Almedina, Coimbra, 2001, p. 35, resulta da própria natureza da relação jurídica mas também, por outro lado, da forma heterodeterminada como a relação em causa se vai desenvolvendo, pois a actividade do trabalhador está sempre condicionada às ordens e instruções do empregador.
[5] JEAN RIVERO, "Les libertés publiques dans l'entreprise", *in DS*, nº 5, 1982, p. 422, perfilha a mesma opinião. Assim, defende que o contrato de trabalho "por natureza supõe da parte do trabalhador uma renúncia parcial à sua liberdade", entendida esta como liberdade pública segundo o conceito francês da mesma, "ele não dispõe mais da sua força de trabalho, ele coloca-a à disposição de uma vontade estranha à sua, à do empregador, que lhe atribui uma

Mas só o poderá fazer dentro de apertados condicionalismos, ou seja, dentro dos limites previstos no art. 81º do CC. Não pode esquecer-se que o respeito pela privacidade dos trabalhadores é, simplesmente, a reafirmação do trabalhador como pessoa e "do Direito do trabalho como Direito, desenvolvido e aplicado de acordo com os ditames da Ciência Jurídica"[6].

Na Constituição da República Portuguesa estão previstos direitos dos trabalhadores que são especificamente laborais, como, é o caso, *inter alia*, do direito à greve previsto no art. 57º e do direito ao trabalho do art. 58º, e outros direitos que, embora não sendo especificamente laborais, podem ser exercidos pelo sujeito mais débil das relações laborais, adquirindo um conteúdo ou dimensão laboral[7]. É um dos aspectos da constitucionalização do Direito do trabalho e que se refere ao trabalhador como cidadão e aos direitos de cidadania como marco do contrato de trabalho[8]. Se a

---

actividade e submete à sua autoridade". Contudo, as restrições à liberdade do trabalhador têm um limite, não podendo em caso algum trazer qualquer ameaça à dignidade da pessoa.
[6] MENEZES CORDEIRO, "O respeito pela esfera privada do trabalhador", in *I Congresso Nacional de Direito do Trabalho – Memórias*, (coord. ANTÓNIO MOREIRA), Almedina, Coimbra, 1998, p. 37. Também ICHINO, *Il contratto di lavoro – III – sospensione le lavoro –sciopero – riservatezza e segreto- -potere disciplinare-cessazione del rapporto-conservazione e gestione dei diritti*, Giuffrè Editore, Milão, 2003, p. 222, entende que a intensidade da implicação da pessoa do trabalhador na prestação de trabalho determina, necessariamente, em sede de estipulação do contrato de trabalho uma renúncia parcial da parte deste prestador, à tutela da sua privacidade.
[7] Para ALONSO OLEA, *apud* MARIA DOLORES MOLINA, "La lesión del derecho a la libertad de información (comentario a la STC 197/1998, de 13 de Octubre", in *Documentación Laboral*, nº 57, III, 1998, p. 219, há uma "vertente laboral de virtualmente todos os direitos fundamentais", o que demonstra a existência de um "Direito constitucional do trabalho". Veja-se, ainda, PALOMEQUE LÓPEZ, *Los derechos laborales en la Constitución Española*, Cuadernos y Debates, nº 28, Centro de Estudios Constitucionales, Madrid, 1991, p. 31.
[8] Na opinião de PEDRAJAS MORENO, *Despido y derechos fundamentales – estudio especial de la presunción de inocencia*, Editorial Trotta, Madrid, 1992, p. 12, deve distinguir-se entre direitos fundamentais cuja finalidade típica se produz no seio de uma relação de trabalho – os direitos laborais – e os direitos que são inerentes a toda a pessoa e cujo reconhecimento e exercício se pode produzir tanto no desenvolvimento estritamente privado do indivíduo, como quando este se insere numa relação laboral. São direitos inseparáveis da pessoa, pelo que o "indivíduo-cidadão" leva-os sempre consigo, podendo exercitá-los ou reclamar o seu respeito em qualquer momento e ocasião, incluindo, desde logo, durante o desenvolvimento de uma relação de trabalho. Quanto a estes são os que o trabalhador detinha, pela sua condição de pessoa, antes de constituir-se a relação laboral, e que continuará a ter durante a sua existência: o

primeira fase da constitucionalização do Direito do trabalho correspondeu, fundamentalmente, à consagração dos denominados direitos fundamentais "específicos" dos trabalhadores, actualmente assiste-se à chamada "cidadania na empresa", ou seja, à consagração dos direitos fundamentais não especificamente laborais[9][10].

Sendo assim, a preocupação essencial do Direito do trabalho deve ser a da tutela dos direitos de cidadania no âmbito da relação de trabalho, assegurando que os direitos do trabalhador não serão sujeitos, *inter alia*, a formas de controlo contrárias à sua dignidade, ou à sua privacidade, à defesa da sua liberdade de expressão ou à sua liberdade ideológica[11].

---

direito à vida, à integridade física e moral, à imagem, à liberdade religiosa e ideológica, à honra, à intimidade. Estes direitos constituem direitos inerentes à condição de pessoa, com independência de que seja ou não trabalhador. O grande problema, conforme o autor faz notar, é o de garantir a efectividade destes direitos "inespecíficos" dentro de uma relação laboral e em relação ao trabalhador. Ver também do mesmo autor, "Los derechos fundamentales de la persona del trabajador y los poderes empresariales: la Constitución como marco y como límite de su ejercicio", *in AL*, n.º 4, 2000, pp. 53-54.

[9] JOSÉ JOÃO ABRANTES, "Contrato de Trabalho e Direitos Fundamentais – Breves reflexões", *in II Congresso Nacional de Direito do Trabalho – Memórias*, (coord. ANTÓNIO MOREIRA), Almedina, Coimbra, 1999, p. 107. *Vd.* também do mesmo autor *Contrato de Trabalho e Direitos Fundamentais*, Coimbra Editora, Coimbra, 2005, pp. 84-85. Também Mª DO ROSÁRIO PALMA RAMALHO, "Contrato de Trabalho e Direitos Fundamentais da Pessoa", *in Estudos em Homenagem à Professora Doutora Isabel de Magalhães Collaço*, vol. II, Almedina, Coimbra, 2002, pp. 401-402, refere a relevância dos direitos fundamentais que se referem "ao trabalhador enquanto pessoa". Obviamente para os trabalhadores do séc. XIX a questão da "cidadania" na empresa não se colocava pois as jornadas de trabalho eram muito extensas e as condições de vida eram bastante precárias, o que determinava que não restasse tempo para a vida extra-profissional. Cf. neste sentido WAQUET, *L'entreprise et les libertés du salarié – du salarié-citoyen au citoyen-salarié*, Editions Liaisons, Paris, 2003, p. 111, referindo que o trabalho subordinado é uma actividade que se pode apelidar de "totalitária", e que esta característica no século XIX era praticamente uma evidência.

[10] A consagração destes direitos é também uma manifestação, tal como salienta VICENTE PACHÉS, *El derecho del trabajador al respeto de su intimidad*, CES, Madrid, 1998, pp. 83-85, dos deveres de protecção do empregador, entendendo que a origem destes pode ser encontrada em várias circunstâncias. Desde logo, no histórico sentido protector do Direito do trabalho, e, em segundo lugar, o gérmen deste dever encontra-se no contrato de serviços do direito alemão.

[11] Neste sentido veja-se JOSÉ JOÃO ABRANTES, "O novo *Código do Trabalho e os direitos de personalidade do trabalhador*", *in A reforma do Código do Trabalho*, Coimbra Editora, Coimbra, 2004, p. 150.

O Código do Trabalho de 2009 incluiu, tal como o anterior, uma subsecção relativa à tutela dos direitos de personalidade[12], embora a sua eventual não inclusão não implicasse que estes não estivessem assegurados nas relações laborais, pois o contrato de trabalho não é nem nunca foi um contrato para destruir a dignidade dos trabalhadores.

Porém, apesar desta regulamentação, não pode deixar de considerar-se a regulamentação constitucional, *inter alia*, arts. 26º, 32º, 34º, 35º, 36º, e civil – arts. 70º a 81º – que desde sempre foram aplicados e que, mesmo com o Código do Trabalho, devem continuar a ser seguidos, principalmente se tivermos em atenção que o actual Código, a exemplo do anterior, só enuncia alguns direitos de personalidade, deixando de fora, *verbi gratia*, o direito à imagem, o direito à honra e o problema das revistas aos trabalhadores. Há ainda que considerar as várias directivas comunitárias sobre protecção de dados pessoais, como a Directiva 95/46/CE, transposta pela Lei 67/98, de 26 de Outubro, a Directiva 2002/58/CE, que revogou a Directiva 97/66/CE, e que foi transposta pela Lei nº 41/2004, de 18 de Agosto, e a Directiva 2006/24/CE, que altera algumas disposições desta última Directiva, permitindo a conservação de dados de tráfego e dados de localização para finalidades de investigação, de detecção e de repressão de crimes graves. Esta Directiva foi transposta pela Lei nº 32/2008, de 17 de Julho.

Importa, ainda, referir a tutela penal de que os direitos de personalidade gozam já que, dada a importância que revestem e os bens sobre os quais incidem, há uma tipificação como crimes na lei penal de ofensas a alguns direitos de personalidade, tais como o direito à vida, à integridade física e moral, à honra, à intimidade privada e à imagem[13].

Importa, ainda, atender-se na aplicação destes direitos de personalidade aos artigos 18º, nº 2, da CRP e 335º do CC. Na verdade, a compressão

---

[12] O que configurava uma novidade pois que, até à data do Código de Trabalho de 2003 não existia uma consagração desta matéria a nível laboral Cf. neste sentido PEDRO ROMANO MARTINEZ, "Considerações gerais sobre o Código do Trabalho", *in VI Congresso Nacional de Direito do Trabalho Memórias*, (coord. ANTÓNIO MOREIRA), Almedina, Coimbra, 2004, p. 51, "O Código do Trabalho – Directrizes de reforma; sistematização; algumas questões", *in Estudos de Direito do Trabalho em Homenagem ao Professor Manuel Alonso Olea*, Almedina, Coimbra, 2004, p. 573, e *Direito do Trabalho*, 4ª edição, Almedina, Coimbra, 2007, p. 357.

[13] Neste sentido ver GUILHERME DRAY, *Direitos de Personalidade – Anotações ao Código Civil e ao Código do Trabalho*, Almedina, Coimbra, 2006, pp. 35-36.

dos direitos de personalidade deve limitar-se ao necessário para salvaguardar outros direitos ou interesses constitucionalmente protegidos segundo critérios de proporcionalidade e adequação, o que significa que os direitos de proporcionalidade só podem ceder se, à luz destes critérios os benefícios que os empregadores puderem retirar dessa compressão forem superiores aos prejuízos daí decorrentes para o trabalhador[14].

1. Em termos sistemáticos, a matéria respeitante aos direitos de personalidade encontra-se, tal como no anterior CT, logo no início do Código, no Título II, relativo ao contrato de trabalho, no Capítulo I, respeitante a disposições gerais, secção II – sujeitos, subsecção II – direitos de personalidade – arts. 14º a 22º. A subsecção do Código do Trabalho visa garantir a defesa dos direitos de personalidade dos sujeitos laborais, embora a maior parte dos preceitos só faça sentido em relação ao trabalhador – vejam-se os artigos 17º, 18º, 19º, 20º, 21º e 22º. A diferença fundamental em relação ao anterior Código do Trabalho é a junção no novo CT da matéria que constava do CT e da lei que o regulamentava.

Esta subsecção trata de proteger, particularmente, a situação pessoal do trabalhador perante as novas realidades relacionadas com os desenvolvimentos tecnológicos[15], tais como o desenvolvimento da informática, a utilização e o manuseamento de tecnologias de informação e comunicação, o incremento e utilização de técnicas de captação e armazenamento de imagens e de dados pessoais[16], bem como a utilização da ciência médica para efeitos de realização de testes ou exames para despistar doenças infecto-contagiosas, assim como testes de consumo de álcool e de drogas[17]

---

[14] Foi à luz deste juízo de proporcionalidade que foi julgado desproporcionado pelo STJ, no acórdão de 8 de Fevereiro de 2006, *in* www.dgsi.pt, um sistema de videovigilância instalado por uma empresa farmacêutica.
[15] GUILHERME DRAY, *Direitos de Personalidade...*, cit., p. 36
[16] Cf. DAVID CASACUBERTA, "Loaded Metaphors: Legal Explanations on Monitoring the Workplace in Spain", *in Electronic Monitoring in the Workplace: Controversies and Solutions*, (coord. JOHN WECKERT), Idea Group Publishing, EUA, 2005, p. 169.
[17] Ver para maiores desenvolvimentos CARLOS PERDIGÃO, "Testes de alcoolémia e direitos dos trabalhadores", *in Minerva, Revista de Estudos Laborais*, ano I, nº 2, 2003, pp. 9 e ss., e TERESA COELHO MOREIRA, *Da esfera privada do trabalhador e o controlo do empregador*, Studia Iuridica, nº 78, Coimbra Editora, Coimbra, 2004, pp. 199 e ss., e 476 e ss..

e testes genéticos[18]. Na verdade, a massificação do uso do computador e das tecnologias de controlo associadas às NTIC no local de trabalho expõem o trabalhador a elevados níveis de controlo e vigilância durante toda a jornada de trabalho e mesmo na sua vida privada, estando os empregadores a criar diversas formas "esquizofrénicas" de controlo[19]. Se tradicionalmente a vigilância implicava alguma forma de intervenção humana e o consentimento ou, pelo menos, o conhecimento por parte dos trabalhadores, actualmente há formas cada vez mais invasoras e ocultas de controlo já que o progresso da tecnologia facilitou o aumento do nível da vigilância automática. Presentemente, o controlo de diferentes aspectos da prestação de trabalho pode ser efectuado através de meios técnicos com um aumento de eficiência mas com questões muito importantes para a protecção da privacidade e da dignidade dos trabalhadores[20].

Há uma enorme quantidade de programas que permitem controlar todos os passos dos trabalhadores não só no local de trabalho, como fora dele e se, no início do século passado, foi admitido, sendo mesmo prática corrente, que as empresas contratassem investigadores privados para visitar os trabalhadores em casa para se assegurarem que não bebiam ou que não viviam em condições "imorais", como aconteceu na empresa Ford, que tinha até um departamento específico com esse objectivo, actualmente, com estas novas formas de controlo, o empregador pode controlar muito mais e até fazer com que o trabalhador deixe de realizar certas acti-

---

[18] Ver sobre esta matéria BERNARDO DA GAMA LOBO XAVIER, "A Constituição, a Tutela da Dignidade e Personalidade do Trabalhador e a Defesa do Património Genético. Uma Reflexão", in V Congresso Nacional de Direito do Trabalho – Memórias, (coord. ANTÓNIO MOREIRA), Almedina, Coimbra, 2003, pp. 261 e ss., assim como "O acesso à informação genética. O caso particular das entidades empregadoras", in RDES, ano XLIV, nº 3 e 4, 2003, pp. 11 e ss.. Cf., ainda, FERNÁNDEZ DOMÍNGUEZ, Pruebas genéticas en el Derecho del Trabajo, Estudios de Derecho Laboral, Civitas, Madrid, 1999, LEAL AMADO, "Breve apontamento sobre a incidência da revolução genética no domínio juslaboral e a Lei nº 12/2005, de 26 de Janeiro", in Temas Laborais, Coimbra Editora, Coimbra, 2005, pp. 23 e ss., TERESA COELHO MOREIRA, Da esfera privada..., cit., pp. 204 e ss., e ZENHA MARTINS, O Genoma Humano e a Contratação Laboral – Progresso ou Fatalismo?, Celta Editora, Oeiras, 2002, pp. 25 e ss..
[19] DAVID CASACUBERTA, op. cit., p. 169.
[20] Ver neste sentido Privacy and Human Rights 2002 – An International Survey of Privacy Laws and Developments, Electronic Privacy Information Center, USA, p. 86.

vidades, como por exemplo, o trabalhador que tenha um telemóvel com GPS incluído ou um automóvel com GPS instalado pode deixar de se sentir à vontade para no final do trabalho dirigir-se a uma mesquita ou igreja para rezar ou para ir visitar a sua namorada, já que aspectos extremamente íntimos podem ser revelados incluindo as sua opiniões políticas, a sua saúde mental e física e mesmo a sua vida sentimental[21]. Acresce que com os avanços na ciência médica as fronteiras dos dados pessoais que podem ser conhecidos pelo empregador alteraram-se com a crescente possibilidade de realização, *inter alia*, de testes psicotécnicos, de inteligência, de personalidade, de honestidade, assim como de testes para despistar certas doenças infecto-contagiosas e o consumo de drogas ou álcool pelos trabalhadores. Desde a descoberta do ADN também aumentou a possibilidade e a realização de testes genéticos, permitindo ao empregador aceder aos aspectos mais íntimos acerca de uma pessoa e prever a susceptibilidade de vir a desenvolver determinados tipos de doenças. Acresce que, com a tecnologia informática, melhoraram os mecanismos de captação e manuseamento de imagens e som que, muitas vezes, estão associados a um computador e que permitiram um acesso imediato a qualquer imagem em qualquer local do mundo.

Considerando tudo isto há que ver que, muitos destes mecanismos e formas de controlo invadem a privacidade do trabalhador, desumanizando o local de trabalho. Com estas novas formas de controlo os empregadores podem criar quase o "trabalhador perfeito", através de métodos e testes de vigilância que permitem prever o futuro da saúde dos trabalhadores.

Esta matéria possui grande relevância, sendo necessário proteger os direitos de personalidade dos empregadores e dos trabalhadores, numa lógica de protecção da dignidade humana. O Direito do trabalho não poderia mais alhear-se desta protecção dos direitos de personalidade. No caso deste ramo do direito trata-se exactamente do contrário já que, atendendo às suas especificidades, deveria ocorrer uma consagração autónoma dos direitos de personalidade. E a razão afigura-se clara: a relação jurídico-laboral coloca em confronto os interesses das partes contratuais

---

[21] Vejam-se CYNTHIA GUFFEY e JUDY WEST, "Employee privacy: legal implications for managers", in *Labor Law Journal*, vol. 47, nº 11, 1996, p. 735, e National Workrights Institute, *On your tracks: GPS tracking in the workplace*, p. 19.

de uma forma muito viva. Mais do que em qualquer outra situação jurídica, a relação laboral atinge, de forma sem precedentes, a privacidade e a dignidade do trabalhador na medida em que assenta numa estrutura de poder-subordinação[22]. E se o poder de controlo do empregador não é novo nem proibido a questão é que, com o auxílio das NTIC, este poder aumentou de uma forma sem precedentes e a panóplia de meios e formas susceptíveis de atingir a dignidade dos trabalhadores alargou-se imenso, sendo que em cada dia surgem novas formas de controlo mais intrusivas dos direitos dos trabalhadores.

Trata-se, ainda, de um regime que pretende abarcar diversas situações, desde os momentos preliminares da formação do contrato de trabalho, garantindo, assim, a protecção do candidato a emprego, bastando ver os art. 17º e 19º, à execução do contrato, protegendo os trabalhadores em geral, arts. 14º a 22º, e algumas categorias de trabalhadores em especial, de que é exemplo o art. 170º para o teletrabalhador. Mas também não se pode esquecer a articulação com a matéria regulada nos arts. 24º e ss. a propósito da igualdade e da não discriminação e da proibição das situações de assédio quer sexual, na sua dupla vertente, quer moral. Assim, logo na subsecção seguinte, relativa à igualdade e não discriminação, encontram-se os arts. 24º e 25º que se reportam, respectivamente, ao *direito à igualdade no acesso a emprego e no trabalho* e à *proibição de discriminação*, e onde se encontra uma tutela da orientação sexual dos trabalhadores. Esta, sem dúvida, faz parte da esfera mais íntima e reservada do ser humano e, por isso, não pode originar qualquer tipo de discriminação por parte do empregador que nem sequer a poderá conhecer.

2. Parece existir, tal aliás como no Código do Trabalho de 2003, uma abordagem "personalista" das matérias laborais, mas esta preocupação continua a ser realizada em termos idênticos para ambos os sujeitos contratuais, bastando ver a matéria de liberdade de expressão e de opinião, de integridade física e moral, ou da reserva da intimidade da vida privada. Não parece ter sido a melhor solução, embora se defenda, como é óbvio,

---

[22] Convém lembrar que o art. 10º do CT estabelece que as normas legais relativas aos direitos de personalidade serão aplicáveis às situações equiparadas ao contrato de trabalho onde, apesar de não existir subordinação jurídica, há subordinação económica.

o respeito pelos direitos de personalidade do empregador. Na verdade, não cremos que esta protecção deva ser conferida nos mesmos moldes[23]. Não se pode esquecer que as relações de trabalho são um exemplo paradigmático da existência de relações privadas desiguais, não só no plano factual mas também no plano jurídico. Na verdade, no plano factual, os sujeitos contraentes – trabalhador e empregador – não dispõem da mesma liberdade no que concerne à celebração do contrato nem à estipulação de cláusulas contratuais, o que origina o aparecimento de um desequilíbrio contratual que se acentua em alturas de desemprego generalizado. No plano jurídico, a conclusão do contrato de trabalho coloca o trabalhador numa situação de subordinação jurídica face ao empregador[24]. Por outro lado, o envolvimento pessoal do trabalhador na relação de trabalho, atendendo à própria natureza da prestação que desempenha, é muito maior do que o do empregador[25]. A actividade de trabalho consubstancia-se numa prestação de facto positiva para a qual concorrem as qualidades pessoais do trabalhador o que leva a designar o contrato de trabalho como um contrato *intuitu personae*[26]. O Código do Trabalho

---

[23] No mesmo sentido LEAL AMADO, *Contrato de Trabalho*, Coimbra Editora, Coimbra, 2009, p. 220.

[24] VALDÉS DAL-RÉ, "Poderes del empresario y derechos de la persona del trabajador", *in RL*, nº 8, 1990, p. 277, a este propósito, defende que a empresa "enquanto organização económica e grupo social, erigida em suporte ideológico e em sustento material tanto do sistema económico fundado na propriedade privada dos meios de produção, quanto da estrutura social a ele associada, gera uma situação de poder, entendendo por tal, no sentido mais primário e naturalista, uma força que actua de modo causal e que expressa a submissão real de uns homens sobre outros, obrigados a adoptar uma determinada conduta".

[25] Mª DO ROSÁRIO PALMA RAMALHO, "O Novo Código do Trabalho – Reflexões sobre a Proposta de Lei Relativa ao Novo Código de Trabalho", *in Estudos de Direito do Trabalho*, vol. I, Almedina, Coimbra, 2003, p. 29. Também JOSÉ JOÃO ABRANTES, "O novo *Código do Trabalho*...", cit., p. 141, entende que o trabalhador empenha a sua própria personalidade na relação de trabalho.

[26] Seguimos a opinião de Mª DO ROSÁRIO PALMA RAMALHO, *Da Autonomia Dogmática do Direito do Trabalho*, Almedina, Coimbra, 2000, pp. 490-492 e 752-753, e também em "Contrato de trabalho...", cit., pp. 396-397, para quem a tendência recente para o anonimato das relações de trabalho não diminui o envolvimento pessoal do trabalhador na relação de trabalho e indica duas razões para tal. Por um lado, este tipo de anonimato só sucede num certo tipo de relações de trabalho e, por outro, porque, independentemente de estarmos perante trabalhadores especializados ou trabalhadores "indiferenciados", na altura da contratação são escolhidos atendendo às suas capacidades pessoais para o tipo de trabalho em causa e são estas

parece defender a ideia de que o envolvimento pessoal do trabalhador no contrato de trabalho, por força da natureza da própria prestação, pode ser comparável ao envolvimento do empregador, como se "os direitos de personalidade em jogo fossem equiparáveis"[27]. Contudo, não podemos esquecer, tal como refere Mª DO ROSÁRIO PALMA RAMALHO, que o empregador não envolve a sua pessoa no contrato, ao contrário do trabalhador[28].

Por outro lado, continua a recorrer-se a excessivos conceitos indeterminados principalmente nas excepções à regra geral, o que não se nos afigura a melhor solução, podendo o legislador ter aproveitado a ocasião para modificar esta situação.

3. A regulação desta matéria prevista no Código do Trabalho resulta, ainda, das necessidades sentidas actualmente, onde o grande desafio do Direito do trabalho é o de conseguir encontrar um modo de compatibilizar a competitividade das empresas com os direitos de cidadania e a dignidade dos trabalhadores, tendo em atenção que um certo grau de controlo e de tratamento de dados pessoais constitui uma normal e indispensável característica do contrato de trabalho. As empresas necessitam de ter acesso, regularmente, a determinadas informações para saber como se está a desenvolver a relação de trabalho e se está a ser realizada de acordo com as directrizes do empregador, para além de ser necessário por razões de segurança, higiene e saúde no trabalho. Porém, não pode deixar de ter-se em atenção que os direitos de personalidade do trabalhador são fundados na dignidade da pessoa humana e representam um *continuum* lógico da sua implicação pessoal na relação de trabalho, devendo considerar-se que, nesta matéria, *a realidade corre mais depressa do que o Direito* e isto nota-se com particular acuidade no Direito do trabalho.

---

mesmas que poderão originar a anulabilidade do contrato de trabalho com base em erro sobre as qualidades pessoais se estas forem essenciais para o tipo de trabalho em causa – art. 251º do CC. São ainda estas qualidades pessoais que permitem estabelecer o concreto grau do dever de diligência e de zelo do trabalhador. No mesmo sentido cf. MYRIAM DELAWARI e CHRISTOPHE LANDAT, *Les enjeux de la relation salariale au regard du dévéloppement du réseau Internet*, in www.ntic.fr, pp. 84-85.

[27] Mª DO ROSÁRIO PALMA RAMALHO, "O Novo Código do Trabalho...", cit., p. 29.
[28] Como refere JÚLIO GOMES, *op. cit.*, p. 339, "introduzir deveres simétricos quando as partes estão, à partida, numa posição de assimetria, é simplesmente perpetuar a desigualdade".

Assim, parece-nos de secundar o entendimento de JÚLIO GOMES[29] quando defende que os direitos de personalidade previstos no Código do Trabalho se inserem numa visão destes não como meros limites externos dos poderes do empregador, mas verdadeiros limites internos que resultam de uma acertada compreensão de deveres como o de execução do contrato de trabalho de acordo com a boa fé. Desta forma, a aplicação deste princípio nas relações laborais implica o devido respeito pela personalidade do trabalhador nas suas várias vertentes.

Parece-nos, ainda, perfilhando mais uma vez a opinião deste autor, que estes artigos comprovam a consciencialização do legislador de que os riscos para o trabalhador não se resumem aos riscos para o seu corpo, mas prolongam-se para outras facetas da sua pessoa, como sejam a imagem, a protecção de dados pessoais e a tutela das suas comunicações, assim como da sua própria dignidade. Há, pois, um reconhecimento de que a tutela devida deve estender-se para além da reserva sobre a intimidade da vida privada, englobando outras facetas, principalmente relacionadas com as NTIC e o direito do trabalhador a ter um determinado *habeas data*[30].

Somos de opinião que os direitos de personalidade do trabalhador na relação de trabalho amparam não só a protecção das questões pertencentes à vida não laboral do trabalhador, como também determinadas formas de ingerência na relação de trabalho, já que estas poderão ser invasoras, *per se*, destes direitos do trabalhador. A privacidade deste não se limita, desta forma, a englobar os aspectos mais íntimos e pessoais, mas supera-os na medida em que assentam sobre o próprio marco da relação de trabalho, englobando diversos outros aspectos[31]. Assim, pode entender-se que engloba, *inter alia*, o direito a ter um âmbito de reserva inacessível no local de trabalho que, contudo, não se confina somente às casas de banho

---

[29] *Op.* cit., pp. 267-268.
[30] BELLAVISTA, "Controlli elettronici e art. 4 dello Statuto dei Lavoratori", *in RGLPS*, ano LVI, nº 4, 2005, p. 774.
[31] Da mesma opinião CAMAS RODA, "La intimidad y la vida privada del trabajador ante las nuevas modalidades de control y vigilância de la actividad laboral", *in Nuevas tecnologias de la información y la comunicación y Derecho del Trabajo*, (coord. ALARCÓN CARACUEL e ESTEBAN LEGARRETA), Editorial Bomarzo, Alicante, 2004, p. 164.

ou cacifos[32], estendendo-se também à intimidade das relações com os seus companheiros de trabalho, à própria actividade sindical, às comunicações por qualquer meio, incluindo o *e-mail* e a *Internet*, à recolha e tratamento de dados, e não só os dados sensíveis, à captação de imagens e sons, fora de determinados requisitos, à realização de testes de saúde para despistagem de determinadas doenças e testes genéticos, assim como à realização de testes para controlo do consumo de substâncias estupefacientes ou álcool. Também o rendimento auferido deve fazer parte deste conceito, conforme defende MONTOYA MELGAR[33]. Assim, este conceito de direitos de personalidade tem sido sempre entendido como incluindo não só aspectos *espirituais*, como também *patrimoniais*, incluindo nestes o salário, do qual depende o nível de vida material e não material do trabalhador, como é o caso, *v.g.*, da educação e da cultura[34].

4. As alterações nesta matéria ao nível do Código do Trabalho de 2009 são maioritariamente a nível sistemático, passando a estar agora nos arts. 14º a 22º tudo o que no CT de 2003 constava dos arts. 15º a 21º e 27º a 29º da LRCT, assim como a regulação das contra-ordenações laborais. Mas, ainda assim, ocorreram algumas mudanças legais, algumas bastante positivas e outras não, pelo que só faremos uma análise de alguns artigos.

---

[32] Sobre o problema das revistas ver, para maiores desenvolvimentos, TERESA COELHO MOREIRA, "Das revistas aos trabalhadores e aos seus bens em contexto laboral", in *Estudos em Comemoração do Décimo aniversário da Licenciatura em Direito da Universidade do Minho*, Almedina, Coimbra, 2004, pp. 839 e ss., e *Da esfera privada...*, cit., pp. 344 e ss..

[33] "Derecho colectivo de información versus derecho individual a la intimidad", in *REDT*, nº 66, 1994, p. 622.

[34] No ordenamento jurídico francês, após uma evolução doutrinal e jurisprudencial, passou a utilizar-se o termo *vida pessoal – vie personnelle* – contrapondo-a à *vida profissional*. Aquela tem a vantagem de ter uma conotação positiva, podendo ser decomposta em três elementos: desde logo, compreende o conceito de vida privada – respeito dos comportamentos (como o domicílio e a aparência), o respeito do anonimato (segredos da pessoa, direito à imagem e protecção da voz), o respeito pelas relações sociais e familiares da pessoa (comunicações, cartas, telefone) –, abarca ainda as *liberdades civis* – o casamento, por exemplo – e o exercício da cidadania – o direito de votar e de ser eleito. Ver FRANÇOISE CHAMPAUX, "La protection du salarié dans sa sphere privée: l'exemple des moeurs", in AA.VV., (cord. C. MARRAUD, F. KESSLER e F. GÉA), *La rupture du contrat de travail en droit français et allemand*, Presses Universitaires de Strasbourg, Estrasburgo, 2000, p. 162, assim como WAQUET, *L'entreprise...*, cit., pp. 111 e ss.

Assim, em relação ao art. 17º existem mudanças importantes no nº 2 que parecem ser de saudar, sendo que esta saudação também se estende à nova redacção do art. 19º, nº 3.

No anterior art. 17º, tal como no actual, exigiam-se para a realização de indagações sobre o estado de saúde ou gravidez três requisitos: um de natureza formal, outro substancial e um terceiro de natureza procedimental, sendo que o nº 3 exigia que as informações relativas ao estado de saúde e à gravidez só poderiam ser indagadas pelo médico, sendo este o requisito procedimental. Vedava-se assim que o acesso a estas informações fosse feito directamente pelo empregador. Esta previsão parecia-nos positiva e garantia uma maior protecção do trabalhador. Para o empregador o que deverá ser relevante é a aptidão do trabalhador ou do candidato a trabalhador para aquele posto de trabalho em concreto e não a razão pela qual não tem a necessária aptidão. Esta exigência procedimental mantém-se no actual Código do Trabalho.

Contudo, tínhamos muitas dúvidas acerca da constitucionalidade da última parte deste número na parte em que permitia que, com o consentimento do trabalhador, o empregador pudesse aceder aos resultados dos exames. Várias eram as razões: em primeiro lugar havia o problema do consentimento dado pelo trabalhador pois não cremos que estivéssemos perante um verdadeiro consentimento livre atendendo às especificidades da relação laboral quando o consentimento é conferido em situações de relações de poder-subordinação[35]; em segundo lugar, não conseguíamos descortinar razões que justificassem o desejo do empregador de tentar saber a razão pela qual o trabalhador tinha ou não a aptidão necessária para o posto de trabalho em causa. Por último, tínhamos muitas dúvidas acerca da compatibilidade desta possibilidade de fornecimento de dados com as regras de deontologia médica pois o empregador poderia vir a utilizar esta informação em detrimento dos interesses do paciente[36].

---

[35] Neste mesmo sentido veja-se JÚLIO GOMES, op. cit., pp. 351 e 354-355, ao referir ter muitas dúvidas acerca da liberdade deste consentimento escrevendo que "o consentimento do trabalhador subordinado é frequentemente "suspeito".

[36] Neste sentido JOSÉ ANDRADE MESQUITA, Direito do Trabalho, 2ª edição, AAFDL, Lisboa, 2004, p. 463.

Esta última parte foi eliminada no Código do Trabalho de 2009, só podendo agora o médico comunicar ao empregador se o trabalhador está ou não apto a desempenhar a actividade[37].

E o mesmo se diga para o actual art. 19º, nº 3, que eliminou também a possibilidade de, com consentimento do trabalhador, o médico responsável transmitir ao empregador informação sobre os testes e exames médicos realizados. Assim, mais uma vez, o médico responsável só pode transmitir informação sobre a aptidão ou inaptidão do trabalhador para o posto de trabalho em causa na medida em que para o empregador o que é ou deverá ser relevante é a apreciação definitiva sobre a idoneidade profissional e, por isso, não é necessário colocar em conexão a falta de aptidão com os factores patológicos que a provocaram.

5. Também em relação à utilização de meios de vigilância à distância, previstos nos arts. 20º e 21º ocorrem algumas mudanças em relação ao anterior Código do Trabalho. Assim, se, tal como em relação ao anterior CT, se exige, para a possibilidade da sua instalação apenas em determinados casos previstos no nº 2 deste artigo, uma autorização prévia da CNPD, não existe qualquer contra-ordenação para a sua falta. A compreensão da solução legal encontrada talvez esteja na ideia de evitar uma dupla penalização, na medida em que os arts. 37º e ss. da LPDP estabelecem punições próprias para esta falta. Anteriormente esta falta era punida com uma contra-ordenação muito grave, nos termos do art. 472º, nº 1 da LRCT. Actualmente, se o empregador não respeitar esta formalidade essencial, não cometerá qualquer contra-ordenação perante o CT.

A autorização da CNPD só pode ser dada após a observância de todos os procedimentos necessários, nomeadamente o respeito pelo princípio da finalidade legítima, da proporcionalidade, no sentido de só poder ser adoptado se não existir outro meio menos intrusivo, e da transparência, querendo dizer-se que os trabalhadores têm de ser avisados acerca da sua instalação. Porém, se não forem respeitados estes princípios, o empregador não cometerá qualquer contra-ordenação perante o CT.

---

[37] Não parece ter sido a melhor solução que no Regime do Contrato de Trabalho em Funções Públicas, aprovado pela Lei nº 59/2008, de 11 de Setembro, no art. 8º, nº 3, *in fine*, e 10º, nº 3, *idem, in fine*, se mantenha a possibilidade de, através do consentimento do trabalhador, poder o empregador conhecer os resultados das questões colocadas e dos testes médicos realizados.

E o mesmo se passa em relação ao art. 18º em relação aos dados biométricos. Para que possa existir um tratamento destes dados, e apenas em algumas situações, a CNPD tem de ser notificada nos termos do nº 1 deste artigo, tendo o tratamento de respeitar os princípios da proporcionalidade, da transparência e da finalidade legítima. Mais uma vez não existe qualquer contra-ordenação para a sua falta no CT, contrariamente ao que acontecia anteriormente nos termos do art. 471º da LRCT[38] em que havia o cometimento de uma contra-ordenação grave.

Em relação aos dados biométricos há que considerar positiva a sua inclusão no âmbito dos direitos de personalidade no Código do Trabalho. De facto a sua inserção e na LRCT e não no CT era criticável[39]. Na verdade é matéria que está estreitamente relacionada com os direitos de personalidade devendo ter-se em atenção que alguns dados biométricos poderão integrar-se na categoria de dados sensíveis na parte de dados relacionados com a vida privada. Também os sistemas de reconhecimento do rosto ou da própria face podem revelar dados de saúde ou a raça[40].

6. No que concerne aos meios de vigilância à distância o Código do Trabalho de 2009, tal como o anterior, estabelece uma certa participação dos representantes dos trabalhadores na sua instalação mas não parece que esteja regulada de forma muito clara. Assim, nos termos do art. 357º, nº 1, alíneas a) e b) da LRCT, que tinha por epígrafe "obrigatoriedade de parecer prévio", a "regulação da utilização de equipamento tecnológico para vigilância à distância no local de trabalho" e para o "tratamento de dados biométricos" deveria estar sujeita a um parecer escrito prévio da comissão de trabalhadores, sendo que a sua falta originava, nos termos do art. 488º, nº 2, uma contra-ordenação grave. No Código do Trabalho

---

[38] Parece-nos que o eventual argumento para esta supressão é idêntico ao referido para os arts. 20º e 21º.

[39] Critica-se, assim, a inserção desta matéria no Regulamento do Regime do Contrato de Trabalho em Funções Públicas – art. 1º – e não no Regime do Contrato de Trabalho em Funções Pública, arts. 6º a 12º, relativos aos direitos de personalidade.

[40] Neste sentido ver JÚLIO GOMES, *op.* cit., p. 336, referindo que "curiosamente o Código não se refere à utilização de dados biométricos, embora essa seja uma das questões mais actuais em matéria de controlo pelos empregadores". Este autor refere-se, ainda, à inexistência de uma autorização da CNPD, já que a lei apenas refere mera notificação, entendendo não parecer sequer que esta Comissão possa opor-se ao tratamento dos dados biométricos.

de 2009 nada se estabelece quanto a esta obrigatoriedade de parecer prévio, a não ser que se considere abrangida pela referência do art. 425º, com uma epígrafe que não se afigura tão clara, intitulada "obrigatoriedade de consulta da comissão de trabalhadores", e que o empregador deve solicitar o parecer desta comissão nos casos previstos neste artigo e nos restantes em que se escreve "sem prejuízo de outros previstos na lei". Será que com esta redacção o legislador pretendeu abarcar os casos previstos nos arts. 18º, nº 4, e 21º, nº 4, em que se estabelece, respectivamente, que a instalação de sistemas de tratamento de dados biométricos ou de controlo através de meios audiovisuais, deve ser precedido de parecer da comissão de trabalhadores, ou, não estando este disponível dez dias após a consulta, de documento comprovativo do pedido de parecer? Embora nos pareça que o legislador não foi muito claro entende-se ser este o entendimento defensável assim reforçando a previsão dos arts. 18º, nº 4, e 21º, nº 4. Critica-se, ainda, a inexistência de qualquer contra-ordenação para o incumprimento desta formalidade por parte do empregador nestes artigos, só existindo uma contra-ordenação grave no art. 427º, nº 8.

7. Uma outra questão relacionada com esta matéria da instalação de meios de vigilância à distância está relacionada com o problema da conservação dos dados pessoais, isto é, das imagens gravadas e da sua manutenção no tempo[41], tendo em consideração que nos termos do art. 35º da CRP há a consagração do princípio de limitação no tempo dos dados pessoais, o que significa que estes devem ser cancelados uma vez obtidas as finalidades tidas em causa[42].

Desta forma, seja qual for a tecnologia utilizada ou a forma de articulação na instalação destes meios audiovisuais, torna-se patente a neces-

---

[41] Cf. FRANK HENDRICKX, *Protection of worker's personal data in the European Union – Two studies*, edição da União Europeia, *in* www.europa.eu, p. 33. Também MARIAPAOLA AIMO, *Privacy, libertà di espressione e rapporto di lavoro*, Casa Editrice Jovene, Nápoles, 2003, p. 152, assim como PASQUALE CHIECO, *Privacy e Lavoro – La disciplina del trattamento dei dati personali del lavoratore*, Cacucci Editore, Bari, 2000, p. 124, se referem à importância deste princípio.

[42] Neste sentido GOMES CANOTILHO e VITAL MOREIRA, *Constituição da República Portuguesa Anotada*, 4ª edição, Coimbra Editora, Coimbra, 2007, pp. 552-553.

sidade de limitar temporalmente a manutenção do controlo deste tipo, isto é, o tempo em que se podem conservar as imagens obtidas[43].

Este princípio está relacionado com o direito ao esquecimento que assiste ao titular de dados, no sentido destes apenas poderem ser conservados de forma a permitir a identificação durante o período necessário para a prossecução das finalidades da recolha ou do tratamento posterior, nos termos do art. 5º, nº 1, alínea e) da Lei de Protecção de Dados Pessoais e do art. 21º, nº 3, do CT[44].

A justificação para esta regra de cancelamento das imagens está relacionada com a possibilidade de violação de direitos dos trabalhadores pela sua manutenção *ad eternum*, na medida em que com base nelas podem ser adoptadas decisões em prejuízo dos trabalhadores[45].

Entende-se que não se pode dar uma resposta unívoca em relação ao tempo de conservação, apenas podendo conservar-se as imagens gravadas consideradas imprescindíveis e pelo tempo estritamente necessário para cumprir a finalidade pretendida com a adopção de tais instrumentos[46].

---

[43] *Vide* MARTÍNEZ FONS, "El poder de control empresarial ejercido a través de medios audiovisuales en la relación de trabajo – A propósito de las SSTC 98/2000, de 10 de abril y 186/2000, de 10 de julio, *in RL*, nº 4, 2002, p. 42. Em idêntico sentido veja-se FERNÁNDEZ VILLAZÓN, *Las Facultades empresariales de Control de la Actividad Laboral*, Thomson Aranzadi, Navarra, 2003, p. 121, referindo que o maior problema relacionado com a conservação da informação assenta no tempo durante o qual devem ser conservados.

[44] A este direito ao esquecimento referem-se vários autores. Assim, BELLAVISTA, "I poteri dell' imprenditore e la *privacy* del lavoratore", *in DL*, vol. 76, nº 3, 2002, p. 173, escreve que o princípio da finalidade se concretiza neste "direito ao esquecimento". Também MICHELE MISCIONE, "Il diritto allla riservatezza nel lavoro fra individuale e collettivo", *in LNG*, nº 8, 2000, p. 720, entende que este direito se concretiza na transformação em anónimos dos dados ou na sua destruição uma vez decorrido o tempo durante o qual são necessários. Cf. ainda CATARINA SARMENTO E CASTRO, "A protecção dos dados pessoais dos trabalhadores", *in QL*, nº 19, 2002, pp. 54-55, referindo que do princípio da limitação do período de conservação dos dados decorre para o titular destes um direito ao esquecimento.

[45] Deve prestar-se especial atenção ao armazenamento computorizado dos dados pessoais pelos perigos que comporta: o ficheiro informático, *inter alia*, pode ser incompleto; a utilização de palavras-chave para caracterizar os dados pessoais pode induzir em erro; e existe a possibilidade de transferir certos dados de um ficheiro para outro.

[46] Idêntica opinião tem EULALIA POLICELLA, "Il controllo dei dipendenti tra Codice privacy e Statuto del lavoratori", *in LNG*, nº 10, 2004, p. 936, e *Guide pratique pour les employers*, in www.cnil.fr, p. 18, referindo que a conservação deve durar apenas alguns dias, não podendo exceder um mês. No mesmo sentido podem ver-se as indicações da CNPD que defende não

Afigura-se que a manutenção da redacção no art. 21º, nº 3, é, secundando JÚLIO GOMES[47], "infeliz"[48] pois a obrigação de destruir sempre os dados com a cessação do contrato de trabalho não parece ser a melhor opção, bastando ver o caso do despedimento do trabalhador ter por base as situações em que há uma recolha de dados licitamente obtidos[49]. Neste caso o empregador tem todo o interesse em manter esses dados enquanto não tiver decorrido o prazo para impugnação judicial do despedimento ou durante todo o processo judicial se o despedimento tiver sido impugnado. E embora pareça que este artigo deve ser conciliado com o art. 13º, nº 2, da Lei da Segurança Privada e com o art. 8º, nº 2 da LPDP, não nos parece que a redacção seja muito clara, podendo surgir inequívocos problemas de compatibilização.

Não pode deixar de atender-se que a conservação de dados pode ter sido consentida pelo trabalhador ou trazer-lhe benefícios, tal como o autor citado acrescenta, dando como exemplo o caso de um contrato de trabalho a termo que caduca mas onde o empregador pretende conservar os dados para uma eventual contratação futura ou, tão-somente, para poder efectuar uma carta de recomendação do trabalhador, neste caso com as cautelas do art. 341º do CT.

Conclusão:

O balanço que fazemos do Código do Trabalho de 2009 em matéria de direitos de personalidade é claramente positivo. Parecem-nos de saudar as preocupações personalistas que teve em vista, tal como o Código anterior, mas consideramos que poderia e deveria ter ido mais longe,

---

deverem ser conservados por um prazo superior a 30 dias, assim como a lei de segurança privada, nos termos do art. 13º, nº 2. Outros diplomas estabelecem prazos diferentes. Entendemos, contudo, que este é um prazo meramente orientador porque o preferível é que sejam destruídas desde que deixem de ser necessárias para cumprir a finalidade declarada.

[47] *Op.* cit., p. 332.
[48] Norma idêntica pode ser encontrada no art. 2º, nº 3, do Regulamento do Regime do Contrato de Trabalho em Funções Públicas.
[49] Neste sentido o *Repertório de recomendações práticas sobre protecção de dados pessoais dos trabalhadores*, de 1997, da OIT, pp. 22-23, entende ser possível a conservação de dados quando estes sejam necessários como meio de prova em conexão com uma relação de trabalho passada ou em curso.

nomeadamente regulando outros direitos de personalidade e proibindo outras formas de violação destes direitos dos trabalhadores. Parece-nos, também, que continua excessivo o recurso a conceitos indeterminados, principalmente nas excepções à regra geral, considerando ainda que deveria ter tido mais em atenção a actualidade.

Parece-nos que, nesta matéria, é caso para lembrar uma frase do filósofo alemão H. JONAS[50], que defende "nem tudo o que é tecnicamente possível é forçosamente sustentável". No mundo do Direito, poderíamos sustentar que nem tudo o que é tecnicamente possível é juridicamente admissível. Assim, os direitos à privacidade e à dignidade dos trabalhadores nunca podem ceder perante argumentos de maior produtividade ou maior eficácia. Com as novas formas de controlo electrónico do empregador pode surgir uma nova forma de taylorização, agora de carácter informático[51]. Permitir que o empregador aceda ao conteúdo de todos os *e-mails*, aos *sites* visitados pelos trabalhadores, assim como à gravação de todos os seus gestos e conversas e à realização de testes médicos cada vez mais intrusivos, cria cada vez mais um local de trabalho mecanizado, onde o trabalhador é visto como qualquer outro instrumento de trabalho, não muito diferente do computador que usa. E se é inquestionável que as empresas devem ser eficientes, dinâmicas e actualizadas, não é menos certo que esses objectivos não podem ser conseguidos à custa da dignidade dos trabalhadores.

---

[50] Citado por JEAN-EMMANUEL RAY, "Avant-propos – de la sub/ordination à la sub/organisation", *in DS*, nº 1, 2002, p. 9.

[51] Para PÉREZ DE LOS COBOS ORIHUEL, *Nuevas tecnologias y relaciones de trabajo*, tirant lo blanch, Valencia, 1990, p. 35, pode surgir agora um *taylorismo* de novo tipo, que pode tornar o controlo do empregador em "omnipotente, anónimo e invisível", tal como referem BELLAVISTA, *Il controllo sui lavoratori*, Giappichelli Editore, Turim, 1995, p. 67, e FERNÁNDEZ DOMÍNGUEZ e SUSANA RODRÍGUEZ ESCANCIANO, *Utilización y control de datos laborales automatizados*, Agencia de Protección de Datos, Madrid, 1997, p. 93.

A Privacidade dos Trabalhadores e o Controlo Electrónico da Utilização da *Internet**

Introdução
1.1. As NTIC tiveram e têm uma enorme repercussão no desenvolvimento do Direito do trabalho dando origem, mesmo, a um novo tipo de controlo, o controlo electrónico do empregador[1]. O uso destas novas tecnologias, principalmente a *internet* e o *e-mail*, tornou o controlo do empregador cada vez mais presente e intrusivo, afectando em cada vez maior grau a privacidade dos trabalhadores. Os empregadores podem, com a utilização destas NTIC, reunir informação sobre os trabalhadores através da observação do que fizeram durante o tempo e no local de trabalho, descobrir os seus interesses e preferências, através da análise dos *sites* mais visitados, possibilitando a criação de perfis dos trabalhadores e a sua selecção baseada nestes dados. Desta forma, as NTIC permitem, graças às suas capacidades praticamente ilimitadas de captar, armazenar, relacionar e transmitir todo o tipo de dados, reunir de forma personalizada, a partir de vários tipos de informação, múltiplas facetas da vida dos trabalhadores e conhecer, de algum modo, a própria forma de pensar dos

---

* Publicado originariamente *in Questões Laborais*, nºs 35-36.
[1] Cf., para mais desenvolvimentos sobre o surgimento deste tipo de controlo electrónico, TERESA COELHO MOREIRA, *A Privacidade dos Trabalhadores e as Novas Tecnologias de Informação e Comunicação: contributo para um estudo dos limites do poder de controlo electrónico do empregador*, Almedina, Coimbra, 2010.

trabalhadores, efectuando conclusões de natureza preditiva sobre o próprio futuro da relação laboral[2] [3].

Estas novas formas de controlo electrónico podem ser bastante problemáticas se comparadas com as formas tradicionais de controlo associadas à supervisão humana, na medida em que este novo tipo de controlo electrónico pode ser realizado à distância, secretamente, de forma oculta, podendo tornar-se contínuo e muito mais intrusivo[4]. Neste contexto, torna-se muito mais fácil para o empregador o controlo das comunicações electrónicas dos trabalhadores o que origina a necessidade premente de limitar as possibilidades de utilização dos dados pessoais recolhidos dos trabalhadores[5].

Pode defender-se, desta forma, que são vários os factores que originam que o tema do controlo do empregador seja sempre controverso e com-

---

[2] Neste sentido *vide* THIBAULT ARANDA, "La vigilância del uso de internet en la empresa y la protección de datos personales", *in RL*, nºs 5/6, 2009, p. 68. Ver, ainda, *International Standards on the Protection of Personal Data and Privacy*, de 5 de Novembro de 2009, na Conferência Internacional de Comissários Europeus de Protecção de Dados, realizada em Madrid, nos dias 4 a 6 de Novembro de 2009.

[3] A CNPD, numa *Declaração relativa ao dia Europeu da Protecção de Dados*, de 28 de Janeiro de 2010, e que pode ser consultada no *site* www.cnpd.pt, referiu que, embora as NTIC tenham inegáveis vantagens para todos os sectores da vida, comportam grandes riscos a que se associa uma procura quase *desenfreada* de aplicação destas tecnologias. A "evolução tecnológica não deixou nunca de nos surpreender, tendo atingido patamares verdadeiramente admiráveis, quer pela rapidez dos seus progressos, quer pelo alcance dos seus feitos, que trouxeram inegáveis benefícios à vida das pessoas e das sociedades. As tecnologias de informação e comunicação, sobretudo, vieram mudar radicalmente o mundo, tal como o conhecíamos, proporcionando ao fenómeno da globalização um conteúdo sem precedentes. Todavia, esta capacidade tecnológica tem permitido também a criação de grandes sistemas de informação, interoperacionais, que processam e cruzam milhões de dados pessoais a um ritmo crescente. As sinergias tecnológicas e económicas têm sido geradoras de preocupantes intrusões na privacidade de todos e de cada um".

[4] Como refere SALVADOR DEL REY GUANTER, "Tratamiento automatizado de datos de carácter personal y contrato de trabajo – una aproximación a la "intimidad informática" del trabajador, *in RL*, II, 1993, p. 146, citando ZÖLLNER, ocorre um salto qualitativo e quantitativo com este tipo de controlo: há uma quantidade muito maior de informação que se pode recolher e tratar, com uma muito superior capacidade de tratamento que pode originar, inclusive, descontextualizações de informações.

[5] GOÑI SEIN, "Los criterios básicos de enjuiciamiento constitucional de la actividad de control empresarial: debilidad y fissuras del principio de proporcionalidad", *in RDS*, nº 32, 2005, p. 79.

plexo, impondo várias reflexões, mas sem a pretensão ou veleidade de considerar que existe uma sistematização definitiva desta matéria[6]. Ocorrendo uma evolução nos sistemas de produção e nos próprios modelos de organização e gestão empresarial há um enorme aumento das possibilidades de controlo electrónico do empregador, o que origina novas questões e o repensar de outras relacionadas com a enorme capacidade inquisitória que permitem estas NTIC, relacionadas com o controlo da *Internet*.

Desta forma, o problema da utilização destas novas formas de comunicação está no facto de o empregador poder servir-se delas para finalidades nem sempre legítimas, disfarçadas com *biombos linguísticos* sob a forma de interesses produtivos ou comerciais, quando na realidade pode ser de controlo puro e duro que se trate.

1.2. A informática tem vindo a tornar-se cada vez mais popular em todos os sectores da sociedade, sendo que o grande contributo tem sido dado pelas NTIC, principalmente a *Internet*. Esta está intrinsecamente relacionada com a *Sociedade da Informação*, potenciando inúmeras alterações sociais, políticas e legislativas na sociedade. A *Internet* penetrou, desta forma, em todos os sectores da sociedade e em todos os domínios de actividade. A *Internet* está a mudar a própria prática do Direito, constituindo um meio de comunicação muito frequente e cada vez mais utilizado nas relações entre empregadores e trabalhadores e entre estes e os seus clientes ou terceiros na medida em que facilita as comunicações ao poupar tempo e custos. Ela confere um acesso cada vez mais rápido e fiável a um número cada vez maior de informação e, no domínio económico, apresenta-se como uma ferramenta importante de informação e de gestão, oferecendo às empresas um enorme número de serviços interactivos. Porém, não pode esquecer-se o *reverso da medalha* no sentido de que pode trazer também desvantagens para as empresas.

Os sistemas de informação e de comunicação, marcados pela interconexão de milhares de redes, ultrapassam os limites geográficos e permitem aceder a todo o tipo de informação útil para o desenvolvimento

---

[6] No mesmo sentido, CARLO ZOLI, "Il controllo a distanza del datore di lavoro: l'art. 4, L. N. 300/1970 tra attualità ed esigenze di riforma", *in RIDL*, I, 2009, p. 485. Cf., ainda, FERNANDO VALDÉS DAL-RÉ, "Presentación", *in RL*, nºs 5/6, 2009, p. 6.

da relação laboral, favorecendo uma comunicação cada vez mais instantânea e plural.

Desta forma, o uso destas NTIC pelas empresas não só está a alterar substancialmente a sua estrutura como a determinar processos de reestruturação, originando uma modificação significativa do comportamento quotidiano dos trabalhadores no próprio local de trabalho.

Contudo, esta navegação extra-profissional dos trabalhadores não deixa de colocar alguns problemas, nomeadamente de segurança[7][8], atendendo que os sistemas de informação, actualmente, são vitais para as empresas. Assim, a infra-estrutura crescente de rede de computadores ligados entre si tem originado um acréscimo de preocupações aos empregadores relacionadas com o uso que os trabalhadores fazem deste serviço no seu horário laboral[9].

Por outro lado, não pode deixar de ter-se em atenção que o controlo electrónico da *Internet* pode ser extremamente intrusivo na medida em que as pessoas o utilizam como uma forma de obter informação, por vezes

---

[7] Actualmente a "grande porta de entrada" dos vírus informáticos não é mais o *e-mail* mas a *internet* e USB que se leva de casa para o local de trabalho. Cf., neste sentido, JEAN-EMMANUEL RAY, "Actualité des TIC", *in DS*, nº 3/2010, p. 272. Ver o *site* www.securite-informatique.gouv.fr, com numerosa informação às empresas sobre como manter a segurança dos seus sistemas informáticos. Existe, até, um menu sobre segurança no local de trabalho.

[8] Em relação ao problema da segurança parece-nos um pouco uma falsa questão uma vez que o empregador deve adoptar os mecanismos de segurança que protejam o sistema da empresa, não se percebendo como é que o acesso a *sites* de natureza privada possa trazer mais problemas que o acesso a *sites* de natureza profissional. A vulnerabilidade alegada pelos empregadores não está relacionada com a forma como os trabalhadores utilizam os computadores, mas com a insuficiência de medidas ou de políticas de segurança que tornam as empresas alvos mais fáceis a "ataques" externos. A empresa deve, desta forma, ter os programas anti-vírus actualizados, realizando cópias de segurança regularmente de forma a evitar perda de informação. Deve, ainda, definir políticas de "gestão de quotas de disco", sistemas de alarme e registo de tentativas de intrusão no sistema da empresa ou, até, mecanismos "anti-*cookies*", sendo no entanto as *firewalls* os mecanismos mais adequados para prevenir intrusões externas. Cf., neste sentido, AMADEU GUERRA, *A privacidade no Local de Trabalho – As novas Tecnologias e o Controlo dos Trabalhadores através dos sistemas Automatizados. Uma abordagem ao Código do Trabalho*, Almedina, Coimbra, 2004, p. 395.
Ver, ainda, que o enorme aumento da preocupação pela segurança do sistema pode estar relacionado com sondagens assustadoras, muitas vezes realizadas ou encomendadas por quem comercializa estes materiais de segurança.

[9] Ver JEAN-EMMANUEL RAY, "Actualité des...", cit., pp. 271-272.

de carácter extremamente pessoal, podendo o empregador, ao efectuar este tipo de controlo, ficar a conhecer muitas características pessoais que em nada relevam para a análise da aptidão do trabalhador para o posto de trabalho que lhe está ou vai ser adstrito.

O empregador, perante a implantação destas NTIC na empresa, como uma forma de aumentar a sua produtividade e competitividade, pode ter de adoptar certas medidas técnicas para limitar a sua utilização. A questão que tem de ser colocada é a dos limites destas formas de controlo, sendo que com estas novas tecnologias o controlo electrónico do empregador aumentou de uma forma exponencial, sem precedentes. Actualmente, praticamente todos os programas utilizados deixam vestígios que permitem responder a três questões: quem fez, quando o fez e o que fez[10].

Impõe-se, pois, a conciliação dos diferentes interesses em causa e que estão muitas vezes contrapostos. Há questões relacionadas com a propriedade, a segurança, a rentabilidade, a produtividade da empresa e a possibilidade de responsabilização do empregador por factos cometidos pelos seus trabalhadores, o que pode fundamentar e legitimar um certo controlo electrónico por parte dos empregadores. Do outro lado colocam-se os trabalhadores, que pretendem preservar os seus direitos fundamentais, principalmente o direito à privacidade no próprio local de trabalho, na medida em que a *Internet* é um espaço de comunicação no seu sentido amplo, englobando a informação, constituindo, ainda e principalmente, um espaço de trabalho.

2. A *Internet*

2.1. A informática tem vindo a tornar-se cada vez mais popular em todos os sectores da sociedade, sendo que as NTIC têm contribuído largamente para este aumento, principalmente a *Internet*. Intimamente rela-

---

[10] A título meramente exemplificativo pode referir-se que o *Vista* ou *Windows 7* incluem um motor de busca, muito semelhante ao *Google*, que permite investigar todo o disco duro do computador, sobretudo através de palavras-chave. É possível examinar as conexões, os textos e mesmo os documentos que foram eliminados e que ficam no sistema durante muito tempo. Veja-se JEAN-EMMANUEL RAY, última *op.* cit., p. 272.

cionada com a globalização e com a Sociedade da Informação[11], a *Internet* tem provocado inúmeras mudanças sociais, políticas e legais[12].

Tem-se assistido a um desenvolvimento de uma infra-estrutura tecnológica que inclui uma rede de telecomunicações bastante avançada, composta por sistemas interactivos de informação e por poderosos computadores, capazes de processar dados a grande velocidade. E o desenvolvimento da *Internet* tem permitido à tecnologia digital a transmissão automática de todo o tipo de mensagens, criando, desta forma, uma linguagem digital universal e as condições tecnológicas para uma comunicação cada vez mais global.

A *Internet* penetrou em todos os sectores da sociedade e em todos os domínios de actividade, em qualquer contexto e localização, desde que haja uma ligação electrónica[13].

Assim, pode considerar-se que a *Internet* está a ser o fenómeno central das NTIC, apresentando-se como um passo decisivo no avanço dos novos sistemas de informação e comunicação à escala planetária[14] e represen-

---

[11] Estimativas datadas de 2005 referiam que havia mais de mil milhões de utilizadores em todo o mundo e, tendo em atenção o aumento exponencial que ocorre diariamente, este número, actualmente, deve ser consideravelmente superior. Ver Mª DEL CARMEN GUERRERO PICÓ, *El impacto de Internet en el Derecho Fundamental a la Protección de Datos de Carácter Personal*, Thomson Civitas, Navarra, 2006, p. 329. Veja-se, ainda, YVES POULLET, "Internet et vie privée: entre risques et espoirs", *in La tutela del Navigatore in Internet*, (coord. ANTONIO PALAZZO e UGO RUFFOLO), Giuffrè Editore, Milão, 2002, p. 145, assim como KIRBY, La protection de la vie privée et des droits de l'homme à l'ère du numerique", *in Les Droits de l'homme dans le cyberspace*, Economica UNESCO, Paris, 2005, p. 13, referindo o enorme crescimento da *Internet* no mundo.

[12] Como refere EVELYN HAUSER, "The future of cyberwork", *in Employment Relations Today*, Inverno, 2000, p. 61, a *Internet* está a alterar a forma como as pessoas vivem, trabalham e conduzem os seus negócios.

[13] Cf., neste sentido, CONSUELO CHACARTEGUI JÁVEGA, "El correo electrónico como instrumento de información, consulta y participación de los trabajadores en las empresas de dimensión comunitaria", *in RL*, nº I, 2004, p. 1255, referindo que se a primeira revolução industrial tem origem no Reino Unido, a primeira revolução da tecnologia da informação tem origem nos EUA, mais especificamente em Sillicon Valley, onde se desenvolveu o circuito integrado, o microprocessador e o microcomputador. Ver, ainda, FRANÇOIS BLANCHETTE, *L'expectative raisonnable de vie privée et les principaux contextes de communications dans Internet*, tese de Mestrado em Direito, Montreal, 2001, *in* www.juriscom.net, p. 6.

[14] No mesmo sentido PÉREZ LUÑO, "Internet y los derechos humanos", *in Derecho y conocimiento*, vol. 2, p. 103.

tando a novidade que mais tem transformado, nos últimos anos, o universo da comunicação[15], na medida em que, no actual estado da evolução informática, o carácter multiforme da *Internet*, dada a enorme potencialidade e rapidez dos computadores no tratamento de dados e informações, permite que ocorra uma transformação da sociedade contemporânea, configurando-se não só como um modelo de organização mas também como uma nova forma de expressão do indivíduo e da colectividade.

Assiste-se, desta forma, a uma verdadeira revolução digital que se refere às novas modalidades de comunicação e de distribuição de informação obtidas através da *Internet*. Está-se perante uma nova realidade, a realidade virtual[16], e a consagração da *Internet* como um meio de comunicação incontornável[17].

Detendo estas características, a *Internet* está a mudar a prática do Direito, constituindo um meio de comunicação muito frequente e cada vez mais utilizado nas relações entre empregadores e trabalhadores, e entre estes e clientes ou terceiros, na medida em que facilita as comunicações ao poupar tempo e custos[18]. Por outro lado, a *Internet* faculta um acesso cada vez mais rápido e fiável a uma quantidade cada vez maior de

---

[15] Ver GIUSEPPE CASSANO, "Introduzione", *in* ", *in Internet – Nuovi problemi e questioni controverse*, (coord. GIUSEPPE CASSANO), Giuffrè Editore, Milão, 2001, p. 1.
[16] *Vide* GUIDO ALPA, "Introduzione. New Economy e Diritto nell'Era della rivoluzione Digitale", *in La Tutela del Navigatore in Internet*, (coord. ANTONIO PALAZZO e UGO RUFFOLO), Giuffrè Editore, Milão, 2002, pp. 1-2.
[17] Neste sentido FABRICE FEVRIER, "Site internet syndical – la primauté est donnée à la liberté d'expression", *in RDTIC*, nº 55, 2006, p. 13.
[18] RAQUEL SERRANO OLIVARES, "Comunicaciones a través de Internet y seguridad jurídica", *in RL*, nº I, 2005, p. 1287. No mesmo sentido pode ver-se PETER WEDDE, "Wenn der Arbeitgeber eine Flatrate hat...", *in CF*, nº 5, 2004, p. 28, referindo-se ao custo reduzido da utilização da *Internet*. Também THIBAULT ARANDA, "El derecho español", *in Tecnología Informática y Privacidad de los Trabajadores*, (coord. MARK JEFFERY, JAVIER THIBAULT ARANDA e ÁNGEL JURADO), Thomson Aranzadi, Navarra, 2003, p. 60, refere que a *Internet* se converteu numa das vias de comunicação mais aptas para ser utilizadas pelo trabalhador nas suas relações com a empresa, com os clientes, com os companheiros de trabalho e, inclusive, com os seus representantes sindicais. Na mesma linha veja-se GIUSEPPE D'ELCI, "Licenziamento per abuso di collegamento a Internet e tutela del lavoratore dai controlli a distanza", *in D&L*, nº 4, 2001, p. 1068, assim como SONIA FERNÁNDEZ SÁNCHEZ, "Variaciones sobre el poder de control a distancia: el espejo de la madrasta", *in El poder de dirección del empresário: nuevas perspectivas*, (coord. ESCUDERO RODRÍGUEZ), La Ley, Madrid, 2005, p. 92.

informação. No domínio económico ela apresenta-se como um óptimo utensílio de informação e de gestão, oferecendo às empresas um enorme número de serviços interactivos. Por isso, pode constituir um "formidável utensílio"[19] para aumentar a produtividade das empresas e melhorar a sua gestão. Por todas estas razões, muitas empresas dotaram-se de ligações cada vez mais rápidas à *Internet*.

Há que pensar, no entanto, no reverso da medalha, isto é, em todas as desvantagens que a utilização da *Internet* pode trazer, nomeadamente, por filtrar informações a terceiros relativas a segredo empresarial ou informações sobre clientes da empresa, facultar o assédio a um companheiro de trabalho e realizar acções que podem comprometer a-imagem da empresa[20][21]. Desta forma, o uso destas NTIC pelas empresas não só está a modificar substancialmente a sua estrutura, mas também a determinar processos de reestruturação, provocando uma modificação significativa do comportamento quotidiano dos trabalhadores no próprio local de trabalho[22], sendo bastante difícil imaginar actualmente as empresas sem esta ligação à *Internet*[23] na medida em que ela se tornou um instrumento estratégico para a sua esmagadora maioria.

A *Internet* implicou, desta forma, um verdadeiro "salto qualitativo"[24] em relação às questões colocadas pelas NTIC, já que até à generalização

---

[19] MARC RICHEVAUX, *L'introduction d'Internet dans les entreprises*, in www.droit-technologie.org, p. 4.

[20] Podem ver-se vários perigos reais que este meio pode trazer para as empresas em JAVIER RIBAS, "Actos desleales de trabajadores usando sistemas informáticos e internet", *in RL*, nº II, 2004, pp. 1317 e ss..

[21] Referindo-se a vários perigos da *Internet* em geral veja-se PÉREZ LUÑO, última *op. cit.*, pp. 104-105, assim como GIUSEPPE CASSANO, "Internet e riservatezza", *in Internet – Nuovi problemi e questioni controverse*, (coord. GIUSEPPE CASSANO), Giuffrè Editore, Milão, 2001, pp. 10-11, principalmente sob a forma de perigos para a privacidade dos utilizadores sem que, muitas vezes, eles tenham consciência desse facto.

[22] Veja-se THIBAULT ARANDA, última *op. cit.*, p. 60. Também SONIA FERNÁNDEZ SÁNCHEZ, *op. cit.*, p. 92, chama a atenção para esta questão, assim como RAQUEL SERRANO OLIVARES, *op. cit.*, p. 1288.

[23] Referindo-se ao facto da *Internet* estar presente na maior parte das empresas veja-se THOMAS STREITBERGER, *Privacy am Rechnerarbeitsplatz – Datenschutzrechtliche Probleme durch die Protokollierung von Log-Files und e-Mails am Arbeitsplatz*, Universidade de Viena, 2003, p. 1.

[24] FERNÁNDEZ VILLAZÓN, *Las facultades empresariales de Control de la Actividad Laboral*, Thomson Aranzadi, Navarra, 2003, p. 124.

do seu uso no domínio do trabalho, o uso da informática ficava reduzido maioritariamente a aspectos técnicos e produtivos. Por isso, atendendo ao poder de controlo do empregador, poderia sustentar-se que este poder, permitido pela informática, apesar de ter uma grande potencialidade e extensão, não abrangia a pessoa do trabalhador, ficando circunscrito ao desempenho da actividade laboral[25]. Actualmente, porém, atendendo às características da *Internet*, não pode defender-se essa posição, suscitando-se problemas densos ao Direito do trabalho.

As NTIC transformaram o computador num meio de comunicação cada vez mais utilizado e multiplicaram as possibilidades do seu uso extra-profissional. Assim, parece-nos mais um motivo para defender a ideia de que os computadores têm de ser vistos sob um duplo prisma, isto é, já não podem ser aceites somente como um mero instrumento de trabalho, devendo também ser considerados com uma nova dimensão, cada vez mais presente, e que é o da máquina capaz de potenciar o desenvolvimento e a expansão da personalidade do trabalhador, comportando um certo uso "social" que merece ser salvaguardado.

Tendo em atenção esta nova realidade e o uso privado que se faz destas novas tecnologias, sem atender agora à sua licitude, tem de reconhecer-se que o controlo exercido sobre estas novas tecnologias já não vai ficar limitado à prestação de trabalho, sendo capaz de alcançar facetas relacionadas com a privacidade dos trabalhadores[26]. Na realidade, o controlo electrónico da *Internet* pode ser extremamente intrusivo, na medida em que as pessoas utilizam hoje este meio como uma forma de obter informação, por vezes muito pessoal, podendo o empregador ficar a conhecer muitas características pessoais dos trabalhadores através do controlo da sua utilização, aproveitando-se das próprias características da *Internet* pois, conforme refere SPIROS SIMITIS[27], quem navega na *Internet* não está mais sozinho. Querendo ou não, todos os seus passos deixam vestígios. A comunicação libertou-se das barreiras espácio-temporais e oferece actualmente, de forma contínua e em tempo real, serviços tradicionais e uma nova série de outros, com o indivíduo a constituir uma enorme

---

[25] FERNÁNDEZ VILLAZÓN, *op. cit.*, p. 124, e PÉREZ DE LOS COBOS ORIHUEL, *Nuevas tecnologías...*, cit., p. 83.
[26] Neste sentido FERNÁNDEZ VILLAZÓN, *op. cit.*, pp. 124-125.
[27] "Il contesto giuridico e politico della privacy", *in* RCDP, ano XV, nº 4, 1997, pp. 573-574.

fonte de informações pessoais, com riscos acrescidos para a tutela da sua privacidade[28].

Na esteira de JEAN-EMMANUEL RAY e JEAN-PAUL BOUCHET[29], a *Internet* originou que muitas fronteiras caíssem o que, directa ou indirectamente, determinou a queda de outra barreira: a que separava a vida profissional e a vida pública da vida privada. Em qualquer local, através de telefones portáteis, podem ser filmados acontecimentos da vida privada que depois são colocados no *YouTube*, para que qualquer pessoa, em qualquer local do mundo os possa visualizar. No mundo do trabalho, pode colocar-se o problema de *blogs* pessoais e de redes sociais onde os trabalhadores exprimem as suas opiniões ou, até, divulgam informações preciosas[30] sobre a empresa, ou onde criticam posições desta, o que coloca problemas ao nível da conciliação entre os direitos à privacidade e liberdade de expressão dos trabalhadores e os direitos do empregador[31]. Mesmo na fase de acesso e formação do contrato de trabalho, são os próprios candidatos a fornecerem, ainda que involuntariamente, muitas das informações profissionais assim como outras extremamente privadas, em redes sociais, como o *Facebook* ou o *Myspace*[32].

---

[28] Veja-se, neste sentido, KIRBY, *op. cit.*, p. 15, escrevendo sobre o enorme número de dados que os utilizadores deixam, sem terem consciência, quando visitam *sites*. Esta informação pode, inclusive, permitir a criação de perfis psicológicos sobre a sua pessoa. Também NICOLA LUGARESI, *Internet, privacy e pubblici poteri negli Stati Uniti*, Giuffrè, Milão, 2000, pp. 9 e 13, alude ao mesmo fenómeno, observando como a *Internet* originou uma perda de privacidade em numerosas situações. No mesmo sentido, Mª LUISA FERNÁNDEZ ESTEBAN, "Internet y los Derechos fundamentales", *in Anuario Jurídico de la Rioja*, nºs 6/7, 2000, p. 346.

[29] "Vie professionnelle, vie personnelle et TIC", *in DS*, nº 1/2010, p. 44.

[30] E por vezes confidenciais.

[31] Veja-se a decisão muito recente do TEDH, de 8 de Dezembro de 2009, *Aguilera J. et autres c. Espagne*, relacionada com os limites à liberdade de expressão de sindicalistas.

[32] A propósito da utilização das redes sociais veja-se o artigo da CNIL, de 16 de Janeiro de 2008, *in* www.cnil.fr, onde se estabelecem vários patamares mínimos de protecção de privacidade que estas redes sociais devem seguir, assim como toda a cautela que os internautas devem ter, mencionando que é a própria reputação, privada e profissional, que pode ser colocada em causa com os dados que são fornecidos, assim como com o número de pessoas a quem os mesmos se disponibilizam. Pode ver-se ainda, muito recentemente, que 10 autoridades de protecção de dados, que representam cerca de 300 milhões de pessoas exortaram o *Google* a respeitar as regras relacionadas com a privacidade dos cidadãos. A preocupação destas autoridades de protecção de dados está relacionada com o *Buzz*, a rede social do *google*, recentemente lançada em Fevereiro. Esta rede social associada ao serviço de *gmail*, um serviço de

Trata-se das novas "impressões digitais"[33], relacionadas com os mais diversos sectores: pessoal, profissional, político, social, que vão deixando vestígios em vários locais e que através de uma pesquisa em motores específicos permitem construir perfis dos trabalhadores. O fantasma do *Big Brother*, que todos poderíamos identificar e que controlava tudo, parece *artesanal*, quando comparado com estes inúmeros "Little Brothers"[34], que conseguem seguir as pessoas e conhecê-las ao mais ínfimo detalhe[35].

2.2. De um ponto de vista social, a *Internet* pode ser considerada como um novo meio de comunicação que, provavelmente, integra os outros meios. A *Internet* representa uma nova forma de comunicação e mesmo de viver, uma nova tecnologia que está a revolucionar a nossa própria forma de viver[36], e que está a originar uma nova dependência – a ciberdependência, ou os *netaddicts* –, relacionados com uma "toxicomania numérica"[37].

Entende-se, desta forma, que a *Internet* não é idónea para ser enquadrada em definições tradicionais, sendo antes uma realidade multiface-

---

e-mail privado, originou bastantes problemas de violação das regras da privacidade na medida em que a associação a uma conta de *e-mail* fez com que, automaticamente, fosse criada uma *lista de amigos mais frequentes*, na rede social, associada aos contactos mais comuns no *gmail*. Esta situação atenta contra os princípios fundamentais de protecção da vida privada das pessoas e foi condenada numa carta pública, de 20 de Abril de 2010, e que pode ser consultada em www.cnil.fr.

Também no nosso ordenamento jurídico, ainda que num assunto diferente, a CNPD, garantiu que o *Google street view* não está a garantir a privacidade das pessoas, conforme se pode ver no site www.smmp.pt, de 22 de Abril de 2010.

[33] JEAN-EMMANUEL RAY e JEAN-PAUL BOUCHET, *op.* cit., p. 45.

[34] Ver últimos autores e obra citada.

[35] EMMANUEL HOOG, *apud* JEAN-EMMANUEL RAY e JEAN-PAUL BOUCHET, *op.* cit., p. 45, nota n.º 3, defendeu ser necessário reflectir sobre a eventual necessidade de um "*habeas corpus* numérico", que permitisse um controlo real e efectivo sobre os dados pessoais, assim como a possibilidade real de eliminação dos mesmos.

[36] Neste sentido veja-se DÄUBLER, *Internet und Arbeitsrecht*, 3ª edição, Bund-Verlag, Frankfurt am Main, 2004, p. 41, referindo-se ao carácter "multimédia" deste novo meio, assim como GERHARD SCHNEIDER, "Die Wirksamkeit des Sperrung von Internet-Zugriffen", *in MMR*, nº 10, 1999, p. 571.

[37] Segundo DERVAUX, *apud* JEAN-EMMANUEL RAY e JEAN-PAUL BOUCHET, *op.* cit., p. 54, nota nº 35, 2% da população sofre de dependência em relação à *Internet*, passando mais de cinquenta horas semanais na *Internet*, excluindo a navegação por razões profissionais.

tada[38] na medida em que as comunicações que atravessam a *Internet* pertencem a diversas tipologias, *inter alia*, mensagem *one to one*, grupos de informação ou *newsgroup*, *mailing list* e *world wide web*.

A *Internet* apresenta-se como uma espécie de *anarquia organizada* que cresceu de forma impressionante e à medida que se foi afastando da sua vertente militar, tornando-se uma área mais idónea para o intercâmbio científico e cultural.

A descentralização da sua estrutura e a ausência de autoridades de controlo, que visavam dar resposta a necessidades de segurança nacional, favorecem hoje a criação de espaços de liberdade. Esta visão corresponde a uma primeira etapa ou época da *Internet* em que há como que uma "hipervalorização"[39] das bondades deste sistema, sendo que a "inocência do idílico estado de natureza tecnológico"[40] se perde quando se percepcionam os perigos para a segurança das instituições e inclusive para a soberania estatal. Constata-se que a ausência de regulamentação não foi aproveitada só para efectuar uma aposta na liberdade e na promoção da cultura. A *Internet* serviu outros interesses, não tão louváveis. Pode tornar-se num veículo especialmente poderoso para a consecução de certo tipo de crimes contra direitos fundamentais e, por isso, há que ter alguma espécie de regulação[41].

O problema não está, tanto, em tratar-se de um meio global com acesso imediato e em tempo real à informação, podendo criar-se maiores problemas de controlo, mas nas diferenças que apresenta com outros meios de comunicação tradicionais e no seu carácter multifacetado[42].

---

[38] Mª LUISA FERNÁNDEZ ESTEBAN, *Nuevas tecnologias, Internet y Derechos Fundamentales*, McGraw-Hill, Madrid, 1998, p. 25, refere-se ao seu carácter "polifacetado", e GIOVANNA LUCENTE, "Internet e libertà di manifestazione del pensiero", *in Dir. Inf.*, vol. 16, n.s 4/5, 2000, p. 597, escreve que a *Internet* caracteriza-se pelo seu "polimorfismo".

[39] Segue-se o defendido por Mª DEL CARMEN GUERRERO PICÓ, *op. cit.*, pp. 332 e ss..

[40] Mª DEL CARMEN GUERRERO PICÓ, *op. cit.*, pp. 332.

[41] Embora não se possa deixar de atender que o papel extremamente eficaz da *Internet* em relação aos fluxos de informação, caracterizada pelo seu carácter interactivo, contribui para que a Sociedade de Informação possa efectivamente transformar-se numa Sociedade do Conhecimento.

[42] Veja-se neste sentido, ESTHER SÁNCHEZ TORRES, "El ejercicio de la libertad de expresión de los trabajadores a través de las nuevas tecnologías", *in Relaciones Laborales y Nuevas Tecnologías*, (coord. SALVADOR DEL REY GUANTER e LUQUE PARRA), La Ley, Madrid, 2005, p. 120, e MAURIZIO DE ARCANGELIS, *L'Internet et la vie privée*, Editions "Les Fils d'Arianne", Aix-en-Provence, 2004, pp. 14-16.

A *Internet* desenvolve diferentes métodos e formas de comunicação, de modo que em qualquer momento um receptor de informação pode converter-se num servidor de informação, por si mesmo ou através do reenvio de informação realizado por um terceiro, quebrando-se a clássica relação emissor-receptor que constituía a essência da comunicação tradicional.

Acresce, ainda, a dificuldade de se tratar de um meio independente em infra-estruturas e tecnicamente complexo, dotado de um protagonismo especial atribuído aos servidores de informação, o que exige uma maior especificação jurídica relativamente à imputação de responsabilidades[43] [44].

Por outro lado, como se trata de um meio descentralizado e aberto, aumentam as dificuldades técnicas e frustram-se grande parte das tentativas de efectivar as sanções. Os limites temporais e espaciais são alterados com este meio de comunicação, sendo uma das suas características o facto de não conhecer fronteiras[45].

---

[43] ESTHER SÁNCHEZ TORRES, *op.* cit., p. 120.

[44] Esta distinção reveste-se de grande importância já que o empregador, muitas vezes, é um mero fornecedor do serviço à *Internet*, ou do acesso à mesma, não podendo vir a ser responsabilizado pelos conteúdos que o trabalhador nela coloca. É necessário proceder à distinção entre edição e distribuição e entre disponibilizar um serviço ou colocar conteúdos no mesmo. Entende-se que se poderia ter em atenção o disposto no art. 12º da Directiva sobre comércio electrónico na medida em que isenta de responsabilidade os prestadores intermediários de serviços, estipulando-se que abrange quem permitir o acesso a redes de comunicações. Reforçando a conclusão, o art. 14º da lei que transpôs esta Directiva, DL nº 7/2004, de 7 de Janeiro, que estabelece que "o prestador intermediário de serviços que prossiga apenas a actividade de transmissão de informações em rede, ou de facultar o acesso a uma rede de comunicações, sem estar na origem da transmissão nem ter intervenção no conteúdo das mensagens transmitidas nem na selecção destas ou dos destinatários, é isento de toda a responsabilidade pelas informações transmitidas".

Embora estes preceitos visem os prestadores intermediários de serviços profissionais, parece que também poderia reportar-se à aferição da possível responsabilidade dos empregadores por actos dos seus trabalhadores quando utilizam as NTIC. Neste sentido podem ver-se MARY PIVEC e SUSAN BRINKERHOFF, "E-Mail in the Workplace: Limitations on Privacy", *in Human Rights*, Inverno, 1999, p. 22, e XAVIER LEMARTELEUR, *L'employeur: un fournisseur d'accès à l'Internet comme les autres? Implications juridiques de la fourniture d'accès à l'Internet par l'entreprise*, 2003, in www.juriscom.net, p. 39, entendendo que esta noção também se poderia aplicar aos sistemas das empresas. Também para Mª LUISA FERNÁNDEZ ESTEBAN, *Nuevas tecnologias,...*, cit., pp. 74--75, esta isenção de responsabilidade poderá aplicar-se.

[45] Como refere CRISTINA MÁXIMO DOS SANTOS, "As novas tecnologias da informação e o sigilo das telecomunicações", *in RMP*, Ano 25, nº 99, Jul/Set., 2004, pp. 89-90, a "Internet rapida-

Acresce a tudo isto que, como regra geral, as redes electrónicas permitem o anonimato, isto é, não facultam a identificação do utilizador ou do emissor de determinada informação. Contudo, apesar destas características, não podemos deixar de ter em atenção que a virtualidade da *Internet* reside no facto de ser um meio que permite de forma fácil e com baixo custo, o acesso a numerosa informação, sendo uma plataforma essencial de informação e de expressão[46]. Por outro lado, não se defende que a *Internet* seja uma zona de "vazio jurídico", ou de "não direito". Parece-nos ser antes, secundando PIERRE-ALAIN GOURION e MARIA RUANO-PHILIPPEAU[47] um local de "ebulição ou agitação jurídica", um campo deslocalizado que cria regras jurídicas próprias ou que adapta as regras tradicionais a estas novas tecnologias, tendo que ter cada vez mais em conta um contexto internacional na medida em que a *Internet* se tornou numa enorme plataforma de comunicação entre diferentes pessoas.

2.3. A *Internet* é um meio de comunicação que, conforme já se referiu, é multifacetado, isto é, contém várias configurações de comunicação, sendo que esta variedade aponta para a convergência que se tem vindo a produzir entre comunicações interpessoais e meios de comunicação de massas[48].

Podem agrupar-se os diferentes serviços oferecidos pela *Internet* em dois grupos, secundando a divisão realizada por MARTÍNEZ FONS[49]. Assim, de um lado, existem os serviços de comunicação e, do outro, os serviços de utilização conjunta de informação[50].

---

mente se tornou numa "entidade" intangível, incontrolável por apenas uma organização ou entidade, abrindo sempre novas possibilidades de utilização por virtude da criatividade e imaginação dos seus navegantes que exploram todas as potencialidades desta rede aberta de comunicações".

[46] Segue-se o defendido por ESTHER SÁNCHEZ TORRES, *op.* cit., p. 121.
[47] *Le droit de l'Internet dans l'entreprise*, LGDJ, Paris, 2003, p. 5.
[48] Neste sentido Mª LUISA FERNÁNDEZ ESTEBAN, *Nuevas tecnologias,...*, cit., p. 26.
[49] "Uso y control de las tecnologias de la información y comunicación en la empresa", *in RL*, II, 2002, pp. 1332-1333.
[50] Há autores que fazem uma divisão um pouco diferente. Assim, para GIANLUIGI CIACCI, "Internet e il diritto alla riservatezza", *in RTDPC*, ano 53, 1999, p. 236, pode efectuar-se uma divisão entre serviços informativos e serviços telemáticos. Neste sentido veja-se FRANCESCO DI CIOMMO, "Internet e crise del diritto privato: tra globalizzazione, dematerializzazione e

No primeiro grupo insere-se o *e-mail*[51], os *newsgroups*[52], e a comunicação em tempo real entre os diferentes utilizadores, como é o caso dos *chats*[53].

anonimato virtuale", *in RCDP*, ano XXI, nº 1, 2003, p. 124. Para Mª LUISA FERNÁNDEZ ESTEBAN, *Nuevas tecnologias,...*, cit., p. 26, as formas de comunicação na *Internet* podem agrupar-se em quatro categorias: o *e-mail*, os boletins, os forúns de discussão e a informação presente na *World Wide Web*. Para o *Prépose Federal à la Protection des données* suíço, no *Guide relatif à la surveillance de l'utilisation d'Internet et du courrier électronique au lieu de travail*, p. 7, a divisão que deve ser feita em relação ao enorme número de serviços oferecidos pela *Internet* é entre aplicações que não deixam gravação do conteúdo e aplicações que o fazem.

[51] O *e-mail* – *electronic mail* – é uma caixa de correio electrónico que utiliza dois tipos de protocolo, o POP3 e o SMTP, para o envio do cliente ao servidor quando aquele solicita visualização do seu correio e entre servidores quando a mensagem é enviada de um cliente para outro. Assim, o *e-mail*, permite que uma pessoa envie uma mensagem electrónica para outra pessoa ou para um conjunto de endereços electrónicos. A mensagem é, geralmente, armazenada por meios electrónicos num servidor, à espera que o destinatário vá verificar a sua caixa de correio electrónico. Esta mensagem pode ser composta quer por texto, imagem e, por vezes, áudio. O *e-mail* é uma das possibilidades mais atractivas da *Internet*, pois, para além de instantâneo, é consideravelmente mais barato quando comparado com os serviços postais ou telefónicos. Veja-se, para maiores desenvolvimentos, ARMANDO VEIGA e BENJAMIM SILVA RODRIGUES, *Escutas Telefónicas – Rumo à Monitorização dos Fluxos Informacionais e Comunicacionais Digitais*, 2ª edição, Coimbra Editora, Coimbra, 2007, p. 46, e Grupo de Protecção de Dados, *Privacidade na Internet – Uma abordagem integrada da UE no domínio da protecção de dados em linha*, de 21 de Novembro de 2000, p. 13. Cf., ainda, ROSA MORATO GARCÍA, "El control sobre internet y correo electrónico en la negociación colectiva", *in RL*, nº 24, 2005, p. 102, referindo-se ao facto do *e-mail* ser o serviço de *Internet* mais utilizado actualmente, embora nos pareça que em igualdade de circunstâncias se encontra a *www*.

[52] Este serviço é constituído por meios de comunicação colectiva especializados. É um serviço potenciado pelo *e-mail* e que consiste na participação do utilizador, em fóruns de debate, criando grupos que exprimem as suas opiniões sobre determinados assuntos previamente escolhidos. Deve notar-se que estes *newsgroups* encontram-se alojados no servidor e não no computador do cliente, não podendo este alterar o seu conteúdo. Assim, este serviço é utilizado para partilhar informação ou expressar opiniões sobre questões específicas, destinando-se a participantes habituais mas podendo outros ler também os textos lá afixados. Veja-se, para maiores desenvolvimentos, ARMANDO VEIGA e BENJAMIM SILVA RODRIGUES, *op*. cit., p. 46, e Grupo de Protecção de Dados, *Privacidade na Internet...*, cit., p. 13.

[53] Nestes *chats* duas ou mais pessoas que desejem comunicar directamente podem entrar num grupo de conversação e iniciar um diálogo em tempo real, digitando mensagens que aparecem quase de imediato nos ecrãs dos computadores das outras pessoas. Cf. Grupo de Protecção de Dados, *Privacidade na Internet...*, cit., p. 13.

No segundo grupo pode inserir-se o emprego de computadores remotos – caso da *telnet*[54] –, e a transferência e obtenção de informação através da *world wide web* – *www*[55] –.

---

[54] A *telnet* – um terminal virtual –, surge como o protocolo que permite a interconexão a uma máquina remota, convertendo o computador do cliente numa máquina de reprodução dos conteúdos situados no *host*. O programa inicia-se no computador do utilizador e conecta-o ao servidor na rede. A partir daí podem dar-se instruções ou comandos, sendo os mesmos executados como se estivesse a aceder directamente no servidor base, permitindo o controlo do servidor e a comunicação com outros servidores na rede. Para iniciar a sessão, torna-se necessário efectuar o *log in* a um servidor, através da inserção de um *username* e de uma *password* válidos. Trata-se, desta forma, de um meio comum de controlo remoto dos servidores *Web*. O acesso remoto ao servidor central é uma prática frequente em várias empresas que permite aos trabalhadores continuar a trabalhar independentemente do local em que se encontram o que esbate muito as fronteiras espácio-temporais da prestação de trabalho. Estão verdadeiramente a criar-se novas formas de prestar o trabalho e novos tipos de subordinação. Veja-se, ARMANDO VEIGA e BENJAMIM SILVA RODRIGUES, *op.* cit., pp. 45-46.

[55] A *www* ou "teia de aranha mundial" é conhecida como a área onde são colocadas páginas com informação, texto, imagens, gráficos, som e vídeo. Uma das ferramentas indispensáveis para a navegação neste serviço é o *browser* que é constituído por um programa informático que permite a troca de informação num contexto gráfico ficando oculta a linguagem numérica do computador. As diferentes páginas encontram-se ligadas entre si por *hiperlynks*, o que permite a possibilidade de *navegação* pelo conteúdo das mesmas.
O projecto *WWW* foi desenvolvido primeiro pelo CERN – *Centre Européen pour la Recherche Nucleaire* – e consiste numa multiplicidade de servidores distribuídos na Internet que oferecem informação sob a forma de hipertexto e que podem conter todo o tipo de elementos desde imagens, sons, filmes, ou ligações para outras páginas da rede. O protocolo pelo qual se transmitem os documentos do hipertexto denomina-se HTTP, *Hypertext Transfer Protocol*, escritos numa linguagem HTML, *Hypertext Markup Language*. Cf. INMACULADA MARIN ALONSO, *El poder de control empresarial sobre el uso del correo electrónico en la empresa – su limitación en base al secreto de las comunicaciones*, Tirant monografias, Valencia, 2005, p. 29, e BRUNO SCHIERBAUM, "Datenschutz bei Internet – und E-Mail-Nutzung – Handlungsmöglichkeiten von Personalräten", *in Der Personalrat*, nº 12/2000, pp. 501-502.
Desta forma, a *www* ao permitir esta simples e intuitiva navegação pelos *sites* da *Internet*, através de uma *interface* amigável, expandiu-se muito na década de noventa do século passado, tornando-se no tipo de comunicação mais conhecido da *Internet*, assim como de transmissão de informação sem que a localização geográfica tenha qualquer influência. Esta permite então que os utilizadores pesquisem e recuperem informação armazenada em computadores remotos. Vejam-se, para mais desenvolvimentos, ARMANDO VEIGA e BENJAMIM SILVA RODRIGUES, *op.* cit., pp. 42-44, e Grupo de Protecção de Dados, *Privacidade na Internet...*, cit., pp. 13-14, assim como GARCIA MARQUES e LOURENÇO MARTINS, *Direito da Informática*, Almedina, Coimbra, 2000, pp. 52-53. Cf., ainda, ALAIN STROWEL e NICOLAS IDE, *Responsabilité des intermédiaires: actualités législatives et jurisprudentielles*, *in* www.droit-technologie.org, pp. 7-9, FRANÇOIS BLANCHETTE,

Nota-se, desta forma, como não se pode confundir *Internet* com a *www*, sendo que muitas vezes quando se faz alusão à primeira, na verdade, está a referir-se a segunda.

Parece que deve efectuar-se uma distinção entre os serviços de comunicação e os serviços de informação.

Não parece poder duvidar-se que o emprego dos serviços de comunicação que a *Internet* oferece é tutelado pelo direito fundamental ao sigilo de correspondência, já que as mensagens do *e-mail* se integram dentro do conceito de comunicação.

Mas não parece que possa defender-se o mesmo para os serviços de informação que a *Internet* oferece, e, em particular, a busca e a transferência de informação através da *www*, pois não se afigura que possa considerar-se como um meio de comunicação.

Parece, desta forma, que tendo em consideração que a *Internet* admite a convergência de diferentes formas de comunicação, deve distinguir-se o conceito constitucional do direito a comunicar e o de receber informação[56].

2.4. A *world wide web* é uma grande *teia de aranha* que se assemelha a uma janela aberta sobre o mundo, permitindo aceder à quase totalidade de informação com que uma pessoa pode sonhar[57].

No mundo do trabalho pode dizer-se que, em geral, a utilização da *Internet* se tornou num meio de comunicação incontornável, com um uso mais ou menos generalizado, estando o seu acesso disponível na maioria das empresas. Pode dizer-se, pois, que existe uma clara relação entre a

---

L'expectative raisonnable de vie privée et les principaux contextes de communications dans Internet, tese de Mestrado em Direito, Montreal, 2001, *in* www.juriscom.net, pp. 89-90, citando a decisão do Supremo Tribunal Americano, *Reno v. ACLU.*, e PIERRE-ALAIN GOURION e MARIA RUANO-PHILIPPEAU, *op.* cit., p. 11.
A *www* é policêntrica e global, sendo também participativa, na medida em que o internauta não se limita à posição de espectador-estático, mas pesquisa, coloca conteúdos seus na Internet, tendo um papel muito mais activo. Todos podem participar, exprimir-se livremente, expressar as suas opiniões, para o melhor mas, também, para o pior. Veja-se WULF, *Les abus en matière de libertés d'expression sur Internet: Aspects de droit comparé franco-américain*, *in* www.droit-tic.com, p. 4.
[56] MARTÍNEZ FONS, "Uso y control de la...", cit., p. 1338.
[57] Neste sentido MARC RICHEVAUX, *op.* cit., p. 5.

Internet e as relações de trabalho[58]. Desta forma, não pode negar-se, actualmente, a necessidade das organizações empresariais se dotarem destas tecnologias informáticas para enfrentarem os desafios apresentados e tornarem-se mais rentáveis e produtivas, optimizando a sua gestão e administração[59]. Secunda-se, neste aspecto, JÚLIO GOMES[60], pois com a introdução destas NTIC, ocorrem, simultaneamente, avanços e oportunidades, assim como fontes de riscos[61].

Contudo, o uso da *internet* não deixa de colocar alguns problemas às empresas, sendo que a questão que se coloca de imediato é a de determinar se é juridicamente viável um acesso geral e incondicionado do empregador aos resultados da navegação na *internet* realizada a partir do computador da empresa e com acesso através desta[62].

Desde logo, não parece realista nem sequer desejável uma proibição geral e absoluta da utilização da *internet* para fins pessoais, defendendo-se antes a criação de *Códigos de Boa Conduta*, *v.g.* através do regulamento

---

[58] *Vide* GARCIA VIÑA, "Limitaciones en el uso del correo electrónico en las empresas por parte de las secciones sindicales. A propósito de la Sentencia del Tribunal Supremo de 28 de Marzo de 2003 (RJ 2003, 7134)", *in REDT*, nº 122, 2004, p. 308, referindo que o tribunal constitucional entendeu que os avanços tecnológicos dos últimos anos nas telecomunicações, especialmente no caso da informática, tornaram necessário um novo conceito de comunicação e do próprio objecto de protecção do direito fundamental que alargue a protecção deste direito a estes novos domínios.

[59] Neste sentido cf. CONLON, "Privacy in the workplace", *in Labor Law Journal*, vol. 48, nº 8, 1997, p. 444, e MICHAEL FORD, "Two conceptions of worker privacy", *in ILJ*, vol. 31, nº 2, 2002, p. 237. Também STEPHAN ALTENBURG, WOLFGANG REINERSDORFF e THOMAS LEISTER, "Telekommunikation am Arbeitsplatz", *in MMR*, nº 3, 2005, p. 135, referem que não é mais pensável um ambiente de trabalho moderno sem estas novas formas de comunicação associadas às NTIC.

[60] *Direito do Trabalho, Volume I, Relações Individuais de Trabalho*, Coimbra Editora, Coimbra, 2007, p. 367.

[61] Para HUBERT BOUCHET, "À l'épreuve des nouvelles technologies: le travail et le salarié", *in DS*, nº 1, 2002, p. 79, ocorreu uma metamorfose no Direito do trabalho que gera novas vantagens mas com riscos acrescidos. Também CHRISTOPHE RADÉ, ""Nouvelles Technologies de l'information et de la communication et nouvelles formes de subordination", *in DS*, nº 1, 2002, p. 32 se refere a este problema e ao "cavalo de Tróia Informático". Também o documento do Préposé federal à la protection des données da Suiça, *Guide relatif à la surveillance de l'utilisation d'Internet et du courrier électronique au lieu de travail*, p. 6, se refere ao enorme aumento da produtividade que pode acompanhar as novas tecnologias mas também os efeitos menos positivos para os trabalhadores que lhes podem estar associados.

[62] MARTÍNEZ FONS, "El control empresarial...", cit., p. 217.

interno, para a utilização deste meio e onde se faculte um acesso razoável para fins extra-laborais, desde que não se coloque em causa a segurança do sistema, a actividade laboral, bem como o nome e a imagem da empresa[63][64].

Vários autores defendem que, sendo o empregador o detentor da propriedade destas novas tecnologias e o titular dos poderes directivo e de controlo pode, perfeitamente, estabelecer regras de utilização destes meios e restringi-los, quando assim o entender, ao mero uso profissional[65]. Entendem ser exagerada a opinião de que o desenvolvimento da

---

[63] Não se concorda, assim, com MICAH ECHOLS, "Striking a Balance Between Employer Business Interests and Employee Privacy: Using *Respondeat Superior* to Justify the Monitoring of Web-Based Personal Electronic Mail Accounts of Employees in the Workplace", in *Computer Law Review and Technology Journal*, vol. VII, 2003, p. 298, quando defende que a melhor solução será não instalar *browsers* de acesso à *Internet* como uma forma de evitar problemas relacionados com esta matéria.

[64] Quanto à elaboração destas *Cartas de Boa Conduta*, pode ver-se ANTONMATTEI e PHILIPPE VIVIEN, "Chartes d'ethique, alerte professionnelle et droit du travail français: état des lieux et perspectives", in *DS*, n.º 5, 2007, pp. 522 e ss.

[65] Pode ver-se na doutrina alemã que vários autores entendem ser uma prerrogativa do empregador a possibilidade de decidir quem e quando pode aceder a estas novas tecnologias para fins pessoais e proibir o seu uso para fins não profissionais. Veja-se, *inter alii*, ANDREA RAFFLER e PETER HELLICH, "Unter welchen Voraussetzungen ist die Überwachung von Arbeitnehmer-e-mails zulässig?", in *NZA*, n.º 16, 1997, p. 862, CLEMENS THIELE, "Internet am Arbeitsplatz", in *ecolex*, n.º 8, 2001, p. 613, DÄUBLER, *Internet und...*, cit., p. 103, KAI KUHLMANN, *Die Nutzung von E-Mail und Internet Im Unternehmen – Rechtliche Grundlagen und Handlungsoptionen – Version 1.5*, 2008, in www.bitkom.org, pp. 26-27, referindo que o trabalhador não tem qualquer direito de fazer um uso pessoal a não ser que seja autorizado para tal pelo empregador, STEFAN ERNST, "Der Arbeitgeber, die E-mail und das Internet", in *NZA*, n.º 11, 2002, p. 585, STEFAN KRAMER, "Internetnutzung als Kündigungsgrund", in *NZA*, n.º 9, 2004, p. 458, "Kündigung wegen privater Internetnutzung", in *NZA*, n.º 4, 2006, p. 195, referindo-se à decisão do BAG de 7 de Julho de 2005, onde não se defendeu um uso social destas novas tecnologias no local de trabalho, podendo o empregador estabelecer regras de proibição acerca da sua utilização, STEPHAN ALTENBURG, WOLFGANG REINERSDORFF e THOMAS LEISTER, *op. cit.*, p. 135, STEPHAN BUSCHINA, "Neue Medien im Lichte des Arbeitsrechts", in www.it-law.at, p. 2, e WEI GERBER, *op. cit.*, p. 96.
No ordenamento jurídico brasileiro podem ver-se ALEXANDRE BELMONTE, *O Monitoramento da Correspondência Electrónica nas Relações de Trabalho*, Editora LTR, São Paulo, 2004, pp. 85-86, e ARION SAYÃO ROMITA, *Direitos Fundamentais nas Relações de Trabalho*, 2ª edição, Editora LTR, São Paulo, 2007, p. 304.
Na doutrina espanhola também há autores que defendem a possibilidade do empregador proibir a utilização para fins privados. Assim, podem ver-se, a título meramente exemplifica-

personalidade do trabalhador e do seu direito à privacidade pode fundamentar uma tal limitação às faculdades do empregador. Consideram, desta forma, que o trabalhador celebra um contrato de trabalho em que se obriga a prestar uma actividade e, durante o tempo de trabalho, o trabalhador tem a obrigação de a exercer de acordo com os interesses do empregador e não para si próprio ou para um terceiro. Por isso, quando utiliza, por hipótese, estes meios para fins recreativos está a violar, claramente, os seus deveres profissionais previstos legal e contratualmente.

Assim, defendem que o empregador pode perfeitamente proibir esta utilização para fins privados, estabelecendo regras de conduta, e controlar a actuação dos trabalhadores para aferir se realmente estão a efectuar uma utilização adequada[66].

tivo, FERNÁNDEZ VILLAZÓN, op. cit., p. 133, GOÑI SEIN, última op. cit., p. 80, embora não considere ser a melhor posição, Mª DOLORES RUBIO DE MEDINA, El despido por utilización personal del correo electrónico, BOSCH, Barcelona, 2003, p. 20, MARÍA NATALIA OVIEDO, Control empresarial sobre los «e-mails» de los dependientes – Uso e abuso del correo electrónico en el marco de una relación laboral. Controles permitidos y prohibidos. Responsabilidad civil y penal. Analisis jurisprudencial – Proyectos legislativos, hamurabi, Buenos Aires, 2004, p. 79, REMEDIOS ROQUETA BUJ, Uso y control de los médios tecnológicos de información y comunicación en la empresa, tirant lo blanch, Valencia, 2005, p. 13, ROIG BATALLA, "El uso de Internet en la empresa: aspectos constitucionales", in El uso laboral y sindical del correo electrónico e Internet en la empresa – Aspectos constitucionales, penales y laborales, (coord. ROIG BATALLA), tirant lo blanch, Valencia, 2007, pp. 117-118, embora não entenda ser a política mais recomendável porque a única opção do empregador perante um uso para fins privados, independentemente da razão, é a de sancionar disciplinarmente o trabalhador, e THIBAULT ARANDA, "El derecho...", cit., p. 61.
Também na doutrina francesa é possível verificar que alguns autores defendem ser possível esta proibição para fins privados. Assim, ARIANE MOLE, "Mails personnels et responsabilités: quelles frontières?", in DS, nº 1, 2002, p. 84, ANTONMATTEI, "NTIC et vie personnelle au travail", in DS, nº 1, 2002, p. 39, e XAVIER LEMARTELEUR, op. cit., p. 46.
Na doutrina italiana podem ver-se CRISTINA TACCONE, "Controlli a distanza e nuove tecnologie informatiche", in ADL, nº 1, 2004, p. 315, e GIAMPIERO GOLISANO, "Posta elettronica e rete internet nel rapporto di lavoro. USA, Unione Europea e Italia", in ADL, nº 6, 2007, pp. 1322-1323.
Na doutrina portuguesa pode ver-se JÚLIO GOMES, Direito do Trabalho, Volume I, Relações Individuais de Trabalho, Coimbra Editora, Coimbra, 2007, p. 369, e PEDRO ORTINS DE BETTENCOURT, "A internet no local de trabalho", in VIII Congresso Nacional de Direito do Trabalho – Memórias, (coord. ANTÓNIO MOREIRA), Almedina, Coimbra, 2006, p. 40.
[66] Cf. sobre esta posição, e não só, MONTOYA MELGAR, "Nuevas tecnologías y buena fe contractual (Buenas y malos usos del ordenador en la empresa)", in RL, nºs 5/6, 2009, pp. 38 e ss..

Esta política proibitiva é perfeitamente defensável porque é baseada não só na necessidade de evitar os tempos de inactividade do trabalhador como, também, problemas de segurança do sistema e de responsabilidade, imputáveis ao empregador, e ainda em razões estritamente laborais, como as de garantir a possibilidade de que as comunicações possam ser controladas.

Porém, também defendem que este controlo tem de respeitar os princípios da proporcionalidade e da boa fé e, por isso, como este comportamento limita os direitos fundamentais dos trabalhadores, exige-se, sempre, uma justificação objectiva para o exercício deste controlo electrónico. Assim, não podem ser concretizados controlos arbitrários e injustificados destas formas de comunicação, sob pena de serem formas de controlo ilícito contrárias à tutela da privacidade e da própria dignidade dos trabalhadores. Proíbem-se, assim, os controlos que negam um certo espaço de liberdade no local de trabalho ou onde não seja possível a livre manifestação da pessoa[67].

Por outro lado, muitos destes autores entendem que, mesmo existindo esta proibição para o uso pessoal, tem de haver alguma tolerância quando se trate de certas situações urgentes e, muitas vezes, de foro familiar, sendo preferível aceitar esta utilização, a sancionar disciplinarmente os trabalhadores[68], sendo que, por vezes, é uma solução benéfica para o

---

[67] Esta é a opinião de GOÑI SEIN, "Vulneración de derechos fundamentales en el trabajo mediante instrumentos informáticos, de comunicación y archivo de datos", in *Nuevas tecnologias de la información y la comunicación y Derecho del Trabajo*, (coord. ALARCÓN CARACUEL e ESTEBAN LEGARRETA), Editorial Bomarzo, Alicante, 2004, pp. 80-81, entendendo que o empregador pode perfeitamente restringir o uso do *e-mail* a fins profissionais, embora também considere não ser a melhor solução, nem a mais recomendável.

[68] JÚLIO GOMES tem esta opinião, *op. cit.*, pp. 369-370, nota nº 987, porque embora defenda que o empregador pode, em princípio, proibir o uso do *e-mail* para fins pessoais, admite que em certas situações de urgência ou outras socialmente justificadas, o trabalhador pode utilizar este meio para fins pessoais, apesar da proibição. Neste sentido há quem considere irrazoável uma proibição total, nomeadamente naqueles casos em que os trabalhadores têm necessidade urgente de contactarem com os seus familiares, tendo mesmo chegado a sugerir-se na doutrina norte-americana que poderia constituir uma forma de discriminação sexual. De facto, em consideração que são as mulheres, na maior parte dos casos, que assumem as responsabilidades familiares, uma proibição do uso privado do equipamento informático e das comunicações – a qual dificultaria conciliar o trabalho com as responsabilidades familiares – poderia afectar a capacidade das mulheres para acederem a determinados postos numa proporção

empregador porque a alternativa seria fomentar faltas[69] ao trabalho para os trabalhadores poderem realizar essas actividades de foro pessoal.

Contudo, esta visão não parece a preferível, defendendo-se que o trabalhador tem o direito de utilizar estes instrumentos para fins pessoais. A este impedimento não obsta, parece, a redacção do art. 22º do CT ao permitir que o empregador estabeleça regras de utilização destes meios de comunicação. Parece que com este artigo o legislador visou permitir ao empregador a elaboração de regras, *inter alia*, quanto ao tempo, à duração da conexão, ao tipo de *sites* visitados, mas não o estabelecimento de uma proibição absoluta da utilização destes meios.

Parece que uma proibição total do uso pessoal da *Internet* é pouco prática, irrealista e contraproducente[70], não atendendo aos inúmeros benefícios que a sua utilização pode trazer para os trabalhadores no seu quotidiano[71]. Por outro lado, não pode deixar de ter-se em conta que as formas de comunicação entre os trabalhadores e/ou terceiros estão a mudar, e se o empregador não pode proibir conversas entre os trabalha-

---

muito superior à dos homens. MARK JEFFERY, "Introducción", in *Tecnología Informática*..., cit., p. 43, em especial nota nº 26.

[69] LEAL AMADO, *Contrato de Trabalho*, 2ª edição, Coimbra Editora, Coimbra, 2010, pp. 299-300, defende que no regime jurídico das faltas concorrem dois interesses aparentemente antagónicos: o interesse do empregador, economicista, que pretende a todo o custo a presença do trabalhador, e os interesses deste que relevam da ideia de alguma disponibilidade atendendo a bens humanistas ou morais, como os ligados às faltas por motivo de luto ou de nascimento de filhos. E a disciplina jurídica consagrada no CT revela essa instabilidade e os interesses prevalecentes.

[70] Para JEAN-EMMANUEL RAY, "Actualités des TIC – I. – Relations individuelles de travail", in *DS*, nº 11, 2008, p. 1079, "actualmente é dificilmente concebível que o empregador no regulamento interno proíba toda a conexão não profissional", o que não significa que não possa, através de determinados mecanismos técnicos, limitar a utilização de certos *sites*.

[71] Neste sentido AMADEU GUERRA, *op.* cit., p. 309. Também a CNPD, no seu Parecer sobre *Princípios sobre a privacidade no local de trabalho*, de 29 de Outubro de 2002, p. 2, entendeu "ilógico, irrealista e contraproducente que, no contexto da relação de trabalho se proíba – de forma absoluta – a utilização do correio electrónico e o acesso à Internet para fins que não sejam estritamente profissionais". No mesmo sentido, pode ver-se o *Documento de trabalho sobre a vigilância das comunicações*..., cit., p. 5, referindo que "uma proibição geral da utilização pessoal da Internet pelos empregados não parece razoável e não reflecte o grau em que a Internet pode ajudar os empregados no seu dia-a-dia". Ver, ainda, ROBERTO FRAGALE FILHO e JOAQUIM REZENDE ALVIM, "El derecho brasileño", in *Tecnología Informática*..., cit., p. 111.

dores, também não parece razoável proibir o envio ou a recepção de *e-mails*, já que estes têm vindo a substituir os tradicionais meios de comunicação[72].

Afigura-se, ainda, que a invocação por parte do empregador de problemas de segurança e transmissão de vírus devido aos *e-mails* recebidos ou dos *sites* visitados não é a melhor opção pois, muitas vezes, as empresas são praticamente *inundadas* com *e-mails* não desejados, isto é, *spam*, sem que o trabalhador possa fazer o que quer que seja, devendo antes o empregador utilizar filtros capazes de salvaguardar a segurança do sistema.

Propendemos para considerar que, embora estes meios devam ser entendidos como primordialmente dedicados à prestação de trabalho, há que considerar que, por vezes, a utilização da *Internet* para fins privados e por pouco tempo pode facultar ao trabalhador mais aprendizagem do que vários cursos de formação que o empregador pretenda ministrar-lhe, por exemplo, sobre a utilização da informática. Há como que uma "alfabetização" e uma "auto-formação" tendo em atenção que tudo é uma questão de medida e de proporção[73]. Numa economia cada vez mais informatizada e cada vez mais interdependente, são as ideias, as inovações e a inteligência que se tornam factores-chave para o sucesso das empresas e, por isso, parece preferível permitir uma utilização comedida destes meios a uma proibição total que pode levar à desmotivação dos trabalhadores e até à quebra da sua produtividade.

Não se pode esquecer, ainda, que por vezes são os próprios empregadores a incentivarem o uso não profissional destes meios como uma forma de formação externa e de implantação destas NTIC nas empresas e para uma melhor organização e produtividade das mesmas, chegando inclusive alguns empregadores a comparticiparem monetariamente na compra de computadores por parte dos trabalhadores. Nestes casos não

---

[72] Veja-se DÄUBLER, *Derecho del Trabajo*, Ministério de Trabajo y Seguridad Social, Madrid, 1994, p. 622. Cf., ainda, RENATO BIGNAMI, "Los derechos fundamentales de la persona del trabajador", *in RDT*, Ano 32, nº 122, 2006, p. 220, e PETER GOLA, "Neuer Tele-Datenschutz für Arbeitnehmer? Die Anwendung von TKG und TDDSG im Arbeitsverhältnis", *in MMR*, nº 6, 1999, p. 326.

[73] Neste sentido ver JAY KESAN, "Cyber-working or Cyber-Shrinking?: a First Principles Examination of Electronic Privacy In the Workplace", *in Florida Law Review*, vol. 54, 2002, p. 315. Cf., ainda, TERESA COELHO MOREIRA, *Da esfera privada do trabalhador e o controlo do empregador*, Studia Iuridica, nº 78, Coimbra Editora, Coimbra, 2004, pp. 317-318.

parece de todo razoável que o empregador possa tentar invocar uma proibição pessoal sob pena de poder incorrer numa espécie de *abuso de direito*, na modalidade de *venire contra factum* proprium, na medida em que foi ele próprio a incentivar este uso[74].

Relativamente à *Internet* levantam-se várias questões pelo facto de esta se ter transformado num instrumento comummente utilizado pela maior parte das pessoas, nomeadamente pelos trabalhadores, já que é um meio extremamente fácil de usar, a que acresce o seu carácter anónimo, permitindo que as pessoas procurem informação sobre determinados assuntos que não o fariam com os meios tradicionais. Há que ter em atenção a realidade e a difusão que a *Internet* tem na sociedade. Desta forma, a *Internet*, interpretada restritamente e cingida à *world wide web*, permite informação sobre assuntos de uma forma extremamente rápida e anónima. E o empregador que aceda aos *sites* visitados por cada trabalhador e às pesquisas que estes fazem, assim como às opções que preferem dentro de cada *site*, fica a poder constituir os seus perfis, podendo inclusive, *inter alia*, conhecer as suas opções políticas, religiosas, sexuais e a sua vida familiar, o que não pode ser permitido por violar o direito à autodeterminação informativa.

A flexibilidade das relações laborais tem de ser aceite como uma *via de dois sentidos*: se o empregador pretende ter trabalhadores flexíveis, com horários também flexíveis, deverá aceitar a possibilidade de existir uma maior flexibilidade entre as fronteiras do pessoal e do profissional, que acresce a possibilidade que lhes é conferida de acederem ao seu correio electrónico no domicílio, diminuindo consequentemente as fronteiras entre uma utilização pessoal e profissional[75].

---

[74] Referindo-se a esta situação veja-se JEAN-EMMANUEL RAY, *Le Droit du Travail...*, cit., p. 37, JÚLIO GOMES, *op. cit.*, p. 370, e MARIAPAOLA AIMO, *Privacy libertà di espressione e rapporto di lavoro*, Casa Editrice Jovene, Nápoles, 2003, p. 121.

[75] Ver SEMPERE NAVARRO e CAROLINA SAN MARTÍN MAZZUCCONI, *Nuevas Tecnologías y Relaciones Laborales*, Aranzadi, Navarra, 2002, p. 75. Cf., ainda, LIONEL BOCHURBERG e SÉBASTIEN CORNUAUD, *Internet et vie privée au bureau*, Delmas, Dalloz, Paris, 2001, pp. 68-69, e 72-73, referindo-se a um certo uso social destas novas tecnologias. É interessante, ainda, notar o decidido pelo TSJ da Catalunha, no processo nº 122/2006, referido por MARTÍNEZ FONS, "Trabajador despedido por intercambiar archivos de contenido humorístico y pornográfico con los compañeros de trabajo. Comentario a la STSJ Cataluña (procedimiento nº 122/2006)", *in IusLabor* nº 3, 2006, p. 4, em que o Tribunal, embora não defenda a existência de um direito dos tra-

Não pode deixar de ter-se em atenção que os trabalhadores investem muito do seu tempo na relação de trabalho e que, com as novas tecnologias, as fronteiras espácio-temporais entre a vida profissional e a vida pessoal esbateram-se. Nestes casos torna-se ainda mais impensável imaginar que os trabalhadores coloquem a sua vida pessoal completamente à parte quando estão a trabalhar, sendo que a linha de separação entre tempo de trabalho e tempo pessoal está cada vez mais esbatida.

Defende-se, assim, que os trabalhadores têm um legítimo interesse numa razoável qualidade de vida profissional e a privacidade constitui um seu elemento essencial[76].

Desta forma, prefere-se a adopção de um uso pessoal razoável, não susceptível de reduzir as condições de acesso a nível profissional, e que não comprometa a produtividade, a uma proibição total[77].

2.5. Porém, esta navegação extra-profissional não deixa de colocar alguns problemas. Na verdade, toda a actividade que não está directamente ligada à concretização da actividade laboral pode suscitar questões relacionadas, desde logo, com o dever de lealdade dos trabalhadores. Assim, o uso e a implementação da *Internet* provocaram profundas mu-

---

balhadores a utilizarem estes meios para fins privados, reconhece a necessidade de reinterpretar a relação entre meios de produção e trabalhador com as novas tecnologias. Neste sentido escreve-se que "na sociedade de informação não pode defender-se – seria uma contradição nos seus próprios termos – que a comunicação laboral tenha um horário de trabalho específico e a pessoal outro diferenciado. Para não dizer que, em muitos casos, é o empregador o principal beneficiado de um uso pessoal no horário de trabalho dos meios informáticos da empresa, e vice-versa, o empregador pode ser o beneficiário do uso das novas tecnologias desde o domicílio do trabalhador e fora do tempo de trabalho".

[76] Veja-se neste sentido HAZEL OLIVER, *Why Information Privacy and the Employment Relationship don't mix: Workplace E-mail and Internet Monitoring in the United Kingdom and Canada*, National Library of Canada, Canada, 2001, *in* www.proquest.com, p. 14.

[77] Neste sentido cf. HUBERT BOUCHET, *La cybersurveillance des salariés dans l'entreprise*, *in* www.cnil.fr, pp. 10 e ss., assim como CNIL, *Guide pratique pour les employeurs*, *in* www.cnil.fr, p. 11. Cf., ainda, JERRY HUNTER, "The NLRA at 70 : employer E-mail and Commmunication Policies and the National Labor Relations Act", *in Labor Law Journal*, 2005, p. 201. Também o *Dossier Relations du Travail et Internet*, p. 3, entende ser vã a tentativa de proibir o uso pessoal destes meios, sendo preferível o estabelecimento de limites. Navega nas mesmas águas ROMEO CASABONA, "La protección penal de los mensagens de correo electrónico y de otras comunicaciones de carácter personal a través de Internet", *in Derecho y conocimiento*, vol. 2, p. 147.

danças na organização empresarial que, na maioria dos casos, foram positivas[78]. Contudo, a infra-estrutura crescente de rede de computadores ligados entre si tem provocado um número cada vez maior de preocupações aos empregadores relacionadas com o uso que os trabalhadores fazem deste serviço no seu horário laboral.

Desde logo, a navegação na *internet* pode originar a perda de horas de trabalho e, portanto, trazer custos para a empresa, com o surgimento de um novo tipo de absentismo, que poderia ser denominado de *absentismo virtual*[79]. Outros casos estão relacionados com o surgimento de problemas de segurança no sistema da empresa devido à entrada de vírus, *bugs* de programas ou acesso a *sites* que trazem problemas de segurança das máquinas que se ligam aos servidores. Por outro lado, também podem suscitar a responsabilidade da empresa se forem utilizados recursos para descarregar ficheiros ilegais, como será o caso de *software* de intercâmbio de ficheiros musicais e de filmes[80]. A *internet* permite a transmissão de conteúdos lícitos e ilícitos[81] o que levanta questões, *v.g.*, ao nível das consequências penais que podem estar ligadas a este uso.

---

[78] Neste sentido veja-se TAUFAN HOMAN, "The Netherlands", *in Employment Privacy Law in the European Union: surveillance and monitoring*, (coord. FRANK HENDRICKX), Intersentia, Antuérpia, Oxford, Nova Iorque, 2002, p. 190.

[79] O trabalhador só aparentemente está a trabalhar já que, na verdade, está a afectar o tempo de trabalho a uma actividade extra-laboral. Veja-se, referindo este caso, DÄUBLER, *Internet und...*, cit., p. 99, e LUCA FAILLA e CARLO QUARANTA, *Privacy e rapporto di lavoro*, IPSOA Editore, 2002, p. 42. Também WEI GERBER, *op.* cit., p. 135, chama a atenção para o mesmo facto, assim como JEAN-EMMANUEL RAY e JEAN-PAUL BOUCHET, *op.* cit., p. 45.

[80] Como refere AMADEU GUERRA, *op.* cit., p. 394, as razões que têm sido invocadas para tentar estabelecer limitações à utilização da *internet* estão relacionadas com "o excessivo tempo despendido pelos empregados e do qual decorrem perdas na produtividade, a utilização de equipamento informático da empresa em operações morosas [...] ou consideradas eticamente reprováveis por alguns empregadores [...] e cujo resultado envolve a ocupação de significativo espaço no disco ou a afectação de meios técnicos pertencentes à empresa e que podem ter reflexos visíveis na performance do sistema quer ao nível da capacidade do disco [...] quer na largura da banda disponível", a que se juntam razões de segurança.

[81] Veja-se, referindo o acesso a *sites* de natureza ilícita, PETER WEDDE, "Internet und E-Mail am Arbeitsplatz", *in Der Personalrat*, nº 3, 2007, p. 107, e THOMAS STREITBERGER, *op.* cit., p. 17, assim como KAI KUHLMANN, *op.* cit., p. 36. Também LIONEL BOCHURBERG e SÉBASTIEN ORNUAUD, *op.* cit., pp. 87-88, referem esta possibilidade de navegação em determinados *sites* cuja consulta pode ser repreensível. No mesmo sentido, GLÓRIA REBELO, *Teletrabalho e Privacidade: contributos e desafios para o Direito do Trabalho*, Editora RH, Lisboa, 2004, p. 47, refere ser

Parece claro, assim, que perante a implantação destas novas tecnologias na empresa, o empregador que pretenda com elas aumentar a produtividade e a competitividade, pode ter de adoptar certas medidas técnicas como forma de limitar o uso destes serviços[82]. A questão que se coloca é a dos limites a estas formas de controlo, sendo que com a *internet*, e a possibilidade de deixar sempre rasto, o controlo do empregador aumentou de uma forma sem precedentes[83]. Na actualidade, praticamente todos os programas utilizados deixam vestígios que permitem a resposta a três questões fundamentais: quem fez, quando o fez e o que fez[84], o que facilita, ainda, a possibilidade de criação de perfis sobre as pessoas.

Neste contexto, torna-se muito mais fácil para o empregador o controlo das comunicações electrónicas dos trabalhadores e se, anteriormente, os empregadores tinham a possibilidade de controlar as cartas e os telefonemas recebidos ou enviados pelos trabalhadores, a tarefa era difícil e bastante custosa. Contudo, com a *Internet*, uma nova geração de tipos de informação e de comunicação surgiu, que aumentou a facilidade de acesso e de frequência a estas novas formas, potenciando, consequen-

---

incontroverso que a *Internet* coloca problemas novos ao Direito, porque, se por um lado, pode ser utilizada de forma lícita, por outro lado, pode "esconder práticas ilícitas e ofensivas".
[82] Veja-se no mesmo sentido FRANCISCO MARTÍNEZ LÓPEZ, PAULA LUNA HUERTAS, INFANTE MORO e MARTÍNEZ LÓPEZ, "Los sistemas de control de la actividad laboral mediante las Nuevas Tecnologías de la Información y las Comunicaciones", in *RL*, nº 12, 2003, pp. 99-100. Cf., ainda, PATRIZIA TULLINI, "Comunicazione elettronica, potere di controllo e tutela del lavoratore", in *RIDL*, I, 2009, pp. 340-341, e "Medios de comunicación electrónica y control empresarial", in *RL*, nº s 5/6, 2009, pp. 21-22.
[83] Como refere WOOD, "Omniscient organizations and bodily observations: electronic surveillance in the workplace", in *International Journal of Sociology and Social Policy*, vol. 18, nºs 5/6, 1998, p. 156, com este novo tipo de controlo os supervisores já não estão limitados ao que podem observar directamente, como acontecia com os guardas da prisão panóptica de BENTHAM, mantendo-se a incerteza dos trabalhadores sobre se e quando estão a ser controlados.
[84] Veja-se da CNIL, *Guide relatif à la surveillance des salariés*, p. 15, referindo-se que é sempre possível responder a estas questões pois as máquinas modernas deixam sempre um rasto. Também NICOLA LUGARESI, *Internet, privacy e pubblici poteri negli Stati Uniti*, Giuffrè, Milão, 2000, p. 202, refere esta possibilidade de deixar vestígios, quer de forma consciente, quer, na maior parte das vezes, de forma inconsciente. No mesmo sentido ALLEGRA STRACUZZI, "L'uso della posta elettronica e di internet sul luogo di lavoro: conflitti tra norme e necessità di una regolamentazione ad hoc", in *Dir. Inf.*, vol. 18, nº 6, 2002, p. 1074.

temente, maiores perigos para a privacidade dos trabalhadores já que pode captar-se tudo e isto comporta um crescimento dos registos e da criação de perfis, assim como da classificação e da normalização das condutas. Esta actividade pode provocar discriminações e permitir a manipulação das comunidades, fixando diferenças entre as pessoas[85].

O problema encontra-se no facto de com estas novas tecnologias permitir-se um tipo de controlo muito mais intrusivo, com programas capazes de gravar a actuação do trabalhador de tal maneira que o empregador pode observar todos os detalhes em que se realiza a prestação, vendo os erros cometidos, as palavras digitadas, o tempo utilizado e vários outros detalhes que, de outra forma, escapariam ao seu conhecimento.

Na realidade, a utilização destes novos meios informáticos, propriedade do empregador, por parte dos trabalhadores, faz com que aquele pretenda exercer sobre estes o seu poder de controlo electrónico. Desta forma, com as novas possibilidades apresentadas pelas NTIC, o empregador pode valer-se do próprio instrumento de trabalho utilizado pelo trabalhador na sua prestação laboral para controlar a sua actividade profissional, já que existe uma concentração nestas novas tecnologias do instrumento de trabalho e do instrumento de controlo[86].

Afigura-se, também, que os maiores perigos para os direitos dos trabalhadores que apresenta este controlo electrónico do empregador associado ao seu poder informático[87] derivam, sobretudo, da sua capacidade

---

[85] Neste sentido veja-se HAZEL OLIVER, *Why information privacy...*, cit., pp. 16-17, e "E-mail Internet Monitoring in the workplace: Information Privacy and Contracting-Out", *in ILJ*, vol. 31, nº 4, 2002, pp. 327-328. Também JOHN WECKERT, "Preface", *in Electronic Monitoring in the Workplace: Controversies and Solutions*, (coord. JOHN WECKERT), Idea Group Publishing, EUA, 2005, p. VI, defende o mesmo. NICOLA LUGARESI, *op.* cit., p. 24, refere que o maior medo que se coloca é de que com o desenvolvimento destas tecnologias, possam ser criados *dossiers* completos e fundados sobre os indivíduos, compreendendo dados pessoais, informação financeira, dados médicos, e outros elementos extremamente íntimos.

[86] Para Mª BELÉN CARDONA RUBERT, *Informática...*, cit., p. 63, a introdução destas novas tecnologias provocou uma "perfeita concentração" numa mesma máquina da actividade produtiva e de controlo o que cria uma enorme quantidade de dados.

[87] Como refere Mª BELÉN CARDONA RUBERT, *Informatica y contrato de trabajo, (Aplicación de la Ley Orgánica 5/1992, de 29 de octubre, de Regulación del Tratamiento Automatizado de los datos de carácter Personal)*, Tirant monografías, Tirant lo Blanch, Valencia, 1999, p. 22, o contrato de trabalho, caracterizado por implicar a pessoa do trabalhador na execução das obrigações laborais, "oferece o cenário perfeito para o desenvolvimento do que se tem vindo a chamar poder infor-

de recolha e transmissão de dados sobre a pessoa do trabalhador, assim como da capacidade de tratamento ou de elaboração da informação. Com o poder informático do empregador, o controlo electrónico permite um tratamento dos dados pessoais dos trabalhadores ilimitado e indiscriminado, facilitando que os dados que se encontram disseminados em várias fontes de informação, surjam instantaneamente reunidos numa base de dados sem que sejam submetidos a uma elaboração prévia acerca da sua relevância quanto aos requisitos de aptidão ou com as obrigações derivadas do conteúdo da prestação laboral[88].

É imperioso, assim, a conciliação de interesses que, por vezes, são antagónicos. De um lado, há as questões relativas à propriedade, à segurança[89], à rentabilidade, à produtividade da empresa e à possibilidade de responsabilização do empregador por factos cometidos pelos seus trabalhadores, o que implica o controlo e a vigilância; e, do outro, existe o direito dos trabalhadores de preservarem os respectivos direitos fundamentais, nomeadamente o direito à privacidade no próprio local de trabalho, na medida em que a *Internet*, sendo espaço de comunicação no seu sentido amplo, englobando a informação, também pode ser um espaço de trabalho[90].

---

mático". Entende, ainda, pp. 63-64, que este poder pode ser entendido como "a capacidade própria do responsável de acrescentar dados e de estabelecer as comparações mais diversas entre eles, até ao ponto de transformar informações dispersas numa informação organizada e conseguir passar dos actos mais banais do indivíduo aos mais íntimos e secretos, e a possibilidade de encontrar imediatamente e de comunicar as informações assim obtidas a quem o requeira".

[88] Segue-se o defendido por GOÑI SEIN, "Vulneración de derechos...", cit., pp. 51-52. Cf., ainda, DANIEL IHNAT, *The eyes of capitalism: surveillance in the workplace – a Study of the Issue of Employee Privacy*, Universidade de Queen, Kingston, Ontario, 2000, in www.proquest.com, pp. 1-2. Ver, também, PÉREZ DE LOS COBOS ORIHUEL e THIBAULT ARANDA, "El uso laboral del ordenador y la buena fe (A propósito de la STS de 26 de septiembre de 2007, rec. 966/2006), in *RL*, nº 6, 2008, p. 52, referindo-se à enorme capacidade de armazenamento dos computadores.

[89] Sobre estas pode ver-se FABRICE FEVRIER, *Pouvoir de contrôle de l'employeur et droits des salariés à l'heure d'Internet – les enjeux de la cybersurveillance dans l'entreprise*, 2003, in www.droit-technologie.org, pp. 20 e ss., referindo que a preocupação omnipresente das empresas é a segurança, e constitui o argumento recorrente aquando da instalação de um sistema de vigilância e controlo na empresa.

[90] São ários os autores que referem algumas destas situações como possíveis justificações para um controlo do empregador da navegação na *internet* dos seus trabalhadores, adoptando diferentes graus de defesa dos direitos destes. Para FREDERICK S. LANE III, *The naked employee – how*

2.6. A utilização da informática na empresa não se caracteriza somente pela enorme capacidade de armazenamento e transmissão de dados atra-

technology is compromising workplace privacy, AMACOM, EUA, 2003, pp. 142-143, a enorme popularidade da navegação na *Web* coloca duas grandes questões ao empregador: produtividade e responsabilidade; e a disseminação de material ilícito ou "inapropriado". Também JAVIER RIBAS, "Actos desleales de trabajadores usando sistemas informáticos e internet", *in RL*, nº II, 2004, pp. 1317 e ss., se refere a determinados actos que podem ser praticados pelos trabalhadores e que entende seram causadores de uma justificação do controlo. STEPHAN ALTENBURG, WOLFGANG REINERSDORFF e THOMAS LEISTER, "Telekommunikation am Arbeitsplatz", *in MMR*, nº 3, 2005, p. 135, também se referem a estes diferentes interesses no controlo da navegação na *internet*. No mesmo sentido, MATTHEW W. FINKIN, "El Derecho de los EE UU", *in Tecnología Informática y Privacidad de los Trabajadores*, (coord. MARK JEFFERY, JAVIER THIBAULT ARANDA e ÁNGEL JURADO), Thomson Aranzadi, Navarra, 2003, p. 296, referindo-se à possibilidade de criação de páginas *web* acessíveis ao público, ou à participação em *chats* de forma anónima e com transmissão de informação confidencial ou realizando acusações à empresa onde trabalham, como motivos para justificar um eventual controlo por parte do empregador, assim como CRISTINA TACCONE, *op.* cit., p. 312, invocando vários argumentos que podem servir de justificação para um eventual controlo do empregador, embora devendo ter-se sempre em atenção os direitos dos trabalhadores. Referindo-se a vários problemas que podem surgir com a navegação dos trabalhadores na *internet* pode ver-se, ainda, MYRIAM DELAWARI e CHRISTOPHE LANDAT, *Les enjeux de la relation salariale au regard du dévéloppement du réseau Internet, in* www.ntic.fr, pp. 61-63, escrevendo sobre o problema da violação do princípio da discrição através da divulgação da informação e dos segredos de fabrico, assim como da possível espionagem empresarial. Apontando para o problema da responsabilização da empresa perante o exterior na medida em que o IP utilizado é o da empresa, o que pode tentar justificar um possível controlo do empregador, pode ver-se XAVIER LEMARTELEUR, *op.* cit., p. 41. Para CAMAS RODA, "La intimidad y la vida privada del trabajador ante las nuevas modalidades de control y vigilância de la actividad laboral", *in Nuevas tecnologias de la información y la comunicación y Derecho del Trabajo*, (coord. ALARCÓN CARACUEL e ESTEBAN LEGARRETA), Editorial Bomarzo, Alicante, 2004, p. 172, a adopção de sistemas de controlo das novas tecnologias por parte dos empregadores tem-se baseado em razões de propriedade e de segurança, assim como de aumento de produtividade. Também para RONALD MCCALLUM e ANDREW STEWART, "The impact of electronic technology on workplace disputes in Australia", *in Comp. Labor Law & Pol'y Journal*, vol. 24, nº 19, 2002, p. 40, o assédio electrónico a colegas de trabalho, assim como a utilização destes meios para efectuar operações punidas penalmente, são razões que justificam este controlo electrónico por parte do empregador. No mesmo sentido JAY KESAN, *op.* cit., pp. 312-313, referindo como a *internet* pode ampliar muito as possibilidades de dano, e RICHARD ROSENBERG, "The Workplace on the Verge of the 21st Century", *in Journal of Business Ethics*, nº 22, 1999, p. 7. Navegando nas mesmas águas, SONIA FERNÁNDEZ SÁNCHEZ, *op.* cit., pp. 92-93, e MARK DICHTER e MICHAEL BURKHARDT, *Electronic Interaction in the workplace: monitoring, retrieving and storing employee communications in the Internet Age*, 1999, *in* www.mlb.com, p. 17.

vés do computador[91]. Na verdade, também permite a transformação de informações, na medida em que estas estão dispersas por diversos arquivos, em dados organizados, que através da agregação à informação base obtida, processada e tratada no computador, permite a obtenção de outra informação. Assim, pode-se não só reconstruir a actividade de uma pessoa, como também ter conhecimento, *inter alia*, das suas crenças, opiniões políticas, orientação sexual e opinião partidária, a partir tão só de registos simples por conexão a outros dados, obtendo-se nova informação, designada de segundo grau[92].

A navegação na *internet* possibilita, desta forma, a criação de *perfis sociais*[93] úteis para detectar determinados tipos de comportamento, pois a identificação dos lugares visitados revela, na maior parte das vezes, aspectos próprios da personalidade em sentido amplo do trabalhador[94] e por isso tem que se delimitar qual ou quais os direitos que carecem de ser salvaguardados pelo empregador aquando do exercício do seu legítimo poder de controlo electrónico.

Desta forma, a verificação do uso da *internet* por parte do empregador pode entrar em conflito com o direito à privacidade dos trabalhadores, o qual engloba o direito à autodeterminação informática e à protecção de

---

[91] VICENTE PACHÉS, "Vigilancia de la salud y derecho a la intimidad del trabajador", *in TS*, nº 86, 1998, p. 34.

[92] Por isso SPIROS SIMITIS, *apud* THOMAS STREITBERGER, *op*. cit., p. 7, refere que nenhum dado é "inocente" na medida em que pode ser utilizado para obter informação de segundo grau.

[93] Como refere VICENTE PACHÉS, última *op*. cit., pp. 34-35, nota nº 54, o emprego destes perfis tem sido utilizado no domínio militar para determinar o grau de adaptação das pessoas à disciplina militar. Encontra, também, campo de aplicação no âmbito laboral com o desenvolvimento do poder informático do empregador.

[94] Neste sentido DÄUBLER, *Gläserne Belegschaften? Datenschutz in Betrieb und Dienstselle*, 4ª edição, Bund-Verlag, Frankfurt am Main, 2002, p. 170, referindo como a consulta dos *sites* visitados pelos trabalhadores dá origem a uma série de conhecimento de dados dos trabalhadores. No mesmo sentido THOMAS STREITBERGER, *op*. cit., p. 14. Partilham a mesma ideia SALVATORE VIGLIAR, "*Privacy* e comunicazioni elettroniche: la direttiva 2002/58/CE", *in Dir. Inf.*, vol. 19, nº 2, 2003, p. 410, quando escreve que a consulta dos *sites* visitados pode dar informação acerca das convicções religiosas, das opiniões políticas, da saúde e, até, dos hábitos sexuais, assim como MARCO BIAGI e TIZIANO TREU, "A comparative study of the impact of electronic technology on workplace disputes: national report on Italy", *in Comp. Labor Law & Pol'y Journal*, vol. 24, 2002, p. 190, dando o exemplo de como uma consulta destes *sites*, pode constituir uma violação do art. 8º do *SL*.

dados pessoais. Na verdade, o controlo electrónico do empregador através das novas tecnologias, para além de permitir um controlo em tempo real, permite a recolha na memória de um computador central de todos os dados relativos ao controlo efectuado, sistematizando-os de acordo com critérios previamente definidos, o que origina claramente um tratamento de dados sujeito ao crivo do direito constitucional de autodeterminação informativa. O conjunto de informações obtido integra a esfera dos dados pessoais dos trabalhadores, nos termos do art. 2º, alínea a) da Directiva de Protecção de Dados Pessoais, e do art. 3º, alínea a) da Lei de Protecção de Dados Pessoais. E, em consequência, o seu tratamento tem de ficar sujeito a todos os princípios e regras estabelecidos nestes diplomas.

Poderia, ainda, suscitar-se a questão de saber se este controlo da navegação na *internet* afectaria o direito ao sigilo das comunicações, previsto constitucionalmente no art. 34º, embora não alimentemos a ideia que tal seja possível.

Numa fase inicial poderia pensar-se que a tutela jurídica deveria ser a mesma para todos os serviços da *Internet* na medida em que todos utilizam redes de comunicação[95], analisando-se os serviços de informação e comunicação de forma unitária[96]. Todavia não nos parece que este seja o melhor caminho[97] na medida em que a escolha de um meio para se efectuar a comunicação entre o receptor e o emissor constitui o elemento central na configuração do direito fundamental ao segredo das comunicações. Na *internet*, o meio de comunicação emprega-se para obter a publicação do objecto da comunicação. Nesta, diferentemente dos outros meios de informação, o monopólio da sua distribuição não está nos emis-

---

[95] No mesmo sentido MARTÍNEZ FONS, "Uso y control de las...", cit., pp. 1336-1337, e "El control empresarial del uso de las nuevas tecnologias en la empresa", *in Relaciones Laborales y Nuevas Tecnologías*, (coord. SALVADOR DEL REY GUANTER e LUQUE PARRA), La Ley, Madrid, 2005, pp. 196-198.

[96] Pode ver-se neste sentido a Directiva 2000/31/CE, de 8 de Junho de 2000, relativa a certos aspectos legais dos serviços da sociedade de informação, em especial do comércio electrónico («Directiva sobre comércio electrónico»), transposta pelo DL nº 7/2004, de 7 de Janeiro, que se refere aos serviços da sociedade de informação para integrar todas as actividades económicas que se desenvolvem em linha.

[97] No mesmo sentido MARTÍNEZ FONS, "Uso y control de las...", cit., pp. 1336-1337, e "El control empresarial...", cit., pp. 196-198.

sores mas nos próprios receptores passivos que podem converter-se também em emissores de informação. Trata-se, assim, de um sistema de informação descentralizado, não existindo monopólios de informação na medida em que qualquer pessoa ligada à *internet* pode emitir conteúdos e, portanto, ser editor de informação[98]. Não pode entender-se que na *internet* ocorre o processo tradicional de comunicação na medida em que, na navegação na *internet* e na extracção de informação, o receptor desta participa na sua escolha e tem a possibilidade de converter-se num emissor de informação. Assim, a distinção entre emissor e receptor em que se baseia a diferenciação entre as comunicações e os meios de comunicação social, tende a diluir-se. O principal efeito da *internet* é, assim, o de conseguir efectuar uma convergência entre os meios de comunicação interpessoais e os meios de comunicação de massas.

Contudo, não pode equiparar-se a navegação na *internet* a um processo de comunicação, pois enquanto na primeira existe um receptor previamente identificado e seleccionado pelo emissor de informação, a difusão e acesso desta através da *internet*, integra-se, na esteira do preconizado por MARTÍNEZ FONS[99], na aquisição de conhecimentos colocada por terceiros e seleccionada pelo receptor de informação[100].

2.7. A navegação na *internet* suscita novas questões ao direito já que, por um lado, existe a tutela do direito à privacidade, englobando o direito à autodeterminação informativa[101] e, por outro, há o poder de controlo

---

[98] Como refere Mª LUISA FERNÁNDEZ ESTEBAN, *Nuevas tecnologias,...*, cit., p. 93, é inadequada a aplicação à *internet* dos modelos reguladores de outros meios de comunicação.
[99] "Uso y control de las...", cit., p. 1338, e "El control empresarial...", cit., p. 217.
[100] Entendendo que não se trata de uma comunicação, podem ver-se FERNÁNDEZ VILLAZÓN, *op. cit.*, p. 145, quando escreve que o controlo sobre a navegação dos trabalhadores na *internet* não constitui em nenhum caso uma violação do direito ao segredo das comunicações, na medida em que esta navegação é uma forma de obter informação e não de comunicar, MARTÍN-CASALLO LÓPEZ, – "Despido disciplinario y las nuevas tecnologías", *in Actualidad Jurídica Aranzadi*, nº 526, 2002, p. 2, e SARA RUANO ALBERTOS, "Facultades de control por medios informáticos", *in El Control Empresarial*, (coord. GARCÍA NINET e VICENTE PACHÉS), CISS, Valência, 2005, p. 146.
[101] Veja-se AMADEU GUERRA, *op. cit.*, p. 37, referindo que quando a relação laboral se vê confrontada com as novas tecnologias, os contornos da subordinação jurídica têm que ser moldados com as exigências legais relacionadas com o direito à protecção de dados pessoais.

electrónico do empregador, poder este que é essencial para o correcto desenvolvimento do contrato de trabalho[102].

Pode dizer-se, assim, que estamos perante um conflito de direitos que tem de ser resolvido pelo princípio da proporcionalidade na sua tripla vertente. Assim, na esteira do defendido por JOSÉ JOÃO ABRANTES[103], estando perante conflito de direitos, tem de se recorrer às normas de conflitos, isto é, atendendo à ponderação dos vários direitos em causa, tendo em atenção, *mutatis mutandis*, o art. 18º, nºs 2 e 3 da CRP. Desta forma, os poderes do empregador estão sujeitos aos direitos fundamentais, só assim não sendo quando daí resulte um "prejuízo *desrazoável injustificado* da área de autonomia que lhe é constitucional e legalmente reconhecida".

Só através da aplicação destes princípios é que se consegue a concordância prática entre todos eles.

Isto significa, secundando este autor, que a regra é a de que o empregador só poderá limitar a liberdade do trabalhador "*quando tal lhe seja especificamente permitido*", quer por via legal, convencional ou contratualmente, "*e/ou se houver subjacentes à sua actuação interesses que, no caso concreto, se mostrem merecedores de uma tutela superior à daquela liberdade*"[104].

Desta forma, o princípio da concordância prática deverá reger-se pela conjugação entre "a máxima liberdade possível do trabalhador" e a "mais vasta autonomia contratual possível". Esta conjugação deve ser realizada

---

[102] Neste sentido, MYRIAM DELAWARI e CHRISTOPHE LANDAT, *op.* cit., p. 67, OLIVIER DE TISSOT, "Internet et contrat de travail – les incidences de la conexion à Internet sur les rapports employeurs-salariés", *in DS*, nº 2, 2000, p. 150, e SONIA FERNÁNDEZ SÁNCHEZ., *op.* cit., p. 93. Também CLAUDIA FALERI, "El Derecho italiano", *in Tecnología Informática y Privacidad de los Trabajadores*, (coord. MARK JEFFERY, JAVIER THIBAULT ARANDA e ÁNGEL JURADO), Thomson Aranzadi, Navarra, 2003, p. 258, defende a mesma posição.

[103] "Contrato de trabalho e meios de vigilância da actividade do trabalhador (breves considerações)", *in Estudos em Homenagem ao Prof. Doutor Raúl Ventura*, vol. II, (coord. OLIVEIRA ASCENSÃO), Coimbra Editora, Coimbra, 2003, pp. 814-816, e *Contrato de trabalho e Direitos Fundamentais*, Coimbra Editora, Coimbra, 2005, pp. 199-201.

[104] Neste sentido veja-se, ainda, AMADEU GUERRA, *op.* cit., p. 38, assim como GARCIA PEREIRA, *O poder disciplinar da entidade patronal – seu fundamento –*, Editora Danúbio, Lisboa, 1983, pp. 103-104, e Mª DO ROSÁRIO PALMA RAMALHO, *Direito do Trabalho, Parte II, Situações Laborais Individuais*, Almedina, Coimbra, 2006, p. 367, referindo-se aos limites extrínsecos aos direitos fundamentais e que estão relacionados com o relevo de outros interesses ou direitos que entram em colisão com aqueles.

tendo em atenção cada contrato de trabalho em concreto e a respectiva finalidade, devendo ter-se ainda em consideração o princípio da proporcionalidade e da intervenção mínima[105].

Defende-se, assim, que só casuisticamente é que poderá aferir-se se o controlo da navegação na *internet* efectuado pelo empregador viola o direito à privacidade dos trabalhadores através das diferentes técnicas possíveis colocadas à sua disposição[106].

2.8. Reconhecendo a importância da matéria abordada parece-nos, em primeiro lugar, que o empregador pode regulamentar o uso destes meios estabelecendo quanto tempo os trabalhadores poderão utilizá-los e sancionar disciplinarmente quem exceda esses limites[107]. Mas não fica legitimado para controlar as páginas visitadas, pois cai dentro da protecção do direito à privacidade em sentido amplo que engloba o direito previsto constitucionalmente no art. 35º da CRP. Se é certo que não se pode considerar a *internet* como um meio de comunicação tutelado pelo direito ao abrigo do sigilo das comunicações, a verdade é que pode facultar uma série de dados acerca da pessoa e originar a constituição de perfis, devendo invocar-se a protecção do direito à autodeterminação informativa.

Entende-se que nada impede que o empregador, ao abrigo do poder de controlo electrónico, proíba o acesso a determinados *sites* da *internet*, filtrando a possibilidade de acesso, por exemplo, a determinados *sites* de natureza ilícita, impedindo o acesso a outros *sites* de jogo ou a *chats*, ini-

---

[105] *Vide* LUZ PACHECO ZERGA, *La Dignidad Humana en el Derecho del Trabajo*, Thomson Civitas, Navarra, 2007, p. 145, e ROSA MORATO GARCÍA, "El control sobre internet y correo electrónico en la negociación colectiva", *in RL*, nº 24, 2005, p. 93.
[106] Técnicas que serão analisadas a seguir.
[107] Ver o defendido por STEPHAN ALTENBURG, WOLFGANG REINERSDORFF e THOMAS LEISTER, *op. cit.*, p. 136, referindo-se à possibilidade de controlo dos dados externos dos *sites* visitados, nomeadamente a data, o início da ligação, assim como o final, dados que nos parecem ser suficientes para a imputação de factos aos trabalhadores e, eventualmente, a sua utilização abusiva. Cf., ainda, referindo-se à possibilidade de controlo dos dados externos, ACHIM LINDEMANN e OLIVER SIMON, "Betriebsvereinbarungen zur E-Mail-, Internet- und Intranet--Nutzung", *in BB*, nº 38, 2001, pp. 1952-1953, assim como PETER GOLA, "Neuer Tele-Datenschutz für Arbeitnehmer? Die Anwendung von TKG und TDDSG im Arbeitsverhältnis", *in MMR*, nº 6, 1999, pp. 326-327. No mesmo sentido, HAZEL OLIVER, "E-mail and Internet...", cit., p. 328.

bindo assim conversas em linha e participações em fóruns e, consequentemente, a proibição da difusão de informações relativas à empresa[108], sendo sempre preferível a prevenção à repressão[109]. Parece-nos que este impedimento não difere muito do efectuado por várias empresas em matéria de restrição de chamadas para telemóveis ou internacionais[110].

O empregador pode, assim, determinar a filtragem de determinados *sites* não autorizados, associados a uma *firewall*, como medidas de prevenção que devem também ser objecto de informação aos trabalhadores[111].

---

[108] A maioria deste tipo de bloqueio pode dividir-se em quatro grandes categorias: a lista branca, que é constituída por um programa de filtragem que permite o acesso somente a determinadas direcções estabelecidas de acordo com a vontade do empregador; a lista negra, que consiste num *software* que consulta uma série de direcções que são vedadas pelo empregador; *software* que detecta determinadas palavras-chave que são consideradas suspeitas, impedindo o acesso a essas direcções; e o bloqueio, por parte dos fornecedores de acesso à *Internet* de partes desta. O primeiro sistema, embora altamente seguro, é demasiado restritivo. Veja-se, para maiores desenvolvimentos, Mª LUISA FERNÁNDEZ ESTEBAN, *Nuevas tecnologias,...*, cit., p. 108.

[109] Referindo-se a esta possibilidade de prevenir, em vez de realizar controlos intrusivos da privacidade dos trabalhadores, *vide* AMELIA TORRICE, "Il diritto alla riservatezza del lavoratore e la disciplina contenuta nel codice sulla protezione dei dati personali", *in D & L - Rivista Critica di Diritto del Lavoro*, nºs 2/3, 2005, p. 353, LUCA FAILLA e CARLO QUARANTA, *op. cit.*, p. 43, que refere a possibilidade de instalação de *software* que iniba o acesso a determinados *sites*. No mesmo sentido, cf. BELLAVISTA, "Controlli elettronici e art. 4 dello Statuto dei Lavoratori", *in RGLPS*, ano LVI, nº 4, 2005, p. 776, e em "Poteri dell'imprenditore e la *privacy* del lavoratore", *in DL*, vol. 76, nº 3, 2002, p. 164, ENRICO BARRACO, "Potere di controllo del datore di lavoro, privacy e nuovi strumenti informatici", *in LNG*, nº 9, 2005, p. 838, evidenciando como a moderna tecnologia permite o bloqueio de determinados *sites*, e EULALIA POLICELLA, "Il controllo dei dipendenti tra Codice privacy e Statuto del lavoratori", *in LNG*, nº 10, 2004, p. 937. Também DAMASCENO CORREIA, "Uma abordagem crítica ao Código do Trabalho: a estrutura, o regime do teletrabalho e os direitos de personalidade", *in PDT*, nº 66, 2003, p. 96, se refere à mesma temática.

[110] Note-se que no ordenamento jurídico francês, após a decisão da *Cour de Cassation*, de 9 de Julho de 2008, tem-se entendido que "as conexões estabelecidas pelo trabalhador em *sites* da internet durante o seu tempo de trabalho através de meios informáticos colocados ao seu dispor pelo empregador para a execução do seu trabalho, presumem-se ter um carácter profissional e, por isso, o empregador pode pesquisá-los para os identificar, sem a sua presença". No mesmo sentido ver a decisão do mesmo Tribunal de 9 de Fevereiro de 2010. Não se considera que este seja o melhor caminho a seguir atendendo, ao uso social que estes meios usufruem e a todos os direitos dos trabalhadores em causa. Cf. CHRISTOPHE VIGNEAU, "El control judicial de la utilización del correo electrónico y del acceso a internet en las empresas en Francia", *in RL*, nºs 5/6, 2009, pp. 26-27.

[111] Pode ver-se este argumento em HUBERT BOUCHET, *La cybersurveillance...*, cit., p. 10. Cf., ainda, PEDRO ORTINS DE BETTENCOURT, *op. cit.*, p. 38.

Há que ter em atenção a realidade e a difusão que a *internet* tem na sociedade, bem como a aceitação de certa tolerância do seu uso para fins pessoais, parecendo mesmo que tecnicamente é impossível a proibição absoluta da utilização da *internet* para fins privados.

De resto, na maior parte dos casos, a utilização incorrecta da *internet* pode ser detectada sem necessidade de analisar o conteúdo dos *sites* visitados. Por exemplo, uma verificação do tempo gasto ou um controlo dos *sites* mais visitados por um departamento pode ser suficiente para o empregador se certificar de que os seus meios não estão a ser mal utilizados[112].

Parece, ainda, que há outro aspecto a atender em relação ao controlo do uso da *internet* e que é o de que os empregadores devem ser cautelosos em retirar conclusões, atendendo à facilidade com que os *sites* podem ser visitados inadvertidamente, quer por reacções involuntárias dos motores de busca, quer por ligações de hipertexto pouco claras, quer por anúncios enganadores em *banners* ou erros de introdução de texto, sendo que os factos deverão ser apresentados aos trabalhadores dando-se-lhes a possibilidade de contestar a utilização incorrecta alegada pelo empregador.

Deve ainda ter-se em consideração um outro aspecto muito importante e que é o da possibilidade de imputação de uma infracção disciplinar deste tipo a um trabalhador ter de estar dependente da faculdade de se lhe atribuir a autoria dos factos. Esta situação pode ser difícil de concretizar quando o computador onde o trabalhador executa as suas funções e onde navega na *internet* ou onde acede ao seu *e-mail* tem uma chave de acesso comum a todos os trabalhadores, significando que qualquer um pode aceder a esse computador[113][114].

---

[112] Neste sentido FRANK HENDRICKX, "Belgium", *in Employment Privacy...*, cit., p. 51.

[113] Cf., no mesmo sentido, PEDRO ORTINS DE BETTENCOURT, *op.* cit., p. 39. Veja-se o caso decidido pelo Tribunal de Metz, de 14 de Dezembro de 2004, referido por JEAN-EMMANUEL RAY, "Droit du travail et TIC (I)", cit., p. 146, que decidiu que os factos não poderiam ser imputados ao trabalhador na medida em que o computador tinha ficado ligado e o seu colega de trabalho, com quem tinha conflitos profissionais, poderia ter acedido a ele em qualquer altura. O mesmo foi decidido em 3 de Maio de 2005, pelo tribunal de Rouen, na medida em que o acesso ao computador não era protegido por nenhuma *password*, podendo qualquer trabalhador ter acesso livre.

[114] No ordenamento jurídico francês pode referir-se a decisão do *Conseil d'État*, de 3 de Outubro de 2008, caso *Afatach*, sobre esta matéria. Tratava-se de um animador com a incumbência

Defende-se, assim, que o tipo de controlos a realizar deve ser indirecto, na medida em que na maior parte das vezes será suficiente para defender o interesse do empregador, optando-se por controlos estatísticos relativos à generalidade dos trabalhadores em relação ao tempo de conexão e aos *sites* mais visitados. Por outro lado, a instalação de programas que proporcionam ao empregador uma série de informações personalizadas sobre cada um dos seus trabalhadores, com toda a informação sobre a navegação realizada, não pode ser permitida por implicar violação dos direitos à privacidade e à dignidade da pessoa humana e por ultrapassar manifestamente os limites normais do exercício do direito ao controlo do empregador. O respeito pelos direitos fundamentais e, especificamente, do direito à privacidade e à dignidade, assim o exige.

Este ilícito ainda se torna mais grave quando estes programas são instalados de forma oculta e o trabalhador ignora que toda a sua actividade na *internet* está a ser registada e controlada. Assim, o conhecimento subreptício do empregador através da utilização de programas indetectáveis, clandestinamente colocados no computador com o objectivo de surpreender o trabalhador, para além de constituir um abuso incompatível com o respeito pela dignidade humana, deve ser considerado uma intromissão ilegítima na privacidade dos trabalhadores[115].

Excepcionalmente, contudo, e perante um interesse do empregador constitucionalmente relevante poderá efectuar-se um controlo individual

---

da inserção de jovens que tinha sido despedido por falta grave. Motivo: tinha-lhe sido imputado ter-se conectado, não menos de 280 vezes, a *sites* de origem pornográfica. O inspector de trabalho autorizou a decisão confirmada pelo ministro. Mas o tribunal administrativo anulou a decisão decidindo que não tinha ficado estabelecido que o trabalhador tivesse sido o único autor das ligações à *Internet*. A *cour admnistrative d'appel* de Paris anulou a decisão mas com motivos um pouco contraditórios e, até, peculiares, pois entendeu que "seria *pouco provável* que outros fossem os autores da conexão" e que "o dossier não mostra que pelo menos uma das conexões não lhe possa ser imputada". A *Cour de Cassasion* anulou por erro de direito em 3 de Outubro de 2008: "o juiz não pode decidir desta forma porque a primeira afirmação tem carácter hipotético e a segunda inverte o ónus da prova". Ver sobre este caso JEAN-EMMANUEL RAY, "Actualité des TIC (II). Raports collectifs de travail", *in DS*, nº 1, 2010, p. 37. Cf., ainda, mais recentemente, a decisão da *Cour de Cassation*, de 9 de Fevereiro de 2010, sobre um assunto semelhante.

[115] Segue-se o defendido por GOÑI SEIN, "Vulneración de derechos...", cit., p. 86. Cf., ainda, WEIßGERBER, *op.* cit., p. 139, assim como CNIL, *Guide relatif à la surveillance...*, cit., p. 21, referindo que a instalação destes programas deve ser vedada porque viola o princípio da boa fé.

quando não for possível o controlo através doutra forma menos ofensiva e respeitando sempre o princípio da proporcionalidade[116].

Na medida em que a fiscalização sobre a actividade realizada pelo trabalhador limita o direito fundamental à privacidade, deve pautar-se pelo princípio da intervenção mínima, devendo a medida de controlo sobre a navegação na *internet* ter uma repercussão mínima nos direitos do trabalhador. Quer isto dizer que o empregador só pode efectuar um controlo individualizado quando tiver detectado alguma irregularidade no uso da *internet* por parte do trabalhador e não seja possível satisfazer o seu interesse através de outros meios de controlo[117]. Acresce, para além do carácter indispensável do controlo, que este tem que ser o menos intrusivo possível, limitando o conhecimento da informação do trabalhador assim como o período temporal de sujeição ao estritamente necessário para o fim que esteve na base do controlo electrónico. Assim, por exemplo, se a finalidade era a de verificar a utilização abusiva dos tempos de conexão à *internet*, bastará registar o tempo de conexão do trabalhador e compará-lo com outros trabalhadores que desempenhem idênticas funções.

Entende-se, desta forma, que um controlo arbitrário e injustificado sobre a *internet*, ou que não preencha os requisitos da proporcionalidade, é interdito por constituir uma violação do direito à privacidade do trabalhador[118].

Tem que atender-se, ainda, que nos casos em que se produza o registo e o tratamento desta informação de maneira individual, tem de aplicar-se a Lei de Protecção de Dados Pessoais na medida em que a informação individual relativa à navegação na *internet*[119] integra o conceito de dados

---

[116] Vejam-se OLIVIER RIJCKAERT, *Surveillance des travailleurs: Nouveaux procédés, multiples contraintes*, in www.droit-technologie.org, p. 12, e SEMPERE NAVARRO e CAROLINA SAN MARTÍN MAZZUCCONI, "Intimidad del trabajador y registros informáticos", *in Revista Europea de Derechos Fundamentales*, nº 1, 2003, p. 58. Ver, ainda, FERNÁNDEZ VILLAZÓN, op. cit., pp. 146-147.
[117] No mesmo sentido GOÑI SEIN, última *op.* cit., p. 87.
[118] No mesmo sentido *vide* MARTÍNEZ FONS, "Uso y control de las...", cit., pp. 1340-1341, e "El control empresarial...", cit., pp. 218-219, escrevendo que os controlos individuais só podem ser realizados se cumprirem vários requisitos: deverá ter por base um interesse do empregador suficientemente relevante que justifique a restrição do direito do trabalhador; a medida só poderá ter a extensão temporal que se infere do fim que justificou a sua adopção; e, por último, a natureza do controlo fica limitada pela sua finalidade, devendo a informação que fica registada ser a estritamente necessária para satisfazer o interesse do empregador.
[119] Duração e *sites* visitados.

pessoais, devendo aplicar-se os princípios fundamentais estabelecidos nesta Lei, nomeadamente o princípio da finalidade, da transparência, da proporcionalidade e da compatibilidade com a finalidade declarada, o que supõe a obrigação de informar o trabalhador acerca do tratamento, e o princípio de que a informação recolhida não pode destinar-se a finalidades incompatíveis com a finalidade originária. Atendendo ao princípio da finalidade, e independentemente do conteúdo do significado do termo "incompatível", parece claro que se impede o uso da informação relativa à navegação na *internet* em prejuízo do trabalhador num contexto distinto do que inicialmente justificou o seu registo[120].

Parecem ser estes os princípios que decorrem do art. 22º do CT, considerando que este estipula a protecção da *internet* na parte em que tutela o acesso a informação de natureza não profissional que o trabalhador envie, receba ou consulte[121].

Entende-se, assim, que o legislador pretendeu atribuir ao trabalhador o direito à reserva em relação ao tipo de informação a que aceda, via *internet*, e que tenha um carácter não profissional na medida em que se tutelam aspectos relacionados com a privacidade[122].

Defende-se, ainda, que o empregador deveria estabelecer regras claras acerca da utilização da *internet*, clarificando quais as acções de navegação que entende serem interditas e qual a utilização razoável que permite, reiterando, mais uma vez, que uma proibição total para um uso privado, extra-laboral, não parece ser a melhor solução e não corresponde aos padrões da sociedade de informação e comunicação em que se vive. Atendendo às características que apresentam as NTIC, associadas à diluição das fronteiras entre tempo profissional e tempo pessoal, defende-se que o trabalhador deve ter a possibilidade de uma utilização pessoal da *internet*, regrada e de acordo com os princípios da boa fé e da proporcionalidade, que não coloque em causa a sua prestação de trabalho

---

[120] Secunda-se o defendido por MARTÍNEZ FONS, últimas obras citadas.

[121] Sublinhado nosso.

[122] Neste sentido AMADEU GUERRA, *op. cit.*, pp. 399-400, e GUILHERME DRAY, *Direitos de personalidade – Anotações ao Código Civil e ao Código do Trabalho*, Almedina, Coimbra, 2006, p. 88, e em PEDRO ROMANO MARTINEZ e outros, *Código do Trabalho Anotado*, 7ª edição, Almedina, Coimbra, 2009, p. 158, referindo que "em regra, o controlo dos acessos à *internet* deve ser feito de forma não individualizada e global e não persecutória".

nem a segurança do sistema e não atente contra a responsabilidade do empregador[123].

2.9. Considerando o que vimos a defender, o empregador, antes da adopção de qualquer medida de controlo electrónico destes meios tem de respeitar o princípio da finalidade. Este princípio previsto no art. 6º, nº 1, alínea b), da Directiva 95/46/CE, e no art. 5º, nº 1, alínea b), da Lei de Protecção de Dados Pessoais, significa que os dados de carácter pessoal apenas podem ser recolhidos quando existam motivos determinados, explícitos e legítimos[124] [125], indicando que os dados pessoais dos trabalhadores só podem ser tratados se respeitarem estes pressupostos[126], sendo essencial a definição precisa destas finalidades. Desta forma, exigências de segurança e de não congestionamento da rede podem ser consideradas finalidades lícitas e que permitem um controlo electrónico da navegação dos trabalhadores através da análise de dados externos como a frequência e as horas da navegação na *internet*.

Este princípio constitui o princípio verdadeiramente cardinal da protecção de dados[127], sendo os demais princípios função deste na medida

---

[123] Na decisão da *Cour de Cassation*, de 18 de Março de 2009, foi considerado como um despedimento lícito, o que ocorreu após a consulta do histórico do trabalhador em que se detectaram numerosas conexões de natureza não profissional durante muito tempo. No caso concreto, tratava-se de um trabalhador que tinha estado cerca de 41 horas durante o mês de Dezembro de 2004 a navegar para fins não profissionais. O tribunal sustentou a sua decisão, e quanto a nós bem, no tempo excessivo consagrado a assuntos não profissionais e não no tipo de navegação realizada ou nos *sites* visitados. Cf. JEAN-EMMANUEL RAY, "Actualité des...", cit., pp. 272-273.

[124] Logo nos termos do art. 35º da CRP, tem de existir a especificação das finalidades, tal como escrevem GOMES CANOTILHO e VITAL MOREIRA, *Constituição da República Portuguesa Anotada*, 4ª edição, Coimbra Editora, Coimbra, 2007, p. 552, significando que a finalidade da recolha e o processamento devem ser especificados logo no momento da recolha.

[125] *Vide* DÄUBLER, *Derecho del...*, cit., p. 637, e *Arbeitsrecht...*, cit., p. 216. Ver, ainda, CYNTHIA CHASSIGNEUX, *Vie privée et commerce électronique*, Les Éditions Thémis, Montreal, 2004, pp. 155-156.

[126] Cf. JEAN-EMMANUEL RAY, "Avant-propos la sub/ordination à la sub/organisation", *in DS*, nº 1, 2002, p. 9.

[127] Em sentido idêntico pode ver-se BELLAVISTA, "I poteri dell'...", cit., p. 152, ENRICO GRAGNOLI, "La prima applicazione della lege «sul trattamento dei dati personali» ed il rapporto di lavoro privato", *in RCDP*, nº 4, 1997, p. 703, MARIAPAOLA AIMO, "I «lavoratori di vetro»: regole di trattamento e meccanismi di tutela dei dati personali", *in RGLPS*, nº 1, 2002, pp. 106-107, assim como RODOTÀ, *Tecnologie e diritti*, Società Editrice il Mulino, Bolonha, 1995, p. 62. Tam-

em que os dados devem ser adequados, pertinentes e não excessivos em relação à finalidade pretendida; devem ser exactos, completos e actualizados em função da finalidade; e só devem ser conservados pelo tempo que a finalidade exige. Por outro lado, a finalidade assume também relevância no momento em que é assegurado o direito à informação nos termos do art. 10º, nº 1, da Lei de Protecção de Dados Pessoais, assim como no momento em que a autoridade de controlo vai apreciar os pedidos de autorização ou de notificação dos tratamentos de dados pessoais[128].

O princípio da finalidade move-se, desta forma, numa área que serve de exercício das liberdades fundamentais[129] e ao nível das relações laborais significa que as restrições à privacidade dos trabalhadores devem respeitar este princípio, o que equivale a dizer que mesmo que as restrições sejam admissíveis em abstracto e consentidas em concreto pelos trabalhadores, deverão ser sempre justificadas pela natureza da actividade e proporcionais face à finalidade pretendida[130].

Tudo ponderado, a finalidade deve ser definida da forma mais precisa possível pois só a sua especificação pormenorizada poderá comprovar a proporcionalidade dos dados registados e permitir aferir da legitimidade de outras operações com eles efectuadas.

---

bém JORGE MIRANDA e RUI MEDEIROS, *Constituição Portuguesa Anotada, Tomo I*, Coimbra Editora, Coimbra, 2005, p. 382, entendem que o princípio da finalidade "é o elemento essencial da legitimidade do tratamento dos dados". Cf., ainda, perfilhando a mesma opinião acerca da relevância deste princípio, LAËTITIA BUSNEL, *Les nouveaux moyens de surveillance de la productivité du salarié*, Universidade Panthéon-Assas Paris II, 2004, p. 26, e AGATHE LEPAGE, *Libertés et droits fondamentaux à l'épreuve de l'internet – Droits de l'internaute, Liberté d'expression sur l'Internet, Responsabilité*, Litec, Paris, 2002, p. 28.

[128] Neste sentido cf. AMADEU GUERRA, *op. cit.*, pp. 66-67. Ver, ainda, CATARINA SARMENTO E CASTRO, "A protecção de dados pessoais...", cit., p. 53, e *Direito da informática...*, cit., p. 151.

[129] Tal como menciona PASQUALE CHIECO, *Privacy e Lavoro – La disciplina del trattamento dei dati personali del lavoratore*, Cacucci Editore, Bari, 2000, p. 91. No mesmo sentido MARCO MAGLIO, *Penelope, Narciso e il mito della privacy: la cultura della riservatezza tra antichi e nuove virtu*, in www.privacy.it, p. 3, entende que o respeito pelo princípio da finalidade representa o "fundamento sobre o qual o edifício da cultura da riservatezza deve edificar-se". Também GIOVANNI NICOLINI, "Tutela della riservatezza del lavoratore", *in La tutela della...*, cit., pp. 106-107, defende o mesmo, assim como LUCA FAILLA e CARLO QUARANTA, *op. cit.*, p. 123, referindo-se a este princípio como estabelecendo um princípio de "coerência".

[130] Neste sentido cf. JEAN SAVATIER, "La liberté dans le travail", *in DS*, nº 1, 1990, p. 55, e RUI ASSIS, *O poder de direcção do empregador – Configuração geral e problemas actuais*, Coimbra Editora, Coimbra, 2005, p. 243.

Assim, a finalidade pretendida pelo empregador tem de ser legítima, isto é, deve estar em conformidade com o ordenamento jurídico e ser especialmente respeitadora dos valores fundamentais[131].

O que se defende assume maior relevância quando esta relação se funda numa relação de trabalho, representando um importante limite ao tratamento, circulação interna ou externa, e conservação de dados pessoais sob forma de restrição de elaboração de perfis automáticos que com base nestes tenham sido obtidos[132]. Este relevo surge, sobretudo do facto de nenhuma informação assumir um valor imutável e único quando se trata do tratamento de dados, sendo que a sua importância varia consoante o contexto em que se insere, as finalidades para as quais vão ser recolhidas e outras informações que possam ser tratadas[133].

O princípio da finalidade visa, desta forma, evitar a pretensão do empregador de converter o contrato de trabalho numa unidade de recolha de informação pessoal sobre os trabalhadores, que permita o estabelecimento de perfis[134]. Pretende-se evitar, desta forma, uma espécie de "abdicação do homem em favor da propriedade cognitiva e decisória do computador"[135].

O empregador terá, ainda, de respeitar sempre o princípio da proporcionalidade. Este princípio, também designado da proibição do excesso[136], é considerado um princípio fundamental, sendo actualmente entendido como um princípio de controlo[137] [138] e um mecanismo de equilíbrio entre os diferentes direitos em causa[139].

---

[131] Neste sentido THIBAULT ARANDA, "El derecho...", cit., p. 78.
[132] Neste sentido vd. FRANK HENDRICKX, *Protection of worker's personal data in the European Union – Two studies*, edição da União Europeia, in www.europa.eu, pp. 23-24.
[133] BELLAVISTA, *Il controllo sui lavoratori*, Giappichelli Editore, Turim, 1995, p. 139.
[134] Neste sentido MARTÍNEZ FONS, *El poder de control...*, cit., p. 231 e, ainda, ENRICO GRAGNOLI, op. cit., p. 703.
[135] BUTARELLI, *Banche dati e tutela della riservatezza – La privacy nella Società dell'informazione – Commento analitico alle leggi 31 dicembre1996, nº 675 e 676 in matéria di trattamento dei dati personali e alla normativa comunitária ed internazionale*, Giuffrè Editore, Milão, 1997, p. 343.
[136] Esta terminologia é referida por GOMES CANOTILHO, *Direito Constitucional e Teoria da Constituição*, 5ª edição, Almedina, Coimbra, 2002, p. 268.
[137] Neste sentido GOMES CANOTILHO, última op. cit., p. 268.
[138] A noção deste princípio não é nova. Já nos séculos XVIII e XIX, ela estava presente na ideia británica de *reasonableness*, no conceito prussiano de *Verhältnismäßigkeit*, na figura do *détourne-*

Este princípio tende a realizar a procura do equilíbrio entre as obrigações do trabalhador, que emanam do seu contrato de trabalho, e o âmbito de liberdade constitucional da sua privacidade, garantindo que a modulação deste direito fundamental vai ser realizada na medida estritamente imprescindível ao seu correcto respeito, isto é, com as restrições na quantidade, na qualidade e no procedimento[140].

O princípio da proporcionalidade subdivide-se em três sub-princípios de capital importância.

Em primeiro lugar, deve considerar-se o princípio da conformidade ou adequação de meios[141] que estabelece que a medida adoptada para a realização de um determinado interesse tem de ser apropriada à prossecução do fim ou fins a ele subjacentes. Secundando GOMES CANOTILHO[142], esta exigência de conformidade pressupõe a investigação e a prova de que o acto está em conformidade com os fins justificativos da sua adopção. Tem, desta forma, que se controlar a *relação de adequação* medida-fim. Trata-se, assim, de realizar a correcta adequação entre o objectivo a alcançar com a limitação dos direitos em causa e o nível daquela[143].

---

ment du pouvoir no ordenamento jurídico francês, e na categoria italiana de *ecesso di potere*. Mas, como observa GOMES CANOTILHO, *Direito Constitucional e ...*, cit., p. 268, o alcance do princípio era menor porque "era mais o de revelação de sintomas de patologias administrativas – arbitrariedade, exorbitância de actos discricionários da administração – do que o de um *princípio material de controlo* das actividades dos poderes públicos". A situação altera-se após as Guerras Mundiais, onde a tentativa de encontrar um direito materialmente justo implica que este instituto se expanda para outros campos.

[139] Cf. ROIG BATALLA, *op.* cit., p. 48. Este autor considera que o princípio da proporcionalidade pode ser entendido como uma espécie de princípio da boa fé de aplicação multilateral e não já unilateral como no passado. Também WILLIS GUERRA FILHO, "Notas em torno ao princípio da proporcionalidade", in *Perspectivas Constitucionais – Nos 20 anos da Constituição de 1976*, (coord. JORGE MIRANDA), vol. I, Coimbra Editora, Coimbra, 1996, p. 259, escreve que este princípio é entendido como um "mandamento de otimização do respeito máximo a todo o direito fundamental, em situação de conflito com outro(s)".

[140] Ver MARGARITA APILLUELO MARTÍN, "Contornos de control empresarial de la intimidad del trabajador ante las nuevas tecnologías y a la luz de la doctrina judicial", in *AS*, I, 2003, p. 774.

[141] *Geeignetheit*.

[142] Última *op.* cit., p. 269.

[143] Neste sentido JOSÉ JOÃO ABRANTES, "O Novo *Código do Trabalho* e os direitos de personalidade do trabalhador", in *A reforma do Código do Trabalho*, Coimbra Editora, Coimbra, 2004, p. 147.

Em segundo lugar, deve referir-se o princípio da exigibilidade ou da necessidade[144], também conhecido como "princípio da menor ingerência possível"[145], que tem como base a ideia de que o cidadão deve ter direito à menor desvantagem possível. Isto significa a exigência de prova de que, para a obtenção de determinados fins, não era possível a adopção de outro meio menos oneroso ou menos intrusivo. Todavia, como escreve GOMES CANOTILHO[146], atendendo, à natural relatividade deste subprincípio, a doutrina tem vindo a acrescentar alguns outros elementos, como o da exigibilidade material, na medida em que o meio utilizado deve ser o "mais poupado" possível em relação à limitação dos direitos fundamentais; o da exigibilidade espacial, no sentido da necessidade de limitar o âmbito de intervenção; o da exigibilidade temporal, estabelecendo uma limitação rigorosa em termos temporais da medida de intervenção; e, por último, a exigibilidade pessoal, que significa que a medida deve ser limitada à pessoa ou pessoas cujos interesses devam ser sacrificados.

Este princípio da necessidade não coloca em causa, a maior parte das vezes, a adopção da medida no sentido de necessidade absoluta, mas sim, a necessidade relativa, isto é, a questão de saber se poderia e deveria ter sido adoptado outro meio igualmente eficaz e menos intrusivo para as pessoas[147].

Defende-se, desta forma, que o princípio da necessidade ou da exigibilidade está relacionado, quando aplicado ao Direito do trabalho, com a necessidade de salvaguardar a correcta execução do contrato[148].

Estes dois subprincípios determinam que o meio escolhido deve ser apto a atingir o fim estabelecido, mostrando-se, desta forma, adequado, devendo, ainda revelar-se exigível, não existindo outro igualmente eficaz e menos danoso em relação aos direitos fundamentais em causa.

O terceiro e último subprincípio é o da proporcionalidade em sentido restrito[149], entendido como um princípio de "justa medida". Significa que mesmo que se entenda que a medida é necessária e adequada para alcan-

---

[144] *Erforderlichkeit.*
[145] GOMES CANOTILHO, *Direito Constitucional e ...*, cit., p. 270.
[146] Última *op.* cit., p. 270.
[147] Segue-se a opinião de GOMES CANOTILHO, *Direito Constitucional e ...*, cit., p. 270.
[148] Veja-se JOSÉ JOÃO ABRANTES, última *op.* cit., p. 147.
[149] *Verhältnismäßigkeit.*

çar um determinado fim, ainda assim tem de aferir-se se o resultado obtido é proporcional à restrição ocorrida. Secundando, mais uma vez, GOMES CANOTILHO[150], os meios e o fim são colocados numa equação através de um juízo de ponderação com o objectivo de se avaliar se o meio utilizado é ou não desproporcionado em relação ao fim pretendido. Trata-se de uma questão de "medida ou desmedida" com vista a alcançar um determinado fim que é o de pesar as desvantagens dos meios em relação às vantagens dos fins pretendidos.

Entende-se, desta forma, que o princípio da proporcionalidade, entendido como um mecanismo de controlo para verificar se uma medida restritiva de um direito fundamental supera este juízo compreende três fases ou condições: se a medida é susceptível de conseguir o objectivo proposto, nos termos de ser idónea para o fim pretendido – juízo de idoneidade –; se é necessária ou imprescindível por não existir outra medida mais moderada para conseguir o objectivo proposto com igual eficácia – juízo de necessidade –; e, por último, se a medida é ponderada ou equilibrada por dela derivarem mais benefícios ou vantagens para o interesse geral que prejuízos sobre outros bens, valores ou direitos em causa – juízo de proporcionalidade em sentido restrito[151].

---

[150] Última op. cit., p. 270.

[151] Vide JUAN RIVERO LAMAS, "Principio da proporcionalidad y derechos fundamentales (sobre la inconstitucionalidad de la filmación de los piquetes en una huelga", in REDT, nº 98, 1999,, pp. 933-934. Também MARGARITA APILLUELO MARTÍN, "Contornos de control empresarial de la intimidad del trabajador ante las nuevas tecnologías y a la luz de la doctrina judicial", in AS, I, 2003, p. 774, defende o mesmo, assim como CYNTHIA CHASSIGNEUX, op. cit., p. 159, PRADAS MONTILLA, "Empresas y protección de datos de carácter personal", in AL, nº 34, 2000, p. 71, e SEMPERE NAVARRO e CAROLINA SAN MARTÍN MAZZUCCONI, Nuevas Tecnologías..., cit., p. 141. Também RUI ASSIS, op. cit., pp. 243-244, refere que tem de atender-se a este princípio da proporcionalidade, significando que a medida utilizada pelo empregador não pode exceder aquilo que é estritamente necessário para atender ao objectivo pretendido, daí também resultando o elemento necessidade como critério a ser atendido. Cf., ainda, RAQUEL SERRANO OLIVARES, "El derecho a la intimidad como derecho de autonomía personal en la relación laboral", in REDT, nº 103, 2001,, pp. 122 e 124. Cf., também, BRUNO SCHIERBAUM, "Recht am eigenem Bild – Umgang mit Bildern im Arbeitsleben", in Der Personalrat, nº 12, 2005,, p. 495, DÄUBLER, KLEBE, WEDDE e WEICHERT, Bundesdatenschutzgesetz, Basiskommentar zum BDSG, 2ª edição, Bund-Verlag, Frankfurt am Main, 2007, p. 215, MATHIAS WILKE, "Videoüberwachung – Zwei Entscheidungen des Bundesarbeitsgerichts sorgen für Verwirrung", in AiB, nº 4, 2005, p. 227, e "Monitoring – Abhören und Aufzeichnen im Call-Center", in CF, nº 6, 2006, p. 6, referindo uma série de questões que têm de ser colocadas previamente à instalação de sistemas de con-

Entende-se, ainda que o princípio da proporcionalidade, quando aplicado ao âmbito laboral, pressupõe um juízo prévio sobre a necessidade ou indispensabilidade da medida e um outro posterior sobre a proporcionalidade dos sacrifícios que comporta para os direitos fundamentais dos trabalhadores.

Este princípio está previsto no art. 6º, nº 1, alínea c) da Directiva 95/46/CE, e no art. 5º, nº 1, alínea c), da Lei de Protecção de Dados Pessoais, e significa que o tratamento de dados pessoais deve respeitar este princípio, devendo ser adequado, pertinente e não excessivo relativamente às finalidades para que os dados são recolhidos[152].

O princípio da proporcionalidade está associado à qualidade dos dados pessoais, constituindo um factor fundamental para a legalidade do seu tratamento[153].

Impõe-se, desta forma, o tratamento exclusivo dos dados pertinentes e não excedentários em relação à finalidade para a qual são recolhidos, sendo a *ratio* da norma a do emprego dos dados pessoais aos casos em que seja indispensável para a consecução dos objectivos pretendidos, funcionando como *ultima ratio, in extremis*[154]. Desta forma, é sempre necessário realizar um juízo prévio sobre a necessidade ou indispensabilidade da

---

trolo auditivo, questões relacionadas com o princípio da proporcionalidade, e WEIßGERBER, *op. cit.*, pp. 107-108, referindo-se à enorme importância do princípio da proporcionalidade para aferir as medidas de controlo do empregador, em geral, e do tratamento de dados pessoais dos trabalhadores, em especial.

[152] Também se refere a este princípio o Documento do Grupo de Protecção de Dados do art. 29º, relativo ao tratamento de dados pessoais no âmbito do emprego – *Opinion 8/2001 on the processing of personal data in the employment context*, de 13 de Setembro de 2001, p. 3, e também o art. L.120-2 do *CT* francês exige este respeito. *Vd.*, ainda JÚLIO GOMES, *op. cit.*, p. 331.

[153] Cf. CATARINA SARMENTO E CASTRO, *Direito da Informática, Privacidade e Dados Pessoais*, Almedina, Coimbra, 2005, p. 150. No mesmo sentido veja-se a *Deliberação nº 61/2004* sobre *Princípios sobre a privacidade no local de trabalho – O tratamento de dados em centrais telefónicas, o controlo do e-mail e do acesso à Internet*, in www.cnpd.pt, da CNPD, p. 6, onde se refere que "o princípio da proporcionalidade exige uma apreciação sobre a «qualidade dos dados»". Ver, ainda, CAMAS RODA, "La influencia del correo electrónico y de Internet en el âmbito de las relaciones laborales", *in RTSS – CEF*, nº 50, 2001, p. 146.

[154] Veja-se EULALIA POLICELLA, *op. cit.*, p. 938. No mesmo sentido BELLAVISTA, "I poteri dell'...", cit., p. 159, entendendo que o controlo electrónico só pode ser realizado em "*extrema ratio*", relacionado com um princípio de indispensabilidade, reduzindo ao mínimo a lesão dos direitos dos trabalhadores.

medida e um juízo posterior sobre a proporcionalidade dos sacrifícios que comporta[155].

O empregador terá ainda, previamente à adopção de qualquer medida de controlo, que respeitar o princípio da transparência que consiste no conhecimento da vigilância e do controlo exercido pelo empregador, sendo essencial para o correcto tratamento de dados pessoais das pessoas, em geral, e dos trabalhadores, em especial. Desta forma, o direito do titular dos dados a receber toda a informação relativa a si mesmo, constitui um dos princípios geralmente aceites como parte essencial e integrante do direito à autodeterminação informativa[156].

O princípio da transparência constitui um requisito prévio para poderem ser exercidas as faculdades reconhecidas legalmente ao titular dos dados pessoais, na medida em que ninguém pode actuar ou defender um direito se não sabe que ele existe na sua esfera jurídica[157]. Na verdade, este direito é capital para o correcto funcionamento do sistema de protecção de dados, pois muito dificilmente poderão ser exercidos, *v.g.*, os direitos de acesso ou de oposição ao tratamento se a pessoa não obteve prévia informação sobre este tratamento[158].

---

[155] A decisão do TSJ de Cantabria, de 18 de Janeiro de 2007, é elucidativa relativamente a este princípio. Neste acórdão, o tribunal decidiu ser ilegal o controlo efectuado ao trabalhador apesar de ter-se cumprido o princípio da transparência, assim como com as regras da boa fé, na medida em que se tinha informado previamente os trabalhadores acerca da existência de um sistema de controlo da utilização da *Internet*. Porém, a recolha de dados não se limitava a realizar controlos estatísticos dos acessos à *Internet*, mas pelo contrário, permitiam conhecer, *inter alia*, as várias páginas *Web* visitadas, as fotografias, bem como todos os *sites* visitados e o tempo de conexão, o que permitia reconstruir minuciosamente todos os passos dos trabalhadores. Cf. THIBAULT ARANDA, "La vigilância...", cit., pp. 73-74.
[156] Perfilha a mesma opinião MARTÍNEZ FONS, "Tratamiento y protección...", cit., p. 64.
[157] Neste sentido TASCON LÓPEZ, *El tratamiento por la Empresa de Datos Personales de los Trabajadores. Análisis del estado de la cuestión*, Thomson Civitas, Madrid, 2005, p. 115.
[158] É a conclusão a que chega, também, Mª DEL CARMEN GUERRERO PICÓ, *op.* cit., p. 76. Também LUCA FAILLA e CARLO QUARANTA, *op.* cit., p. 96, referem o mesmo, escrevendo que compete ao titular dos dados conhecer o tratamento a que vai ser sujeito, garantindo a prestação de um consentimento informado e permitindo ao interessado o exercício de outros direitos consagrados pela lei. No mesmo sentido BELLAVISTA, "La direttiva sulla protezione dei dati personali: profili giuslavoristici", *in DRI*, nº 1, 1997, p. 124, escrevendo que o pressuposto da possibilidade do titular dos dados fazer valer efectivamente os seus direitos é constituído pelo conhecimento não só do facto de existir uma recolha e do tratamento de dados pessoais mas

Esta obrigação de informação tem por finalidade a comunicação das condições e o alcance dos compromissos que podem ser realizados relativamente ao tratamento de dados pessoais que vai ser feito[159].

Por outro lado, não pode deixar de centrar-se a atenção neste princípio dada a desnecessidade de consentimento como regra geral na relação de trabalho. Ponto essencial passa a ser o da informação que tem de ser dada ao trabalhador, titular dos dados pessoais[160].

Preconiza-se, ainda, que o controlo exercido pelo empregador tem de respeitar sempre a pessoa humana e, especificamente, o seu direito à dignidade e à privacidade, na vertente de direito à autodeterminação informativa, o que impõe o conhecimento do tipo, do tempo e por quem o controlo está a ser realizado[161]. Assim, os trabalhadores terão de ser informados previamente de forma expressa e inequívoca da existência do controlo e dos dados recolhidos, do objecto e da finalidade destes assim como qual irá ser a posterior utilização da informação recolhida, e, ainda, da identidade e direcção do responsável pelo tratamento.

Entende-se, desta forma, que se o trabalhador não for informado devida e completamente destas circunstâncias ou de alguma delas para a realização destas medidas de controlo excepcionais, assim como do alcance e do âmbito de aplicação do mesmo, o controlo deverá ser considerado ilegal[162].

---

também da finalidade dos mesmos, do tipo de dados que vão ser utilizados, da pessoa à qual os dados podem ser comunicados e da finalidade da comunicação em si mesma.

[159] Também ROBERTO FRAGALE FILHO e MARK JEFFERY, *op. cit.*, pp. 379-380, defendem que qualquer controlo dos trabalhadores deve fazer-se de modo transparente, tendo como justificação, desde logo, a própria relação de trabalho já que se é o empregador quem fixa as regras e o trabalhador vai decidir se as aceita ou não tem de estar plenamente informado para poder tomar uma decisão.

[160] Igual opinião tem FRANK HENDRICKX, *Protection of worker's...*, cit., p. 28.

[161] Ver WAQUET, *L'entreprise et les libertés du salarié – du salarié-citoyen au citoyen-salarié*, Editions Liaisons, Rueil-Malmaison, 2003, p. 163, referindo-se ao respeito pela dignidade humana que tem de ser realizado aquando do controlo exercido pelo empregador. No mesmo sentido PISANI, "I controlli a distanza distanza sui lavoratori", *in GDLRI*, nº 33, 1, 1987, p. 128, escrevendo que um controlo que não respeite este princípio da transparência é de carácter "subdoloso", e contra a dignidade da pessoa humana.

[162] No mesmo sentido, THIBAULT ARANDA, última *op. cit.*, p. 71.

Este conhecimento da vigilância pode ser, ainda, essencial para determinar a legitimidade ou a ilegitimidade da intromissão[163], por vários motivos.

Em primeiro lugar, a exigência constitucional de conhecimento das restrições aos direitos fundamentais do trabalhador é sempre necessária pois é através deste conhecimento que se determina se esta, na sua adopção e aplicação, se adequa à finalidade pretendida, sendo proporcional aos sacrifícios que implica[164].

Em segundo lugar, o desconhecimento por parte dos trabalhadores das medidas de controlo adoptadas configura uma violação do princípio da boa fé no exercício dos poderes do empregador[165].

A garantia do direito à informação está consagrada, desde logo, no art. 35º da CRP pois, tal como referem GOMES CANOTILHO e VITAL MOREIRA[166], há a considerar o princípio da publicidade que consiste no conhecimento da criação e da manutenção de registos informáticos acerca da sua pessoa, assim como o princípio da transparência, que impõe a clareza dos registos realizados quanto às espécies ou categorias de dados recolhidos e sujeitos a tratamento, quanto à existência ou não de fluxos de informação, quanto ao tempo de tratamento e, ainda, quanto à identificação do responsável pelo ficheiro.

Estes princípios são extremamente relevantes atendendo à enorme capacidade de armazenamento e de valoração, assim como à inevitável perda do contexto em que são recolhidos[167] que oferecem as novas tecnologias e a sua utilização num terreno totalmente distinto que não tem qualquer relação com o objecto originário de referência. Na verdade, a

---

[163] Veja-se MARTÍNEZ RANDULFE, "Derecho a la intimidad y relación de trabajo: aproximaciones", in *Derechos Fundamentales y Contrato de Trabajo – 1.as Xornadas De Outono de Dereito Social*, Editorial Comares, Granada, 1998, p. 59.

[164] No mesmo sentido MARTÍNEZ FONS, *El poder de control...*, cit., p. 101, e "El poder de control...", cit., pp. 32-33.

[165] Cf., neste sentido, BELLAVISTA, *Il controllo...*, cit., p. 54, BERNARD BOSSU, "Le salarié, le délegué du personnel et la video surveillance", in *DS*, nº 12, p. 982, e WAQUET, "Un employeur peut-il filmer à leur insu ses salariés? – Cour de Cassation, Chambre Sociale, 20 novembre 1991", in *DS*, nº 1, 1992, p. 30.

[166] *Op.* cit., p. 552.

[167] Neste sentido MARTÍNEZ FONS, "Tratamiento y protección de datos...", cit., p. 49, referindo-se, ainda, a outros perigos para o tratamento de dados.

tecnologia informática e o tratamento de dados pessoais a ela associado permite a reconstrução minuciosa dos comportamentos de uma pessoa e fornece ao responsável pelo tratamento muita informação que, por vezes, não corresponde exactamente à realidade[168]. A inexactidão desta informação pode depender não somente da circunstância errónea da mesma, mas também do facto do dado estar incompleto porque descontextualizado do seu contexto originário[169].

Não pode deixar de atender-se que com as NTIC os sistemas informáticos não esquecem, sendo capazes de acumular informação quase de modo ilimitado. Como refere DÄUBLER[170], os computadores não esquecem e não perdem a sua memória, deixando uma série de "pistas digitais" que permitem a comparação à entrada de determinados locais de uma cópia digitalizada e a imagem da pessoa em causa. O trabalhador encontra-se, por esta via, amplamente "radiografado"[171].

O empregador tem, ainda, que respeitar os princípios da adequação e da pertinência, o que significa que, embora possa realizar-se o tratamento de dados pessoais, os mesmos não podem incluir dados que sejam estranhos à finalidade que foi permitida.

Em primeiro lugar, tem de existir uma certa qualidade dos dados que se identificam com a adequação e a pertinência, entendendo como tal um certo nível de recolha e de armazenamento de dados, não excessivo no que concerne à finalidade pretendida[172]. O termo adequação está mais

---

[168] No mesmo sentido BELLAVISTA, "Controlli elettronici art. 4 dello Statuto dei Lavoratori", in RGLPS, ano LVI, nº 4, 2005, p. 773.
[169] Vide MARTÍNEZ FONS, Nuevas tecnologías y poder de control empresarial", in http://www.ceveal.com, site entretanto indisponível, p. 30
[170] El derecho del..., cit., p. 634.
[171] Neste sentido cf. FABRIZIA DOUGLAS SCOTTI, "Alcune osservazioni in mérito alla tutela del lavoratore subordinato di fronte al trattamento informático dei dati personali", in DRI, nº 1, 1993, p. 233. Também MARIAPAOLA AIMO, "I «lavoratori di vetro»...", cit., p. 96, e Privacy..., cit., p. 114, aborda a mesma questão escrevendo que as NTIC trabalhando a uma velocidade muito superior ao pensamento humano permitem a acumulação de uma memória "infinita", a que se associa um espaço físico de dimensões reduzidas, o que facilita o tratamento de dados pessoais e a possibilidade de criação de dados de 2º grau, utilizáveis para as finalidades mais díspares, algumas das quais discriminatórias.
[172] Neste sentido FERNÁNDEZ DOMÍNGUEZ e SUSANA RODRÍGUEZ ESCANCIANO, Utilización y control de datos laborales automatizados, Agencia de Protección de Datos, Madrid, 1997, p. 211, e MARTÍNEZ FONS, "Tratamiento y protección de datos...", cit., p. 49, p. 51.

relacionado com certos aspectos teleológicos de correspondência entre os dados e a finalidade do tratamento, enquanto a pertinência impõe que os dados recolhidos não sejam excessivos tendo em atenção a finalidade que justificou o seu tratamento e que sejam idóneos para satisfazer tal finalidade.

Estes princípios, relacionados com o princípio da pertinência, significam que se devem delimitar as circunstâncias pessoais em que se pode recolher a informação, pois ocorrem casos em que, embora se saiba qual é a finalidade para a qual se recolhem os dados e se permite o seu tratamento, solicitam-se informações que pouco ou nada têm a ver com a finalidade pretendida, produzindo-se, desta forma, desvios injustificados no tratamento de dados[173]. Para impedir este resultado tem de existir uma clara conexão entre o dado recolhido e a utilização que dele é feita, só sendo pertinentes aqueles dados que sejam necessários para conseguir os fins pretendidos[174].

Em último lugar, o tratamento posterior pelo empregador dos dados obtidos através destas formas de controlo electrónico da *Internet* fica sujeito, ainda, ao princípio da compatibilidade com a finalidade prevista inicialmente. É o que decorre do art. 6º, nº 1, alínea b), da Directiva 95/46/CE e do art. 5º, nº 1, alínea b), da Lei 67/98, de 26 de Outubro, que transpôs esta Directiva, e que estabelece que "os dados pessoais devem ser recolhidos para finalidades determinadas, explícitas e legítimas, não podendo ser posteriormente tratados de forma incompatível com essas finalidades". Este princípio estabelece a proibição de o empregador aproveitar-se deste tipo de dados para um uso diferente da finalidade originária para a qual foram aceites e impõe uma grande limitação ao poder de controlo electrónico do empregador na medida em que ele não pode fazer um uso livre da informação recolhida[175].

---

[173] Cf. VICENTE PACHÉS, *El derecho del trabajador al respeto de su intimidad*, CES, Madrid, 1998, p. 146.

[174] Veja-se no mesmo sentido ANA URRUTIA, HÉCTOR GORSKI e MÓNICA MICHEL, *Tecnologia, Intimidad y Sociedad Democrática*, Icaria editorial, Barcelona, 2003, p. 47.

[175] Este princípio é consagrado em diversos ordenamentos jurídicos.
No ordenamento jurídico alemão pode ver-se DÄUBLER, "Nuove tecnologie: un nuovo Diritto del Lavoro", *in GDLRI*, nº 25, 1986, p. 80, referindo que os dados pessoais recolhidos com uma determinada finalidade não poderão ser utilizados para outra diferente. Também em

Derecho del..., cit., p. 634, chama a atenção para o facto de com os computadores facilitar-se um uso diferente do original que não pode, contudo, ser realizado. Em *Gläserne...*, cit., p. 154, o autor chama a atenção para a redacção do § 6, nº 3, que proíbe o tratamento posterior dos dados a não ser em determinadas circunstâncias relacionadas com a segurança pública ou para a descoberta de crimes, embora também refira que este parágrafo tem de ser relacionado com o § 28, nºs 3 e 4, que se reportam à possibilidade de utilização para outros fins dos dados pessoais e que alarga um pouco as situações do § 6, nº 3. O mesmo é abordado por DÄUBLER, KLEBE, WEDDE e WEICHERT, *op.* cit., pp. 223-224. Cf., ainda, chamando a atenção para a mesma realidade, BRUNO SCHEIRBAUM, "Recht am...", cit., p. 495, e WEIßGERBER, *op.* cit., pp. 107-108. No ordenamento jurídico belga defende-se, também, esta proibição de utilização para finalidades incompatíveis. Cf., BERNARD MAGREZ e HÉLÈNE VANOVERSCHELDE, *Souriez, vous êtes filmés... La videosurveillace en Belgique*, in www.droit-technologie.org, p. 16.
No ordenamento jurídico espanhol o art. 4º, nº 2, da LOPD, consagra este princípio equivalente ao nosso e vários são os autores que se referem a esta proibição de tratamento incompatível. Pode ver-se, a título meramente exemplificativo, GOÑI SEIN, *La Videovigilancia Empresarial y la Protección de Datos Personales*, Thomson Civitas, Navarra, 2007, pp. 173-174, FERNÁNDEZ VILLAZÓN, *op.* cit., p. 120, referindo que com a consagração deste fim pretende evitar-se que as informações sejam transferidas livremente e utilizadas para qualquer fim independentemente da motivação que lhes deu origem. No mesmo sentido Mª DEL CARMEN GUERRERO PICÓ, *op.* cit., p. 72, escreve que o objectivo desta prevenção é conseguir que a determinação dos fins do tratamento, antes da recolha de dados, seja o mais precisa possível. Também THIBAULT ARANDA, "El derecho...", cit., pp. 85-86, e MARTÍNEZ FONS, *El poder de control...*, cit., p. 122, e "Tratamiento y protección...", cit., p. 53, defendem idêntica posição.
No ordenamento jurídico francês estabelece-se também este princípio, tal como referem CYNTHIA CHASSIGNEUX, *op.* cit., pp. 160-161, ISABELLE DE BÉNALCAZAR, *Droit du travail et nouvelles Technologies – collecte des données Internet cybersurveillance télétravail*, Gualiano éditeur, Paris, 2003, p. 92, LAËTITIA BUSNEL, *op.* cit., p. 26, e NATHALIE MÉTTALINOS, "Maîtriser le risque Informatique et Libertés – la mise en place du correspondant à la protection des données personnelles", *in DS*, nº 4, 2006, p. 379.
No ordenamento jurídico inglês defende-se o mesmo, podendo ver-se neste sentido HAZEL OLIVER, "E-mail and Internet...", cit., p. 348.
No ordenamento jurídico italiano defende-se este princípio como uma forma de evitar a descontextualização dos dados. Cf., neste sentido, BELLAVISTA, "I poteri dell'...", cit., p. 174, e "La direttiva sulla...", cit., p. 121, BRUNO VENEZIANI, "Nuove tecnologie e contratto di lavoro: profili di diritto comparato", *in GDLRI*, nº 33, 1, 1987, pp. 31-32, BUTARELLI, *op.* cit., p. 57, CRISTINA TACCONE, *op.* cit., p. 324, ENRICO BARRACO, "Potere di controllo del datore di lavoro, privacy e nuovi strumenti informatici", *in LNG*, nº 9, 2005, p. 839, ENRICO GRAGNOLI, *op.* cit., p. 701, LAURA CASTELVETRI, "Diritto del lavoro e tutela della *privacy*. I riflessi sulla riscossione dei contributi sindicali", *in DRI*, nº 3, 1997, p. 172, MARIAPAOLA AIMO, "I «lavoratori di vetro»...", cit., p. 96, e "Il trattamento dei dati personali del lavoratore: la lege sulla *privacy* e lo Statuto dei lavoratori", *in Contrato e Impresa – Europa –*, Ano 3, 1998, p. 429, e PASQUALE CHIECO, *Privacy...*, cit., pp. 104-105.

Assim, como forma de garantir o direito à autodeterminação informativa[176] dos trabalhadores e a possibilidade de controlarem a informação que sobre eles é obtida tem de limitar-se a recolha e o tratamento aos fins para os quais foi aceite e que são conhecidos dos trabalhadores[177].

Este princípio ocorre porque o uso multifuncional de dados aumenta não só o risco da multiplicação ilimitada dos efeitos prejudiciais causados pelos dados inexactos ou incompletos, mas também a sua descontextualização e, portanto, a possibilidade de distorção da informação[178]. Esta descontextualização pode ser evitada através da fixação de limites à elaboração de dados pessoais e impondo que estes dados, de acordo com o respeito pelo princípio da finalidade, sejam utilizados em estrita conformidade com o contexto originário de referência.

Desta forma, defende-se que a única hipótese de excluir o perigo de descontextualização reside na inibição do uso de dados pessoais para fins diversos e incompatíveis em relação aos fins originários.

O problema que se coloca é o de saber o que deve entender-se por finalidades incompatíveis, sendo que em Direito do trabalho a tarefa ainda se torna mais difícil dado o carácter tendencialmente prolongado da relação jurídico-laboral e a existência de processos contínuos de decisão sobre informações previamente obtidas. Pode servir de referência o defendido na Recomendação R (89) nº 2 do Conselho da Europa que

---

No ordenamento jurídico suíço pode ver-se BERTIL COTTIER, "La protection des données", in *Internet au lieu de travail*, (coor. JULIEN PERRIN), CEDIDAC, Lausanne, 2004, p. 105, e *Explications sur la vidéosurveillance sur le lieu de travail*, in www.edoeb.admin.ch.
Também no *Repertório de recomendações práticas sobre protecção de dados pessoais dos trabalhadores*, de 1997, da OIT, p. 2, pontos nºs 5.2. e 5.3., defende-se esta proibição de tratamento com finalidades incompatíveis.

[176] Segue-se o defendido por GOMES CANOTILHO e VITAL MOREIRA, *op. cit.*, p. 553, quando referem que em rigor trata-se de um "direito à autodeterminação sobre informações referentes a dados pessoais" que impõe uma protecção manifesta quanto ao "desvio dos fins" a que se destinam com essas informações. Por isso existem as exigências jurídico-constitucionais relacionadas com as finalidades das informações: "legitimidade; determinabilidade; explicitação; adequação e proporcionalidade; exactidão e actualidade; limitação temporal". Todos estes princípios permitem o controlo dos fins, obstando que haja tratamento de dados relativos a finalidades não legítimas ou excessivas em relação à finalidade originária.

[177] Neste sentido cf. GOÑI SEIN, "Los criterios básicos...", cit., p. 99.

[178] No mesmo sentido BELLAVISTA, "Poteri dell imprenditore...", cit., pp. 173-174, e "La direttiva sulla...", cit., p. 121.

entende não existir incompatibilidade quando a finalidade distinta da original traz um benefício para os trabalhadores, embora mesmo neste caso seja um pouco discutível. Diferentemente, recusa-se esta compatibilidade, em princípio, se da utilização dos dados resultar o exercício do poder disciplinar, com a potencialidade de aplicação de uma sanção disciplinar quando esta não foi a sua intenção original.

Contudo, para evitar uma noção muito ampla deste princípio de incompatibilidade, não nos parece que pelo facto de a lei se referir a finalidades incompatíveis se deva interpretar a expressão de forma extensiva sob pena de se desvirtuar o princípio da adequação e o próprio consentimento do titular dos dados. Defende-se que o conteúdo deste conceito deve ser entendido tendo em atenção o resultado final pretendido e definido à partida e pelas operações de tratamento que lhe forem posteriores, não se podendo efectuar uma alteração substancial da finalidade inicial sob pena de se desvirtuar o princípio da adequação e da finalidade[179]. Desta forma, só podem ser tratados os dados que sejam adequados e pertinentes de acordo com uma finalidade legítima, não se aprovando o tratamento de tais dados com finalidades incompatíveis das que justificam o tratamento declarado no momento inicial da obtenção do consentimento[180] [181].

---

[179] Neste sentido BELLAVISTA, "I poteri dell'...", cit., p. 175. No mesmo sentido GOÑI SEIN, *La Videovigilancia...*, cit., p. 174.

[180] Veja-se neste sentido THIBAULT ARANDA, "El derecho...", cit., p. 86, e VALVERDE ASENCIO, "El derecho a la protección de datos en la relación laboral" *in Relaciones Laborales y...*, cit., pp. 390-391.

[181] A CNPD já entendeu, na Autorização nº 15/2000, que dados recolhidos para fins de processamento de pensões devidas por aposentação poderiam ser transmitidos a um terceiro e utilizados para um fim relacionado com o pagamento de um complemento de pensão, não tendo sido considerada uma finalidade incompatível. Também nos termos da Deliberação nº 6/2000, foi autorizado o tratamento de dados dos trabalhadores relativos a acidentes de trabalho para um fim diferente do fim da recolha inicial, na medida em que entendeu ser possível que os dados fossem comunicados por um hospital a uma companhia de seguros para garantir a continuidade dos tratamentos, o diagnóstico médico e a prestação de cuidados ou tratamentos médicos. Veja-se, para mais desenvolvimentos, CATARINA SARMENTO E CASTRO, "A protecção de dados pessoais"A protecção dos dados pessoais dos trabalhadores", *in QL*, nº 19, 2002, p. 54.

No ordenamento jurídico espanhol foi entendido como tratamento para uma finalidade incompatível a utilização pela RENFE de dados informáticos relativos a informação sindical dos trabalhadores para proceder à retenção da retribuição aos trabalhadores filiados nos sin-

Parece-nos que só casuisticamente poderemos saber o que deve ser considerado como finalidade incompatível. Contudo, não nos parece de

dicatos que tinham convocado uma greve, independentemente de terem ou não aderido a esta. O Tribunal Constitucional, na sentença 11/1998, de 13 de Janeiro, entendeu que se tinha procedido à utilização de um dado sensível – filiação sindical – que tinha sido dado para uma finalidade – facilitar o exercício da liberdade sindical e o pagamento das respectivas quotas – para uma outra totalmente diferente – reter a parte proporcional da retribuição pelo período de greve –, com violação do direito de protecção de dados e do legítimo exercício do direito à liberdade sindical. Sobre esta sentença e outras que se seguiram podem ver-se CARMEN ORTIZ LALLANA, "El derecho del trabajador a la intimidad informática y el respeto de su libertad sindical", in Trabajo y Libertades Publicas, (coord. EFRÉN BORRAJO DACRUZ), La Ley, Madrid, 1999, pp. 281 e ss., CORREA CARRASCO, "Libertad sindical y libertad informática en la empresa (Comentario a la STC 11/1998, de 13 de enero), in RDS, nº 2, 1998, pp. 117 e ss., GOÑI SEIN, última op. cit., pp. 174-175, HIRUMA RAMOS LUJÁN, "La intimidad de los trabajadores y las nuevas tecnologías", in RL, nº 17, 2003, p. 72, MARIAPAOLA AIMO, Privacy,..., cit., pp. 150-151, MARTÍNEZ FONS, "Tratamiento y protección...", cit., pp. 53-54, e MOLERO MANGLANO, "El derecho al honor y a la intimidad del trabajador", in AL, nº 21, 2001, pp. 502 e ss..
A este propósito podemos referir, no nosso ordenamento jurídico, o Parecer nº 167/82 da PGR, in Pareceres da Procuradoria Geral da República, volume VII, pp. 194-197, bastante anterior à actual lei sobre dados pessoais, e que se debruçou sobre a conformidade jurídica do desconto automático da quotização sindical mediante a utilização do processamento informático dos vencimentos, com o disposto no art. 35º, nº 3 da CRP, e chegou à conclusão de que este artigo não consentia o registo informático de determinados dados quando permitissem a identificação dos visados, sendo o caso dos dados referentes à filiação sindical. Por este facto entendeu-se que a "pretensão da Federação Nacional dos Sindicatos da Função Pública colide, manifestamente com aquele preceito constitucional, como bem opina a direcção do Instituto de Informática, já que o processamento do desconto automático visado implicaria o registo individual da filiação sindical dos cidadãos abrangidos, para além de, contrariamente ao preceituado, não visar fins estatísticos". Assim, "nos termos do art. 35º, nº 3, da Constituição da República Portuguesa, não é permitido o registo informático dos dados referentes à filiação sindical, salvo quando se trate do processamento de dados estatísticos que não possibilite a identificação dos cidadãos a que respeitem. Consequentemente, não será possível o desconto automático da quotização sindical utilizando o processamento automático dos vencimentos".
Mas há a referir a autorização de isenção nº 69/99, da Comissão Nacional de Protecção de Dados, publicada em www.cnpd.pt, que decidiu estarem "isentos de notificação à CNPD, desde que autorizados pelo titular, os tratamentos automatizados destinados exclusivamente à cobrança de quotizações e contactos com os associados no âmbito da actividade estatutária da Associação, independentemente da sua natureza, designadamente os efectuados por fundação, associação ou organismo sem fins lucrativos de carácter político, filosófico, religioso ou sindical". Contudo, estabeleceu que "os dados tratados deverão ser os estritamente necessários à realização das finalidades referidas" anteriormente e só podendo limitar-se a alguns tipos de dados: "dados de identificação – nome, morada, idade, número de bilhete de iden-

tidade, número de contribuinte, número de sócio, telefone, fax, correio electrónico, filiação, profissão, habilitações literárias; situação familiar – estado civil, nome do cônjuge, nome dos dependentes e nome e contactos dos encarregados de educação em caso de menores; outros dados – valor da quota, N.I.B., instituição bancária, situação perante a associação e cargo exercido". A isenção autorizada pela Comissão não prejudica, no entanto, a obrigação do responsável do ficheiro quanto ao direito de informação, prevista no art. 10º da L. nº 67/98, de 26 de Outubro. Ver, também, art. 458º, nº 3, do Código do Trabalho, que permite ao empregador proceder ao tratamento automatizado de dados pessoais dos trabalhadores relativos à filiação sindical, desde que sejam <u>exclusivamente</u> utilizados no processamento do sistema de cobrança e entrega de quotas (sublinhado nosso).
Também numa decisão do Tribunal Constitucional Espanhol 202/1999, de 8 de Novembro, acerca da gravação de dados de saúde dos trabalhadores num ficheiro informático, decidiu-se que "o tratamento e conservação em suporte informático dos dados atinentes à saúde do trabalhador [...], prescindindo do consentimento expresso do afectado tem de ser qualificado como uma medida inadequada e desproporcionada que contende com o direito à intimidade e a liberdade informática do titular da informação". Ver ALBIOL MONTESINOS, ALFONSO MELLADO, BLASCO PELLICER e GOERLICH PESET, *Estatuto de los Trabajadores – concordato con la Jurisprudencia de los Tribunales Constitucional y Supremo*, 2ª edição, Tirant lo Blanch, Valencia, 2001, p. 211. Neste caso tinha-se ordenado a destruição de determinados dados de um ficheiro do banco Hispanoamericano. No caso em apreço este banco tinha uma base de dados que se denominava de "absentismo devido a baixa médica", onde constavam as faltas por doença dos trabalhadores, com indicação da data de início e fim das faltas por motivo de doença ou acidente de trabalho. Este ficheiro continha dados muito antigos (alguns dos quais datavam de 1988), sendo que para os armazenar nunca foi requerido o consentimento dos trabalhadores, nem a nível individual, nem colectivamente. A Agência de Protecção de Dados não tinha conhecimento da existência deste ficheiro e a ele podiam aceder quatro médicos e um trabalhador da empresa. O Tribunal Constitucional considerou que a manutenção de um ficheiro deste tipo não pretendia preservar a saúde dos trabalhadores, mas sim controlar o absentismo laboral. Consequentemente, a criação e actualização do ficheiro não podiam ter por base a ideia da existência de um interesse geral, na medida em que este ficheiro não visava a vigilância periódica e consentida da saúde dos trabalhadores em função dos riscos inerentes à sua actividade laboral, mas tão só a relação entre os períodos de suspensão da relação jurídico-laboral provenientes da situação de incapacidade do trabalhador. Esta base de dados não estava actualizada nem devidamente garantida. Por estas razões, o Tribunal Constitucional declarou que "a existência de diagnósticos médicos da base de dados «Absentismo por baixa médica», cuja titularidade pertencia ao Banco Central Hispano, vulnera o direito à intimidade", previsto no artigo 18º, nº 1 e 4 da CE. Desta sentença deve deduzir-se, tal como PRADAS MONTILLA, "Empresas y protección de datos de carácter personal", *in AL*, nº 34, 2000, p. 75, que o Tribunal Constitucional não considera proibido o controlo das ausências por doença. O que é ilícito é incorporar num ficheiro os diagnósticos de que foram objecto os

todo possível, socorrendo-nos do exemplo dado por THIBAULT ARANDA[182], que o empregador possa publicitar perante os restantes trabalhadores os dados obtidos, incluindo os *sites* visitados[183] [184], através do exercício legítimo deste controlo electrónico, como uma forma de "dar o exemplo", na medida em que existiria uma violação não só do princípio da finalidade como seria uma divulgação de dados proibida.

3. Conclusões

As NTIC originam uma muito maior exposição do trabalhador e uma maior possibilidade de violação dos seus direitos fundamentais devido à sua enorme possibilidade de combinação, de agregação, de interpretação e de descontextualização.

A navegação na *internet* cria novas questões ao direito pois, por um lado, existe a tutela do direito à privacidade, englobando o direito à autodeterminação informativa, e, por outro, há o poder de controlo electrónico do empregador, essencial para o correcto desenvolvimento da relação jurídico-laboral. Está-se perante um conflito de direitos que tem de ser resolvido pelo princípio da proporcionalidade na sua tripla vertente e atendendo a todos os princípios de protecção de dados pessoais, principalmente aos princípios da finalidade, da proporcionalidade, da transparência e da finalidade com a compatibilidade declarada inicialmente.

As NTIC e, em especial neste caso, a navegação na *internet*, não estão desenhadas para o controlo do trabalhador mas permitem uma vigilância que pode ser temida na medida em que as informações susceptíveis de ser exploradas são numerosas e precisas. Os programas instalados não são instrumentos de vigilância e de controlo *por natureza* mas podem tornar-se instrumentos de vigilância e controlo *por destino*.

---

trabalhadores, quando não se descortina nenhuma finalidade legal para proceder a tal armazenamento de dados. Neste caso, "a restrição ao direito à intimidade não se justifica, já não porque seja uma restrição inadequada e não necessária, mas sim porque com ela se pode chegar a causar prejuízos antijurídicos aos cidadãos".
[182] "La vigilância...", cit., p. 76.
[183] Nas circunstâncias excepcionais em que tal seja permitido.
[184] Mas não a navegação que se fez dentro de cada *site*.

Defende-se que o empregador pode regulamentar a utilização destes meios estabelecendo limites temporais ao seu uso e sancionando disciplinarmente quem exceda estes limites. Mas não fica legitimado para controlar as páginas visitadas na medida em que se insere dentro da protecção do direito à privacidade que engloba o direito à autodeterminação informativa. Se não pode considerar-se a *internet* como um meio de comunicação, tutelado pelo direito ao sigilo das comunicações, pode, contudo, conferir uma série de dados acerca das pessoas e originar a constituição de perfis.

A instalação de programas que proporcionam ao empregador uma panóplia de informações personalizadas sobre cada um dos seus trabalhadores, com toda a informação acerca da navegação realizada, não pode ser permitida na medida em que supõe uma violação dos direitos à privacidade e à dignidade do trabalhador, ultrapassando manifestamente os limites do controlo electrónico do empregador. Torna-se ainda mais grave quando estes programas são instalados secretamente. Esta atitude do empregador, para além de constituir um abuso incompatível com o respeito pela dignidade da pessoa humana, deve ser entendido como uma intromissão ilegítima na privacidade dos trabalhadores.

A Privacidade dos Trabalhadores e a Utilização de Tecnologias de Identificação por Radiofrequência[*]

Introdução
1.1. Desde a primeira revolução industrial, e por exigências de pressão do mercado, ávido em aumento da produtividade e dos benefícios económicos a ela associados, assim como por razões ligadas à competitividade, a empresa converteu-se e transformou-se num local fundamental para a inovação nos métodos de vigilância, controlo, disciplina e tecnologia.

A utilização crescente das NTIC, principalmente do computador, alterou profundamente as características tradicionais em que se fundou a relação de trabalho clássica, particularmente quanto aos critérios do local, do tempo de trabalho e da subordinação jurídica. Surgem, com estas alterações, empresas com um perfil muito diferente das tradicionais, associadas ao sector terciário e, mais tarde, com a massificação das NTIC nas empresas, emergem as do sector quaternário. Desenvolve-se uma nova era caracterizada, principalmente, pela implicação directa do trabalhador na actividade da empresa.

Assim, com o desenvolvimento das NTIC, todos os sectores da sociedade sofreram alterações e o Direito do trabalho não poderia constituir excepção[1], até porque é um dos ramos do Direito mais permeável às

---

[*] Este artigo destina-se a ser publicado no Livro de Homenagem ao Senhor Professor Doutor Heinrich Hörster.
[1] MARTÍNEZ LÓPEZ, PAULA LUNA HUERTAS e ROCA PULIDO, "El teletrabajo en España: análisis comparativo con la Unión Europea", *in RL*, II, 2001, pp. 1215-1216, consideram que embora

mudanças e que *sofre* mais a *invasão* das novas tecnologias. Pode dizer-se assim, tal como SEMPERE NAVARRO e CAROLINA SAN MARTÍN MAZZUCCONI[2], que esta "frenética renovação e modernização tecnológica veio para ficar"[3], já que a tendência é claramente expansiva, no sentido que estas NTIC impregnaram as relações laborais do mesmo modo que ocorre no restante âmbito da vida social[4].

Está-se, pois, perante uma *Inforevolução*, caracterizada por uma enorme utilização das NTIC, cujas características fundamentais são o imenso dinamismo e rapidez assim como uma profunda difusão do conhecimento, o que origina o desenvolvimento da economia mundial[5]. Ocorre uma mudança radical do modelo antropológico em que se baseou o Direito do trabalho e, até, de um novo Direito do trabalho, na medida em

---

sempre tenha existido mudança tecnológica, jamais se tinha produzido de forma tão rápida e completa, sobretudo porque, anteriormente, outras revoluções tecnológicas tinham afectado de maneira imediata apenas alguns sectores e, depois, estendiam-se para as restantes actividades económicas. Mas, com esta revolução tecnológica associada às NTIC, ocorreu um impacto directo em todos os sectores e actividades económicas, o que origina que as organizações tenham de inovar os seus processos, com novas formas estruturais e hierárquicas, perante uma nova realidade muito mais dinâmica e competitiva. Também FRANCESCO DI CIOMMO, "Internet e crise del diritto privato: tra globalizzazione, dematerializzazione e anonimato virtuale", *in RCDP*, ano XXI, nº 1, 2003, p. 117, refere este aspecto de mudanças cada vez mais rápidas e profundas, assim como ALARCÓN CARACUEL, "Aspectos generales de la influencia de las nuevas tecnologías sobre las relaciones laborales", *in Cuestiones Actuales de Derecho y Tecnologías de la Información y la Comunicación (TICS)*, Thomson Aranzadi, Navarra, 2006, p. 321, que entende que a generalização destas NTIC só aconteceu na última década do século XX mas com uma progressão geométrica". No mesmo sentido ISEULT CRONIN, "Who's minding your business? E-mail privacy in the workplace", *COLR*, VI, 2002, p. 1, entendendo que desde os anos oitenta as inovações tecnológicas no local de trabalho têm aumentado rapidamente.

[2] "Intimidad del trabajador y registros informáticos", *in Revista Europea de Derechos Fundamentales*, nº 1, 2003, pp. 39-69, p. 40.

[3] No mesmo sentido FRANCISCO MARTÍNEZ LÓPEZ, PAULA LUNA HUERTAS, INFANTE MORO e MARTÍNEZ LÓPEZ, "Los sistemas de control de la actividad laboral mediante las Nuevas Tecnologías de la Información y las Comunicaciones", *in RL*, nº 12, 2003, p. 97.

[4] Compartilha a mesma ideia IRFAN DEMIR, *Changing privacy concerns in the Internet Era*, Universidade do Norte do Texas, 2002, *in* www.proquest.com, p. 49, para quem as NTIC fazem parte do moderno mundo do trabalho.

[5] *Vide* ESTHER SÁNCHEZ TORRES, "El ejercicio de la libertad de expresión de los trabajadores através de las nuevas tecnologías", *in Relaciones Laborales y Nuevas Tecnologías*, (coord. SALVADOR DEL REY GUANTER e LUQUE PARRA), La Ley, Madrid, 2005, p. 107.

que se está face a alterações profundas, estruturais e, principalmente, funcionais, no sentido em que se modificou profundamente a forma de efectuar a prestação laboral. Esta situação implica mudanças radicais, redimensionamento das empresas e, para alguns, possível reformatação do Direito do trabalho.

E a informática representa o ponto comum destas várias mudanças ocorridas, com uma enorme potencialidade de invasão e de intrusão em certos direitos fundamentais dos trabalhadores, principalmente na privacidade.

O Direito do trabalho carece de adaptar-se a estas constantes mutações, e se a introdução da tecnologia nos processos de produção não constitui novidade para este ramo do Direito, já as NTIC proporcionam perspectivas únicas capazes de alterar o quadro clássico em que se inseriu o Direito do trabalho.

Estas inovações tecnológicas são relevantes para o mundo do trabalho porque permitem a sua introdução no processo produtivo e na forma de organização de trabalho, permitindo melhorar a obtenção e o tratamento da informação, sendo este um factor-chave para o desenvolvimento das empresas. Estas NTIC têm uma presença *polivalente*[6] ou *poliédrica*[7] nas empresas na medida em que produzem inovações, quer do ponto de vista tecnológico, quer ao nível produtivo, organizativo e de controlo. Estas novas formas de organização do trabalho potenciam a flexibilidade e o aumento da autonomia, assim como uma maior responsabilização do trabalhador no desenvolvimento da sua prestação laboral. As NTIC traduzem-se, também, numa maior flexibilidade que não pode ser unidireccional, tendo de inserir-se no marco dos direitos dos trabalhadores.

Secundando MARTÍNEZ FONS[8], se sempre houve uma estreita conexão entre a tecnologia e a relação de trabalho, ela torna-se particularmente

---

[6] Termo utilizado por GONZÁLEZ ORTEGA, "La informática en el seno de la empresa. Poderes del empresário y condiciones de trabajo", *in Nuevas tecnologias...*, cit., p. 19.
[7] Expressão adoptada por MARTÍNEZ FONS, *Nuevas tecnologias y poder de control empresarial, in* www.ceveal.com, p. 25 (*site* entretanto indisponível).
[8] "Uso y control de las tecnologias de la información y comunicación en la empresa", *in RL*, II, 2002, pp. 1311, 1312, e "El control empresarial del uso de las nuevas tecnologias en la empresa", *in Relaciones Laborales y Nuevas Tecnologías*, (coord. SALVADOR DEL REY GUANTER e LUQUE PARRA), La Ley, Madrid, 2005, p. 187.

"intensa" com a introdução das NTIC[9], pois são numerosos, complexos e variados os problemas jurídicos que coloca[10].

1.2. As novas formas de organização do trabalho[11] potenciam a flexibilidade e o aumento da autonomia, assim como a responsabilidade do trabalhador no desenvolvimento da sua prestação laboral[12]. Concorda-se com FALGUERA BARÓ[13] quando defende que as novas tecnologias trazem,

---

[9] Perfilhando igual opinião, YASMINA ARAUJO CABRERA, "La dirección en la empresa del siglo XXI", in *RTSS – CEF*, nº 231, 2002, p. 168, para quem as empresas enfrentam actualmente o maior dilema de adaptar-se às novas normas competitivas ou desaparecer e, por isso, há uma crescente dependência entre a técnica, inovação e o mundo do trabalho, e GARCIA VIÑA, "Limitaciones en el uso del correo electrónico en las empresas por parte de las secciones sindicales. A propósito de la Sentencia del Tribunal Supremo de 28 de Marzo de 2003 (RJ 2003, 7134)", in *REDT*, nº 122, 2004, p. 308, assinalando que existe uma relação clara entre *Internet* e as relações laborais, de tal maneira que estas novas tecnologias já formam parte das empresas.

[10] Também para SARA RUANO ALBERTOS, "Facultades de control por medios informáticos", in *El Control Empresarial*, (coord. GARCÍA NINET e VICENTE PACHÉS), CISS, Valência, 2005, p. 129, a evolução tecnológica, sobretudo a informática, reflecte-se no Direito do trabalho, e conduz ao surgimento de vários problemas jurídicos. No mesmo sentido SEMPERE NAVARRO e CAROLINA SAN MARTÍN MAZZUCCONI, "El uso sindical del correo a la luz de la STC 281/2005 de 7 de noviembre (RTC 2005, 281)", in *AS*, nº 17, 2006, p. 1, para quem a implantação das novas tecnologias nas relações de trabalho tem originado uma série de conflitos jurídicos. Também KAI KUHLMANN, *Die Nutzung von E-Mail und Internet Im Unternehmen – Rechtliche Grundlagen und Handlungsoptionen – Version 1.5*, 2008, disponível em www.bitkom.org., p. 8, refere que a introdução dos sistemas de informação nas empresas tem originado várias questões de diversa índole, e BRITTA MESTER, "Anspruch des Betriebsrats auf Internetzugang und Nutzung des betrieblichen Intranets-*Anmerkung* zu den Besclhüsssen des BAG vom 3. Sept.03 (Az. 7 ABR 12/03; 7 ABR 8/03), in *JurPC Web-Dok*. 255, 2004, p. 1, *in* www.jurpc.de, e PETER WEDDE, "Das Telekommunikations-gesetz und die private E-Mail-Nutzung am Arbeitsplatz, in *CuA*, nº 3, 2007, p. 9, observa que as novas tecnologias trouxeram inúmeras vantagens para a relação laboral mas, simultaneamente, colocaram novas e relevantes questões jurídicas para as quais, em alguns casos, ainda não há respostas satisfatórias.

[11] Sobre estas novas formas de organização do trabalho e a automatização pode ver-se LÓPEZ PARADA, ""Informática, productividad y salud laboral" in *Nuevas tecnologias de la información...*, cit., pp. 94-95.

[12] Ver neste sentido VICENTE PACHÉS, "Las facultades empresariales de vigilância y controle en las relaciones de trabajo: concepto y fundamento. Una primera aproximación a las diversas formas de control empresarial", *in El control empresarial...*, cit., p. 19.

[13] "Criterios doctrinales en la relación con el uso por el trabajador de los medios informáticos empresariales para fines extraproductivos", *in Derecho Social y Nuevas Tecnologías*, (coord. Mª DEL MAR SERNA CALVO), Consejo General del Poder Judicial, Madrid, 2005, p. 285.

consigo, flexibilidade que tanto pode ser, *inter alia*, temporal, geográfica como produtiva[14]. Mas, como bem adverte, essa flexibilidade não pode ser unidireccional. Também terá de inserir-se no marco dos direitos dos trabalhadores. O aumento evidente que as NTIC introduzem na produtividade tem de reflectir-se em ambas as partes do contrato de trabalho.

1.3. A inovação tecnológica permite e favorece mesmo, através de instrumentos como as videocâmaras, ou a monitorização dos computadores, nas vertentes de controlo dos programas de computadores, de controlo da *world wide web* e no controlo do *e-mail*, e a utilização da RFID[15], a vigilância da actividade dos trabalhadores contínua e centralizada, transformando assim, por um lado, uma das máximas básicas do *taylorismo* e da *direcção científica da empresa* relacionada com a supervisão e controlo do trabalhador através da observação do comportamento laboral do trabalhador de forma imediata e pessoal. Assim, a transformação operada pelos novos modos de vigilância e controlo origina uma complexa concepção deste poder de controlo do empregador já que este se renova, inclusive dando lugar a novas formas[16], e chegando a originar, tal como defende PÉREZ DE LOS COBOS ORIHUEL[17], um "taylorismo de diverso modo", diferente, que aumenta, e muito, este poder de controlo[18].

---

[14] Para MERCADER UGUINA, *op.* cit., p. 63, "a flexibilidade converteu-se num macro-conceito social, numa referência necessária, em mais um instrumento na altura de caracterizar e definir os parâmetros que caracterizam o actuar social".

[15] A identificação por radiofrequência é "um sistema automático de identificação que possibilita a transmissão de dados recorrendo a marcas/identificadores (*tags*) portáteis para leitores com a capacidade de processar tais dados, sendo que os dados transmitidos pelas marcas de radiofrequência (RF) podem incluir informação sobre a identificação ou a localização, bem como outra relativa às características (propriedades) do produto etiquetado. A transmissão da informação pode ser iniciada/interrompida remotamente sem que o portador da marca disso se aperceba". Ver, sobre isto, Deliberação 9/2004, da CNPD, de 13 de Janeiro, e Recomendação da Comissão Europeia, de 12 de Maio de 2009, *On the implementation of privacy and data protection principles in applications supported by radio-frequency identification*, art. 3º. Cf., ainda, o Documento do Grupo do art. 29º, *Working Document on data protection issues related with RFID technology*, de 19 de Janeiro de 2005, pp. 3-4.

[16] No mesmo sentido *vd.*, INMACULADA MARÍN ALONSO, última *op.* cit., p. 44.

[17] *Nuevas tecnologias...*, cit., p. 35.

[18] Ver para mais desenvolvimentos, TERESA COELHO MOREIRA, *A Privacidade dos Trabalhadores e as Novas Tecnologias de Informação e Comunicação: contributo para um estudo dos limites do poder de controlo electrónico do empregador*, Almedina, Coimbra, 2010.

2. A utilização da identificação por radiofrequência a nível laboral

2.1. A RFID é considerada como uma "das mais velhas novas tecnologias mundiais"[19] na medida em que foi inventada já nos anos 40 do século passado com utilização nos aviões militares e a primeira aplicação comercial surgiu na década de 60 do mesmo século na área do controlo dos bens através da via electrónica para evitar o seu furto.

A tecnologia de identificação por radiofrequência[20] tem vindo a aumentar bastante nos últimos anos[21], com inúmeras aplicações em diferentes sectores e com finalidades muito diversas, permitindo seguir não só objectos como pessoas, como acontece desde o sector dos transportes, ao controlo de acesso a determinados locais através de cartões e, mais recentemente, nos documentos de identificação oficiais e nos passaportes, assim como no sector do consumo, principalmente na distribuição dos bens e no seu seguimento, e mesmo no sector da saúde, como hospitais, onde tem sido utilizado para seguir os bebés nas maternidades e evitar o seu rapto, ou para localizar os médicos e avisá-los da necessidade de irem a determinado local, ou para controlar o acesso à sala onde estão guardados os fármacos; em lares de terceira idade para controlar os movimentos de pessoas mais idosas[22], assim como em escolas, para controlar os movimentos dos alunos[23].

---

[19] RFID, *Radio Frequency Identification OECD, RFID, Radio Frequency Identification OECD Policy Guidance – A Focus on Information Securitiy and Privacy; Applications, Impacts and Country Initiatives*, Seoul, Coreia, 17-18 de Junho de 2008, p. 20.

[20] A RFID pode ser integrada no grupo das tecnologias de identificação e captação automática de dados que incluem, ainda, códigos de barras, dados biométricos, cartões magnéticos, reconhecimento óptico, *smart cards*, reconhecimento de voz e tecnologias similares. Veja-se, referindo os vários tipos de tecnologias deste tipo, o Documento da OCDE, *Radio Frequency Identification OECD Policy Guidance...*, cit. p. 3.

[21] Segundo dados da Comissão Europeia, no documento IP/09/740, de 12 de Maio de 2009, *Pequenas pastilhas com grandes potencialidades: novas recomendações da UE garantem que os códigos de barras do século XXI respeitam a vida privada*, que pode ser consultado em http://europa.eu, já existem cerca de 6000 milhões destas etiquetas inteligentes.

[22] A propósito do controlo de pessoas mais idosas veja-se TERESA COELHO MOREIRA, Limites à instalação de sistemas de videovigilância – Comentário ao acórdão do STA, de 24 de Fevereiro de 2010", *in Revista do Ministério Público*, nº 123, 2010.

[23] Cf. sobre esta enorme possibilidade de utilização, *RFID, Radio Frequency Identification OECD Policy Guidance...*, cit., pp. 3-4, OCDE, *Foresight Forum "Radio Frequency Identification (RFID) Applications and Public Policy Considerations": Proceedings*, Paris, 5 de Outubro de 2005, pp. 2-3, GEORGE ROUSSOS e VASSILIS KOSTAKOS, "RFID in pervasive computing: State-of-the-art and

O aumento enorme da utilização destas tecnologias está relacionado não só com o seu custo cada vez menor, mas também com a possibilidade de, diferentemente do que acontece com um código de barras genérico, ser possível cada objecto individual ter o seu próprio identificador RFID de forma exclusiva.

2.2. No contexto laboral os problemas a nível da utilização da radiofrequência estão relacionados, sobretudo, com dois aspectos. Em primeiro lugar, o uso de cartões RFID para identificação de bens e objectos pode originar a desqualificação de algumas actividades e a imposição aos trabalhadores de formas de controlo cada vez mais electrónicas com todas as consequências a diversos níveis que isso poderá originar nos trabalhadores, nomeadamente a nível de saúde[24], pois se é verdade que este poder de controlo existiu desde sempre, perante a vigilância tradicional, limitada, o controlo electrónico pressupõe um salto qualitativo já que se está perante um "controlo à distância, frio, incisivo, sub-reptício e aparentemente infalível"[25], tornando possível um controlo total, ou quase total, de todos os movimentos da vida dos trabalhadores, o que origina que o trabalhador se torne transparente para os empregadores e deixe de se sentir livre[26] [27]. Na verdade, com a absorção das novas tecnologias, o

---

outlook", in *Pervasive and Mobile Computing*, nº 5, 2009, pp. 111-113, e SERENA STEIN, "Where will consumers find privacy protection from RFIDS?: a Case for Federal Legislation", in *Duke Law & Technology Review*, nº 3, 2007, pp. 5-7. Veja-se, ainda, CAROLINA GALÁN DURÁN e ROIG BATALLA, "El uso de las etiquetas de identificación por radiofrecuencia en las empresas: un nuevo riesgo para los derechos de los trabajadores?", in *AL*, nº 8, 2010, pp. 2-3.

[24] Existem estudos que sugerem uma correlação entre altos níveis de controlo e monitorização dos trabalhadores e *stress*. Cf., neste sentido, Documento da UNI, *RFID in the workplace: UNI Code of Good Practice*, de 27 de Abril de 2006, p. 6.

[25] JAVIER THIBAULT ARANDA, "El derecho español", in *Tecnología Informática*..., cit., p. 59.

[26] A mesma opinião é partilhada por BELLAVISTA, "Le prospettive della tutela dei dati personali nel rapporto di lavoro", in *RGLPS*, I, 2003, p. 56, assim como DÄUBLER, "Nuove Tecnologie: un nuovo Diritto del Lavoro", in *GDLRI*, nº 25, 1986, p. 79, e MARIAPAOLA AIMO, "I «lavoratori di vetro»: regole di trattamento e meccanismi di tutela dei dati personali", in *RGLPS*, nº 1, 2002, pp. 50-51, referindo-se à omnisciência deste poder do empregador que pode tornar o trabalhador num "trabalhador sob vigilância".

[27] Muitos autores tendem a associar ao local de trabalho a ideia da prisão panóptica de JEREMY BENTHAM que, já em 1791, tinha criado uma obra sobre uma prisão onde existia a ilusão de uma vigilância permanente, mesmo que ninguém estivesse a controlar. As instalações prisionais consistiriam num edifício circular (ou poligonal), com celas em cada piso dispostas ao

poder de controlo do empregador sobre a prestação de trabalho e sobre o próprio trabalhador aumentou exponencialmente porque está muito mais presente na medida em que é da sua própria essência[28].

longo do círculo, tendo no centro uma estrutura de observação ocularcêntrica. Esta disposição visava garantir que os reclusos, localizados nas suas celas, pudessem ser vistos a todo o instante pelos guardas. Mas as condições desta vigilância eram tais que os reclusos não se apercebiam se, e quando, estavam a ser observados. O panóptico seria, como observa DAVID LYON, *The Electronic Eye – The Rise of Surveillance Society*, Polity Press, Reino Unido, 1994, p. 63, uma prisão modelo, uma "nova partida", um novo modelo de "disciplina social", sendo passível de ser transposta para o local de trabalho. Seria uma forma de controlar a partir da incerteza, de não ver o controlador que está oculto sendo que o mero receio de poder estar a ser controlado funcionava como fenómeno dissuasor. Este novo modelo de prisão seria um novo instrumento de poder, exercido através da "visão absoluta e da observação perfeita", conforme refere CARLOS CARDOSO, *A organização panóptica e a polícia do amor: o argumento da produtividade e a reserva da vida privada em contexto de trabalho – Lição síntese*, Universidade do Minho, Braga, 2004, p. 18. Este poder de controlo panóptico representa uma nova forma de poder, o poder dos controladores sobre os controlados, exercido através da possibilidade de observar sem ser observado e de vigiar os comportamentos não-conformes, ou desviantes e de obter uma conformação antecipada, e auto-infligida nos comportamentos dos trabalhadores controlados. Mas não pode deixar de atender-se que se trata da ilusão de uma vigilância permanente, onde os controlados não estão realmente perante um controlo constante embora pensem que isso acontece. Como refere FOUCALT, *apud* MERCADER UGUINA, *Derecho del Trabajo, Nuevas Tecnologías y Sociedad de la Información*, Editorial Lex Nova, Valladolid, 2002, p. 100, a ideia de BENTHAM consistia numa "tecnologia política" que induz o sujeito a um "estado de consciência e visibilidade permanente que asseguram o funcionamento automático do poder". Esta ideia da empresa panóptica, onde o controlo e a vigilância fazem parte essencial da actividade de trabalho, quase que acompanhando o trabalhador, tem sido uma constante nos teóricos da organização da empresa, dando como exemplo FORD e TAYLOR. O primeiro tinha um departamento específico – departamento sociológico – para verificar, através do controlo por investigadores que visitavam os trabalhadores em casa, que não bebiam ou que não viviam em condições "imorais". O segundo descobriu através da sua gestão científica do trabalho um funcionamento operativo e quotidiano da organização empresarial através de uma maior capacidade de vigilância. Cf. CYNTHIA GUFFEY e JUDY WEST, "Employee privacy: legal implications for managers", *in Labor Law Journal*, vol. 47, nº 11, 1996, p. 735, e MERCADER UGUINA, *op. cit.*, p. 100. *Vide*, ainda, sobre a aplicação da utopia de BENTHAM à nova realidade operada pelas novas tecnologias, e a título meramente exemplificativo, ANNE UTECK, *Electronic surveillance and workplace privacy*, Universidade de Dalhousie, Halifax, Nova Scotia, *in* www.proquest.com, pp. 36 e ss., BRUNO VENEZIANI, "Nuove tecnologie e contratto di lavoro: profili di diritto comparato", *in* GDLRI, nº 33, 1, 1987, pp. 32-33, DANIEL IHNAT, *The eyes of capitalism: surveillance in the workplace – a Study of the Issue of Employee Privacy*, Universidade de Queen, Kingston, Ontario, 2000, *in* www.proquest.com, pp. 32-33, e MARIE-NOËLLE MORNET, *La vidéosurveillance et la preuve*, Presses Universitaires d'Aix-Marseille, Aix-en-Provence, 2004, p. 18.

[28] Ver para mais desenvolvimentos acerca do novo tipo de controlo electrónico que as NTIC

Desta forma, se podemos afirmar que as NTIC facilitam, incontestavelmente, o trabalho humano, elas são, simultaneamente, uma fonte de aumento de riscos para a saúde no trabalho, principalmente pela sua intensificação. Pode dizer-se, assim, que com este tipo de controlo electrónico há uma omnipresença dos riscos psicológicos e sociais e aparecimento de doenças deste foro.

O enorme aumento das formas de controlo e as possíveis consequências psicológicas que lhe estão associadas levam que se esteja a colocar em causa o primeiro direito histórico dos trabalhadores e que foi o respeito pela sua integridade e a sua saúde, anteriormente física, hoje mental[29].

Em segundo lugar, e com bastantes implicações para a privacidade dos trabalhadores, é a oportunidade que a RFID tem de localizar e controlar os trabalhadores durante o tempo de trabalho, e mesmo fora deste, invadindo a sua vida privada, não profissional. E se há situações em que poderão encontrar-se razões objectivas, lícitas, para este controlo, como no caso de mineiros levarem incluídos na sua roupa de trabalho *chips* RFID para serem mais facilmente encontrados, estas utilizações positivas não deixam de ser uma excepção.

Uma das formas possíveis de controlar os trabalhadores é inserir *chips* RFID, com um tamanho cada vez menor, por vezes milimétrico, nos uniformes dos trabalhadores, nas etiquetas dos mesmos ou, até, nas próprias fibras da roupa funcionando como uma antena RFID, e que pode seguir e controlar os trabalhadores inclusive fora do local de trabalho e conhecer as suas preferências, gostos, permitindo criar perfis dos trabalhadores, na medida em que esses cartões podem ser lidos por leitores externos à empresa[30]. A tecnologia permite ainda que sejam implantados *chips* deste

---

permitem ao empregador, TERESA COELHO MOREIRA, *A Privacidade dos Trabalhadores e as Novas Tecnologias de Informação e Comunicação: contributo para um estudo dos limites do poder de controlo electrónico do empregador*, Almedina, Coimbra, 2010, pp. 413 e ss., "As novas tecnologias de informação e comunicação e o poder de controlo electrónico do empregador", *in Scientia Iuridica*, nº 323, 2010, pp. 554 e ss., e "As NTIC, a privacidade dos trabalhadores e o poder de controlo electrónico do empregador", *in Memórias do XIV Congresso Ibero Americano de Derecho e Informática*, Tomo II, México, 2010, pp. 865 e ss..
[29] JEAN-EMMANUEL RAY e JEAN-PAUL BOUCHET, "Vie professionnelle, vie personnelle et TIC", *in DS*, nº 1/2010, p. 45.
[30] Referindo esta possibilidade CAROLINA GALÁN DURÁN e ROIG BATALLA, *op. cit.*, p. 5.

tipo na própria pele das pessoas, embora esta situação nos pareça totalmente proibida no âmbito laboral por atentar, parece-nos, não tanto contra o direito à privacidade, mas sobretudo contra o próprio direito à dignidade dos trabalhadores, que não deixam de ser cidadãos/pessoas quando celebram um contrato de trabalho, e por permitir um controlo total[31], embora também aceitemos, ainda que sem grandes certezas, que, em determinados casos não laborais, e por razões de segurança das próprias pessoas, possa ser possível este implante subcutâneo, desde que com o consentimento da pessoa em causa, consentimento que tem de ser esclarecido, limitado no tempo e *livre*[32] [33].

Porém, tão pouco é necessário ter um *chip* RFID no uniforme de trabalho para poder ser controlado e localizado. De facto, a maneira mais frequente de utilizar *chips* deste tipo é através dos cartões e dos *badges* que os trabalhadores utilizam para aceder a determinados locais na empresa ou, até, à própria empresa. E embora hoje em dia sejam consideradas medidas de segurança normais em numerosos locais de trabalho, estes identificadores através da radiofrequência facultam dados que não se limitam aos sistemas de acesso e de entrada. Há sempre a possibilidade técnica de cruzar a informação obtida com outras bases de dados, inclusive as relativas aos recursos humanos e as financeiras, sendo que muitas vezes os trabalhadores não têm conhecimento desta situação dado o seu carácter quase invisível[34], podendo produzir-se informação denominada de segundo grau.

Parecem-nos ser possíveis, ainda, utilizações mais intrusivas da actividade dos trabalhadores como as que resultam da combinação da utilização destes *chips* com um objecto, um produto ou um documento que o trabalhador use na sua actividade para medir o tempo de produção ou a própria produtividade do trabalhador. E ao armazenar esta informação numa base de dados e ao cruzar a informação, o empregador poderá

---

[31] Neste mesmo sentido veja-se o Documento da UNI, cit., p. 2 e 4, assim como Office of Privacy Comissioner of Canada, *Radio Frequency Identification (RFID) in the workplace: Recommendations for Good Practices*, 2008, p. 17.

[32] Imagine-se o caso de um soldado em tempos de guerra em que será muito mais facilmente localizado em caso de emergência se tiver este implante.

[33] Itálico nosso.

[34] Cf. CAROLINA GALÁN DURÁN e ROIG BATALLA, *op*. cit., p. 5, e Recomendação da Comissão Europeia, de 12 de Maio de 2009, pp. 2-3, considerandos 4 e 6.

obter, tal como referem CAROLINA GALÁN DURÁN e ROIG BATALLA[35], o "perfil de produtividade" de cada um dos trabalhadores com todas as consequências que isso acarreta.

É ainda possível que os leitores existentes na empresa acedam, indevidamente, a etiquetas RFID que os trabalhadores tenham nos seus objectos pessoais, como acontece com livros ou outros objectos de consumo que tragam etiquetas deste tipo, ou mesmo medicamentos, podendo o empregador, ainda que não licitamente, agregar hábitos de leitura, consumo, não só de trabalhadores como de candidatos e, mais grave ainda, de medicamentos e doenças associadas aos fármacos que aqueles tomam[36].

Pode ver-se, desta forma, que a utilização da radiofrequência pode permitir tecnicamente um controlo automático, que pode ser quase total, das deslocações e de certas actividades que os trabalhadores realizam não só durante o tempo de trabalho como, em certos casos, também no seu tempo pessoal.

2.3. Estas inúmeras possibilidades de controlo e de eventual cruzamento de informação, associadas ainda à possível descontextualização de informação, assim como ao desconhecimento por parte dos trabalhadores da utilização e eventual armazenamento de dados, provocam grandes riscos para a sua privacidade e torna-se imperioso, parece-nos, o estabelecimento de regras e limites na sua utilização.

Em primeiro lugar, a utilização deste tipo de tecnologia, ao permitir controlar de forma permanente todas as deslocações na empresa e, por vezes, fora dela, coloca problemas ao nível da protecção da privacidade, não apenas na sua vertente negativa, de direito à reserva sobre a intimidade da vida privada, mas também numa vertente positiva que engloba o direito à autodeterminação informativa.

Entende-se, desta forma, que o juízo de legitimidade para a instalação e emprego deste tipo de meios de controlo por parte do empregador não pode fundar-se somente na ideia de possíveis intromissões ilegítimas na intimidade ou na vida privada das pessoas dos trabalhadores. Não pode basear-se, apenas, na ideia de que os trabalhadores têm um espaço de liberdade e de vida privada nos centros de trabalho, que pode ser violado

---

[35] *Op.* cit., p. 3.
[36] Alertando para este facto veja-se CAROLINA GALÁN DURÁN e ROIG BATALLA, *op.* cit., p. 5.

pela simples instalação deste tipo de instrumentos de controlo, na medida em que o trabalhador vai sentir-se compelido a adoptar certos comportamentos e a abster-se de praticar outros, com receio de poder ser totalmente controlado pelo empregador.

Na verdade, não pode deixar de se ter em atenção que, a um *status* negativo, garantido pelo direito à intimidade, há que acrescentar um *status* positivo, que visa permitir às pessoas controlar o fluxo de informação relativa à sua própria pessoa, isto é, a um direito de controlo activo sobre as informações que sobre ela recaem e a não ser instrumentalizado através do conhecimento adquirido sobre aspectos da sua personalidade, isto é, o direito à autodeterminação informativa, consagrado constitucionalmente no art. 35º.

Defende-se, assim, que para a apreciação jurídica e a valoração da aceitação da utilização desta tecnologia, não pode aceitar-se somente uma dimensão negativa, de *ius excludendi*, do direito à intimidade na medida em que há outros direitos em causa, principalmente o direito à autodeterminação informativa, que se encontram compreendidos no âmbito do direito à privacidade[37].

Torna-se necessário, desta forma, efectuar um juízo prévio acerca da legitimidade do interesse do empregador e também um controlo *a posteriori*, assim como o tratamento e a identificação dos responsáveis pelo tratamento, sendo, ainda, necessário ter em atenção todos os direitos que assistem aos trabalhadores enquanto titulares dos dados pessoais objecto de tratamento, nomeadamente o direito de acesso e de rectificação, assim como o de cancelamento de dados inexactos ou incorrectos.

Ao nível da utilização da RFID torna-se essencial fixar os limites necessários para que seja assegurado o direito à protecção da privacidade na vertente de direito à autodeterminação informativa.

Na União Europeia, existe, desde logo, a Directiva 95/46/CE, de 24 de Outubro de 1995, onde se estabelece a protecção da privacidade em relação ao tratamento de dados pessoais. Ao abrigo desta Directiva, e do

---

[37] Veja-se a Deliberação nº 9/2004, da CNPD, relativa à *Identificação por radiofrequência*, disponível em www.cnpd.pt, pp. 1-2, onde se entende que "sempre que o recurso à tecnologia de IDRF implica a interconexão com informação de carácter pessoal se está em presença de um tratamento de dados pessoais (nos termos da alínea b) do art. 3º da Lei 67/98, de 26 de Outubro)".

seu art. 29º, foi criado o Grupo de Protecção de Dados que tem vindo a enquadrar a utilização de tecnologia de identificação por radiofrequência dentro do âmbito do direito à autodeterminação informativa e do direito à privacidade[38].

Também a própria Recomendação da Comissão de 12 de Maio de 2009[39] entende ser essencial, atendendo ao carácter ubíquo e praticamente invisível destas tecnologias, adoptar medidas que efectivamente tutelem o direito à protecção de dados pessoais e que respeitem o previsto no art. 8º da Carta dos Direitos Fundamentais da União Europeia quando estabelece no nº 1 que "Todas as pessoas têm direito à protecção dos dados de carácter pessoal que lhes digam respeito", estipulando ainda, no nº 2, que "Esses dados devem ser objecto de um tratamento leal, para fins específicos e com o consentimento da pessoa interessada ou com outro fundamento legítimo previsto por lei. Todas as pessoas têm o direito de aceder aos dados coligidos que lhes digam respeito e de obter a respectiva rectificação.".

2.4. A questão que se coloca perante a utilização desta tecnologia é saber que limites devem ser estabelecidos. E a resposta passará, parece-nos, pela aplicação dos princípios de protecção de dados pessoais, na vertente do direito à privacidade.

A faculdade de controlo electrónico do empregador, onde se inclui a utilização desta tecnologia, é enquadrada no direito à autodeterminação informativa. Por isso, preconiza-se que vão ser os seus princípios que devem adquirir relevância na altura de estabelecer as regras e os limites jurídicos à utilização deste tipo de identificação. Assim, quer a possibilidade de adopção destes sistemas, quer a licitude da sua utilização, dependem da valoração que se faça dos requisitos exigidos para o tratamento de dados pessoais e também do respeito destes sistemas pelo direito à dignidade da pessoa humana.

Preconiza-se, ainda, que quando se está perante a adopção deste tipo de sistemas de controlo electrónico, tem de exigir-se uma especial avaliação das situações que a justificam a nível de tratamento de dados.

---

[38] Veja-se o Documento do Grupo do art. 29º, cit., pp. 5-6.
[39] *Op.* cit., p. 3.

Assim, a adopção, a medida de recolha, o armazenamento e o tratamento de dados dependerão, em boa medida, da importância da finalidade pretendida e da possibilidade de utilização de outros meios menos gravosos para a consecução do mesmo fim, sendo que a dificuldade está na própria delimitação do controlo na medida em que o tratamento de dados pessoais na relação de trabalho, directa ou indirectamente, pode conduzir ao controlo da actividade do trabalhador[40].

Através deste tipo de utilização e subsequente controlo, o empregador conhece informação individual que integra o conceito de dados pessoais, devendo aplicar-se os princípios fundamentais estabelecidos na Lei de Protecção de Dados Pessoais[41], nomeadamente o princípio da finalidade, da transparência, da proporcionalidade e da compatibilidade com a finalidade declarada, o que supõe a obrigação de informar o trabalhador acerca do tratamento, e o princípio de que a informação recolhida não pode destinar-se a finalidades incompatíveis com a finalidade originária.

2.4.1. Em relação ao conceito de dados pessoais, a LPDP adopta uma noção extremamente ampla que tem por intuito diferenciar os diversos sujeitos, sendo que parece que a identificação da pessoa tem de ser entendida de forma directa, isto é, serão considerados como dados pessoais toda a informação, seja ela numérica, alfabética, gráfica, fotográfica, acústica ou de qualquer outro tipo, que diga respeito a uma pessoa física, identificada ou identificável. Consequentemente, não deve considerar-se "identificável" se tal resultado requerer tempo, custos ou actividades irracionais, ou irrazoáveis, impondo-se, por isso, uma ponderação. Este entendimento deve ser feito à luz do Considerando 26 da Directiva 95/46/CE, que faz intervir um critério de razoabilidade na utilização dos meios que permitem a identificação de uma pessoa, visando a exclusão daqueles dados que, dizendo respeito a pessoas identificáveis, apenas lhe poderão ser atribuídos com recurso a meios de tal forma irrazoáveis que devam ser excluídos da categoria deste tipo de dados[42].

---

[40] Neste sentido MARTÍNEZ FONS, "El control empresarial del uso de las nuevas tecnologias en la empresa", in *Relaciones Laborales y Nuevas Tecnologías*, (coord. SALVADOR DEL REY GUANTER e LUQUE PARRA), La Ley, Madrid, 2005, p. 192.

[41] LPDP.

[42] Para VERBIEST e WÉRY, apud CATARINA SARMENTO E CASTRO, *Direito da Informática, Privacidade e Dados Pessoais*, Almedina, Coimbra, 2005, p. 73, comentando as leis francesa e belga, "uma

Defende-se, ainda, que deve fazer-se uma interpretação razoável da Lei e aferir se naquela situação concreta o responsável pelo tratamento de dados poderá dispor de meios razoáveis, ou pode encontrá-los junto de terceiros, que permitam a identificação da pessoa titular dos dados[43]. Só se nessa situação se aferir que é razoável esperar que tais meios, na posse do responsável pelo tratamento, ou de terceiros, possam ser utilizados para a identificação do titular dos dados, é que estes devem ser entendidos como pessoais.

Por outro lado, esta noção tão ampla de dados pessoais, quando aplicada à relação de trabalho, pode trazer alguns problemas para o empregador já que este se encontra numa posição de vir a efectuar muitos tratamentos de dados pessoais de trabalhadores ao longo da relação de trabalho.

No seio da relação laboral incluem-se entre os dados pessoais, qualquer informação pessoal que possa ser obtida na execução do contrato ou na gestão do mesmo, dentro do qual deverão ser incluídas as obrigações derivadas da Lei ou das convenções colectivas, e, por fim, na planificação e na organização do trabalho. Por outro lado, a noção deste tipo de dados estende-se a todo o tipo de dados pessoais ou profissionais do trabalhador, obtidos antes da contratação ou durante a execução do contrato, incluindo, *inter alia*, os relativos à sua vida privada, à saúde, à sua ideologia e às suas opções sindicais[44].

Este conceito extremamente amplo origina que os empregadores, antes da adopção de qualquer medida de identificação por radiofrequência, devam avaliar os riscos que a mesma pode comportar para a protecção de dados pessoais dos trabalhadores. E, uma vez verificados e analisados

---

interpretação razoável da Directiva e das leis de transposição permite considerar como anónimos os dados relativamente aos quais o responsável pelo tratamento não disponha de meios técnicos suficientes para realizar a identificação, e oferece garantias específicas quanto à inexistência de iniciativas para proceder à identificação, ainda que essa possibilidade exista tecnicamente em abstracto, seja em seu poder, seja em poder de terceiro". Desta forma, um dado deve ser considerado identificável, não apenas considerando-se o dado em si, mas atendendo igualmente ao responsável daquele tratamento colocado naquela situação concreta.

[43] Veja-se CATARINA SARMENTO E CASTRO, *op.* cit., p. 73.
[44] Para CATAUDELLA, "Acesso ai dati personali, riserbo e controllo sull'attività di lavoro", *in ADL*, nº 1, 2000,, p. 141, a natureza do interesse tutelado oferece uma outra perspectiva para se aferir da noção de dados pessoais no contexto da relação de trabalho.

esses riscos, devem adoptar as medidas técnicas, organizativas e de segurança, que se mostrem necessárias para garantir a protecção deste direito fundamental dos trabalhadores, de acordo com o art. 17º da Directiva de Protecção de Dados Pessoais e com os arts. 14º e 15º da LPDP, nomeadamente através do recurso à encriptação e a protocolos de autenticação[45].

2.4.2. No que concerne à utilização deste tipo de sistemas, há vários princípios que assumem particular relevância. Em primeiro lugar, há que considerar o princípio da finalidade legítima que exige a adopção de um fim legítimo que justifique a instalação destes sistemas de controlo[46]. Em segundo lugar, refere-se o princípio da proporcionalidade, que implica a possibilidade de recurso a estes sistemas apenas em casos de *ultima ratio*. Releva, ainda, o princípio da transparência informativa que visa garantir ao trabalhador e a eventuais terceiros, o poder de disposição dos seus próprios dados pessoais[47], assim como o princípio da compatibilidade com a finalidade declarada inicialmente, não esquecendo que o responsável pelo tratamento, neste caso o empregador, deve notificar o tratamento à CNPD, nos termos do art. 27º da LPDP.

2.4.3. O princípio da finalidade, previsto no art. 6º, nº 1, alínea b), da Directiva 95/46/CE, e no art. 5º, nº 1, alínea b), da Lei de Protecção de Dados Pessoais, significa que os dados de carácter pessoal apenas podem ser recolhidos quando existam motivos determinados, explícitos e legítimos[48], indi-

---

[45] Veja-se o Documento do Grupo do art. 29º, cit., p. 17.
[46] Claramente será uma finalidade ilegítima a utilização de cartões magnéticos para controlar as idas dos trabalhadores às casas-de-banho ou a outros locais da empresa, tal como é referido por GARCIA PEREIRA, "A grande e urgente tarefa da dogmática juslaboral: a constitucionalização das relações laborais", ", *in V Congresso Nacional de Direito do Trabalho – Memórias*, (coord. ANTÓNIO MOREIRA), Almedina, Coimbra, 2003, p. 278, que menciona um acórdão do STA, de 15 de Abril de 1999 sobre esta matéria.
[47] Como referem GOMES CANOTILHO e VITAL MOREIRA, *Constituição da República Portuguesa Anotada*, 4ª edição, Coimbra Editora, Coimbra, 2007, p. 552, em comentário ao art. 35º da CRP, trata-se da "limitação da recolha, que deve ser feita por meios lícitos – conhecimento da pessoa a que respeitam ou autorização legal – restringir-se aos dados necessários para as finalidades especificadas (princípios da *necessidade*, da *adequação* e *da proporcionalidade*).
[48] Nos termos do art. 35º da CRP, tem de existir a especificação das finalidades, tal como escrevem GOMES CANOTILHO e VITAL MOREIRA, *op.* cit., p. 552, significando que a finalidade da recolha e o processamento devem ser concretizados logo no momento da recolha.

cando que os dados pessoais dos trabalhadores só podem ser tratados se respeitarem estes pressupostos, sendo essencial a definição precisa destas finalidades.

Este princípio constitui o princípio verdadeiramente cardinal da protecção de dados[49], sendo os demais princípios função deste na medida em que os dados devem ser adequados, pertinentes e não excessivos em relação à finalidade pretendida; devem ser exactos, completos e actualizados em função da finalidade; e só devem ser conservados pelo tempo que a finalidade exige.

O princípio da finalidade move-se, desta forma, numa área que serve de exercício das liberdades fundamentais e ao nível das relações laborais significa que as restrições à privacidade dos trabalhadores devem respeitar este princípio, o que equivale a dizer que mesmo que as restrições sejam admissíveis em abstracto e consentidas em concreto pelos trabalhadores deverão ser sempre justificadas pela natureza da actividade e proporcionais face à finalidade pretendida[50].

Tudo ponderado, a finalidade deve ser definida da forma mais precisa possível pois só a sua especificação pormenorizada poderá comprovar a proporcionalidade dos dados registados e permitir aferir da legitimidade de outras operações efectuadas com os mesmos.

Assim, a finalidade pretendida pelo empregador tem de ser legítima, isto é, deve estar em conformidade com o ordenamento jurídico e ser especialmente respeitadora dos valores fundamentais.

O preconizado assume maior relevância quando esta relação se funda numa relação de trabalho, representando um importante limite ao tratamento, circulação interna ou externa, e conservação de dados pessoais sob forma de restrição de elaboração de perfis automáticos que com base nestes tenham sido obtidos. Este relevo surge, sobretudo, do facto de nenhuma informação assumir um valor imutável e único quando se trata do tratamento de dados, sendo que a sua importância varia consoante o contexto em que se insere, as finalidades para as quais vão ser recolhidas e outras informações que possam ser tratadas[51].

---

[49] JORGE MIRANDA e RUI MEDEIROS, *Constituição Portuguesa Anotada, Tomo I*, Coimbra Editora, Coimbra, 2005, p. 382, entendem que o princípio da finalidade "é o elemento essencial da legitimidade do tratamento dos dados".
[50] Neste sentido cf. JEAN SAVATIER, "La liberté dans le travail", *in DS*, nº 1, 1990, p. 55.
[51] BELLAVISTA, *Il controllo sui lavoratori*, Giappichelli Editore, Turim, 1995, p. 139.

O princípio da finalidade visa, desta forma, evitar a pretensão do empregador de converter o contrato de trabalho numa unidade de recolha de informação pessoal sobre os trabalhadores que permita o estabelecimento de perfis[52]. Pretende-se evitar, desta forma, uma espécie de "abdicação do homem em favor da propriedade cognitiva e decisória do computador"[53].

Desta forma tem de existir um fim determinado, explícito e legítimo que justifique a restrição que sofrem os trabalhadores nos seus direitos fundamentais.

2.4.4. O princípio da proporcionalidade está associado à qualidade dos dados pessoais, constituindo um factor fundamental para a legalidade do seu tratamento.

Impõe-se, desta forma, o tratamento exclusivo dos dados pertinentes e não excedentários em relação à finalidade para a qual são recolhidos, sendo a *ratio* da norma a do emprego dos dados pessoais aos casos em que seja indispensável para a consecução dos objectivos pretendidos, funcionando como *ultima ratio* ou *in extremis*.

Assim, uma vez determinada preliminarmente a presença de um interesse relevante, deve comprovar-se se a medida de recolha ou obtenção de informação do trabalhador através destes meios se torna necessária no sentido de não existir uma outra alternativa menos restritiva e menos intrusiva da privacidade dos trabalhadores para conseguir satisfazer o interesse do empregador. Deve efectuar-se, assim, um juízo acerca da selecção da medida de controlo aplicável, adoptando-se o método que implique uma menor intromissão na privacidade dos trabalhadores ou um menor tratamento de dados pessoais. Defende-se, desta forma, que juntamente com a relevância do interesse do empregador deve ter-se em atenção a indispensabilidade e a minimização do tratamento de dados pessoais por parte do empregador[54].

---

[52] Neste sentido MARTÍNEZ FONS, *El poder de control del empresario en la relación laboral*, CES, Madrid, 2002, p. 231.
[53] BUTARELLI, *Banche dati e tutela della riservatezza – La privacy nella Società dell'informazione – Commento analitico alle leggi 31 dicembre 1996, nº 675 e 676 in matéria di tratamento dei dati personali e alla normativa comunitária ed internazionale*, Giuffrè Editore, Milão, 1997 p. 343.
[54] Segue-se o defendido por GOÑI SEIN, *La Videovigilancia Empresarial y la Protección de Datos Personales*, Thomson Civitas, Navarra, 2007, p. 120.

Entende-se que nos casos de controlo e vigilância exercidos pelo empregador, a exigência da necessidade de recurso a este controlo exige, para se considerar cumprida, alguma prova acerca do carácter de real indispensabilidade de recurso a esta forma de controlo, no sentido de não existir qualquer outra forma que satisfaça a mesma finalidade e que seja menos intrusiva para a pessoa em causa.

Há, desta forma, necessidade de superar não um juízo de mera justificação ou razoabilidade mas um verdadeiro teste de imprescindibilidade.

Este princípio significa, quando aplicado à radiofrequência, que, para se seguir uma aplicação razoável e proporcionada, deveria dar-se a possibilidade ao trabalhador de desconectar as etiquetas durante as pausas, ou limitar a sua utilização apenas a certas zonas da empresa, não podendo ser usadas em áreas de descanso ou de ócio dos trabalhadores e também fora dos tempos de trabalho.

2.4.5. O princípio da transparência, consistindo no conhecimento da vigilância e do controlo exercido pelo empregador, é essencial para o correcto tratamento de dados pessoais das pessoas, em geral, e dos trabalhadores, em especial. Desta forma, o direito do titular dos dados a receber toda a informação relativa a si mesmo constitui um dos princípios geralmente aceites como parte essencial e integrante do direito à autodeterminação informativa.

O princípio da transparência constitui um requisito prévio para poderem ser exercidas as faculdades reconhecidas legalmente ao titular dos dados pessoais na medida em que ninguém pode actuar ou defender um direito se não souber que ele existe na sua esfera jurídica. Na verdade, este direito é capital para o correcto funcionamento do sistema de protecção de dados, pois muito dificilmente poderão ser exercidos, *v.g.*, os direitos de acesso ou de oposição ao tratamento se a pessoa não obteve prévia informação sobre este tratamento[55].

Esta obrigação de informação tem por finalidade a comunicação das condições e o alcance dos compromissos que podem ser realizados relativamente ao tratamento de dados pessoais que vai ser feito.

---

[55] É a conclusão a que chega, também, Mª DEL CARMEN GUERRERO PICÓ, *El impacto de Internet en el Derecho Fundamental a la Protección de Datos de Carácter Personal*, Thomson Civitas, Navarra, 2006 p. 76.

Por outro lado, não pode deixar de centrar-se a atenção neste princípio dada a desnecessidade de consentimento como regra geral na relação de trabalho. Ponto essencial passa a ser o da informação que tem de ser dada ao trabalhador, titular dos dados pessoais.

Preconiza-se, ainda, que o controlo exercido pelo empregador tem de respeitar sempre a pessoa humana e, especificamente, o seu direito à dignidade e à privacidade, na vertente de direito à autodeterminação informativa, o que impõe o conhecimento do tipo, do tempo e por quem o controlo está a ser realizado[56].

Este conhecimento da vigilância pode ser, ainda, essencial para determinar a legitimidade ou a ilegitimidade da intromissão por vários motivos.

Em primeiro lugar, a exigência constitucional de conhecimento das restrições aos direitos fundamentais do trabalhador é sempre necessária, pois é através deste conhecimento que se determina se esta, na sua adopção e aplicação, se adequa à finalidade pretendida, sendo proporcional aos sacrifícios que implica[57].

Em segundo lugar, o desconhecimento por parte dos trabalhadores das medidas de controlo adoptadas configura uma violação do princípio da boa fé no exercício dos poderes do empregador[58].

A garantia do direito à informação está consagrada, desde logo, no art. 35º da CRP pois, tal como referem GOMES CANOTILHO e VITAL MOREIRA[59], há a considerar o princípio da publicidade que consiste no conhecimento da criação e da manutenção de registos informáticos acerca da sua pessoa, assim como o princípio da transparência, que impõe a clareza dos registos realizados quanto às espécies ou categorias de dados recolhidos e sujeitos

---

[56] Ver WAQUET, *L'entreprise et les libertés du salarié – du salarié-citoyen au citoyen salarié*, Editions Liaisons, Rueil-Malmaison, 2003, p. 163, referindo-se ao respeito pela dignidade humana que tem de ser realizado aquando do controlo exercido pelo empregador. No mesmo sentido PISANI, "I controlli a distanza sui lavoratori", *in* GDLRI, nº 33, 1, 1987, p. 128, escrevendo que um controlo que não respeite este princípio da transparência é de carácter "subdoloso", e contra a dignidade da pessoa humana.

[57] No mesmo sentido MARTÍNEZ FONS, *El poder de control...*, cit., p. 101.

[58] Cf., neste sentido, BELLAVISTA, *Il controllo...*, cit., p. 54, e WAQUET, "Un employeur peut-il filmer à leur insu ses salariés? – Cour de Cassation, Chambre Sociale, 20 novembre 1991", *in* DS, nº 1, 1992, p. 30.

[59] *Op.* cit., p. 552.

a tratamento, quanto à existência ou não de fluxos de informação, quanto ao tempo de tratamento e, ainda, quanto à identificação do responsável pelo ficheiro.

Este direito à transparência justifica-se pelo facto do legislador ter entendido que os dados estão destinados desde o início a ter uma determinada finalidade no mercado das informações. Não existem, desta forma, dados neutrais e objectivos que prescindam da finalidade daqueles que os recolhem e tratam. O conhecimento da finalidade dos dados pessoais torna-se, assim, um dos elementos fundamentais da tutela dos dados pessoais e concretiza um limite à sua utilização.

A legitimidade das actividades de controlo deste tipo está relacionada com a informação prévia que deve ser dada aos trabalhadores e também aos seus representantes, e que configura o princípio da transparência, consagrado nos arts. 10º e 11º da Directiva 95/46/CE e 10º da Lei de Protecção de Dados Pessoais. Estes artigos estabelecem a conexão entre a actividade de controlo do empregador e o princípio da informação prévia, consagrando, como princípio geral, a obrigação dos responsáveis do tratamento ou dos seus representantes de comunicar à pessoa titular dos dados que se pretende recolher, pelos menos, a informação atinente aos fins da recolha, os destinatários da informação, o carácter obrigatório ou facultativo da resposta, as consequências da recusa e a possibilidade de exercer o acesso à rectificação, cancelamento e oposição, para além da identificação do responsável, sendo de plena aplicação aos empregadores, tanto quando obtêm dados directamente dos trabalhadores, como quando recorrem a meios indirectos para realizar essa recolha.

No contexto laboral preconiza-se que devem ser dadas informações a todos os trabalhadores e a outras pessoas que eventualmente se encontrem nas instalações, incluindo a identidade do responsável pelo tratamento e a finalidade da vigilância, assim como quaisquer outras informações necessárias para garantir o tratamento leal relativamente à pessoa em causa.

A obrigação de informação prévia dos trabalhadores deriva da sua própria configuração como uma garantia instrumental que protege o controlo e a vigilância e a própria disposição dos dados pessoais do trabalhador, salvaguardando-se a sua liberdade e a sua autodeterminação[60].

---

[60] GOÑI SEIN, *op.* cit., pp. 127-128.

Evita-se, desta maneira, o tratamento, recolha e uso ilegítimos dos seus dados pessoais. Somente quando ao trabalhador sejam facultadas todas as informações sobre o tratamento de dados pessoais, ou apenas quando se lhes dê a informação sobre os dados pessoais recolhidos pelo empregador, quando não tenham sido recolhidos directamente pelo interessado, poderão analisar-se as repercussões do exercício da actividade de vigilância no que concerne ao devido respeito pela privacidade dos trabalhadores. Só desta forma, após um processo transparente, é que o trabalhador está habilitado a exercer um controlo sobre os seus próprios dados, de acordo com o previsto na Lei de Protecção de Dados Pessoais.

Entende-se que a forma mais apropriada para concretizar este dever de transparência é a elaboração de "cartas de boa conduta" sobre a utilização deste tipo de instrumentos, integrando, eventualmente, o regulamento interno e sujeito, assim, a todas as formalidades legais necessárias[61].

Assim, o empregador, de acordo com este princípio de transparência e de boa fé, tem de facultar aos seus trabalhadores uma explicação de acesso imediato, clara e rigorosa da sua política relativamente à utilização de instrumentos de radiofrequência.

No contexto desta utilização considera-se que os trabalhadores deveriam ser informados sobre as finalidades das etiquetas RFID, dos dados pessoais que são processados, se se controla a localização das etiquetas, o período durante o qual se recolhem e conservam os dados perante os leitores, devendo os trabalhadores, assim como terceiros que se dirijam ao local, saber onde estão os leitores, a sua localização específica e o seu alcance[62]. Para o cumprimento correcto destes princípios entendemos, ainda, que deveriam ser informados sobre o uso concreto que é dado às etiquetas RFID.

Defendemos que esta informação deve ser dada de forma compreensiva e eficaz a todos os trabalhadores, devendo utilizar-se, ainda, logótipos

---

[61] Neste sentido veja-se CAROLINA GALÁN DURÁN e ROIG BATALLA, *op.* cit., pp. 11-12.

[62] A localização de todas as etiquetas e leitores tem de ser conhecida quanto mais não seja porque é possível que os sistemas de radiofrequência interfiram com dispositivos médicos. Veja-se, defendendo esta situação, Office of Privacy Comissioner of Canada, cit., p. 23.

para indicar a presença e a localização dos leitores[63], a exemplo do que estabelece o artigo 20º, nº 3, do CT para a utilização de meios de vigilância à distância.

2.4.6. Após a adopção dos instrumentos de utilização por radiofrequência ser considerada válida por cumprir com os princípios da finalidade, da proporcionalidade e da transparência, devem ser tidos em consideração vários outros princípios relacionados com a aplicação destes meios, isto é, com o alcance que há-de ter o seu tratamento autorizado.

Trata-se de princípios extremamente relevantes atendendo à enorme capacidade de armazenamento e de valoração, assim como à inevitável perda do contexto em que são recolhidos, que oferecem as novas tecnologias e a sua utilização num terreno totalmente distinto que não tem qualquer relação com o objecto originário de referência. Na verdade, a tecnologia informática e o tratamento de dados pessoais a ela associado permite a reconstrução minuciosa dos comportamentos de uma pessoa e fornece ao responsável pelo tratamento muita informação que, por vezes, não corresponde exactamente à realidade[64]. A inexactidão desta informação pode depender não somente da circunstância errónea da mesma, mas também do facto do dado estar incompleto porque descontextualizado do seu contexto originário[65].

Não pode deixar de atender-se que com as NTIC os sistemas informáticos não esquecem, sendo capazes de acumular informação quase de modo ilimitado. Como refere DÄUBLER[66], os computadores não esquecem e não perdem a sua memória, deixando uma série de "pistas digitais" que permitem a comparação à entrada de determinados locais de uma cópia digitalizada e a imagem da pessoa em causa. O trabalhador encontra-se, desta maneira, amplamente "radiografado".

---

[63] Segue-se de perto a enumeração referida por CAROLINA GALÁN DURÁN e ROIG BATALLA, *op. cit.*, pp. 11-12. Veja-se, ainda, UNI *Code*, cit., pp. 2-3, e Office of Privacy Comissioner of Canada, cit., pp. 18-19

[64] No mesmo sentido BELLAVISTA, "Controlli elettronici e art. 4 dello Statuto dei Lavoratori", in *RGLPS*, ano LVI, nº 4, 2005, p. 773.

[65] *Vide* MARTÍNEZ FONS, *Nuevas tecnologias...*, cit., p. 30.

[66] *El Derecho del Trabajo*, Ministério de Trabajo y Seguridad Social, Madrid, 1994, p. 634.

Isto significa que, embora possa realizar-se o tratamento de dados pessoais, estes não podem incluir dados que sejam estranhos à finalidade que foi permitida.

Em primeiro lugar, tem de existir uma certa qualidade dos dados que se identificam com a adequação e a pertinência, entendendo como tal um certo nível de recolha e de armazenamento de dados, não excessivo no que concerne à finalidade pretendida. O termo adequação está mais relacionado com certos aspectos teleológicos de correspondência entre os dados e a finalidade do tratamento, enquanto a pertinência impõe que os dados recolhidos não sejam excessivos tendo em atenção a finalidade que justificou o seu tratamento e que sejam idóneos para satisfazer tal finalidade.

Estes princípios, relacionados com o princípio da pertinência, significam que se devem delimitar as circunstâncias pessoais em que se pode recolher a informação, pois ocorrem casos em que, embora se saiba qual é a finalidade para a qual se recolhem os dados e se permite o seu tratamento, solicitam-se informações que pouco ou nada têm a ver com a finalidade pretendida, produzindo-se, desta forma, desvios injustificados no tratamento de dados[67]. Para impedir este resultado tem de existir uma clara conexão entre o dado recolhido e a utilização que dele é feita, só sendo pertinentes aqueles dados que sejam necessários para conseguir os fins pretendidos.

O tratamento de dados efectuado pelo empregador só será lícito se existir uma correspondência entre a actividade de utilização dos instrumentos de radiofrequência e a finalidade para a qual foi adoptado esse mesmo sistema.

Os princípios de adequação e pertinência significam que os dados tratados não podem ser excessivos no que concerne à sua finalidade, o que impõe uma obrigação de minimização dos dados por parte do responsável pelo seu tratamento.

Parece-nos, ainda, que este princípio tem de estar relacionado com a exactidão e a veracidade dos dados pessoais. Isto significa que a recolha,

---

[67] Cf. VICENTE PACHÉS, *El derecho del trabajador al respeto de su intimidad*, CES, Madrid, 1998, p. 146.
[68] Idêntica opinião tem MARTÍNEZ FONS, "Tratamiento y protección...", cit., p. 51.

a circulação e a transmissão de dados tem de cumprir estes dois requisitos, pois dados inexactos ou incompletos sobre o trabalhador constituem um risco de lesão para a sua posição jurídica, na medida em que o empregador com base neles pode adoptar decisões em prejuízo do trabalhador[68].

2.4.7. O tratamento posterior pelo empregador dos dados obtidos através da utilização de RFID fica sujeito, ainda, ao princípio da compatibilidade com a finalidade prevista inicialmente. É o que decorre do art. 6º, nº 1, alínea b), da Directiva 95/46/CE e do art. 5º, nº 1, alínea b), da Lei 67/98, de 26 de Outubro, que transpôs esta Directiva, e que estabelece que "os dados pessoais devem ser recolhidos para finalidades determinadas, explícitas e legítimas, não podendo ser posteriormente tratados de forma incompatível com essas finalidades". Este princípio estabelece a proibição de o empregador aproveitar-se deste tipo de dados para um uso diferente da finalidade originária para a qual foram aceites e impõe uma grande limitação ao poder de controlo electrónico do empregador na medida em que ele não pode fazer um uso livre da informação recolhida.

Assim, como uma forma de garantir o direito à autodeterminação informativa[69] dos trabalhadores e a possibilidade de controlarem a informação que sobre eles é obtida, tem de limitar-se a recolha e o tratamento aos fins para os quais foi aceite e que são conhecidos dos trabalhadores[70].

Este princípio ocorre porque o uso multifuncional de dados aumenta não só o risco da multiplicação ilimitada dos efeitos prejudiciais causados

---

[69] Segue-se o defendido por GOMES CANOTILHO e VITAL MOREIRA, *op.* cit., p. 553, quando referem que em rigor trata-se de um "direito à autodeterminação sobre informações referentes a dados pessoais" que impõe uma protecção manifesta quanto ao "desvio dos fins" a que se destinam com essas informações. Por isso existem as exigências jurídico-constitucionais relacionadas com as finalidades das informações: "legitimidade; determinabilidade; explicitação; adequação e proporcionalidade; exactidão e actualidade; limitação temporal". Todos estes princípios permitem o controlo dos fins, obstando que haja tratamento de dados relativos a finalidades não legítimas ou excessivas em relação à finalidade originária.
[70] Neste sentido cf. GOÑI SEIN, "Los criterios básicos de enjuiciamiento constitucional de la actividad de control empresarial: debilidad y fissuras del principio de proporcionalidad", *in* RDS, nº 32, 2005, p. 99.

pelos dados inexactos ou incompletos, mas também a sua descontextualização e, portanto, a possibilidade de distorção da informação. Esta descontextualização pode ser evitada através da fixação de limites à elaboração de dados pessoais e impondo que estes dados, de acordo com o respeito pelo princípio da finalidade, sejam utilizados em estrita conformidade com o contexto originário de referência.

Desta forma, defende-se que a única hipótese de excluir o perigo de descontextualização reside na inibição do uso de dados pessoais para fins diversos e incompatíveis em relação aos fins originários.

O problema que se coloca é o de saber o que deve entender-se por finalidades incompatíveis, sendo que em Direito do trabalho a tarefa ainda se torna mais difícil dado o carácter tendencialmente prolongado da relação jurídico-laboral e a existência de processos contínuos de decisão sobre informações previamente obtidas. Pode servir de referência o defendido na Recomendação R (89) nº 2 do Conselho da Europa que entende não existir incompatibilidade quando a finalidade distinta da original traz um benefício para os trabalhadores, embora mesmo neste caso a questão não seja totalmente pacífica. Diferentemente, recusa-se esta compatibilidade, em princípio, se da utilização dos dados resultar o exercício do poder disciplinar, com a potencialidade de aplicação de uma sanção disciplinar quando esta não foi a sua intenção original.

Contudo, para evitar uma noção muito ampla deste princípio de incompatibilidade, não nos parece que pelo facto de a lei se referir a finalidades incompatíveis se deva interpretar a expressão de forma extensiva sob pena de se desvirtuar o princípio da adequação e o próprio consentimento do titular dos dados. Defende-se que o conteúdo deste conceito deve ser entendido tendo em atenção o resultado final pretendido e definido à partida e pelas operações de tratamento que lhe forem posteriores, não se podendo efectuar uma alteração substancial da finalidade inicial sob pena de se desvirtuar o princípio da adequação e da finalidade[71]. Desta forma, só podem ser tratados os dados que sejam adequados e pertinentes de acordo com uma finalidade legítima, não se aprovando o tratamento de tais dados com finalidades incompatíveis das que justificam o tratamento declarado no momento inicial da obtenção do consentimento.

---

[71] No mesmo sentido GOÑI SEIN, *La Videovigilancia...*, cit., p. 174.

Porém, este princípio não exclui, nalguns casos, legítimas derrogações, como acontece, socorrendo-nos dos exemplos referidos por GOÑI SEIN[72], quando o resultado se apresenta em estreita conexão com a actividade do trabalhador, como acontece com os trabalhadores informáticos, onde o instrumento informático de trabalho constitui, por vezes, a única ferramenta de trabalho. Contudo, parece ser mais difícil de aplicar ao caso da RFID, sob pena de existir um controlo da produtividade do trabalhador ou, mesmo de outros dados.

Fora destes casos, só é permitida a utilização dos dados pessoais para as finalidades para que foram recolhidos[73]. Qualquer operação de tratamento de imagens e/ ou sons, que se realize com finalidades diferentes das que justificaram a adopção dos mecanismos de radiofrequência no local de trabalho deve considerar-se ilícita e pode dar lugar a diferentes tipos de responsabilidade, nomeadamente as económicas previstas na Lei 67/98.

Surgem algumas dúvidas em relação à possível utilização, no exercício do poder disciplinar do empregador, dos dados relativos a incumprimentos contratuais conhecidos através da utilização da radiofrequência.

Em princípio, a aceitação da utilização dos dados da radiofrequência, ainda que captados ocasionalmente para finalidades diferentes das que justificaram a medida inicial, violam o princípio da finalidade, sendo que a lei não se refere à intencionalidade do sujeito e, por isso, é independente do resultado o facto de ter existido intenção ou não de descontextualizar a informação.

Não parece que possamos retirar da nossa Lei de Protecção de Dados Pessoais a existência de uma excepção ao princípio da finalidade em relação às informações obtidas ocasionalmente que revelem incumprimentos contratuais ou ilícitos sancionados laboralmente. Acresce, ainda, que nos parece que atribuir relevância disciplinar a comportamentos irregulares conhecidos de forma acidental, quando a finalidade da vigilância é outra, equivaleria a assumir também entre os fins da adopção, o controlo do comportamento do trabalhador, o que é claramente interdito.

---

[72] Última *op.* cit., pp. 176-177.
[73] Cf. PEDRO ROMANO MARTINEZ, "Relações empregador empregado", *in Direito da Sociedade da Informação, Volume I*, Coimbra Editora, Coimbra, 1999, p. 200.

Defende-se, assim, por regra, que o princípio da compatibilidade gera a impossibilidade de aplicar aos trabalhadores sanções disciplinares com base em incumprimentos contratuais ocasionalmente obtidos através de sistemas de radiofrequência. Porém, é nosso entendimento que, em determinadas circunstâncias, pode ser lícita a utilização de dados com fins disciplinares quando o que se descobre acidentalmente são factos particularmente gravosos, e que podem constituir ilícitos penais[74], como seria o caso, *inter alia*, de roubos e furtos.

Contudo, tendo em atenção que este processamento de dados com fins disciplinares constitui uma quebra do princípio da finalidade, só pode ocorrer em situações verdadeiramente excepcionais e o acesso aos dados recolhidos só deve ser realizado na presença de um representante dos trabalhadores[75].

Defende-se, ainda, que os trabalhadores têm direito a não serem objecto de decisões baseadas unicamente no tratamento automatizado de dados, o que significa, no caso da radiofrequência, que os resultados obtidos através dos leitores devem ser contrastados com outras medidas de controlo, tendo sempre em atenção, contudo, que existe a possibilidade de interceptar o *chip* RFID do trabalhador ou manipular os dados recolhidos. Por isso mesmo nunca podem ser considerados como totalmente fiáveis, tendo sempre de ser entendidos como meros indícios que, eventualmente, poderão justificar alguma medida de controlo mais individualizada[76].

Conclusão
Se os problemas e as questões relacionadas com as implicações na privacidade dos trabalhadores da utilização das NTIC não são uma novidade, as dúvidas continuam a subsistir na medida em que constantemente sur-

---

[74] Como refere MARTÍNEZ FONS, *Nuevas tecnologias...*, cit., p. 22, uma das mais "espinhosas" tarefas do poder de controlo do empregador está relacionada com o conhecimento acidental de incumprimentos contratuais praticados por trabalhadores.

[75] A mesma opinião é consagrada no Código da UNI, cit., p. 3, defendendo que os dados recolhidos através da radiofrequência não podem ser usados para fins disciplinares a não ser quando existam fundadas suspeitas dos trabalhadores terem cometido um ilícito penal. Veja-se, ainda, Office of Privacy Comissioner of Canada, cit., pp. 9 e 22.

[76] No mesmo sentido veja-se CAROLINA GALÁN DURÁN e ROIG BATALLA, *op.* cit., p. 13.

gem novas tecnologias capazes de aumentar, e muito, o poder de controlo electrónico do empregador. E a tecnologia RFID é exactamente uma dessas situações, sendo mais uma ferramenta que pode ser utilizada para controlar electronicamente os trabalhadores.

Contudo, esta tecnologia coloca problemas específicos na medida em que é nova, relativamente desconhecida, e pouco compreendida pela maioria, mas tem uma capacidade de controlo muito grande e as consequências da sua utilização ainda não são totalmente conhecidas e compreendidas por quem as utiliza, podendo ser usada de forma ubíqua e invisível.

Todas estas características originam que na altura da sua introdução numa empresa se atendam a todos os princípios de protecção de dados de forma a assegurar que o direito à privacidade dos trabalhadores seja respeitado.

Os valores da dignidade, da autonomia e da privacidade estão em causa quando se decide adoptar este tipo de instrumentos, devendo os empregadores informar os trabalhadores acerca desta tecnologia, da maneira como funciona, da finalidade da recolha e da sua utilização posterior, sempre compatível com a finalidade declarada inicialmente.

Preconiza-se, ainda, que os direitos à privacidade e à dignidade dos trabalhadores nunca podem ceder perante argumentos de maior produtividade ou eficácia, ou guiarem-se por critérios meramente economicistas, devendo o seu respeito ser entendido como critério hermenêutico indispensável para identificar a correcta utilização deste tipo de técnica, tendo sempre em atenção que, no mundo do Direito, nem tudo o que é tecnicamente possível é juridicamente admissível.

Diálogo Social y Empleo: Nuevos Yacimientos, Estabilidad y Calidad desde el Derecho Portugués[*]

Como nota introdutória permitam-me referir que não creio que haja dúvidas em aceitar que a estabilidade social, económica e política é fundamental para o desenvolvimento sócio-económico e, consequentemente, para uma maior e melhor qualidade de vida, sendo este um dos fins a prosseguir pelo Estado[1].

E, neste sentido, o diálogo social, enquanto uma "técnica de encontro e interacção"[2] entre os responsáveis políticos e as organizações representativas dos empregadores e dos trabalhadores surge-nos como uma forma de estabilidade ao nível macroeconómico, podendo ser uma força motora de reformas económicas e sociais[3][4]. Na verdade, desde os anos oitenta

---

[*] Texto que serviu de base à nossa comunicação no *Encuentro Internacional sobre Derecho del Empleo y Diálogo Social*, na Universidade de Santiago de Compostela em 28 de Outubro de 2010.
[1] Neste sentido pode ver-se CARLOS NEVES ALMEIDA, "O diálogo social: modalidades, projecções jurídicas, linhas de desenvolvimento", *in X Jornadas Luso-Hispano-Brasileiras de Direito do Trabalho – Anais*, (coord. ANTÓNIO MOREIRA), Almedina, Coimbra, 1999, p. 152.
[2] JOAQUIN GARCÍA MURCIA, "El diálogo social: modalidades, proyecciones juridicas y líneas de desarrollo", *in X Jornadas Luso-Hispano-Brasileiras...*, cit., p. 126.
[3] Como refere em relação ao diálogo social europeu a Comunicação da Comissão COM (2002) 341 final, *O diálogo social europeu, força de modernização e de mudança*, 26 de Junho de 2002, o diálogo social e a qualidade das relações laborais estão no cerne do modelo social europeu. Aliás, "a estratégia de Lisboa sublinha o seu papel perante os grandes desafios que a Europa tem pela frente, designadamente o reforço das competências e das qualificações, a modernização da organização do trabalho, a promoção da igualdade de oportunidades e a diversidade ou o desenvolvimento de políticas de envelhecimento Activo".

do século passado, começou a ser defendida a progressiva intervenção tripartida dos parceiros sociais[5], associado às sucessivas crises económicas e como uma forma de fazer face a todos os desafios colocados pela globalização.

E ao nível macroeconómico do diálogo social reveste importância fundamental a concertação social[6], concretizada em Portugal através da Comissão Permanente de Concertação Social[7]. O CT reporta-se-lhe no

---

[4] A OIT considera em *Diálogo social no trabalho: dar voz e liberdade de escolha a mulheres e homens*, p. 1, que "muitas das boas práticas laborais foram alcançadas através do diálogo social, como as 8 horas de trabalho diário, a protecção da maternidade, as leis sobre o trabalho infantil e todo um conjunto de políticas destinadas a promover a segurança no local de trabalho e a harmonia nas relações laborais. O diálogo social tem como principal objectivo promover consensos e a participação democrática dos actores no mundo do trabalho: representantes dos governos, empregadores e sindicatos. O sucesso do diálogo social – que abrange todo o tipo de negociações e consultas, incluindo a mera troca de informações, entre as diversas partes interessadas – depende de estruturas e processos que têm potencial para resolver problemas económicos e sociais importantes, promover a boa governação, fomentar a paz social e laboral e impulsionar o crescimento económico. O diálogo social é, por conseguinte, um instrumento fundamental para alcançar a justiça social. No actual contexto de crise económico-financeira mundial, alcançar um consenso entre as partes interessadas e a sua participação democrática na procura de soluções são objectivos de primordial importância".

[5] *Vide* BERNARDO DA GAMA LOBO XAVIER, *Curso de Direito do Trabalho I – introdução, quadros organizacionais e fontes*, 3ª edição, Verbo, Lisboa, 2004, p. 432.

[6] Não podemos deixar de referir que diálogo social pode ser entendido noutras perspectivas. Em termos microeconómicos o diálogo social identifica-se com a negociação colectiva, com o diálogo bipartido que se realiza entre os parceiros sociais, aos níveis sectorial, de grupo de empresa ou de empresa. O diálogo bilateral, ou bipartido, entre organizações sindicais e de empregadores, tem em vista a regulação das condições de trabalho nos níveis sectorial e de empresa ou empresas, sendo dele que brotam as convenções colectivas, nas suas diversas formas, nos termos do art. 2º, nº 3 do CT. Esta forma de diálogo, de negociação bilateral, é, talvez, a mais dinâmica e a que responde (ou procura responder) directamente aos anseios dos trabalhadores. Contudo, não pode deixar de referir-se, ainda que, tem vindo a assistir-se a uma certa "crise da negociação colectiva" e ao surgimento de formas de negociação colectiva atípica. Ver, neste sentido, Mª DO ROSÁRIO PALMA RAMALHO, *Negociação colectiva atípica*, Almedina, Coimbra, 2009. E, tal como escreve JÚLIO GOMES, "O Código do Trabalho de 2009 e a promoção da desfiliação sindical", *in Novos Estudos de Direito do Trabalho*, Coimbra Editora, Coimbra, 2010, pp. 163-164, num estudo realizado ao nível da União Europeia, Portugal surge como o Estado membro da União "em que há maior discricionariedade no recurso às chamadas portarias de extensão", ocorrendo desta forma, uma "acentuada governamentalização" da negociação colectiva.

[7] CPCS.

capítulo em que trata da participação na elaboração da legislação de trabalho, embora apenas como mera possibilidade – art. 471[8]. Porém, como adverte MONTEIRO FERNANDES[9], a passagem dos projectos legislativos em matéria de trabalho pela concertação social "está há muito consagrada entre nós como uma fase necessária da elaboração das leis laborais". Aliás, cabe à Comissão Permanente de Concertação Social, integrada no Conselho Económico e Social[10], nos termos do art. 4º do seu Regulamento Interno, apreciar todos os projectos legislativos do Governo em matéria sócio-laboral, nomeadamente de legislação laboral.

A função da concertação social em Portugal abrange por um lado, segundo GOMES CANOTILHO e VITAL MOREIRA[11], "a negociação e a harmonização de posições em matérias económicas e sociais", como, *inter alia*, políticas de rendimentos, contratação colectiva, incentivos, impostos e segurança social[12], a nível tripartido, isto é, entre os parceiros sociais e o Governo.

---

[8] Neste artigo, tal como refere Mª DO ROSÁRIO PALMA RAMALHO, *Direito do Trabalho – Parte I – Dogmática Geral*, 2ª edição, Almedina, Coimbra, 2009, p 225, o CT estabeleceu, formalmente, o direito de intervenção da Comissão Permanente de Concertação Social.
[9] *Direito do Trabalho*, 15ª edição, Almedina, Coimbra, 2010, p. 106.
[10] CES.
[11] *Constituição da República Portuguesa Anotada – arts. 1º a 107º*, 4ª edição, Coimbra Editora, Coimbra, 2007, p. 1042.
[12] Veja-se no *site* www.ces.pt, os inúmeros acordos de concertação social celebrados. Aliás pode dizer-se que o processo de concertação social passou por várias fases, conforme os quadros que se visualizam neste *site*. Assim, existe uma primeira fase preenchida, essencialmente, por acordos marcados pela política de rendimentos e preços, assumida como vector fundamental para o combate à inflação, pela via da moderação salarial; uma segunda fase preenchida, fundamentalmente, por acordos de carácter estruturante e mais global, em que é desenvolvida e aprofundada a conexão entre a política de rendimentos, a política fiscal, a política económica, a política laboral e de segurança social, com outras matérias de mais relevante interesse para uma estratégia de combate a insuficiências da economia nacional e de promoção do emprego e do poder de compra dos salários. Mais recentemente prefigura-se a emergência de uma nova fase em que, complementarmente às negociações tripartidas, há espaço para negociações e acordos bilaterais. Incluem-se na primeira fase os acordos de 1987 e de 1988, e os dois processos inconclusivos em 1989. Inserem-se na segunda o acordo económico e social de 1990, o acordo de 1992, os processos inconclusivos em 1993 e 1994, o acordo de curto prazo de 1996, o acordo estratégico de 1996-99, os acordos sobre política de emprego, mercado de trabalho, educação e formação, e o acordo sobre condições de trabalho, higiene e segurança no trabalho e combate à sinistralidade, assinados em 2001, bem como o acordo sobre modernização da protecção social e introdução de limites opcionais às contribuições para o sistema

Este diálogo social tripartido tem como finalidade proporcionar o diálogo e o debate dos grandes problemas que se colocam no mundo do trabalho entre os parceiros sociais e o governo com vista à aproximação de posições e à criação de condições de negociação aos níveis sectorial e de empresa, assim como promover a celebração de acordos tripartidos que depois o Governo se compromete politicamente a implementar pelas vias próprias[13].

Na verdade, o que tem vindo a acontecer ao longo dos anos, é que, apesar de estes acordos celebrados revestirem formalmente carácter negocial, eles não têm sido vistos apenas como elementos a ter em atenção na elaboração dos vários diplomas legais, mas sim, têm sido fundamentais para determinar o sentido e, por vezes, até a própria redacção de muitas leis[14]. No fundo, como defende MONTEIRO FERNANDES[15], alguns destes acordos formais de concertação social[16] integravam "*programas de produção legislativa*, com diversa amplitude", tendo como ponto comum o facto de assumirem verdadeiros compromissos trilaterais de política legislativa, entendidos como uma espécie de "pré-contratação de diplomas a elaborar".

Relativamente a este aspecto, embora entendamos que o diálogo social em sede de Concertação Social é um elemento muito importante no processo de criação de condições para a negociação colectiva sectorial, não podemos esquecer que o diálogo social tem limites que não devem

---

de repartição, também de 2001. Na terceira fase englobam-se o acordo bilateral visando a Dinamização da Contratação Colectiva, assinado em Janeiro de 2005 e o Acordo Bilateral sobre Formação Profissional, assinado em Fevereiro de 2006.

[13] Como se refere no Documento anteriormente citado, *O diálogo social* ..., p. 6, "Este papel do diálogo social assenta no seu carácter original e insubstituível: os parceiros sociais representam directamente os interesses e as problemáticas ligadas ao mundo do trabalho, desde as condições de trabalho ao desenvolvimento da formação contínua, passando pela definição de normas salariais, para além de reunirem as capacidades necessárias para se empenharem num diálogo susceptível de conduzir à celebração de acordos colectivos com incidência nestas importantes questões".

[14] Neste sentido veja-se Mª DO ROSÁRIO PALMA RAMALHO, *Da Autonomia Dogmática do Direito do Trabalho*, Almedina, Coimbra, 2000, p. 925, e *Direito do Trabalho*..., cit., pp. 225-226.

[15] *Op.* cit., p. 107.

[16] Os acordos tripartidos que estiveram na base ao CT de 2003 e da sua revisão em 2009, assim como o Acordo Económico e Social de 1990, o Acordo de Concertação Estratégica de Curto Prazo de 1996, e o Acordo de Concertação Estratégica, do mesmo ano.

ser ultrapassados sob pena de este sistema poder invadir áreas de competência próprias dos órgãos de soberania, designadamente da Assembleia da República.

E embora possamos compreender que os parceiros sociais são, por vezes, os mais bem colocados para responderem aos grandes desafios com que hoje o Direito do trabalho se depara, tendo a capacidade de com o conhecimento do terreno que lhes é próprio elucidarem o Governo acerca das dificuldades e das capacidades concretas que caracterizam determinado sector, podendo revelar-se especialmente eficazes na identificação de necessidades, mesmo legislativas, e na regulação das relações económicas e sociais, assim potenciando, talvez, o desenvolvimento e a competitividade, respeitando e promovendo a coesão social e a solidariedade, não pode esquecido todo o *reverso da medalha*. E também não se pode deixar de atender que, por vezes, em situações de crise, a legislação, em vez de ser concertada, poderá ter de ser *imposta*[17].

O sistema de diálogo tripartido deve ter como finalidade e objectivo essencial a promoção do diálogo permanente, o qual tem um valor próprio não negligenciável na procura de soluções para os problemas que os trabalhadores, os empregadores e o país enfrentam, devendo situar-se preferencialmente a jusante da decisão política e da actividade legislativa do Governo e, em especial, da Assembleia da República, sem embargo de lhe ser reconhecido um papel na indicação de grandes medidas de carácter estratégico.

Parece-nos, neste aspecto, que não se pode deixar de atender que a CPCS não tem funções normativas nem funções deliberativas. Trata-se de um órgão meramente consultivo, ainda que os acordos celebrados, por muito que não vinculem juridicamente o parlamento, órgão legislativo por excelência, tenham sido entendidos, na prática, como preconiza LEAL AMADO[18], como um forte factor de "constrangimento político" deste órgão que, várias vezes, "se tem limitado a «carimbar» o conteúdo daqueles acordos sem se atrever a mudar uma vírgula que seja..."[19].

---

[17] Neste sentido ALBINO MENDES BAPTISTA, "Diálogo Social", in *X Jornadas Luso-Hispano-Brasileiras...*, cit., p. 206.
[18] *Contrato de Trabalho*, 2ª edição, Coimbra Editora, Coimbra, 2010, p. 39.
[19] Como considera ALBINO MENDES BAPTISTA, *op. cit.*, p. 205, o "legislador tem sido dolosamente conivente".

Entendemos, ainda, que não pode deixar de se chamar a atenção para o facto deste fenómeno da concertação social ser o resultado de uma negociação entre interesses opostos dos parceiros sociais e interesses gerais do Governo. Assim, todos os acordos alcançados só o são porque há cedência de todas as partes, tentando-se encontrar o maior consenso possível ou o compromisso possível entre as suas diferentes pretensões[20]. Trata-se, como refere BAPTISTA MACHADO[21], "de uma forma de regulação económico-social mediante compromissos negociados, de uma governação consensual em certa área".

E, embora possa ser visto em termos substanciais como uma forma particular de criação do direito, na medida em que as normas são produzidas indirectamente pelos seus próprios destinatários[22], não se pode esquecer que passamos a ter uma espécie de "legislação concertada", legislação a que o órgão legislativo por excelência, a Assembleia da República, é tão só chamado a aprovar a legislação *a posteriori*[23], o que muito embora possa apelar a uma ideia de compromisso entre os vários parceiros sociais não deixa de colocar vários problemas.

Desde logo, podemos referir-nos aos princípios da democracia representativa. Na verdade, embora possa relacionar-se o fenómeno da concertação social com uma governação democrática, não deixa de colocar em causa aqueles princípios, nomeadamente da diluição das responsabilidades da maioria parlamentar pelas decisões político-legislativas, da subtracção da supremacia legislativa do parlamento e da própria representação partidária[24]. Também se colocam questões ao nível do esclare-

---

[20] Que são, como refere Mª DO ROSÁRIO PALMA RAMALHO, *Da Autonomia*..., cit., p. 925, o compromisso entre "as pretensões dos trabalhadores em melhorar, ou, pelo menos, em manter o seu estatuto laboral, as pretensões dos empregadores em aumentar a eficiência das empresas e em reduzir os custos do trabalho e os interesses do Estado em diminuir e prevenir a conflitualidade laboral [...] e em promover o emprego e a saúde da economia".

[21] *Apud* BERNARDO DA GAMA LOBO XAVIER, *op.* cit., p. 433.

[22] Neste sentido Mª DO ROSÁRIO PALMA RAMALHO, *Da Autonomia*..., cit., p. 925.

[23] Como se refere no *Livro Verde sobre as Relações Laborais*, Ministério do Trabalho e da Solidariedade Social, Lisboa, 2006, p. 179, o diálogo social promovido ao nível da concertação social tem delimitado positiva ou negativamente o "espaço de viabilidade das modificações legislativas" e não deixa de constituir um "assinalável poder de condicionamento da viabilidade das mudanças legislativas".

[24] *Vide* LEAL AMADO, *Contrato de*..., cit., p. 39, assim como JORGE LEITE, "Algumas notas sobre concertação social", *in QL*, nº 14, 1999, pp. 147-150.

cimento dos limites temáticos desejáveis na concertação social em relação à própria noção de Estado de Direito, e saber se a concertação social é um instrumento de promoção ou de limitação da renovação das políticas públicas e da própria contratação colectiva[25].

A este respeito, JÚLIO GOMES refere[26] que começa a assistir-se a uma alteração em matéria das fontes, na medida em que cada vez mais a lei deixa de ser a "expressão de uma vontade geral e do interesse colectivo" para passar a ser um "mero fruto da negociação", resultado de acordos celebrados previamente, em que "se assumem obrigações ou desvantagens em vista da obtenção de benefícios de parte a parte"[27].

Por outro lado, torna-se essencial uma justa repartição da representatividade das forças sociais com assento na concertação social, tendo sempre que se adoptar as medidas adequadas para que a concertação social não deixe ainda, conforme refere BERNARDO DA GAMA LOBO XAVIER[28], "mais desprotegidos os estratos desprovidos de força reivindicativa e os interesses difusos, bem como as entidades emergentes".

Contudo, apesar das críticas que possam ser feitas a esta forma de diálogo social tripartido, consideramos que esta "legislação laboral negociada" pode ser utilizada como um mecanismo para enfrentar a crise do Direito do trabalho e como uma forma de tentar conseguir alguma estabilidade e qualidade no emprego, assim como, em certos casos, o diálogo social bilateral. Parece-nos, assim, que esta forma de diálogo pode vir a revelar-se um instrumento de renovação do sistema das relações laborais[29].

---

[25] Ver *Livro Verde sobre as Relações Laborais*, cit., p. 178.
[26] *Direito do Trabalho Volume I, Relações individuais de trabalho*, Coimbra Editora, Coimbra, 2007, pp. 45-46.
[27] BERNARDO DA GAMA LOBO XAVIER, *op.* cit., p. 436, escreve que a legislação negociada e a administração concertada "abala as ideias de lei como expressão ético-jurídica e racionalizadora da vontade geral (e que com a negociação passa a ser mera regulação resultante de uma compensação de interesses) e do Estado como expressão unitária dessa mesma vontade e como entidade superpartes aferidora do bem comum que na negociação pré-legislativa é diminuída ao estatuto de «parceiro»".
[28] *Op.* cit., p. 438.
[29] No mesmo sentido *Livro Verde sobre as Relações Laborais*, cit., p. 178.

Na verdade, com as recentes tendências da globalização das economias, com o aumento da competitividade, com a abertura das fronteiras do comércio mundial, expandiu-se uma nova onda liberal, largamente apoiada nas NTIC, que fizeram ressurgir velhos problemas sociais e o despoletar de outros. As enormes mudanças ocorridas estão a promover novas contradições e desigualdades sociais em vários domínios das sociedades, com alterações profundas na forma de organização tradicional das empresas. Assistimos a uma recomposição dos mercados de trabalho onde existem situações de grande precariedade, ao lado de situações tradicionais de maior ou menor estabilidade, para além de um maior número de desemprego[30].

Se, na generalidade, a globalização pode ser benéfica para o crescimento e o emprego, as mudanças que gera implicam respostas rápidas por parte das empresas e dos trabalhadores, não esquecendo que a globalização tem vindo a afectar de forma decisiva os processos de trabalho e de produção. Sob a pressão da competitividade e da redução dos custos, generalizaram-se as reestruturações e as deslocalizações de empresas, sendo necessário, parece-nos, que as respostas sejam ágeis e flexíveis, complementando eventualmente uma actividade profissional e contribuindo para uma maior adaptabilidade aos imperativos do mercado de trabalho.

A adaptação exige um mercado de trabalho mais flexível sem quebrar, contudo, a *espinha dorsal* do Direito do trabalho, conjugado com níveis de segurança que dêem resposta às novas necessidades dos empregadores e dos trabalhadores. Secunda-se inteiramente LEAL AMADO[31] quando defende que "um Direito do Trabalho flexível jamais poderá deixar de ser um Direito do Trabalho robusto e vigoroso. Creio que o Direito do Trabalho terá de ser flexível naquele sentido ideal, de «resistência tênsil», apontado por RICHARD SENNETT: «Ser adaptável à mudança de circunstâncias mas sem ser quebrado por ela»". E se a flexibilidade do mercado

---

[30] Conforme se pode ver no *Livro Verde sobre as relações Laborais*, cit., p. 53, tem-se vindo a assistir a um crescimento significativo em Portugal do desemprego de longa duração e que o aumento global do desemprego tem sido acompanhado pelo agravamento daquele específico tipo de desemprego.

[31] "Dinâmica das relações de trabalho nas situações de crise (em torno da flexibilização das regras juslaborais)", in *RMP*, nº 120, 2009, p. 97.

de trabalho é actualmente um "objectivo omnipresente e incontornável"[32], assumindo-se como um valor "sociologicamente pós-industrial e culturalmente pós-moderno"[33], não podemos defender que resolve tudo e só traz vantagens. Parece-nos um pensamento demasiado simplista equivaler a flexibilidade do Direito do trabalho a ganhos de produtividade e ao aumento da competitividade empresarial[34]. Aliás, a própria noção inicial de flexibilidade da OCDE, partia de uma concepção ultra-simplista[35] e entendia que a protecção do emprego, quer legal, contratual ou institucional, constituía um custo adicional do trabalho com consequências quer ao nível do emprego quer sobre o próprio desemprego. Contudo, esta noção foi evoluindo, aceitando as várias críticas de que foi alvo e é hoje definida como "a capacidade da empresa modular a segurança do emprego segundo as realidades económicas"[36].

Considera-se que deve tentar criar-se mais e melhores empregos para gerir a mudança e os novos riscos sociais. Deve tentar reduzir-se a segmentação dos mercados de trabalho e a precariedade do emprego, promovendo a integração sustentada e a acumulação de competências. Na categoria dos *outsiders* do mercado de trabalho, conforme dados referidos pela Comissão Europeia em 2007[37], predominam já as mulheres, os jovens e os migrantes, e os trabalhadores mais velhos enfrentam inúmeras dificuldades para encontrar ou manter um emprego. Mesmo os trabalhadores com contratos por tempo indeterminado têm motivos para se sen-

---

[32] LEAL AMADO, última *op. cit.*, p. 97.
[33] RICCARDO DEL PUNTA, "L'economia e le ragioni del diritto del lavoro", *in* GDLRI, nº 89, 2001, p. 12.
[34] A este respeito, UMBERTO ROMAGNOLI, *apud* LEAL AMADO, "Dinâmica das relações...", cit., p. 98, refere que "a ideia segundo a qual, para ajudar e proteger todos os que procuram trabalho, é necessário ajudar e proteger menos quem tem trabalho, é filha da mesma maldade com a qual se sustenta que, para fazer crescer cabelo aos calvos, é necessário rapar o cabelo a quem o tem".
[35] Note-se que as primeiras análises da legislação de protecção no emprego fundavam-se no cálculo das indemnizações de despedimento. Cf. *Livro Verde sobre as relações Laborais*, cit., p. 185.
[36] Ver *op. cit.* e página da nota anterior.
[37] Comunicação da Comissão ao Parlamento Europeu, ao Conselho, ao Comité Económico e Social Europeu e ao Comité das Regiões, *Para a definição de princípios comuns de flexigurança: Mais e melhores empregos mediante flexibilidade e segurança*, Bruxelas, 27.6.2007, COM (2007) 359 final, p. 4.

tirem ameaçados, na medida em que, em caso de despedimento, se deparam com as mesmas dificuldades em encontrar empregos de qualidade.

E neste sentido o papel dos parceiros sociais é fundamental, já que estão mais bem colocados para dar resposta às necessidades de empregadores e de trabalhadores e detectar sinergias entre eles, *inter alia*, em matéria de organização do trabalho ou da concepção e aplicação de estratégias de aprendizagem ao longo da vida.

A este nível o diálogo social parece-nos revestir um papel muito importante na medida em que pode ajudar a procurar soluções colectivas e/ou a nível das empresas, para que tanto os *insiders* quanto os *outsiders* ultrapassem com êxito as diferentes situações profissionais e tente, simultaneamente, que as empresas possam responder de maneira mais flexível[38] às necessidades de uma economia ligada à inovação e a uma enorme concorrência[39].

Por outro lado, talvez seja através do diálogo social que se consiga uma "gestão positiva da mudança" que permita conciliar a flexibilidade indispensável às empresas no mercado transnacional, e a segurança essencial aos trabalhadores, em especial quando a economia atravessa fases de importantes reestruturações e de crise como acontece actualmente. E o reforço de um diálogo europeu ou transnacional ao nível das empresas é essencial para a Europa do futuro, em especial no que se refere à mobilidade, às reformas ou, ainda, à equivalência das qualificações.

Um diálogo social que seja "ambicioso e activo" deverá tentar desempenhar um papel central na resposta a estes desafios, enquanto método de adaptação flexível, eficaz e o menos conflituoso como meio de vencer os obstáculos à modernização[40].

Defende-se, ainda, à semelhança do preconizado pela Comissão[41] que, em termos de conteúdo, os parceiros sociais estão por vezes em melhor posição para dar resposta às orientações traçadas no âmbito do método aberto de coordenação. Esta questão é particularmente pertinente na

---

[38] Ainda que entendida como referida anteriormente, sem quebrar a *espinha dorsal* do Direito do trabalho, o seu código genético, o seu ADN.
[39] Veja-se o Livro Verde da Comissão, de 22.11.2006, COM (2006) 708 final, *Modernizar o direito do trabalho para enfrentar os desafios do século XXI*, p. 4 a defender o mesmo.
[40] Neste sentido *O Diálogo social...*, cit., p. 6.
[41] *O Diálogo social...*, cit., p. 15.

esfera do emprego, às novas formas de emprego, ou *nuevos yacimientos*, no que se refere à promoção da formação profissional, à protecção social, ao combate à exclusão e à modernização das relações de trabalho.

Por outro lado, parece-nos que o diálogo social e a participação dos parceiros sociais, mesmo a nível microeconómico, ao nível da negociação colectiva, e regional, podem conduzir a que sejam encontradas respostas inovadoras em matéria de desenvolvimento do emprego, de luta contra a exclusão e de melhoria da qualidade de vida e das condições de trabalho[42]. Podem conseguir-se respostas apropriadas, porque portadoras de novas flexibilidades e de segurança renovada, aos grandes desafios de hoje, como o desenvolvimento da formação ao longo da vida, o reforço da mobilidade, o envelhecimento activo ou ainda a promoção da igualdade de oportunidades e da diversidade.

Assim, atendendo a este quadro, não podemos deixar de considerar que as transformações sócio-económicas que aconteceram nos finais do século passado, inícios deste, originaram o surgimento e a extensão de novas necessidades sociais que não foram suficientemente asseguradas. Surgem-nos, assim, as novas *jazidas* de emprego, ou *nuevos yacimientos* de emprego com uma dupla função: para tentar fazer face ao desemprego crescente da nossa sociedade e para colmatar, ou tentar colmatar, necessidades sociais não satisfeitas, total ou parcialmente.

Já em 1993, a Comissão Europeia, no *Livro Branco sobre as estratégias para o crescimento, a competitividade e o emprego para entrar no século XXI*, apresentava estas *novas jazidas*, novas formas de emprego, como uma das estratégias para lutar contra o desemprego estrutural, considerando que poderiam constituir uma oportunidade de intervenção através da participação conjunta de vários actores sociais, num marco de concertação social, com o objectivo de reduzir o desemprego através da satisfação de carências

---

[42] Veja-se neste sentido o Parecer do Governo Português relativo ao *Livro Verde – Modernizar o Direito do trabalho para enfrentar os desafios do século XXI*, p. 2, referindo, pp. 4-5, que a legislação laboral deve "deixar às partes, no âmbito da negociação colectiva, uma margem significativa para estabelecer as condições que favoreçam a adaptação das pessoas e das empresas às exigências da economia e das mudanças sociais". Também se pode ver a defesa do reforço do diálogo social no Plano Nacional de Emprego, 2005, p. 61, e no Livro *Estratégia de Lisboa-Portugal de Novo – Programa Nacional de Acção para o Crescimento e o Emprego 2005/2008*.

sociais que a sociedade europeia, perante as mudanças ocorridas na sociedade, ainda tinha por resolver. Considerava, assim, que se trataria de procurar satisfazer carências não resolvidas, ou incipientemente resolvidas, estimulando a criação de emprego estável e de qualidade.

E a nossa sociedade tem, actualmente, um grande desafio e que é o de adaptar a sua estrutura produtiva a maiores exigências de competitividade, tentando renovar e procurar ampliar os pontos fortes em que tradicionalmente assentou a sua capacidade de crescimento económico.

Contudo, não se pode esquecer que um dos grandes problemas que a nossa sociedade enfrenta é o enorme aumento do desemprego e, por isso, devem ser prioritárias as políticas para tentar encontrar formas de o diminuir e que têm de ser conciliadas com políticas de formação e de desenvolvimento dos sectores produtivos. O duplo desafio é, assim, o de tentar diminuir o desemprego através da criação de trabalho estável e de qualidade, e do desenvolvimento da actividade económica que incida sobre serviços sociais essenciais à sociedade actual.

Por outro lado, consideramos que deve apostar-se nos "sectores do futuro"[43]. Mas sempre com a consciência que "não existe uma cura milagrosa, porque se esta existisse, já se teria encontrado"[44]. Porém, isso não significa que não haja uma margem para a luta contra o desemprego e para a acção política tentar encontrar formas de criação de emprego, principalmente através do diálogo social[45].

Parece-nos que, nesta sede, a actuação dos parceiros sociais através do diálogo social se reveste de fundamental importância, na medida em que a reforma dos sistemas de emprego e das ideias inovadoras e de novas formas de emprego depende da mobilização de todos. E os parceiros sociais têm uma posição privilegiada na medida em que representam directamente os interesses e as problemáticas ligadas ao mundo do trabalho, desde as condições de trabalho ao desenvolvimento da formação contí-

---

[43] Aliás esta constatação não é nova. Ela constitui a base da estratégia do *Livro Branco da Comissão de 1993 sobre as estratégias para o crescimento, a competitividade e o emprego*, já referido anteriormente. Neste *Livro* são propostas uma série de *pistas* para enfrentar o desemprego no milénio seguinte.

[44] *Op.* cit. na nota anterior.

[45] Como se refere no *Livro Branco*, na preparação para a sociedade de amanhã, não basta possuir um saber e um saber fazer, pois é também necessário estar disposto a aprender, a comunicar e a trabalhar em grupo.

nua, passando pela definição de normas salariais, para além de reunirem as capacidades necessárias para se empenharem num diálogo susceptível de conduzir à celebração de acordos colectivos com incidência nestas importantes questões.

Por outro lado, estão numa posição privilegiada para tentar encontrar os *nichos de mercado* ou *vazios produtivos* que poderão originar estes *nuevos yacimientos* de emprego, ou novas *jazidas*, na medida em que é necessário um maior conhecimento da sociedade e da economia local. Mas estas novas formas de emprego devem apostar, aliás como o têm feito, por uma política de desenvolvimento económico diferente, apostando na qualidade de vida e no bem-estar dos cidadãos. Nesta matéria afigura-se-nos que se há vontade de todos em diminuir o desemprego e satisfazer novas necessidades sociais, têm de prevalecer primeiro os benefícios sociais em relação aos económicos e, posteriormente, depois deste primeiro impulso, poderão desenvolver-se como actividade económica e lucrativa[46].

Na verdade, parece que o emprego tem de ser visto como uma actividade que visa a produção material de bens e serviços úteis à sociedade e não como actividade apenas para permitir uma acumulação de riqueza. O trabalho não deve ser visto apenas como uma forma de remuneração económica mas também como uma forma de estar em sociedade. E o carecer de emprego ou tê-lo mas precariamente mina as possibilidades de integração podendo romper-se a coesão social e criarem-se situações de exclusão fazendo perigar a estabilidade social da sociedade[47].

Parece, assim, que será possível criar-se inúmeras novas formas de emprego, *nuevos yacimientos*, se for esse o caminho da produção de bens e serviços úteis: para dar resposta aos problemas da ecologia, do meio ambiente; para encontrar caminhos alternativos ao desenvolvimento; para procurar responder ao aumento da esperança média de vida e do cuidado dos idosos, das crianças; para procurar soluções à maior possibilidade de circulação no mundo; para procurar melhorar a saúde e a educação assim como aumentar a utilização e implantação das NTIC na sociedade; e para conseguir uma melhor conciliação entre a vida profis-

---

[46] *Vide* ALBERT VILALLONGA, "Los Nuevos Yacimientos de Empelo: una oportunidad para crear empleo y satisfacer nuevas necesidades sociales", *in Scripta Nova Revista Electrónica de Geografía y Ciencias Sociales*, vol. VI, nº 119, 2002, p. 12.

[47] Neste sentido veja-se ALBERT VILALLONGA, *op.* cit., p. 2.

sional e a vida familiar. É possível criar e desenvolver-se novas formas de emprego em sectores relacionados com serviços da vida diária, como serviços ao domicílio, cuidado infantil, aplicação das NTIC, quer a nível individual, nomeadamente através do teletrabalho, quer colectivo e a nível de empresas. É ainda possível a criação de formas de emprego relacionadas com serviços relacionados com a melhoria da qualidade de vida, como, *inter alia*, a segurança, os transportes colectivos, a revalorização dos espaços urbanos, assim como serviços de lazer relacionados com o turismo, o desporto, a cultura e serviços relativos ao meio ambiente[48].

Entende-se que Portugal, com a sua localização estratégica e a sua forte relação com o mar, assim como com políticas industriais inovadoras em determinados sectores e diferentes políticas de educação, saúde e justiça, é capaz de encontrar alternativas essenciais para a criação de mais emprego. E parece-nos aqui que o papel do diálogo social, com a intervenção de todos os actores sociais, é de fundamental importância.

Actualmente estamos numa fase de grande mudança da sociedade, com uma grave crise económica. Mas há que ter consciência que sempre que há uma crise há uma saída, podendo, claro, sair-se melhor ou pior dela. E não existem determinismos, nem certezas absolutas, dependendo tudo das opções que são adoptadas e da forma de agir das pessoas. E aqui, a intervenção dos parceiros sociais pode originar uma evolução e uma saída positiva.

E, actualmente, a ideia de estabilidade no emprego não significa emprego vitalício, para toda a vida. Sabe-se que a era da nova economia globalizada, dinâmica, inovadora e extremamente competitiva, obedece à lógica do transitório, do instável e do imprevisível, sendo incompatível com o ideal do *emprego para toda a vida* que, de algum modo, imperou no século passado. Basta atentar nas novas modalidades de contrato de trabalho e no elevado nível de desemprego existente. Mas isso não significa, tal como defende LEAL AMADO[49], que a estabilidade no emprego, embora não sendo um valor absoluto, seja um valor obsoleto.

---

[48] Ver, por exemplo, a *Orden de 6 de abril de 2009*, da CONSEJERÍA DE EMPLEO, *por la que se establecen las bases reguladoras del programa para impulsar proyectos promovidos por las Corporaciones Locales en el marco de los Nuevos Yacimientos de Empleo*, publicado na BOJA, nº 71, de 15 de Abril de 2009, pp. 6-7.
[49] Última *op.* cit., p. 98.

Assim, perante esta realidade, é necessária a intervenção de todos e a participação sindical torna-se um elemento fundamental ao longo de todo o processo de diálogo social e de procura de soluções para a crise através de novas formas de emprego. Esta participação pode incidir, desde logo, na detecção das necessidades e das oportunidades a nível nacional ou local, na formulação de medidas e de acções e de projectos de actuação, na implantação e gestão de recursos e no acompanhamento permanente de todo o processo, verificando as condições de trabalho, de saúde e de formação adequada dos trabalhadores.

Defende-se, desta forma, uma política activa de intervenção, só possível no contexto de um diálogo social que vise melhorar a capacidade de inserção profissional.

Conclusão:

Em jeito conclusivo, perante a crise que atravessamos, parece que não podemos esquecer que o Direito do trabalho tem um bom *historial* pois tem tido sempre, como escreve PALOMEQUE LÓPEZ[50], como "companheira

---

[50] *Direito do Trabalho e Ideologia*, (trad. ANTÓNIO MOREIRA), Almedina, Coimbra, 2001, p. 39. Pode ler-se que a crise económica é "uma realidade que tem acompanhado o Direito do Trabalho, pelo menos de forma intermitente, ao longo do seu percurso histórico, para converter-se, certamente, num «companheiro de viagem histórico» da mesma, incómodo se se quiser". Para corroborar esta ideia pode ver-se a citação de HUGO SINZHEIMAR, em 1933, proferida quando a Europa conhecia as graves consequências da crise de 1929, *apud* PALOMEQUE LÓPEZ, "Un compañero de viaje histórico del Derecho del Trabajo: la crisis económica", *in Derecho del Trabajo y Razón Crítica – Libro dedicado al Professor Manuel Carlos Palomeque López en su vigésimo quinto aniversario como catedrático*, Salamanca, 2004, p. 32, "estas formas tradicionais de Direito do Trabalho são hoje postas em discussão. A crise geral e os seus efeitos particulares no Direito do Trabalho [...] reavivaram no mesmo uma situação de tensão latente por algum tempo [...] Aqui radica a mais grave crise do Direito do Trabalho, que inverte por completo os seus princípios constitutivos. Ela põe contemporaneamente em crise também as teorias fundamentais que até ao momento guiaram o Direito do Trabalho. Emerge um novo interesse pela constituição do Direito da economia. O Direito do Trabalho não tem sentido isoladamente considerado. É complementar da economia. Pode subsistir somente se existir uma economia capaz de garantir as condições de vida dos trabalhadores, de protegê-las da destruição, de subtrair o Direito do Trabalho das vicissitudes de uma economia desordenada [...] Que sentido tem o Direito do Trabalho, se se apresenta fundamentalmente como o Direito de uma elite de trabalhadores que têm a sorte de trabalhar, quando juntamente existe um cemitério económico de *desemprego estrutural*?".

de viagem" as sucessivas crises económicas que têm vindo a afectar a sociedade, conseguindo *coexistir* com elas mais ou menos *pacificamente*. Entende-se, assim, que o Direito do trabalho tem uma sólida e provada experiência de maleabilidade e que irá adaptar-se e superar esta crise[51]. Na verdade, a este respeito, não podemos deixar de citar LEAL AMADO[52] quando defende que "a crise que hoje atravessamos não foi, seguramente, motivada pelo garantismo das normas laborais e pela rigidez do mercado de trabalho. Trata-se, pelo contrário, de uma «crise dos mercados», resultante da insuficiente regulação dos mesmos. Trata-se, diz-se, de uma crise da chamada «economia de casino». Não foi o Direito do Trabalho o responsável pela crise, pelo que ninguém esperará, por certo, que o Direito do Trabalho lhe forneça a solução milagrosa".

Entendemos que o diálogo social pode constituir um instrumento muito positivo para tentar ultrapassar a crise que atravessamos, nomeadamente através de políticas e estratégias de desenvolvimento endógeno de emprego, procurando colmatar lacunas sociais existentes, algumas novas, fruto do desenvolvimento da sociedade, e outras mais antigas, porque, *inter alia*, deixaram de ser prestadas pelo estado de bem-estar, ou porque já não são autoproduzidas com recursos próprios no seio familiar.

Defende-se, assim, que estas novas formas de contratação, que visam criar ou melhorar o emprego, aumentando a sua qualidade, através da satisfação de novas necessidades sociais, são uma ferramenta essencial para o desenvolvimento territorial, devendo fazer parte de todas as políticas e estratégias de intervenção ao nível da resolução da crise. E os parceiros sociais, ao nível do diálogo social, são interlocutores privilegiados.

---

[51] No mesmo sentido PÉREZ AMORÓS, "Retos del derecho del Trabajo del futuro", *in RDS*, nº 32, 2005, pp. 57-58.
[52] Última *op*. cit., p. 100.

Novas Tecnologias:
Um Admirável Mundo Novo do Trabalho?* **

Introdução
1.1. Nos últimos anos, o impacto das NTIC na sociedade tem sido notável e incidiu, com uma velocidade vertiginosa e com efeitos sinergéticos incalculáveis, não só no modo de viver, de pensar e de agir das pessoas[1][2], como também no mundo do trabalho, transformando em profundidade a estrutura empresarial, revolucionando todo o processo de produção, a programação e a organização da actividade do trabalho, assim

---

* No título deste artigo utiliza-se o nome da obra de ULRICH BECK, *The Brave New World of Work*, Polity Press, Oxford, 2000, que se inspirou no livro de ALDOUS HUXLEY, *O Admirável Mundo Novo*, Colecção Mil Folhas, Lisboa, 2003, na medida em que entendemos que as novas tecnologias revolucionaram a concepção que tínhamos do mundo. A questão que se coloca é a de saber se se tratará, efectivamente, de um *Admirável Mundo Novo*.
** Este texto serviu de base à nossa comunicação no Congresso Internacional de Direito do Trabalho – *O Direito do Trabalho na Máquina do Tempo*, na Universidade Católica do Porto em 26 de Maio de 2011 e constitui uma análise um pouco mais desenvolvida do nosso artigo "As Novas Tecnologias de Informação e Comunicação: *um Admirável Mundo Novo do Trabalho?*", para o livro de Homenagem ao Senhor Professor Doutor Jorge Miranda.
[1] SUSANA RODRÍGUEZ ESCANCIANO, "Requisitos para el tratamiento de datos personales de ciudadanos de la Unión Europea no nacionales", *in RDS*, nº 46/2009, p. 121, refere que o aumento da utilização da informática nos vários sectores da vida tem vindo a colocar novos problemas e desafios a todos os operadores do direito.
[2] Ver as várias questões colocadas por JEAN-EMMANUEL RAY, "Actualité des TIC", *in DS*, nº 3/2010, pp. 267 e ss., sobre as repercussões destas mudanças na vida das pessoas, começando pela noção de vida privada.

como a própria profissionalidade e as condições de vida materiais e morais dos trabalhadores e, consequentemente, a própria configuração da relação de trabalho. E a centralidade da informação e da comunicação constitui uma das características fundamentais da sociedade actual, sendo nesta sociedade informacional que a empresa dos nossos dias necessariamente se coloca e movimenta.

Simultaneamente, moldam-se e modelam-se novas sociedades que colocam múltiplas e diferenciadas questões ao Direito do trabalho, interpelando-o, principalmente porque a pessoa humana passa a ser instrumentalizado, considerada como uma verdadeira fonte de informação pessoal, com a secundarização dos valores humanos e a prevalência do dito pensamento único, economicista e a consequente reificação ou coisificação do trabalhador.

De facto, com as NTIC surgem vários instrumentos informáticos capazes de ameaçar a privacidade das pessoas, em geral, e dos trabalhadores, em especial. Esta situação levanta um verdadeiro e quase insolúvel desafio à privacidade já que através destas inovações tecnológicas é possível efectuar, quase de forma ilimitada, a recolha e o tratamento de informações pessoais, associadas a uma enorme rapidez de acesso através dos computadores, a que acresce a circulação informacional em moldes quase inimagináveis.

É, assim, possível tratar, armazenar, regular e controlar grande número de informação sobre as pessoas, o que provoca um enorme controlo sobre elas e sobre a sua privacidade.

No entanto, também não pode deixar de atender-se a que a tecnologia é em si mesma neutra, o mesmo não se podendo dizer do homem que a utiliza, cujo *leitmotiv* é o controlo das pessoas. Na verdade, conforme a história tem vindo a demonstrar ao longo do tempo, tão curto e tão longo, as inovações tecnológicas só dependem da utilização que lhes é dada pelo homem.

E a questão que, desde logo, se coloca é a de saber se o tratamento de dados pessoais associado à enorme facilidade da sua recolha, tratamento e circulação através das inovações tecnológicas se poderá circunscrever aos parâmetros tradicionais ou se será necessária uma regulamentação nova, num mundo *novo*[3] que atenda às características extremamente

---

[3] ALDOUS HUXLEY, O *Admirável Mundo Novo*, Colecção Mil Folhas, Lisboa, 2003.

intrusivas das NTIC, não deixando de ter em consideração que a informação, mesmo a mais pessoal, circula de forma muito rápida, em muito maior quantidade e através de muitos mais sujeitos do que em qualquer outra época, aumentando o perigo da sua descontextualização[4].

1.2. As NTIC tiveram e têm uma enorme repercussão no desenvolvimento do Direito do trabalho dando origem, mesmo, a um novo tipo de controlo, o controlo electrónico do empregador[5]. O uso destas novas tecnologias, principalmente a *internet* e o *e-mail*, a utilização de redes sociais como o *facebook* ou o *twitter*, tornou o controlo do empregador cada vez mais presente e intrusivo, afectando em cada vez maior grau a privacidade dos trabalhadores e colocando novas questões aos juristas. Os empregadores podem, com a utilização destas NTIC, reunir informação sobre os trabalhadores através da observação do que fizeram durante o tempo e no local de trabalho, descobrir os seus interesses e preferências, através da análise dos *sites* mais visitados, possibilitando a criação de perfis dos trabalhadores e a sua selecção baseada nestes dados. Podem, ainda, na fase de selecção, consultar a informação que os candidatos colocam nas redes sociais ou nos seus *blogs* pessoais e excluí-los de acordo com o conteúdo dessa informação.

Desta forma, as NTIC permitem, graças às suas capacidades praticamente ilimitadas de captar, armazenar, relacionar e transmitir todo o tipo de dados, reunir de forma personalizada, a partir de vários tipos de informação, múltiplas facetas da vida dos trabalhadores e conhecer, de algum modo, a própria forma de pensar dos trabalhadores, efectuando conclusões de natureza preditiva sobre o próprio futuro da relação laboral[6] [7].

---

[4] Como refere SABRINA BELLUMAT, "*Privacy* e «controlli tecnologici» del lavoratore: tra "contrasti" della giurisprudenza e "certezze" dell'Autorità Garante", *in ADL*, nºs 4-5/2009, p. 1217, esta matéria move-se num terreno de "luzes e de sombras".

[5] Cf., Para mais desenvolvimentos sobre o surgimento deste tipo de controlo electrónico, TERESA COELHO MOREIRA, *A Privacidade dos Trabalhadores e as Novas Tecnologias de Informação e Comunicação: contributo para um estudo dos limites do poder de controlo electrónico do empregador*, Almedina, Coimbra, 2010, assim como, "As novas tecnologias de informação e comunicação e o poder de controlo electrónico do empregador", *in Scientia Iuridica*, nº 323, 2010, e "As NTIC, a privacidade dos trabalhadores e o poder de controlo electrónico do empregador", *in Memórias do XIV Congresso Ibero Americano de Derecho e Informática*, Tomo II, México, 2010.

[6] Neste sentido *vide* THIBAULT ARANDA, "La vigilância del uso de internet en la empresa y la protección de datos personales", *in RL*, nºs 5/6, 2009, p. 68. Ver, ainda, *International Standards*

Pode defender-se, desta forma, que são vários os factores que originam que o tema das NTIC seja sempre controverso e complexo, impondo várias reflexões, mas sem a pretensão ou veleidade de considerar que existe uma sistematização definitiva desta matéria[8]. Ocorrendo uma evolução nos sistemas de produção e nos próprios modelos de organização e gestão empresarial há um enorme aumento das possibilidades de controlo electrónico do empregador, o que origina novas questões e o repensar de outras relacionadas com a enorme capacidade inquisitória que permitem estas NTIC.

Desta forma, o problema da utilização destas novas tecnologias está no facto de o empregador poder servir-se delas para finalidades nem sempre legítimas, disfarçadas com *biombos linguísticos* sob a forma de interesses produtivos ou comerciais, quando na realidade pode ser de controlo puro e duro que se trate.

As NTIC obrigam ainda o jurista do trabalho a repensar os quadros institucionais em que tem vindo a desenvolver o seu raciocínio e a interessar-se por matérias que, geralmente, se encontram bastante afastadas da sua área de actuação, como acontece, *inter alia*, com a ligação à informática, com o direito de imprensa e de comunicação.

---

on the Protection of Personal Data and Privacy, de 5 de Novembro de 2009, na Conferência Internacional de Comissários Europeus de Protecção de Dados, realizada em Madrid, nos dias 4 a 6 de Novembro de 2009.

[7] A CNPD, numa *Declaração relativa ao dia Europeu da Protecção de Dados*, de 28 de Janeiro de 2010, e que pode ser consultada no *site* www.cnpd.pt, referiu que, embora as NTIC tenham inegáveis vantagens para todos os sectores da vida, comportam grandes riscos a que se associa uma procura quase *desenfreada* de aplicação destas tecnologias. A "evolução tecnológica não deixou nunca de nos surpreender, tendo atingido patamares verdadeiramente admiráveis, quer pela rapidez dos seus progressos, quer pelo alcance dos seus feitos, que trouxeram inegáveis benefícios à vida das pessoas e das sociedades. As tecnologias de informação e comunicação, sobretudo, vieram mudar radicalmente o mundo, tal como o conhecíamos, proporcionando ao fenómeno da globalização um conteúdo sem precedentes. Todavia, esta capacidade tecnológica tem permitido também a criação de grandes sistemas de informação, interoperacionais, que processam e cruzam milhões de dados pessoais a um ritmo crescente. As sinergias tecnológicas e económicas têm sido geradoras de preocupantes intrusões na privacidade de todos e de cada um".

[8] No mesmo sentido, CARLO ZOLI, "Il controllo a distanza del datore di lavoro: l'art. 4, L. N. 300/1970 tra attualità ed esigenze di riforma", *in RIDL*, I, 2009, p. 485. Cf., ainda, FERNANDO VALDÉS DAL-RÉ, "Presentación", *in RL*, nºs 5/6, 2009, p. 6.

1.3. Nesta sociedade, a indústria deixa de ser o local à volta do qual gira toda a estrutura social, isto é, a economia, o sistema de emprego e a própria estratificação da sociedade[9]. A sociedade pós-industrial apresenta-se como um novo tipo de organização económica e social que sucede no tempo, como é óbvio, à sociedade industrial e onde o lugar cimeiro é ocupado pela informação associada às NTIC[10]. Nesta nova sociedade há a passagem, qualitativa, da electrónica associada aos computadores gigantes, os *giant brains*, da informação centralizada, para a era da microelectrónica, do micro computador, do micro processador e de uma informação difusa. Há uma verdadeira mudança do modelo antropológico em que assentou o Direito do trabalho[11] e, até, de um novo Direito do trabalho, de um *Admirável Mundo Novo do Trabalho*, na medida em que estamos perante uma mudança que não é somente estrutural mas, também, e principalmente, funcional, no sentido de que mudou profundamente a maneira de efectuar a prestação laboral. Esta situação implica uma mudança capital e um redimensionamento do Direito do trabalho, já não tanto em sentido material de alteração da sua extensão ou volume, mas num processo de revisão do seu âmbito ou extensão, da sua intensidade e do nível que se deve adoptar na sua regulamentação, podendo falar-se de uma "nova dimensão da sua disciplina"[12].

---

[9] Tal como refere MERCADER UGUINA, *Derecho del Trabajo, Nuevas Tecnologías y Sociedad de la Información*, Editorial Lex Nova, Valladolid, 2002, p. 54.

[10] Para descrever esta passagem para outro tipo de sociedade servindo-nos da imagem expressiva de FALGUERA I BARÓ, "Comunicación sindical a traves de médios electrónicos. La STC 281/2005, de 7 de noviembre: un hito esencial en la modernidad de nuestro sistema de relaciones laborales (conflito CCOO vs. BBVA), *in Iuslabor*, nº 1, 2006, p. 1, "há já bastantes anos que o antigo transatlântico juslaboralista, surgido da grande empresa fordista, apresenta várias entradas de água, sem que os tradicionais sistemas de defesa as consigam enfrentar, pois o barco não está desenhado para sulcar tais águas, como são as do novo sistema de flexibilidade e as novas tecnologias".

[11] Neste sentido MERCADER UGUINA, *op. cit.*, p. 77, e PÉREZ DE LOS COBOS ORIHUEL, *Nuevas tecnologias y relaciones de trabajo*, tirant lo blanch, Valencia, 1990, p. 33, ao referir que o modelo antropológico sobre o qual assentou a relação de trabalho está "em crise", sendo que um dos factores que está a condicionar esta mudança de modelo é a incorporação das novas tecnologias na relação de trabalho.

[12] RODRÍGUEZ-PIÑERO Y BRAVO-FERRER, "La nueva dimensión del derecho del Trabajo", *in RL*, I, 2002, p. 88. Também para CORREA CARRASCO, "La proyección de las nuevas tecnologias en la dinâmica (individual y colectiva) de las relaciones laborales en la empresa: su tratamiento en la negociación colectiva", *in RDS*, nº 31, 2005, p. 41, para quem a necessária adaptação às

Na verdade, a introdução das NTIC no âmbito da relação laboral, quer seja a telemática ou as mais antigas como a robótica, ou o computador, *inter alia*, estão a alterar as relações laborais e a fazer com que os sistemas de organização e gestão de trabalho se modifiquem, os quais, nos inserem num "mundo de transição"[13] onde se altera a percepção do tempo e do espaço. Assim, a digitalização da informação proporciona à sociedade em geral, e ao Direito do trabalho em particular, uma "nova visão" do tempo, da distância e do volume.

A potencialidade destas tecnologias é enorme, quer do ponto de vista da tecnologia de produção, isto é, aplicada directamente ao processo de trabalho operativo[14], quer do ponto de vista da tecnologia de gestão, utilizada para a elaboração de decisões, direcção de trabalho e resolução de problemas e conduz a enormes alterações na organização do trabalho e nas formas, modos e modelos de trabalho[15].

A informática representa, assim, o ponto comum destas várias mudanças com uma potencialidade tal que permite que incida sobre o "sistema nervoso" das organizações de toda a sociedade[16].

---

exigências impostas pela chamada "Nova Economia" provocou mudanças significativas tanto na estratégia das empresas, como nos próprios modelos organizacionais, até ao ponto de poder afirmar-se que foi a própria concepção de empresa que foi alterada por estas transformações.

[13] INMACULADA MARÍN ALONSO, "La facultad fiscalizadora del empresario sobre el uso del correo electrónico en la empresa: su limitación en base al derecho fundamental al secreto de las comunicaciones", *in TL*, nº 75, 2004, p. 105, e também em *El poder de control empresarial sobre el uso del correo electrónico en la empresa – su limitación en base al secreto de las comunicaciones*, Tirant Monografias, nº 338, Valencia, 2005, p. 27.

[14] Mª BELÉN CARDONA RUBERT, *Informática y contrato de trabajo*, (Aplicación de la Ley Orgánica 5/1992, de 29 de octubre, de Regulación del Tratamiento Automatizado de los datos de carácter Personal), Tirant monografías, Tirant lo Blanch, Valencia, 1999, p. 19.

[15] Neste sentido ver NATALIA MUÑIZ CASANOVA e ENEKO LÓPEZ DE CASTRO, "Los datos personales en el desarrollo de la actividad", *in La Protección de Datos en la gestión de Empresas*, (coord. ANA MARZO PORTERA e FERNANDO RAMOS SUÁREZ), Thomson, Aranzadi, Navarra, 2004, p. 85, e ADDISON e TEIXEIRA, "Technology employment and wages", *in Labour*, vol. 15, nº 2, 2001, pp. 191 e ss., e BROWN e CAMPBELL, "The impact of technological change on work and wages", *in IR*, vol. 41, nº 1, 2002, pp. 1-33.

[16] Mª TERESA SALIMBENI, "Nuove tecnologie e rapporto di lavoro: il quadro generale", *in Nuove tecnologie e Tutela della Riservatezza dei Lavoratori*, (coord. LUCA TAMAJO, ROSARIO D'AFFLITTO e ROBERTO ROMEI), Franco Angeli, Milão, 1988, p. 22.

2. Um Admirável Mundo Novo do Trabalho?

2.1. O Direito do trabalho tem de adaptar-se a estas constantes mutações e, se a introdução da tecnologia nos processos de produção não é novidade para este ramo do Direito, com estas NTIC surgem perspectivas únicas capazes de motivar uma verdadeira exigência de transformação no Direito do trabalho que pode originar, inclusive, uma possível "desnaturalização", ou "crise de identidade de determinados institutos básicos"[17]. Como escreve DÄUBLER[18], estas novas tecnologias têm duas características que as tornam uma verdadeira *novidade:* em primeiro lugar, a capacidade de se tornarem especialmente perigosas e apresentarem um quociente de risco que origina uma série de questões novas; e a segunda característica, que "não é menos dramática que a primeira" e que está relacionada com a capacidade de substituição do trabalho intelectual pela máquina e o consequente desemprego, na medida em que há uma substituição do trabalho mental por equipamentos informatizados e microprocessadores o que reduz o volume de trabalho necessário e, com isso, o número de postos de trabalho, originando, também, exclusão social e uma nova pobreza.

Contudo, parece-nos importante ter em atenção a dupla característica da inovação tecnológica pois se, por um lado, o aumento da produtividade[19] pode originar o fenómeno, infelizmente bastante conhecido ao longo da história do capitalismo, de *desemprego tecnológico*, também não é menos certo que mais cedo ou mais tarde, todas as inovações tecnológicas originam o surgimento de novos produtos, com a consequente repercussão na expansão da procura e na criação de novos postos de trabalho[20].

As novas tecnologias são relevantes para o mundo laboral, sobretudo pelas inovações que são capazes de introduzir no processo produtivo e na forma de organização do trabalho, e permitem melhorar a obtenção,

---

[17] FÉRNANDEZ DOMÍNGUEZ e SUSANA RODRÍGUEZ ESCANCIANO, *op.* cit., pp. 20-21.
[18] "Nuove tecnologie: un nuovo Diritto del Lavoro", *in GDLRI*, nº 25, 1986, pp. 65-66.
[19] Como este autor defende, a principal razão de ser das inovações tecnológicas é o aumento da produtividade, isto é, poder produzir mais e com menos mão-de-obra.
[20] Neste sentido ALARCÓN CARACUEL, "La informatización y las nuevas formas de trabajo", *Nuevas tecnologias de la información y la comunicación y Derecho del Trabajo*, (coord. ALARCÓN CARACUEL e ESTEBAN LEGARRETA), Editorial Bomarzo, Alicante, 2004, p. 10.

armazenamento, recuperação, exploração, uso e difusão da informação[21], sendo que estão a converter-se num factor chave para o desenvolvimento do processo produtivo das empresas[22].

Por outro lado, as NTIC têm uma presença *polivalente*[23] ou *poliédrica* no processo produtivo já que se traduzem em inovações tanto de tipo tecnológico e produtivo como de carácter organizativo e de controlo. Ocorrem mudanças na organização do trabalho, na forma de trabalhar e no próprio domínio da empresa, enquanto natureza e instrumentos do processo de trabalho. Secundando MARTÍNEZ FONS[24], se é verdade que houve sempre uma estreita conexão entre a tecnologia e a relação de trabalho, ela torna-se particularmente "intensa" com a introdução das NTIC[25], pois são numerosos, complexos e variados os problemas jurídicos que coloca.

2.2. A informática apresenta-se sob o duplo aspecto de *tecnologia de produção e tecnologia de organização*, isto é, como instrumento directo do trabalho e como instrumento de organização do trabalho realizado por outrem. Assim, o centro desta sociedade caracterizada por esta inovação

---

[21] Como se refere no Documento *Princípios sobre a privacidade no local de trabalho – O tratamento de dados em centrais telefónicas, o controlo do e-mail e do acesso à Internet*, da CNPD, disponível em www.cnpd.pt, "as novas tecnologias apresentam-se como factor decisivo para a modernização, organização, aumento da produtividade e de competitividade dos agentes económicos".

[22] Como refere PIERA FABRIS, "Innovazione tecnológica e organizzazione del lavoro", *in DL*, I, 1985, p. 351, a empresa, para sobreviver, deve continuamente renovar-se quer na estrutura organizativo-produtiva, quer nos objectivos perseguidos, na adequação ao mercado e ao progresso científico.

[23] Termo empregue por GONZÁLEZ ORTEGA, "La informática en el seno de la empresa. Poderes del empresário y condiciones de trabajo", *in Nuevas tecnologías...*, cit., p. 19.

[24] "Uso y control de las tecnologías de la información y comunicación en la empresa", *in RL*, II, 2002, pp. 1311, 1312, e "El control empresarial del uso de las nuevas tecnologias en la empresa", *in Relaciones Laborales y Nuevas Tecnologías*, (coord. SALVADOR DEL REY GUANTER e LUQUE PARRA), La Ley, Madrid, 2005, p. 187.

[25] Perfilhando igual opinião, YASMINA ARAUJO CABRERA, "La dirección en la empresa del siglo XXI", *in RTSS – CEF*, nº 231, 2002, p. 168, para quem as empresas enfrentam actualmente o maior dilema de adaptar-se às novas normas competitivas ou desaparecer e, por isso, há uma crescente dependência entre a técnica, inovação e o mundo do trabalho, e GARCIA VIÑA, "Limitaciones en el uso del correo electrónico en las empresas por parte de las secciones sindicales. A propósito de la Sentencia del Tribunal Supremo de 28 de Marzo de 2003 (RJ 2003, 7134), *in REDT*, nº 122, 2004, p. 308, assinalando que existe uma relação clara entre *Internet* e as relações laborais, de tal maneira que estas novas tecnologias já formam parte das empresas.

informática é a informação, o conhecimento, *o know-how*, o que implica determinados níveis de conhecimento e de qualificação laboral[26] que podem originar o denominado *analfabetismo tecnológico*, o *desemprego tecnológico* e uma enorme exclusão social.

As NTIC caracterizam-se, do ponto de vista produtivo, por reduzir e integrar as fases da actividade humana, por deslocar até ao trabalho e ao trabalhador os problemas de interpretação, solução de problemas, tomada de decisões e controlo das suas aplicações, e por permitir um alto grau de flexibilidade e adaptabilidade dos processos produtivos às exigências de mercado. Ora, este processo torna as actividades mais complexas e globais e provoca o desaparecimento do trabalho repetitivo ao mesmo tempo que exige que a formação e os conhecimentos sejam mais amplos e polivalentes, abarcando tanto necessidades actuais como futuras[27].

O desenvolvimento tecnológico permite, também, a realização de novas formas de organizar o trabalho, a sua divisão entre as empresas e a exteriorização de funções[28]. Mas também supõe, necessariamente, a modificação da forma de trabalhar dos trabalhadores que incitam o Direito do trabalho a adaptar-se aos novos tempos e a velar pelos direitos dos trabalhadores.

As novas formas de organização do trabalho potenciam a flexibilidade e o aumento da autonomia, assim como a responsabilidade do trabalhador no desenvolvimento da sua prestação laboral. Concorda-se com FALGUERA BARÓ[29] quando defende que as novas tecnologias trazem, consigo, flexibilidade que tanto pode ser, *inter alia*, temporal, geográfica como pro-

---

[26] É nesta parte que o pensamento de MARX denota alguma intuição preditiva pois mantém-se hoje extremamente actual quando vê a máquina como uma projecção do cérebro humano, criado pelas mãos do homem, e com uma capacidade científica objectiva. Entende que o desenvolvimento do capital fixo é o "conhecimento social geral – *knowledge* –, que se torna uma força produtiva imediata".

[27] Neste sentido GONZÁLEZ ORTEGA, *op.* cit., pp. 25-26.

[28] Pode ver-se a este propósito PÉREZ DE LOS COBOS ORIHUEL, *Nuevas tecnologias...*, cit., pp. 18--19, ao referir que certas actividades como a gestão da contabilidade, o *know-how*, a investigação, a assistência técnica, *inter alia*, estão a ser exteriorizadas.

[29] "Criterios doctrinales en la relación com el uso por el trabajador de los médios informáticos empresariales para fines extraproductivos", *in Derecho Social y Nuevas Tecnologías*, (coord. Mª DEL MAR SERNA CALVO), Consejo General del Poder Judicial, Madrid, 2005, p. 285.

dutiva[30]. Mas, como adverte também, essa flexibilidade não pode ser unidireccional. Também terá de inserir-se no marco dos direitos dos trabalhadores. O aumento evidente que as NTIC introduzem na produtividade tem de reflectir-se em ambas as partes do contrato de trabalho.

2.3. Por outro lado, se a informática tem vindo a tornar-se cada vez mais popular em todos os sectores da sociedade, o grande contributo tem sido dado pelas NTIC, principalmente a *Internet*. Esta está intrinsecamente relacionada com a *Sociedade da Informação*, potenciando inúmeras alterações sociais, políticas e legislativas na sociedade[31]. A *Internet* penetrou, desta forma, em todos os sectores da sociedade e em todos os domínios de actividade. A *Internet* está a mudar a própria prática do Direito, constituindo um meio de comunicação muito frequente e cada vez mais utilizado nas relações entre empregadores e trabalhadores e entre estes e os seus clientes ou terceiros na medida em que facilita as comunicações ao poupar tempo e custos. Ela confere um acesso cada vez mais rápido e fiável a um número cada vez maior de informação e, no domínio económico, apresenta-se como uma ferramenta importante de informação e de gestão, oferecendo às empresas um enorme número de serviços interactivos.

Assiste-se, desta forma, a uma verdadeira revolução digital que se refere às novas modalidades de comunicação e de distribuição de informação obtidas através da *Internet*, na medida em que a forma como as pessoas se comunicam foi completamente alterada, já que pode ocorrer de dentro para fora, de cima para baixo, de todos os lados e vice-versa. Está-se perante uma nova realidade, a realidade virtual, e a consagração da *Internet* como um meio de comunicação incontornável.

Os sistemas de informação e de comunicação, marcados pela interconexão de milhares de redes, ultrapassam os limites geográficos e permi-

---

[30] Para MERCADER UGUINA, *op.* cit., p. 63, "a flexibilidade converteu-se num macro-conceito social, numa referência necessária, num instrumento mais na altura de caracterizar e definir os parâmetros que caracterizam o actuar social".

[31] Como defende HILLE KOSKELA, "The other side of surveillance:webcams, power and agency", *in Theorizing Surveillance – The panopticon and beyond*, (coord. DAVID LYON), Willan Publishing, reimp., Londres, 2008, p. 165, desde que surgiu a *Internet* que esta tem sido entendida como um campo fértil para uma "democracia interactiva" assim como um local de criação de uma "nova identidade formativa".

tem aceder a todo o tipo de informação útil para o desenvolvimento da relação laboral, favorecendo uma comunicação cada vez mais instantânea e plural. E com o desenvolvimento cada vez em maior número de redes sociais, inclusive por parte das empresas, a troca de informação é ainda maior, podendo falar-se quase que de uma transparência total[32], já que se trata quase de um contrato sinalagmático pois se as pessoas têm acesso a esta rede mundial de forma gratuita, a contrapartida é que concedam um enorme número de informação pessoal e acesso aos amigos e, a maior parte das vezes, aos amigos dos amigos[33].

Há que pensar, no entanto, no reverso da medalha, isto é, em todas as desvantagens que a utilização da *Internet* pode trazer, nomeadamente, por filtrar informações a terceiros relativas a segredo empresarial ou informações sobre clientes da empresa, facultar o assédio a um companheiro de trabalho e realizar acções que podem comprometer a imagem, a credibilidade e a própria subsistência da empresa[34]. Pode ainda falar-se, nomeadamente, de problemas de segurança[35][36], atendendo a que os sis-

---

[32] Conforme refere JEAN-EMMANUEL RAY, "Facebook, le salarié et l'employeur", *in DS*, nº 2, 2011, p. 132, as redes sociais podem conduzir-nos à "ditadura da transparência absoluta", entendendo que é isso que o *Facebook* convida os seus membros a fazerem.

[33] Neste sentido, e com mais desenvolvimento, cf. autor e obra citada na nota anterior, p. 129.

[34] Podem ver-se vários perigos reais que este meio pode trazer para as empresas em JAVIER RIBAS, "Actos desleales de trabajadores usando sistemas informáticos e internet", *in RL*, nº II, 2004, pp. 1317 e ss..

[35] Actualmente a "grande porta de entrada" dos vírus informáticos não é mais o *e-mail* mas a *internet* e USB que se leva de casa para o local de trabalho. Cf., neste sentido, JEAN-EMMANUEL RAY, "Actualité des TIC", *in DS*, nº 3/2010, p. 272. Ver o site www.securite-informatique.gouv.fr, com numerosa informação às empresas sobre como manter a segurança dos seus sistemas informáticos. Existe, até, um menu sobre segurança no local de trabalho.

[36] Em relação ao problema da segurança parece-nos que é uma questão um pouco falsa uma vez que o empregador deve adoptar os mecanismos de segurança que protejam o sistema da empresa, não se percebendo como é que o acesso a *sites* de natureza privada possa trazer mais problemas que o acesso a *sites* de natureza profissional. A vulnerabilidade alegada pelos empregadores não está relacionada com a forma como os trabalhadores utilizam os computadores, mas com a insuficiência de medidas ou de políticas de segurança que tornam as empresas alvos mais fáceis a "ataques" externos. A empresa deve, desta forma, ter os programas anti-vírus actualizados, realizando cópias de segurança regularmente de forma a evitar perda de informação. Deve, ainda, definir políticas de "gestão de quotas de disco", sistemas de alarme e registo de tentativas de intrusão no sistema da empresa ou, até, mecanismos "anti-*cookies*", sendo no entanto as *firewalls* os mecanismos mais adequados para prevenir intrusões externas. Cf., neste sentido, AMADEU GUERRA, *A privacidade no Local de Trabalho – As novas Tec-*

temas de informação, actualmente, são vitais para as empresas. Assim, a infra-estrutura crescente de rede de computadores ligados entre si tem originado um acréscimo de preocupações aos empregadores relacionadas com o uso que os trabalhadores fazem deste serviço[37].

Porém, um dos grandes problemas é o de que o tempo tecnológico está sempre a acelerar e o tempo da justiça mantém-se à mesma velocidade, quase de *cruzeiro*[38].

A *Internet*, graças às suas possibilidades de desmultiplicação quase ao infinito associada à possibilidade de realizar uma consulta quase instantânea e imediata no mundo inteiro através de um simples *clique*, desafia o jurista na medida em que o tempo da justiça não é o mesmo da rede e relativamente às empresas, este desfasamento temporal, pode acarretar inúmeros prejuízos, nomeadamente em matéria de concorrência e divulgação de segredos empresariais[39].

E se associarmos a tudo isto a invisibilidade cada vez mais crescente destas novas tecnologias, invisibilidade não só *virtual*, na medida em que um enorme número de informação que há alguns anos atrás significaria vários sacos cheios de papel pode agora ser enviada em poucos segundos para qualquer local do planeta, mas também uma enorme invisibilidade

---

nologias e o Controlo dos Trabalhadores através dos sistemas Automatizados. Uma abordagem ao Código do Trabalho, Almedina, Coimbra, 2004, p. 395.
Ver, ainda, que o enorme aumento da preocupação pela segurança do sistema pode estar relacionado com sondagens assustadoras, muitas vezes realizadas ou encomendadas por quem comercializa estes materiais de segurança.

[37] Ver JEAN-EMMANUEL RAY, "Actualité des...", cit., pp. 271-272.

[38] Como preconiza SUSANA RODRÍGUEZ ESCANCIANO, *El derecho a la protección de datos personales de los trabajadores: nuevas perspectivas*, Editorial Bomarzo, Albacete, 2009, p. 59, existe uma sensação generalizada da distância que ocorre entre o mundo extremamente veloz das inovações tecnológicas e "aquele muito lento dos projectos sócio-institucionais", o que origina o rápido carácter obsoleto das soluções jurídicas.

[39] Veja-se o acórdão da *Cour d'appel* de Paris, de 15 de Junho de 2006, o caso *Secodip-CGT*, a propósito de um *site* sindical que colocou em linha informações confidenciais da empresa. Cf. JEAN-EMMANUEL RAY, "Chronique droit du travail et TIC", *in DS*, nº 1, 2007, p. 3. A propósito de informações divulgadas por *sites* criados por sindicatos veja-se o problema de saber se determinados tipo de informações, ainda que não confidenciais, como certos dados de cariz económico, poderão ser colocadas num *site internet*, a que todos, como trabalhadores, clientes e, sobretudo, concorrentes, podem ter acesso. *Vide*, a este propósito, JEAN-EMMANUEL RAY, "Sur la liberté d'expression des syndicats sur Internet", *in Semaine Sociale Lamy*, 17, mars, 2008, p. 2 e ss..

real pois a possibilidade de retirar informação deste tipo da empresa é feita através de meios informáticos cada vez mais pequenos e com uma capacidade de armazenamento inversamente proporcional ao seu tamanho[40].

Desta forma, o uso destas NTIC pelas empresas não só está a modificar substancialmente a sua estrutura, mas também a determinar processos de reestruturação, provocando uma modificação significativa do comportamento quotidiano dos trabalhadores no próprio local de trabalho, sendo bastante difícil imaginar actualmente as empresas sem esta ligação à *Internet*[41] na medida em que ela se tornou um instrumento estratégico para a sua esmagadora maioria pois torna-se essencial para poderem competir num mercado cada vez mais competitivo e global em que constantemente surgem novas tecnologias num crescente *Admirável Mundo Novo do Trabalho*.

As empresas, para poderem subsistir neste *Admirável Mundo Novo* têm de estar sempre a trabalhar, a actualizar a sua tecnologia e a aumentar o conhecimento, o que implica que a sua produção não estagne e que todos estejam constantemente disponíveis.

Desta forma, as novas tecnologias associadas à globalização, encurtando as distâncias, transformaram a forma como as pessoas se organizam em sociedade pois para acompanharem este fenómeno elas precisam de se manter actualizadas no que concerne às novidades tecnológicas que todos os dias surgem. E quem não o fizer ficará excluído social e profissionalmente, na medida em que as mudanças tecnológicas criam novos produtos, processos e serviços, assim como novas necessidades e, nalguns casos até, sectores totalmente novos. A globalização e as novas tecnologias impõem, de certa forma, novas relações de trabalho ou, pelo menos, o repensar de algumas relações. E o trabalhador actualmente, neste *Mundo Novo do Trabalho*, para não ser excluído, tem de ter obrigatoriamente um *QI* numérico mínimo que lhe permita conhecer, sobreviver e conseguir trabalhar com estas NTIC[42].

---

[40] Cf., no mesmo sentido, JEAN-EMMANUEL RAY, "Chronique...", cit., p. 2.

[41] Referindo-se ao facto da *Internet* estar presente na maior parte das empresas, veja-se THOMAS STREITBERGER, *Privacy am Rechnerarbeitsplatz – Datenschutzrechtliche Probleme durch die Protokollierung von Log-Files und e-Mails am Arbeitsplatz*, Universidade de Viena, 2003, p. 1.

[42] Neste sentido *vide* SUSANA RODRÍGUEZ ESCANCIANO, *El derecho a la...*, cit., pp. 59-60.

2.4. A *Internet* originou, também, que muitas fronteiras caíssem o que, directa ou indirectamente, determinou a queda de outra barreira: a que separava a vida profissional e a vida pública da vida privada[43]. Em qualquer local, através de telefones portáteis, podem ser filmados acontecimentos da vida privada que depois são colocados no *YouTube*, para que qualquer pessoa, em qualquer local do mundo, os possa visualizar. No mundo do trabalho, pode colocar-se o problema de *blogs* pessoais e de redes sociais onde os trabalhadores exprimem as suas opiniões ou, até, divulgam informações preciosas[44] sobre a empresa, ou onde criticam posições desta, o que coloca problemas ao nível da conciliação entre os direitos à privacidade e liberdade de expressão dos trabalhadores e os direitos do empregador[45].

Podemos entrar, desta forma, numa espécie de *nudez* total onde o problema é que ao permitir o acesso aos amigos e aos amigos dos amigos nestas redes não pode deixar de atender-se que, estatisticamente, 55% dos nossos amigos são colegas, 16% superiores hierárquicos, 13% clientes e 11% de prestadores, o que não deixa de surpreender e de colocar várias questões[46].

Assim, desde logo, uma questão que se impõe é a de saber se as redes sociais devem ser vistas como redes privadas de amigos ou um "novo marketing genial"[47] que pode desenvolver a empresa devido ao papel dos trabalhadores, clientes e fornecedores enquanto embaixadores da mesma.

Na verdade, apesar das redes sociais terem surgido inicialmente como um meio de comunicação interpessoal e de entretenimento associado ao lazer e à comunicação com amigos, amigos dos amigos e, até, desconhecidos, hoje em dia elas tornaram-se um meio cada vez mais usado pelas

---

[43] Da mesma opinião, JEAN-EMMANUEL RAY e JEAN-PAUL BOUCHET, "Vie professionnelle, vie personnelle et TIC", *in DS*, nº 1/2010, p. 44.

[44] E por vezes confidenciais.

[45] Veja-se a decisão da *Cour de Cassation*, de 24 de Novembro de 2010, sobre a utilização do *Facebook* por parte de um trabalhador. Também pode referir-se a decisão da *Cour* de Reims, de 9 de Junho de 2010, que decidiu que o *Facebook* não deve ser considerado como um espaço privado pois todos os amigos podem aceder ao mural de uma pessoa e às mensagens que ele escreveu ou que foram recebidas. Entendeu, assim, que a invocação da ideia de uma correspondência privada não poderia ser realizada.

[46] Cf. estas estatísticas em JEAN-EMMANUEL RAY, "Facebook, le salarié...", cit., p. 132.

[47] JEAN-EMMANUEL RAY, última *op.* cit., p. 132.

empresas em termos profissionais. Actualmente, o número de empresas que têm criado um perfil nas redes sociais, dada a fácil acessibilidade e o carácter maciço com que as pessoas aderiram às mesmas, é cada vez maior. E a questão que surge neste *Admirável Mundo Novo do Trabalho* é saber o que ganham as empresas com esta nova utilização. E a resposta passará, claramente, pela necessária informação que as empresas fazem aos seus consumidores sobre as actualizações dos seus produtos, a par do lançamento de novos produtos e de promoções e de um novo tipo de *marketing*, talvez muito mais eficaz, pois as empresas conseguem estar em permanente contacto com os seus clientes.

Por outro lado, as redes sociais possibilitam ainda que quem é responsável pelo recrutamento analise os currículos e as informações pessoais e profissionais dos candidatos.

No entanto, não pode esquecer-se o outro lado da questão, e que é a de que a imagem de uma empresa, bem fundamental e preciso que permite a muitas sobreviverem no mercado global e extremamente competitivo dos nossos dias através da fidelização de clientes e colaboradores, poder ficar seriamente desacreditada através dos comentários feitos nestes mesmos meios.

Nota-se, desta forma, que se colocam novas questões ao Direito do trabalho com estas novas tecnologias, surgindo assim um novo Direito do trabalho.

2.4.1. Desde logo, na fase de acesso e formação do contrato de trabalho, são os próprios candidatos a fornecerem, ainda que involuntariamente, muitas das informações profissionais assim como outras extremamente privadas, em redes sociais, como o *Facebook*, *Orkut*, *Twitter*, *Linkedin* ou o *Myspace*[48].

Neste *Mundo Novo do Trabalho*, que de admirável, por vezes, parece ter muito pouco, é frequente a *googalização* de todos, na medida em que auxi-

---

[48] A propósito da utilização das redes sociais veja-se o artigo da CNIL, de 16 de Janeiro de 2008, in www.cnil.fr, onde se estabelecem vários patamares mínimos de protecção de privacidade que estas redes sociais devem seguir, assim como toda a cautela que os internautas devem ter, mencionando que é a própria reputação, privada e profissional, que pode ser colocada em causa com os dados que são fornecidos, assim como com o número de pessoas a quem os mesmos se disponibilizam.

lia quem faz o processo de selecção. Através de uma pesquisa à distância, extremamente rápida, de forma gratuita, e sobretudo discreta, é possível conhecer a intimidade de terceiros pois frequentemente estes dados, por vezes extremamente privados, encontram-se em acesso livre.

Actualmente muitas empresas recorrem a estas redes como um *complemento* na avaliação dos candidatos de forma a tentar identificar quem tem o *melhor perfil*[49].

Tratam-se das novas "impressões digitais"[50], relacionadas com os mais diversos sectores: pessoal, profissional, político, social, que vão deixando vestígios em vários locais e que através de uma pesquisa em motores específicos permitem construir perfis dos trabalhadores. O fantasma do *Big Brother*, que todos poderíamos identificar e que controlava tudo, parece *artesanal*, quando comparado com estes inúmeros "Little Brothers"[51], que conseguem seguir as pessoas e conhecê-las ao mais ínfimo detalhe. Defende-se, desta forma, que perante este *Admirável Mundo Novo do Trabalho*, é necessário reflectir sobre a eventual necessidade de um *"habeas corpus* numérico", que permita um controlo real e efectivo sobre os dados pessoais, assim como a possibilidade real da sua eliminação[52].

E não nos parece que a questão possa ser reduzida à ideia de que se as pessoas não quiserem que se saibam factos que aconteceram simplesmente não os cometam[53].

Na verdade, o grande problema não parece estar tanto no tipo de erros que alguns internautas fazem navegando na *Internet* e não adoptando a política de privacidade mais adequada, mas sobretudo na recolha sistemática e sem limites temporais de inúmeros dados pessoais aparentemente sem importância e exclusivamente pertencentes ao proprietário

---

[49] Em Portugal, segundo dados referidos por IRENE RIBEIRO, "As redes sociais como ligação ao mercado de trabalho", *in Meintegra – Newsletter*, nº 6, 2011, p. 4, empresas como o *IKEA*, a *Sonae*, a *Optimus*, a *Microsoft* e as *Páginas Amarelas*, constituem exemplos de empresas que aderiram a esta utilização como complemento no processo de selecção. E muitas empresas como a *IBM*, a *Microsoft* e o *Google*, despendem muito tempo nestas redes, não só para obterem informação sobre os trabalhadores que trabalham para eles, como de potenciais candidatos.

[50] JEAN-EMMANUEL RAY e JEAN-PAUL BOUCHET, *op.* cit., p. 45.

[51] Ver últimos autores e obra citada.

[52] EMMANUEL HOOG, *apud* JEAN-EMMANUEL RAY e JEAN-PAUL BOUCHET, *op.* cit., p. 45, nota nº 3, defendeu o mesmo.

[53] *Vide* JEAN-EMMANUEL RAY, "Facebook, le salarié...", cit., p. 130.

dos mesmos que terceiros podem fazer, mas que, agregados, permitem reconstruir todo o perfil das pessoas, os seus gostos, e praticamente toda a sua vida pessoal, como se de um simples *puzzle* se tratasse. E em relação aos trabalhadores e aos candidatos torna-se muito fácil reconstruir praticamente tudo, nomeadamente através da recolha de textos, vídeos e fotografias que vão deixando na *Web*.

A comunicação libertou-se das barreiras espácio-temporais e oferece actualmente, de forma contínua e em tempo real, serviços tradicionais e uma nova série de outros, com o indivíduo a constituir uma enorme fonte de informações pessoais, com riscos acrescidos para a tutela da sua privacidade.

Assim, atendendo a esta inúmera possibilidade de reconstrução, parece-me que, desde logo, neste *Mundo Novo do Trabalho*, há que aprender que "para vivermos felizes no futuro, devemos ser numericamente discretos hoje"[54].

2.4.2. Por outro lado, outra das novas questões é a de que com as opiniões colocadas nestes meios de comunicação mundiais, que todos, ou quase todos podem visualizar, estes pequenos *Little Brothers*, também as empresas podem ver-se seriamente ameaçadas com fugas de informação mais ou menos confidenciais.

Por outro lado, em termos de relação de força e organização, há que ver que, actualmente, a pressão talvez mais eficaz sobre os empregadores não seja tanto uma greve nos termos clássicos, mas uma forma mais socialmente contestatária, virtual e bem mediatizada através destas novas tecnologias[55].

E mesmo os sindicatos parecem que ainda não se consciencializaram das inúmeras possibilidades que estas redes sociais podem trazer-lhes na conquista dos jovens trabalhadores. Na verdade, secundando JEAN-EMMANUEL RAY[56], embora estes meios comportam ameaças, constituem uma formidável oportunidade para reconquistar as gerações mais novas que utilizam estas novas tecnologias como a principal forma de comunicação.

---

[54] JEAN-EMMANUEL RAY, última *op*.cit., p. 130.
[55] Neste sentido JEAN-EMMANUEL RAY, "Facebook, le salarié...", cit., p. 133, e "Actualité des TIC (II) Rapports collectifs de travail", *in DS*, nº 1, 2009, pp. 22 e ss..
[56] "Facebook, le salarié...", cit., p. 132, nota nº 26.

Na verdade, as tradicionais conversas no café e saídas com os amigos estão a ser substituídas pela comunicação através destes meios com os amigos mas também com a possibilidade de ser com os amigos dos amigos ou até com mais pessoas, com todos os aspectos positivos mas também negativos que daí podem advir.

2.5. Uma outra questão neste *Mundo Novo do Trabalho* é a de que, com estas formas de comunicação, muitas vezes o estilo que é utilizado assemelha-se mais a uma conversa, adoptando-se um estilo oral, embora seja feita por escrito. Ora, quando o escrito virtual se torna real a interpretação que poderá ser feita a nível jurisprudencial ou, antes mesmo, a nível disciplinar, só se tendo acesso a parte dessa comunicação, não se poderá atender a esta diferenciação, nem ao contexto em que aquela opinião é colocada, por exemplo, no mural do *Facebook* do trabalhador. E pode chegar-se à conclusão que não se trata de uma conversa normal entre colegas, tal como anteriormente todos os trabalhadores faziam nas pausas para o café, mas sim de um verdadeiro assédio moral e até colectivo.

2.6. Neste *Admirável Mundo Novo do* Trabalho, as mudanças ocorridas na organização e gestão do trabalho conduzem também ao aumento da autonomia organizativa dos trabalhadores que utilizam as novas tecnologias como instrumento de trabalho, dado o carácter predominantemente criativo ou intelectual das suas prestações. Estas, inclusive, inserem-se mais numa ideia de coordenação do que de subordinação, já que o trabalhador não presta a sua actividade, pelo menos na totalidade, dentro do âmbito da organização e direcção de um terceiro, antes a encaminha para a sua própria criatividade, manifestada de forma autónoma e sem exercício aparente de qualquer direcção ou controlo, mas talvez mais controlados do que alguma vez foram.

Surgem, assim, desde logo, não só novas profissões, como também novas questões para o Direito do trabalho, já que se complica a própria delimitação do requisito de subordinação da relação laboral[57] e, ainda, o seu próprio controlo[58].

---

[57] Veja-se a este propósito ALAIN SUPIOT, "Les nouveaux visages de la subordination", *in DS*, nº 2, 2000, pp. 131-145.
[58] Como refere CHRISTOPHE VIGNEAU, "El control judicial de la utilización del correo electrónico y del acesso a internet en las empresas en Francia", *in RL*, nºs 5-6, 2009, pp. 24-25, o

2.6.1. Relativamente ao poder de controlo, deve dizer-se que com as NTIC este conheceu uma nova realidade e uma nova actualidade, na medida em que a evolução tecnológica e a mutação das formas de organização das empresas contribui para criar novos momentos de tensão entre o legítimo poder de controlo do empregador e os direitos fundamentais dos trabalhadores. Aquele não é novo nem proibido, sendo que a questão que se coloca não é a da legitimidade desse poder mas a dos seus limites, tendo em consideração que com estas novas tecnologias ressurgiu o clássico debate entre o equilíbrio do direito fundamental à privacidade dos trabalhadores e os legítimos direitos dos empregadores de os dirigir e de controlar as suas tarefas.

A incidência das novas tecnologias nas relações laborais tem precisamente uma das suas manifestações mais visíveis nas novas dimensões que as mesmas podem ter na fiscalização da actividade laboral do trabalhador, o que cria a necessidade de proceder ao seu adequado enquadramento jurídico.

Assim, se em todos os sectores da vida o computador marcou profundamente o início da era tecnológica, permitindo concretizar realidades anteriormente só atingidas pela ficção científica, um dos domínios onde a sua aplicação foi mais aceite ocorrem no sector empresarial, quer pela ligação que existe entre inovação tecnológica e aumento da eficiência e produtividade, como, ainda, pelo interesse do empregador em conhecer e controlar tudo quanto aconteça no seio da organização que dirige e gere, sendo que este efeito de controlo se repercute tanto na grande empresa como também, devido à diminuição de custos associada ao crescimento exponencial destas novas tecnologias, na pequena e média empresa.

A inovação tecnológica permite e favorece mesmo, através de instrumentos como as videocâmaras, ou a monitorização dos computadores, nas vertentes de controlo dos programas de computadores, de controlo da *world wide web* e de controlo dos *e-mails*, das redes sociais, dos telefones e dos *smartphones*, de controlo através de *badges*, de *smartcards*, de *chips* incorporados na roupa de trabalho dos trabalhadores, de RFID, de GPS

---

desenvolvimento das NTIC nas empresas coloca velhas e novas questões, relacionadas em grande parte com o enorme aumento do poder de controlo.

instalados na viatura, de controlo através de dados biométricos[59], da áudio, vídeo e webvigilância, entre outras formas de controlo[60], a vigilância da actividade dos trabalhadores contínua e centralizada, transformando assim, por um lado, uma das máximas básicas do *taylorismo* e da *direcção científica da empresa* relacionada com a supervisão e controlo do trabalhador através da observação do comportamento laboral do trabalhador de forma imediata e pessoal. Assim, a transformação operada pelos novos modos de vigilância e controlo origina uma complexa concepção deste poder de controlo do empregador já que este se renova, inclusive dando lugar a novas formas, e chegando a originar, tal como defende PÉREZ DE LOS COBOS ORIHUEL[61], um "taylorismo de diverso modo", diferente, que aumenta, e muito, este poder de controlo[62].

As novas possibilidades de controlo relacionadas com as novas tecnologias parecem conduzir a uma transformação das modalidades de exercício do poder de controlo do empregador pois numa organização de trabalho onde dominam as NTIC, a coordenação espácio-temporal dá lugar à coordenação telemática e informática como modalidade de exercício do poder de controlo do empregador, tornando-se o controlo à distância através do computador a prática usual da maior parte das empresas[63] [64].

---

[59] Ver art. 18º do CT.
[60] Sobre estas inúmeras formas de controlo *vide*, entre outros, FRANÇOISE DE BLOMAC e THIERRY ROUSSELIN, *Sous Surveillance! Démêler le mythe de la réalité*, Les Carnets de l'Info, Paris, 2008, com a análise de inúmeras situações onde o controlo torna-se quase total, assim como DAVID LYON, *Surveillance Society – Monitoring everyday life*, reimp., Open University Press, Londres, 2005, ÉRIC SADIN, *Surveillance Globale – enquête sur les nouvelles formes de controle*, Climats, Éditions Flammarion, Paris, 2009, e PATRICK LE GUYADER, *Les systèmes électroniques et informatiques de surveillance – controle de la vie privée des personnes et des biens*, Lavoisier, Paris, 2008, pp. 33 e ss..
[61] *Nuevas tecnologias...*, cit., p. 35.
[62] Ver para mais desenvolvimentos, TERESA COELHO MOREIRA, *A Privacidade dos Trabalhadores...*, cit..
[63] Para LAËTITIA BUSNEL, *Les nouveaux moyens de surveillance de la productivité du salarié*, Universidade Panthéon-Assas Paris II, 2004, pp. 6-7, há uma passagem de uma vigilância de produtividade quantitativa, para uma vigilância de produtividade qualitativa.
[64] Tal como aponta PISANI, "I controlli a distanza sui lavoratori", *in GDLRI*, nº 33, 1, 1987, pp. 132-133, grande parte das funções de controlo serão realizadas à distância, e as coordenadas espácio-temporais serão substituídas pelas coordenadas informáticas e telemáticas, prescindindo da continuidade espácio-temporal. Também o próprio poder de controlo sobre a exe-

Perscruta-se, desta forma, um novo tipo de controlo, o controlo electrónico do trabalhador, controlo este des-verticalizado, objectivo, incorporado na máquina e sistema com o qual interage, tornando-se um controlo à distância, em tempo real, com uma enorme capacidade de armazenamento, capaz de memorizar, cruzar e reelaborar detalhadamente muitos dos comportamentos dos trabalhadores.

Considera-se, assim, que as características das novas tecnologias aplicadas à relação laboral estão a permitir a substituição de um controlo periférico, descontínuo e parcial, realizado pela hierarquia humana, por um controlo centralizado e objectivo, incorporado na máquina, que se verifica em tempo real, originando o aparecimento de um novo e sofisticado tipo de controlo que consiste na reconstrução do perfil do trabalhador, através do armazenamento e reelaboração de uma série de dados aparentemente inócuos.

No controlo realizado através de meios informáticos, diferentemente dos meios tradicionais, pode não existir uma simultaneidade entre a actividade de controlo e o resultado que se obtém, querendo com isto dizer-se que, embora o controlo seja directo sobre a actividade ou comportamento do trabalhador, não pode defender-se que permita um conhecimento directo e imediato do mesmo. O controlo realiza-se através da recolha sistemática e exaustiva de dados do comportamento dos trabalhadores que, devidamente recolhidos, armazenados, tratados e reelaborados, permitem uma projecção deste comportamento e a criação de perfis de trabalhadores. Esta nova forma de controlo origina uma alteração da estrutura do poder de controlo, incidindo esta, fundamentalmente, na possibilidade de recolher dados, que podem ser tratados e reelaborados para fins distintos. Assim, o controlo não se baseia somente na eventual possibilidade de recolher informação sobre o trabalhador mas também na virtualidade de tal informação ser devidamente tratada até obter resultados adequados ao fim do controlo.

As novas formas de controlo tornaram-se também automáticas, não estando os supervisores limitados pelo que podem ver mas pela quantidade de dados e de aspectos que conseguem recolher através do controlo

cução da prestação laboral tende a transformar-se, de uma modalidade organizativa meramente eventual, numa componente essencial do objecto próprio desta actividade.

exercido pelas máquinas. O controlo torna toda a realidade transparente, provocando a visibilidade do que até aí era ignorado ou invisível. O "olho electrónico"[65] torna-se omnipresente e mecânico, conduzindo a sensações de controlo total que podem alterar os sentimentos dos trabalhadores e provocar o seu medo pelo facto de não estar confinado espacialmente ao local de trabalho, podendo estender-se para outros locais, inclusive sítios muito íntimos, e por não ter barreiras temporais.

2.6.2. Por tudo o que se acaba de referir pode constatar-se o grande paradoxo que consiste no facto de as novas tecnologias favorecerem a maior autonomia dos trabalhadores mas, ao mesmo tempo, ampliarem a dependência perante o empregador. Assim, embora estes meios tragam inúmeras vantagens para a relação de trabalho, há que ter algumas cautelas na sua aplicação pois poderão conduzir, se não forem devidamente aplicadas e reguladas, ao parcial desaparecimento de alguns direitos fundamentais no âmbito da empresa, como o da privacidade, liberdade e dignidade dos trabalhadores[66]. A vigilância impessoal, sub-reptícia e constante, que os novos meios de controlo proporcionam, converte-se num substituto perfeito dos tradicionais meios de controlo, directos e pessoais, contribuindo para um aumento da dimensão *desumana* do poder de controlo[67] e que pode originar o quase total desaparecimento da privacidade dos trabalhadores. O enorme aumento do poder de controlo pode levar ao adormecimento e, mesmo, ao esquecimento de que a liberdade pessoal dos trabalhadores e os seus direitos fundamentais são limites infranqueáveis a este poder do empregador. Esta dimensão *desumana* do poder ao permitir um controlo potencialmente vexatório, contínuo e total, pode, inclusivamente, comportar riscos para a saúde dos trabalhadores, tanto físicos, como psíquicos, nomeadamente por saber ou sentir-se constantemente vigiado, o que pode provocar, *inter alia*, uma grande pressão psicológica que poderá conduzir a casos de assédio moral e doenças como depressões e *stress*.

---

[65] Alusão à obra de DAVID LYON, *The Electronic Eye – The Rise of Surveillance Society*, Polity Press, Reino Unido, 1994.
[66] Neste sentido INMACULADA MARÍN ALONSO, *El poder de control...*, cit., pp. 52-53.
[67] Neste sentido veja-se SYLVAIN LEFÈBVRE, *Nouvelles Technologies et protection de la vie privée en milieu de travail en France et au Québec*, Presses Universitaires d'Aix-Marseille, Aix-en-Provence, 1998, p. 28, referindo-se a esta dimensão *desumana* do poder de controlo.

Desta forma, se as NTIC facilitam, incontestavelmente o trabalho humano, são, simultaneamente, uma fonte de aumento de riscos para a saúde no trabalho, principalmente pela intensificação deste. Pode dizer-se, assim, que com este tipo de controlo electrónico há uma omnipresença dos riscos psicológicos e sociais e aparecimento de doenças deste foro.

O enorme aumento das formas de controlo e as possíveis consequências psicológicas que lhe estão associadas levam que se esteja a colocar em causa o primeiro direito histórico dos trabalhadores e que foi o respeito pela sua integridade e a sua saúde, anteriormente física, hoje mental[68].

Na esteira de G. LYON-CAEN[69], há que ter em atenção que "o direito, principalmente o relativo às liberdades individuais, não pode inclinar-se perante o estado da tecnologia; esta é que deve adaptar-se, e tem virtualidades para isso, às exigências fundamentais do direito"[70]. Desta forma, as medidas de controlo, sejam informáticas ou não, têm de ser avaliadas de acordo com o facto de se considerar o trabalhador um sujeito e não um objecto[71], e se na imposição da medida o empregador actua com veracidade e lealdade, isto é, sem destruir o clima de confiança mútua que há-de impregnar a relação laboral.

Pensa-se que, apesar de as NTIC constituírem um desenvolvimento muito positivo dos recursos colocados à disposição dos trabalhadores e dos empregadores, os instrumentos de vigilância electrónica podem ser usados de forma a lesar certos direitos fundamentais dos trabalhadores, sobretudo a sua dignidade e a privacidade.

Mas não pode esquecer-se que, com o advento destas inovações tecnológicas, é fundamental que os trabalhadores possam usufruir dos mesmos direitos que tinham anteriormente. Como defendeu JEAN RIVERO "no contrato, o trabalhador coloca à disposição do empregador a sua

---

[68] JEAN-EMMANUEL RAY e JEAN-PAUL BOUCHET, *op*. cit., p. 45.
[69] *Apud* ANTONMATTEI, *op*. cit., p. 38.
[70] Deve existir desta forma uma adaptação do trabalho ao homem e não o oposto. Ver, neste sentido, PHILIPPE WAQUET, "Vie privée, vie professionnelle et vie personnelle", *in* DS, nº 1, 2010, p. 20.
[71] O que é claramente interdito.

força de trabalho, mas não a sua pessoa"[72]. Este parece ser o elemento de reflexão essencial na altura de analisar as repercussões deste aumento exponencial do poder de controlo do empregador.

A tentativa de encontrar um justo equilíbrio entre os poderes do empregador e os direitos e liberdades fundamentais dos trabalhadores constitui o objecto do *Novo Direito do trabalho*. "O direito do trabalho está a mudar de paradigma: de um direito dos trabalhadores passa-se para um direito dos direitos da pessoa no trabalho"[73], sendo que a dignidade do Homem impõe-se sobre quaisquer outras considerações.

2.7. Neste *Admirável Mundo Novo do Trabalho*, coloca-se outra questão, e que é de fundamental importância, na medida em que parece poder permitir quase um novo tipo de escravatura que, embora de feição diferente, está a colocar em causa um dos primeiros direitos consagrados dos trabalhadores – o do direito a um descanso efectivo entre jornadas de trabalho –, é o de que através destas NTIC pode existir um esbatimento das fronteiras espácio-temporais. É cada vez mais visível uma menor separação, como que um esbatimento, entre as fronteiras da vida pessoal e da vida profissional do trabalhador, defendendo-se que o trabalhador tem um *direito à desconexão*, entendido como o direito à privacidade do século XXI.

É cada vez mais visível uma menor separação entre as fronteiras da vida pessoal e da profissional na medida em que os trabalhadores poderão usufruir, através destas tecnologias, de tempo pessoal, inclusive de carácter muito privado, durante o trabalho. Porém, elas poderão, simultaneamente, invadir o domicílio e a vida privada do trabalhador e, assim, "as horas de trabalho oficiais não significam nada quando o trabalho pode levar-se para casa e continuar aí a ser realizado, sem qualquer limite temporal". Assim, os fantasmas da ubiquidade começam a aparecer, já que se pretende ter um ser humano disponível em todo o local e a toda a hora para trabalhar[74].

---

[72] "Les libertés publiques dans l'entreprise", *in DS*, nº 5, 1982, p. 424.
[73] GILES TRUDEAU, "En conclusion...Vie professionnelle et vie personnelle ou les manifestations d'un nouveau droit du travail", *in DS*, nº 1, 2010, p. 76.
[74] Como entende ALAIN SUPIOT, "Travail, droit et technique", *in DS*, nº 1, 2002, p. 21.

Pode ocorrer, desta forma, uma evasão no local e tempo de trabalho. O trabalhador navega na *internet* acedendo a redes sociais, *inter alia*, para encontrar velhos conhecidos e amigos ou para discutir assuntos em determinados *chats* ou *newsgroups*. Todavia, um outro lado da questão, e que nos parece que está a aumentar exponencialmente, está relacionado com a enorme invasão da vida privada e familiar pelo trabalho. Durante o seu tempo de descanso, diário, semanal, em férias ou feriados, os trabalhadores são constantemente *perturbados* com questões profissionais. Desta forma, a cortesia mínima do milénio passado de não telefonar depois das 20.00 horas parece ter desaparecido com o advento destas novas tecnologias e com o declínio dos telefones fixos[75].

Como esclarece ALAIN SUPIOT[76], as novas tecnologias estão a "criar novas formas de subordinação"[77], o que provoca, origina o surgimento de novos riscos, de novas formas de insegurança no emprego e de novas ameaças para os direitos dos trabalhadores defendendo-se que o trabalhador tem um *direito à desconexão*[78], entendido como o direito à vida privada do século XXI. O trabalhador tem direito a não ser incomodado permanentemente na sua vida privada e no seu tempo privado, criando-se um direito ao "isolamento", à *desconexão*, a um repouso "efectivo"[79]. Trata-se de uma desconexão técnica que, segundo JEAN-EMMANUEL RAY[80] é favorável para a empresa pois os trabalhadores que não têm um tempo livre não se tornam mais produtivos, nem mais *fiéis* à empresa.

---

[75] Secunda-se o defendido por JEAN-EMMANUEL RAY e JEAN-PAUL BOUCHET, *op. cit.*, p. 45.
[76] "Les nouveaux visages de la subordination", *in DS*, nº 2, 2000, p. 132. No mesmo sentido veja-se MYRIAM DELAWARI e CHRISTOPHE LANDAT, *Les enjeux de la relation salariale au regard du développement du réseau Internet*, *in* www.ntic.fr, pp. 43 e ss..
[77] Ver, também, OLIVIER PUJOLAR, "Poder de dirección del empresário y nuevas formas de organizacion y gestión del trabajo", *in El poder de dirección del empresário: nuevas perspectivas*, (coord. ESCUDERO RODRÍGUEZ), La Ley, Madrid, 2005, p. 141, referindo que existem com as inovações tecnológicas "novos hábitos de subordinação".
[78] Veja-se neste sentido JEAN-EMMANUEL RAY, "Avant-propos...", cit., pp. 6-7.
[79] Este direito ao descanso é fundamental bastando referir, a título de exemplo, os suicídios de trabalhadores ocorridos em França onde o serviço de mensagens instantâneas funcionava vertical e horizontalmente todos os dias, noites e fins-de-semana. Como refere FRANÇOIS LECOMBE, *apud* JEAN-EMMANUEL RAY, "Actualités des...", cit., p. 277, nota nº 43, " a mensagem instantânea pode perturbar o trabalho e ser fonte de enorme aumento do *stress* dos trabalhadores, ao exercer uma pressão enorme se o pedido é evidentemente urgente ou percebido como tal pelo trabalhador".
[80] "Avant-propos de la sub/ordination à la sub/organisation", *in DS*, nº 1, 2002, p. 7.

A tendência actual é exigir uma implicação cada vez maior dos trabalhadores na vida da empresa; que os trabalhadores estejam cada vez mais disponíveis mesmo fora do horário de trabalho, o que origina uma maior dificuldade na altura de delinear a diferença entre a jornada laboral e a vida privada e familiar do trabalhador.

Trata-se, como preconiza JEAN-EMMANUEL RAY[81], de "uma guerra de tempos". As quarenta horas oficiais[82] não têm qualquer significado quando o trabalhador não tem direito ao descanso legalmente previsto por ter de estar constantemente *on line* e por não poder *desconectar-se* e usufruir do necessário restabelecimento do equilíbrio físico e psicológico. E se a política do *Always on*, das 24 horas sobre 24 horas sempre a laborar, é boa para as empresas, tem consequências extremamente negativas para os trabalhadores que se não trabalharem pelo menos 60 horas semanais quase são considerados como trabalhadores a tempo parcial[83]. E o trabalhador actual tem de ser completamente polivalente em relação a estas NTIC na medida em que é impensável que só realize uma actividade: numa reunião feita à distância simultaneamente consultam-se os *e-mails* profissionais, responde-se às questões colocadas na reunião, lê-se e enviam-se *sms* consideradas urgentes, vê-se os comentários que a própria empresa coloca no *Facebook ou no Twitter*, entre várias outras tarefas. E se o trabalhador não realizar estas várias actividades quase que poderá entrar numa espécie de "apneia telecomunicacional"[84].

Porém, não podemos deixar de atender que realizar diferentes tarefas simultaneamente pode necessitar de mais tempo e conduzir a mais erros na medida em que existem limites ao procedimento mental do Homem.

E se até há algum tempo atrás poder-se-ia defender que estes trabalhadores, *Net-Addicts*, também usufruíam de um tempo pessoal no local de trabalho, podendo ocorrer um certo equilíbrio entre vida pessoal no escritório e vida profissional em casa, hoje em dia isso já não é defensável nos mesmos termos. Assiste-se actualmente a uma "*overdose*" de trabalho, uma "toxicomania numérica", que invadiu totalmente a vida privada do

---

[81] "La guerre des temps: le NET? Never Enough Time", *in DS*, nº 1, 2006, p. 3.
[82] Sujeitas a alguma flexibilidade legalmente prevista.
[83] Veja-se o artigo da *Fortune* referido por JEAN-EMMANUEL RAY, última *op.* cit., pp. 2-3.
[84] Expressão de FRANCIS JAURÉGUIBERRY, *apud* JEAN-EMMANUEL RAY, "La guerre des temps...", cit., p. 1.

trabalhador e que não só o afecta como toda a sua família, e a necessária conciliação entre a vida profissional e a vida familiar não acontece[85]. Actualmente, a vida profissional absorveu grande parte da vida pessoal e, secundando JEAN-EMMANUEL RAY[86], a subordinação jurídica, um dos elementos da existência de um contrato de trabalho, segundo o art. 11º do CT, tornou-se, na verdade, um critério permanente da vida do trabalhador. De facto qual é o trabalhador que actualmente trabalha só no local de trabalho? Quantos não trabalham também noutros locais, nomeadamente em casa, quando estão em férias, limitando-se a reagir apenas em tempo real, já que na actual cultura da urgência, do *just in time*, tudo é urgente, embora nem tudo seja importante? Não estaremos perante um novo tipo de escravatura: a escravatura dos tempos modernos?

A grande questão neste tipo de situações é a de que, na maior parte dos casos, não há uma ordem expressa do empregador neste sentido. Há, sim, uma interiorização desta ideia pelos trabalhadores e uma gestão realizada por objectivos de tal forma que, após algum tempo, são os próprios trabalhadores a não conseguirem separar a vida profissional da vida privada e a levar, *voluntariamente*[87], trabalho para casa. Surge, assim, uma espécie de "servidão voluntária"[88], ou, mesmo, de *escravidão voluntária* dos trabalhadores onde a contabilização dos seus tempos de trabalho não passa de uma mistificação.

Na verdade, se estas NTIC redesenharam a fórmula científica de TAYLOR de "produtividade = disciplina", não será também verdade que os actuais trabalhadores do conhecimento, com a sua possibilidade de trabalhar onde quiserem e como quiserem graças aos seus *laptops*, aos seus telemóveis de última geração, aos seus *Ipads*, que defendem que a liberdade é fonte de produtividade, não estarão mais controlados e menos livres do que alguma vez estiveram? Será que estas novas tecnologias, em vez de os conduzir a uma liberdade reforçada, não acarretam antes uma servidão voluntária? Não originam antes um novo tipo de *escravatura*, dita

---

[85] Utilizam-se as expressões de JEAN-EMMANUEL RAY e JEAN-PAUL BOUCHET, *op.* cit., p. 46.
[86] "D'un droit des travailleurs aux droits de la personne au travail", *in DS*, nº 1, 2010, p. 11.
[87] Vontade quase imposta, ainda que indirectamente, na medida em que há objectivos a atingir.
[88] JEAN-EMMANUEL RAY e JEAN-PAUL BOUCHET, *op.* cit., p. 46.

moderna, ou, para utilizar uma terminologia mais adequada às NTIC, uma *escravatura de última geração*?

Porém, não podem esquecer-se todas as regras legais impostas, quer comunitárias[89], quer nacionais, relativamente ao respeito do descanso dos trabalhadores, regras estas que visam uma melhor protecção da segurança e saúde do trabalhador[90]. Não nos parece possível nesta matéria um retrocesso e qualquer acordo que derrogue o mínimo estabelecido nas regras comunitárias que visam a defesa destes princípios essenciais e tão caros ao Direito do trabalho será ilegal[91]. Os trabalhadores *não podem perder a vida quando estão justamente a ganhá-la*[92]. Os trabalhadores têm de ter direito a um descanso efectivo, a não serem constantemente incomodados quando estão de férias, quando estão doentes, quando estão nos seus tempos de descanso. Não pode ser esquecido que para se usufruir de um descanso total é tão necessário um descanso material como um descanso psicológico. As ligações humanas mais importantes, entre pais e filhos, entre família, necessitam de um tempo, mas de um tempo exclusivo, sem interrupções[93].

---

[89] E defendidas em várias decisões do TJCE. Vejam-se, a título de exemplo, os acórdãos, *Jaeger*, de 9 de Setembro de 2003, e *Dellas*, de 1 de Dezembro de 2005.

[90] Veja-se a Comunicação da Comissão, de 24 de Março de 2010, em que se estabeleceu que "a protecção da saúde e da segurança dos trabalhadores deve manter-se o principal objectivo de toda a regulamentação sobre tempos de trabalho". Cf. sobre isto, MICHEL MINÉ, "Le droit du temps de travail à la lumière des droits fondamentaux de la personne", *in DO*, nº 750, Janeiro de 2011, p. 41.

[91] É interessante referir um acórdão da *Cour de Cassation*, de 1 de Julho de 2009, referida por JEAN-EMMANUEL RAY e JEAN-PAUL BOUCHET, *op.* cit., p. 55, onde o Tribunal entendeu que não era possível uma cláusula do contrato de trabalho de um educador especializado que o obrigava, fora das horas de trabalho, a estar permanentemente disponível através do seu telefone celular profissional. A *Cour de Cassation* entendeu que se trata de uma *astreinte*, no seguimento de uma outra decisão, já premonitória, de 10 de Julho de 2002, talvez a primeira que se debruça sobre o *direito à desconexão* dos trabalhadores, em que se decidiu que "salvo situações excepcionais, o tempo de repouso supõe que o trabalhador esteja totalmente dispensado, directa ou indirectamente, de realizar uma prestação de trabalho, mesmo que esta seja eventual ou ocasional". Consideramos que este tem de ser o caminho a seguir sob pena de existir uma subordinação permanente.

[92] Veja-se o *slogan* referido por JEAN-EMMANUEL RAY, "La guerre des temps...", cit., p. 2, nota nº 15 e a tradução para inglês de convidar os trabalhadores a *"Get a Life"*.

[93] Segue-se a ideia de JEAN-EMMANUEL RAY, última *op.* cit., p. 8.

Não se tornará não só urgente, como importante, estudar as consequências desta conexão permanente e de proclamar a necessidade de os trabalhadores poderem desconectar-se, de poderem não estar sempre disponíveis, sempre *online*?

O trabalhador que tem de estar constantemente à disposição do empregador mesmo no seu domicílio pode considerar que o tempo, mesmo sem trabalho, não é tempo livre. O exercício dos direitos fundamentais dos trabalhadores, nomeadamente o de ter direito a uma vida pessoal ou conciliar a vida profissional com a vida familiar, implica o direito a poder organizar-se, e o tempo sem trabalho não é, nesta sociedade do *always on*, *always connected*, *ipso facto*, tempo livre para exercer os seus direitos. E esta limitação cada vez maior nos tempos de repouso afigura-se desastrosa não só para a saúde dos trabalhadores mas também para a própria promoção da igualdade e da não discriminação.

A dignidade da pessoa humana, conceito polissémico, permite no Direito do trabalho, proteger os trabalhadores contra actividades ou condições de trabalho particularmente excessivas[94]. E não será o que acontece com estes novos tempos de trabalho? Não será a política de ter de estar constantemente *online*, de não poder usufruir do necessário descanso e repouso, um atentado à dignidade humana dos trabalhadores?

2.8. Com as NTIC, e neste *Admirável Mundo Novo do Trabalho*, surge um novo tipo de trabalhador, o *infotrabalhador*, que se pode caracterizar, tal como as próprias tecnologias com que trabalha, como ambíguo, na medida em que realiza actividades complexas, com tecnologia de ponta, mas que herdou as condições de trabalho do século passado, estando, contudo, sujeito a um controlo quase total, que origina inúmeros problemas sociais, físicos e psíquicos.

Mas, como é visto como um colaborador, mais do que um *mero trabalhador*, não se revolta contra esta situação. Contudo, se pensarmos nos tempos actuais que vivemos, não são estes colaboradores os primeiros a serem penalizados em tempos de crise?

---

[94] *Vide* sobre este problema FRANCK HÉAS, "Observations sur le concept de dignité apliqué aux relations de travail", *in DO*, nº 746, Setembro 2010, pp. 461-462. Ver, ainda, LUZ PACHECO ZERGA, *La Dignidad Humana en el Derecho del Trabajo*, Thomson Civitas, Navarra, 2007.

A ideia da cultura da empresa, surgida recentemente, relaciona-se com esta ideia do trabalhador-colaborador e propugna e pratica a imposição da ideologia das empresas, não só nas denominadas organizações de tendência mas também noutras, compelindo os trabalhadores, de maneiras mais ou menos subtis, a serem participantes do sistema de valores empresariais e penetrando inclusive nas suas vidas privadas, no seu tempo e nas suas actividades extra-laborais[95]. A empresa torna-se a "grande família" do trabalhador, sendo este agora um *"homo economicus"*[96], praticamente em todo o seu tempo, não só profissional, como também familiar e pessoal.

Esta difusão das culturas da empresa é transmitida ao trabalhador ainda antes da sua contratação, incluída em declarações de cultura que incluem regras de ética e honra que regem a empresa e particularmente os compromissos morais que esta assume tanto nas suas relações com terceiros como com os próprios trabalhadores. Com estas novas concepções há lugar a uma integração do económico e do social com a ética de tal maneira que estas valorações éticas surgem dissimuladas na ideia de bom empregador e bom trabalhador, na medida em que há como que uma comunidade de objectivos e interesses entre ambas as partes.

Porém, tem de analisar-se até que ponto estas novas tendências de interiorização pelos trabalhadores dos valores da empresa podem ser conciliados ou não com os direitos dos trabalhadores, principalmente com os seus direitos fundamentais, que estão garantidos constitucionalmente e assegurados nas relações laborais. Entende-se que existem inúmeros perigos nesta concepção, principalmente na invasão da privacidade dos trabalhadores passível de acontecer por este sistema de ideias, crenças, valores e objectivos que fazem parte desta denominada cultura da empresa[97].

---

[95] Neste mesmo sentido pode ver-se PASQUALINO ALBI, "Indagini motivazionali e tecniche di tutela della libertà e dignità dei lavoratori", *in RIDL*, II, 2000, p. 89, defendendo que com as mudanças no campo laboral e nas empresas começa a criar-se a figura da "filosofia da empresa" que se for entendida num certo sentido de competição pode colocar em perigo a vida privada dos trabalhadores.

[96] Expressões de JEAN-EMMANUEL RAY, "La guerre des temps...", cit., p. 2.

[97] É sobejamente conhecida a prática frequente pelas empresas de actividades de *outdoor*, condicionando a vida privada dos trabalhadores e que pretendem criar um espírito de confiança mútua. O caso da *Sillicon Valley* é paradigmático, onde se pretende criar um ser humano abso-

Há que ter a devida atenção perante esta nova realidade que surge como uma clara ameaça aos direitos já adquiridos e que exige uma intervenção crescente da boa fé. Como referem JEAN-EMMANUEL RAY e J. ROJOT[98], "ser leal à própria empresa não equivale a ser leal a uma nova igreja ou seita, onde toda a crítica dentro de um grupo privado estaria proscrita". O trabalhador não é um vassalo do empregador e assiste-lhe sempre o direito à sua vida privada, sem ingerências ilegítimas deste e a não estar a ser constantemente controlado.

Conclusões:

1. A ideia defendida actualmente do *Always on*, das 24 horas sobre 24 horas, de estar sempre disponível, revela-se ruinosa para o que deve ser essencial na vida das pessoas, pois se o trabalho não pode reduzir-se a uma mera prestação de actividade, sendo um local de desenvolvimento profissional como pessoal, o que é certo é que a sociedade do conhecimento modificou radicalmente a relação entre a vida profissional e a vida privada e familiar.

E se, sem dúvida, as NTIC conferem a muitos novos objectivos e desafios que se tornam fundamentais na actual sociedade, que muitos pode-

---

lutamente laboralizado, cujo tempo livre é gerido pela empresa tendo em atenção os interesses desta e que assume funções de consultoria familiar, psicológica e até religiosa. As empresas estimulam os contactos sociais entre os seus trabalhadores, que estão permanentemente ligados à empresa por via informática, através da realização de *picnics*, churrascos, etc., utilizando como "ocasiões ideais para o *networking*", as festas, as missas dominicais e os grupos de jogos. Há outras situações onde o empregador com base nesta ideia tenta indagar sobre aspectos da vida privada, como acontece com a atribuição de uma casa de férias (problema de determinar quando e com quem as passa) ou das colónias de férias (quem está lá?). *Vide* TERESA COELHO MOREIRA, *Da esfera privada do trabalhador e o controlo do empregador*, Studia Iuridica, Coimbra Editora, Coimbra, 2004, pp. 405-406.

Veja-se, ainda, a decisão da *Cour de Cassation*, de 8 de Outubro de 1996, onde se sustentou que um trabalhador não tem de participar numa excursão organizada pelo empregador durante um dia de trabalho e horário laboral, decisão comentada por JEAN SAVATIER, "Contrat de travail. Respect de la vie privée du salarié. Liberté de ne pas participer à une excursion organisée par l'employeur – Cour de Cassation (Chambre Sociale), 8 octobre 1996", *in DS*, nº 1, 1997, pp. 89-90.

[98] "A comparative study of the impact of electronic technology on workplace disputes", *in Com. Labor Law & Pol'y Journal*, vol. 24, 2002, p. 135.

mos ser apaixonados pelo trabalho sem nos tornarmos *workaholic*, e que todos podemos ter um bom *stress* que ajuda a melhorar as nossas capacidades, devemos reflectir no *reverso da medalha* e a defesa destes valores não poderá significar a possibilidade de um retrocesso em certos direitos fundamentais, principalmente o direito ao descanso, ao repouso e à integridade física e mental dos trabalhadores, assim como o necessário estabelecimento de limites ao controlo electrónico do empregador.

2. Não defendemos, contudo, um retrocesso em matéria de evolução de empresas, pois elas têm de ser competitivas e essa competitividade passa necessariamente pela informatização e por adquirir cada vez mais NTIC, que têm inúmeros aspectos positivos. Mas, se é inquestionável que as empresas devem ser eficientes, dinâmicas e actualizadas, não é menos certo que esses objectivos não podem ser conseguidos à custa da dignidade dos trabalhadores, à custa de direitos fundamentais que tão duramente foram conquistados. As empresas devem pensar o trabalho e a sua organização em função da pessoa humana e não o inverso, nomeadamente em matéria de limitação dos tempos de trabalho, sob pena de caminharmos para um novo tipo de escravatura, muito mais difícil de erradicar e provar porque, aparentemente, é quase, diríamos, ainda que antagonicamente, voluntária.

E se actualmente vivemos uma época admirável, num *Admirável Mundo Novo do Trabalho*, não nos podemos esquecer que as ligações e os valores fundamentais para uma sã convivência nesta sociedade globalizada, da informação e do conhecimento, não se compadecem com uma cultura da urgência. E se estas ligações não têm "horror do vazio" têm, contudo, um *horror pela velocidade*[99], pelo que por vezes, este nosso *Admirável Mundo Novo do Trabalho*, mais parece um *"Abominável" Mundo Novo do Trabalho*.

3. Parece ser essencial, quase imperioso, reflectir sobre a sociedade que queremos construir e onde desejamos viver, sabendo que todas as opções que realizarmos irão influenciar, positiva assim como negativamente, as nossas famílias e os nossos descendentes.

---

[99] JEAN-EMMANUEL RAY, "La guerre des temps...", cit., p. 9.

4. Entende-se, ainda, que se a actual incorporação das novas tecnologias constitui, sem dúvida, um desafio de primeira ordem para o Direito do trabalho do futuro, não devemos deixar de considerar que este fenómeno se transformou já num seu "velho companheiro de jornada", convindo lembrar que este ramo do Direito nasceu como consequência de Revoluções – a primeira revolução industrial e as revoluções burguesas – associadas, à data, às novas tecnologias que surgiram. Deve dizer-se que o Direito do trabalho tem um bom *historial* pois não é mais do que um *filho* dessas revoluções e tem tido sempre como "companheira de viagem" as sucessivas crises económicas que têm vindo a afectar a sociedade, conseguindo *coexistir* com elas mais ou menos *pacificamente*. Preconiza-se, assim, que o Direito do trabalho tem uma sólida e provada experiência de maleabilidade perante as inovações tecnológicas e que irá adaptar-se e acompanhar também estas NTIC.

Comentários a Jurisprudência

Limites à Instalação de Sistemas de Videovigilância – Comentário ao Acórdão do STA, de 24 de Fevereiro de 2010[*]

1. O caso[1]

Trata-se de um caso em que o autor da acção era proprietário de uma casa de repouso de idosos em regime de internamento que tinha requerido autorização para a instalação de um sistema de videovigilância em vários locais dessa casa, incluindo o refeitório, a sala de convívio/actividades, o corredor do jardim interno e corredores de acesso ao quarto, assim como a lavandaria.

A CNPD, em 17 de Março de 2008, emitiu a Autorização nº 470/2008 e entendeu não autorizar a recolha de imagens no refeitório, na sala de convívio/actividades, no corredor do jardim interno e nos corredores de acesso aos quartos. Quanto à câmara a colocar na lavandaria só autorizou a sua instalação para captar o acesso e nunca o seu interior, na medida em que poderia configurar um controlo do desempenho dos trabalhadores.

Não se conformando com a decisão de não autorização de instalação das câmaras no refeitório, na sala de convívio/actividades, no corredor do jardim interno e nos corredores de acesso aos quartos, o proprietário da casa de repouso intentou uma acção no Tribunal Administrativo Cen-

---

[*] Publicado originariamente in Revista do Ministério Público, nº 123, 2010.
[1] O acórdão pode ser consultado em www.cnpd.pt. Trata-se do Processo nº 1171/09-12.

tral Sul que julgou improcedente a acção administrativa especial. Mais tarde, recorreu para o STA, que, em 24 de Fevereiro de 2010, decidiu em conformidade com o tribunal *a quo*, após várias considerações sobre os diferentes direitos em causa. Considerou, nomeadamente, que "a videovigilância requerida pela autora era, na circunstância, relativamente à finalidade pretendida, uma restrição desnecessária e excessiva ao direito fundamental do direito à reserva sobre a intimidade da vida privada do universo das pessoas que a ela ficariam sujeitas", acordando em negar provimento ao recurso.

2. Comentário

2.1. Esta decisão assume relevância inequívoca pelo facto de colocar a questão dos limites à instalação dos sistemas audiovisuais. No caso concreto, o autor tinha realizado as diligências necessárias para a instalação deste tipo de meios, previstas na Lei nº 67/98, de 26 de Outubro[2], requerendo autorização à CNPD. A lei, porém, não se basta com a parte formal. Essencial é a obediência a determinados princípios, uns a observar na fase prévia da instalação e outros já na fase posterior.

2.2. A áudio e a videovigilância têm-se tornado, nos tempos que correm, e pelos mais diversos motivos, um fenómeno omnipresente na nossa realidade. E os aparelhos que as possibilitam tornaram-se um meio extremamente presente, sendo cada vez mais difícil escapar-lhes, quer em locais públicos, quer em locais privados. De facto, este *olho electrónico* permanente, colocado estrategicamente, aponta e vê em todas as direcções. Assiste-se, assim, a uma enorme proliferação de sistemas de circuito fechado, câmaras e outros instrumentos mais sofisticados, que são utilizados nos mais diversos sectores[3]. E, muito embora não se tenha chegado ao nível de controlo total e de transparência, previsto por JEREMY BENTHAM com a sua realidade panóptica, caminha-se nessa direcção na medida em

---

[2] LPDP.
[3] Neste sentido *vide Parecer nº 4/2004 sobre Tratamento de Dados Pessoais por meio de Videovigilância*, do Grupo de Protecção de Dados, de 11 de Fevereiro de 2004, p. 2, assim como ACED FÉLEZ, "La protección de datos personales y la vídeovigilancia", *in datospersonales.org*, nº 5, 2003, p. 1, que chama a atenção para a omnipresença destes diferentes dispositivos de controlo.

que a metáfora que representa o cidadão cada vez mais preso porque sabe que está a ser vigiado a todo o momento, sem saber quem o vigia e sem poder conhecer o vigilante, está quase a tornar-se uma realidade com a proliferação destas tecnologias[4]. Com elas, o *olho electrónico* tornou-se penetrante, dominante e ubíquo, na medida em que a câmara regista tudo, armazena todas as informações recolhidas sem esquecimento, sendo muito mais intrusiva do que o controlo realizado por uma pessoa[5][6].

A utilização destes meios de vigilância tem um grande efeito dissuasor da prática de ilícitos assim como um importante efeito conformador, o que pode originar situações de stress e doenças associadas[7]. Desta forma, este tipo de controlo, com o elemento panóptico que traz associado, assim como a ilusão de que se trate de um controlador que está sempre presente, configura um elemento de disciplina que traz vários problemas às pessoas associados a esta forma de controlo quase total.

2.3. A vídeo e a áudio-vigilância representam, assim, por excelência, um instrumento que atenta contra a privacidade das pessoas já que permitem observar globalmente a aparência e as suas conversas uma vez que a sua fisionomia e todos os elementos visíveis da sua personalidade ficam disponíveis para o *olho electrónico*. Assim, os menores gestos, e, por vezes,

---

[4] Neste sentido ver GOÑI SEIN, *La Videovigilancia Empresarial y la Protección de Datos Personales*, Thomson Civitas, Navarra, 2007, p. 15

[5] Secunda-se SYLVAIN LEFÈBVRE, *Nouvelles Technologies et protection de la vie privée en milieu de travail en France et au Québec*, Presses Universitaires d'Aix-Marseille, Aix-en-Provence, 1998, p. 81, quando defende que a videovigilância é "a revista silenciosa" dos tempos modernos. No mesmo sentido aponta MARIE-NOËLLE MORNET, *La vidéosurveillance et la preuve*, Presses Universitaires d'Aix-Marseille, Aix-en-Provence, 2004, p. 15, ao defender que a videovigilância pode consistir num instrumento muito útil, como num meio bastante perigoso, tendo assim um carácter extremamente ambivalente. Também BELLAVISTA, "Elaboratori elettronici, controlli a distanza e tecniche di tutela", *in DL*, I, 1989, p. 57, aponta no mesmo sentido, através da observação da constante presença destes meios em quase todos os locais.

[6] Como refere ANITA BERNSTEIN, "Foreword: *What We Talk About When We Talk About Workplace Privacy*", *in La.L. Rev.*, vol. 66, 2006, p. 3, este tipo de controlo é muito "pior" que o controlo humano já que as imagens podem ser editadas, alteradas, vistas inúmeras vezes e ampliadas, contrariamente ao que acontece com o olhar humano.

[7] Como defende MARTINEZ-HERRERA, "BIG EMPLOYER: A study of the continuously decreasing expectation of privacy of employees in the US workplace", *in Iuslabor*, nº 1, 2007, p. 3, este tipo de controlo pode "destruir a paz de espírito de uma pessoa", inibindo-a de adoptar certos comportamentos.

as próprias palavras são filmadas e gravadas, podendo ser usadas mais tarde contra os seus autores. Acresce a tudo isto a possibilidade deste tipo de vigilância tornar também viável a recolha de uma multiplicidade de dados pessoais desde que inclua um sistema de gravação[8].

Por outro lado, o tratamento de tal tipo de informação poderá conduzir a situações de discriminação já que há o conhecimento de diferentes tipos de dados que poderão motivar a adopção de medidas discriminatórias[9].

Preconiza-se, desta forma, que o controlo através da videovigilância, enquanto capaz de recolher e armazenar a imagem e o som, sendo um meio eficaz de recolha de dados pessoais, só o poderá ser desde que respeite os princípios relativos a esta recolha e seu tratamento. Entende-se, pois, que o juízo de legitimidade para a instalação e emprego deste tipo de meios de controlo não pode fundar-se somente na ideia de possíveis intromissões ilegítimas na intimidade ou na vida privada das pessoas. Não pode deixar de ter-se em atenção que, a um *status* negativo, garantido pelo direito à intimidade, há que acrescentar um *status* positivo, que visa permitir às pessoas controlar o fluxo de informação relativa à sua própria pessoa, isto é, a um direito de controlo activo sobre as informações que sobre ela recaem e a não ser instrumentalizado através do conhecimento adquirido sobre aspectos da sua personalidade[10], isto é, o direito à autodeterminação informativa, consagrado constitucionalmente no art. 35º.

Sustenta-se, assim, que para a apreciação jurídica e a valoração da aceitação das medidas de vigilância deste tipo não pode aceitar-se somente uma dimensão negativa, de *ius excludendi*, do direito à intimidade na medida em que há outros direitos em causa, principalmente o direito à autodeterminação informativa, que se encontram compreendidos no âmbito do direito à privacidade[11], não podendo deixar de atender-se que, tanto as imagens, como os sons gravados são dados pessoais[12].

---

[8] Como refere MANUELA GRÉVY, "Vidéosurveillance des salariés dans l'entreprise: une atteinte par nature disproportionné aux droits de la personne", *in DO*, nº 739, 2010, pp. 82-83, a videovigilância altera a "opacidade" das pessoas, tornando-se susceptível de violar certos direitos fundamentais das mesmas.

[9] Veja-se neste sentido FERNÁNDEZ VILLAZÓN, "Tratamiento automatizado de datos personales en los procesos de selección de trabajadores", *in RL*, I, 1994, p. 510.

[10] Neste sentido *vide* GOÑI SEIN, *op.* cit., pp. 59-60.

[11] Cf., a Deliberação nº 61/2004, da CNPD, relativa aos *Princípios sobre Tratamento de Videovigilância*, disponível em www.cnpd.pt, pp. 1-2, onde se entende que os sistemas de videovigilância

Por outro lado, o computador que armazena a informação deste tipo de aparelhos é um sistema de memorização de informação e, como tal, é entendido como um banco de dados, sujeito às suas regras de protecção.

Assim, parece-nos que no juízo que deve ser feito na altura da aceitação ou não da instalação deste tipo de aparelhos deve atender-se não só a aspectos relacionados com a vertente negativa da privacidade mas também aos princípios relativos à protecção de dados, isto é, com as possibilidades, condições e alcance do tratamento de imagens que este tipo de vigilância comporta. Torna-se necessário realizar um juízo prévio acerca da legitimidade do interesse do responsável pelo tratamento de dados pessoais e também um controlo *a posteriori* sobre o conteúdo do filmado e sua conservação, assim como o tratamento e a identificação dos seus responsáveis, sendo ainda necessário considerar todos os direitos que assistem aos titulares dos dados pessoais objecto de tratamento, nomeadamente o direito de acesso e de rectificação, assim como o de cancelamento de dados inexactos ou incorrectos.

Entende-se, assim, que deve respeitar-se o direito à autodeterminação informativa e à noção de privacidade[13], na medida em que apontam claramente no sentido de unificação de todos os possíveis riscos que este tipo de tratamento comporta, assim como de todos os vários direitos que estão em causa.

---

envolvem a restrição de inúmeros direitos, liberdades e garantias, como o direito à imagem, à liberdade de movimentos, direito à reserva da vida privada, e direito à autodeterminação informativa, cabendo à Lei, nos termos do art. 18º, nº 2, da CRP, estabelecer em que medida estes aparelhos e sistemas poderão ser utilizados e, especialmente, assegurar que numa situação de conflito entre direitos fundamentais as restrições se limitem "ao necessário para salvaguardar outros direitos ou interesses fundamentais".

[12] Na lei de autorização legislativa do DL nº 35/2004, de 21 de Fevereiro, que se reporta às empresas que exercem actividade no âmbito da segurança privada, pode ler-se que a Assembleia da República delegou no Governo a tarefa de "definir, no respeito pelo regime geral em matéria de protecção de dados, as regras respeitantes à utilização dos equipamentos electrónicos de vigilância", estabelecendo que "o tratamento dos dados visa exclusivamente a protecção de pessoas e bens, delimitando temporalmente a conservação dos dados recolhidos, garantindo o conhecimento pelas pessoas da utilização daqueles meios, bem como restringindo a utilização de dados recolhidos nos termos previstos na legislação processual penal", nos termos do art. 2º, alínea h) – sublinhado nosso.

[13] GOÑI SEIN, *op.* cit., p. 63.

2.4. Quanto à fase de eleição do sistema audiovisual há vários princípios que assumem particular relevância[14].

Desde logo, há que considerar o princípio da finalidade legítima que exige a adopção de um fim legítimo que justifique a instalação destes sistemas de controlo.

Em segundo lugar, refere-se o princípio da proporcionalidade, que implica a possibilidade de recurso a estes sistemas apenas em casos de ultima *ratio*.

Por último, o princípio da transparência informativa que visa garantir ao titular dos dados o poder de disposição dos seus próprios dados pessoais de imagem e de som[15] [16].

2.5. No caso concreto concorda-se com a decisão do STA no sentido de entender que o princípio que está fundamentalmente em causa é o da proporcionalidade ou da proibição do excesso[17]. Este é considerado um princípio fundamental, sendo actualmente entendido como um princípio de controlo[18] [19] e um mecanismo de equilíbrio entre os diferentes direitos em causa[20].

---

[14] JAVIER GÁRATE CASTRO, "Derechos Fundamentales del Trabajador y Control de la Prestación de Trabajo por Medio de Sistemas Proporcionados por las Nuevas Tecnologías", *in Minerva – Revista de Estudos Laborais*, ano V, nº 8, 2006, p. 158, fala de "índices" que devem ser tidos em atenção aquando da decisão de instalação destes sistemas de videovigilância.

[15] Segue-se, de perto, a divisão operada por GOÑI SEIN, *op. cit.*, p. 106. Também o *Garante* italiano defende esta divisão, tal como refere AMELIA TORRICE, "Il diritto alla riservatezza del lavoratore e la disciplina contenuta nel códice sulla protezione dei dati personali", *in D & L – Rivista Critica di Diritto del Lavoro*, nºs 2/3, 2005, p. 352.

[16] Como referem GOMES CANOTILHO e VITAL MOREIRA, *Constituição da República Anotada* – artigos 1º a 107º, 4ª edição, Coimbra Editora, Coimbra, 2007, p. 552, em comentário ao art. 35º da CRP, trata-se da "limitação da recolha, que deve ser feita por meios lícitos – conhecimento da pessoa a que respeitam ou autorização legal – restringir-se aos dados necessários para as finalidades especificadas (princípios da *necessidade, da adequação e da proporcionalidade*). Cf., também, BENJAMIM SILVA RODRIGUES, *Das escutas telefónicas – à obtenção da prova [em ambiente] digital*, Tomo II, Coimbra Editora, Coimbra, 2008, pp. 254-255.

[17] Esta terminologia é referida por GOMES CANOTILHO, *Direito Constitucional e Teoria da Constituição*, 5ª edição, Almedina, Coimbra, 2002, p. 268.

[18] Neste sentido GOMES CANOTILHO, *op. cit.*, p. 268.

[19] A noção deste princípio não é nova. Já nos séculos XVIII e XIX, ela estava presente na ideia britânica de *reasonableness*, no conceito prussiano de *Verhältnismäßigkeit*, na figura do *détournement du pouvoir* no ordenamento jurídico francês, e na categoria italiana de *ecesso di potere*. Mas,

Este princípio, entendido como um mecanismo de controlo para verificar se uma medida restritiva de um direito fundamental supera este juízo, compreende três fases ou condições: se a medida é susceptível de conseguir o objectivo proposto, nos termos de ser idónea para o fim pretendido – juízo de idoneidade; se é necessária ou imprescindível por não existir outra medida mais moderada para conseguir o objectivo proposto com igual eficácia – juízo de necessidade; e, por último, se a medida é ponderada ou equilibrada por dela derivarem mais benefícios ou vantagens para o interesse geral que prejuízos sobre outros bens, valores ou direitos em causa – juízo de proporcionalidade em sentido restrito[21].

O princípio da proporcionalidade está previsto no art. 6º, nº 1, alínea c) da Directiva 95/46/CE, e no art. 5º, nº 1, alínea c), da Lei de Protecção de Dados Pessoais. Dele decorre que o tratamento de dados pessoais o deve respeitar, devendo ser adequado, pertinente e não excessivo relativamente às finalidades para que os dados são recolhidos.

Este princípio está associado à qualidade dos dados pessoais, constituindo um factor fundamental para a legalidade do seu tratamento.

Impõe-se, desta forma, o tratamento exclusivo dos dados pertinentes e não excedentários em relação à finalidade para a qual são recolhidos, sendo a *ratio* da norma a do emprego dos dados pessoais aos casos em

---

como observa GOMES CANOTILHO, *op. cit.*, p. 268, o alcance do princípio era menor porque "era mais o de revelação de sintomas de patologias administrativas – arbitrariedade, exorbitância de actos discricionários da administração – do que o de um *princípio material de controlo das actividades dos poderes públicos*". A situação altera-se após as Guerras Mundiais, onde a tentativa de encontrar um direito materialmente justo implica que este instituto se expanda para outros campos.

[20] Cf. ROIG BATALLA, "El uso de Internet en la empresa: aspectos constitucionales", *in El uso laboral y sindical del correo electrónico e Internet en la empresa – Aspectos constitucionales, penales y laborales*, (coord. ROIG BATALLA), tirant lo blanch, Valencia, 2007, p. 48. Este autor entende que o princípio da proporcionalidade pode ser entendido como uma espécie de princípio da boa fé de aplicação multilateral e não já unilateral como no passado. Também WILLIS GUERRA FILHO, "Notas em torno ao princípio da proporcionalidade", *in Perspectivas Constitucionais – Nos 20 anos da Constituição de 1976*, (coord. JORGE MIRANDA), vol. I, Coimbra Editora, Coimbra, 1996, p. 259, escreve que este princípio é entendido como um "mandamento de otimização do respeito máximo a todo o direito fundamental, em situação de conflito com outro(s)".

[21] *Vide* JUAN RIVERO LAMAS, "Principio da proporcionalidad y derechos fundamentales (sobre la inconstitucionalidad de la filmación de los piquetes en una huelga", *in REDT*, nº 98, 1999, pp. 933-934.

que seja indispensável para a consecução dos objectivos pretendidos, funcionando como ultima ratio, *in extremis*.

Este princípio, comportando, conforme já se referiu, um triplo juízo prévio significa que, quando aplicado à videovigilância, o responsável pelo tratamento de dados deve aferir da adequação do recurso à finalidade por si pretendida; deve analisar, ainda, a necessidade ou a indispensabilidade do recurso à videovigilância; e em terceiro e último lugar, deve aferir da proporcionalidade dos sacrifícios que supõe.

Em relação ao primeiro requisito, não basta analisar a simples adequação entre a medida de videovigilância e o interesse pretendido[22]. Tem, ainda, que se colocar em relação com fins que realmente justificam o recurso à videovigilância, não deixando de ter em atenção que a natureza extremamente sensível das operações de tratamento de imagem e de som impõem uma valoração rigorosa e minuciosa da existência de um interesse legítimo que justifique a instalação destes sistemas. Assim, não se pode ficar apenas por um juízo exclusivo sobre a idoneidade, tendo que se ir mais longe e conjugar os três princípios em causa[23].

Dentro do princípio da proporcionalidade deve atender-se, ainda, ao princípio da intromissão mínima[24], o que significa que na decisão de ins-

---

[22] GOÑI SEIN, *op.* cit., p. 119.

[23] De acordo com esta ideia pode ver-se a deliberação nº 61/2004, da CNPD, que explicita os critérios gerais a adoptar na autorização de instalação de sistemas de videovigilância. Assim, defendeu que "o tratamento a realizar e os meios utilizados devem ser considerados os necessários, adequados e proporcionados com as finalidades estabelecidas: a protecção de pessoas e bens. Ou seja, para se poder verificar se uma medida restritiva de um direito fundamental supera o juízo de proporcionalidade imporá verificar se foram cumpridas três condições: se a medida adoptada é idónea para conseguir o objectivo proposto (princípio da idoneidade); se é necessária, no sentido de que não existia outra medida capaz de assegurar o objectivo com igual grau de eficácia (princípio da necessidade); se a medida adoptada foi ponderada e é equilibrada ao ponto de através dela serem atingidos substanciais e superiores benefícios ou vantagens para o interesse geral quando confrontados com outros bens ou valores em conflito (juízo de proporcionalidade em sentido estrito). Na linha do que referimos, será admissível aceitar que – quando haja razões justificativas da utilização destes meios – a gravação de imagens se apresente, em primeiro lugar, como medida preventiva ou dissuasora tendente à protecção de pessoas e bens e, ao mesmo tempo, como meio idóneo para captar a prática de factos passíveis de serem considerados como ilícitos penais e, nos termos da lei processual penal, servir de meio de prova. Estamos perante a aplicação do princípio da proporcionalidade".

[24] Este princípio impõe a necessidade de que a limitação dos direitos fundamentais do titular dos dados seja feita no mínimo possível, isto é, que as actuações limitadoras sejam as menos lesivas para estes direitos dos titulares e que sejam as estritamente necessárias.

talação de sistemas audiovisuais deve-se escolher o sistema de gravação que implique a menor captação possível em relação ao fim legítimo que justificou a sua adopção. O art. 5º, nº 1, alínea c) e o art. 6º, nº 1, alínea c), da Directiva 95/46/CE, impõem essa conduta, ao estabelecerem que os dados pessoais recolhidos não podem ser excessivos em relação à finalidade para os quais foram tratados, pelo que se torna essencial aferir da valoração dos sacrifícios e das consequências que a medida comporta.

Torna-se, assim, necessário aferir dos "efeitos potenciais sobre a liberdade e o comportamento dos cidadãos"[25], devendo ser feita uma reflexão sobre o grau de intromissão na privacidade que a medida em concreto implica.

Acresce, ainda, que os sistemas de gravação da imagem e do som têm de observar uma série de requisitos.

Em primeiro lugar, para cumprir a finalidade legítima, tem de atender-se ao tipo de sistema adoptado, sendo que em alguns casos será suficiente um sistema que permita só a visualização, sem necessidade de gravação das imagens. Por outro lado, não será necessário recorrer à gravação de som se a simples gravação de imagens é suficiente para satisfazer as necessidades do responsável pelo tratamento.

Em segundo lugar, deve atender-se à minimização dos efeitos para a privacidade das pessoas. Deve atender-se, ainda, à localização das câmaras e às modalidades de registo[26].

Por último, tem ainda de atender-se ao tipo de actividade em causa. Assim, o controlo através destes meios tem de ser indispensável, o que origina a exclusão da instalação geral e indiscriminada em todo e qualquer lugar, como a gravação sem quaisquer limites temporais[27]. Desta forma, a vigilância contínua só será possível onde as exigências da segu-

---

[25] Deliberação nº 61/2004 da CNPD.
[26] Como refere a CNPD na deliberação nº 61/2004, p. 5, deve aferir-se do registo e conservação das imagens, dos ângulos utilizados, escolha de grandes planos e *scanner* de imagens. Também CATARINA SARMENTO E CASTRO, *Direito da Informática, Privacidade e Dados Pessoais*, Almedina, Coimbra, 2005, p. 150, em relação às câmaras colocadas em locais públicos, considera que o princípio da proporcionalidade determina que as câmaras das fachadas não devem estar colocadas de forma a captar a imagem de quem circula na rua ou no passeio, mas apenas de quem atravessa a entrada do edifício sob vigilância, focando, por isso, apenas as portas e outros acessos ao espaço físico em causa ou os espaços físicos adjacentes.
[27] GOÑI SEIN, *op. cit.*, p. 123.

rança das pessoas e bens assim o exijam. Tem, assim, de se reduzir o campo visual em função da finalidade desejada ou <u>das zonas em que este tipo de controlo é efectivamente necessário, procedendo à recolha das imagens na esfera estritamente necessária à finalidade prosseguida</u>[28], dispensando grandes planos ou detalhes não relevantes em função dos objectivos que o responsável pelo tratamento de dados pretende atingir.

2.6. Tendo em atenção todas estas considerações concorda-se inteiramente com a decisão do STA, que seguiu, de perto, o decidido na autorização da CNPD, conformando o acórdão recorrido.

Na verdade, como bem referiu o STA, a questão no caso prende-se com a devida adequação dos vários interesses e direitos em causa.

Não analisando os direitos dos trabalhadores[29], não podemos deixar de referir que a pretensão de instalação de câmaras nestes locais não se mostra necessária para a protecção da segurança de pessoas e bens.

Em relação aos utentes, pessoas idosas, por muito que consideremos que poderão precisar de uma maior protecção em determinados casos, não nos parece que deva passar pela instalação de câmaras nestes locais. Se a dignidade da pessoa humana pode impor, como se refere no acórdão, "a melhor e mais eficaz protecção possível da saúde e da velhice", não pode deixar de se atender a um outro lado da dignidade da pessoa humana e que é, como também se menciona na decisão, "o direito ao segredo do ser", e que compreende o "direito à imagem, à privacidade de comportamentos, a uma esfera íntima do ser particular de cada um, cuja reserva deve ser guardada".

Atendendo à aplicação do princípio da proporcionalidade, embora se reconheça que a pretendida medida poderia ser considerada adequada e, eventualmente, até necessária, não é, contudo, a menos intrusiva possível.

Conforme referimos anteriormente, o princípio da proporcionalidade significa que a medida deve ser a que origine uma intromissão mínima e

---

[28] Sublinhado nosso.
[29] Matéria que também não é analisada no acórdão mas que não deixa de ter bastante importância. Veja-se, sobre esta matéria, para mais desenvolvimentos, TERESA COELHO MOREIRA, *A Privacidade dos Trabalhadores e as Novas Tecnologias de Informação e Comunicação: contributo para um estudo dos limites do poder de controlo electrónico do empregador*, Almedina, Coimbra, 2010, pp. 585 e ss..

só quando não seja possível recorrer a outra medida menos intrusiva, atendendo à finalidade legítima original pretendida. A decisão de instalação de sistemas de videovigilância deve ser realizada apenas como *ultima ratio*, já que irá incidir sobre todas as pessoas que frequentarem aquele local, sem realizar qualquer selecção prévia.

Atendendo a tudo isto, parece-nos que no caso em apreço, e corroborando o decidido pelo STA, existiriam outras medidas, bem menos gravosas e intrusivas na privacidade dos utentes que garantiriam a sua segurança. Estas medidas poderiam passar, como bem decidiu o Tribunal, por "uma vigilância normal, disponível, atenta, competente e discreta, do pessoal de apoio", sendo que esta é bem menos intrusiva para a privacidade das pessoas. Não é pelo facto de os utentes serem mais idosos, necessitarem de maiores cuidados, estarem mais dependentes e viverem num lar, que deixam de ter direito à sua privacidade, ao seu *jardim interior*, a ter um espaço e tempo para si mesmos, sem estarem constantemente sob o *olho electrónico*. A dignidade das pessoas exige-o.

Assim, entendeu o STA ao decidir, e bem quanto a nós, que "a despeito de partilharem espaços comuns de vida e da exposição inerente a essa condição, os utentes, *por serem pessoas* (arts. 66º a 70º do C. Civil), continuam, ainda assim, na medida do possível, a ter direito a locais e a tempos para estarem consigo mesmos e/ou com os seus, nos quais se possam movimentar, alimentar, conviver, ou repousar à vontade, de acordo com o seu modo de ser, usando o seu tempo, com a maior circunspecção possível, sem o gravame de estarem permanentemente sob observação de um olhar indiscreto do qual nunca podem livrar-se, que grava a sua imagem e a pode reproduzir", acrescentando nós com uma enorme precisão e com uma enorme possibilidade de uma distância temporal e espacial.

Concorda-se com a decisão, que nos parece bastante relevante, porque enfatiza a proibição de *coisificação* da pessoa humana perante a máquina. Há meios bem menos intrusivos e bem mais dignificantes da pessoa humana, sendo que a videovigilância requerida constituía uma restrição desnecessária e excessiva relativamente ao direito à privacidade das pessoas que a ela ficaram sujeitas.

A velhice e as doenças das pessoas não as tornam menos dignas ou menos merecedoras de protecção dos seus direitos fundamentais, principalmente, no caso em apreço, do direito à privacidade. Pode originar uma maior compressão do exercício destes direitos mas, no caso *sub iudice*, há a possibilidade de recurso a medidas menos gravosas, que não passem por uma observação permanente, constante, que grave e memorize tudo.

Bem esteve, quanto a nós, o Tribunal ao negar provimento ao recurso.

Controlo do Correio Electrónico dos Trabalhadores: Comentário ao Acórdão do Tribunal da Relação do Porto, de 8 de Fevereiro de 2010*

Sumário:
"I – Encontrando-se o recurso de agravo expressamente previsto no Código de Processo do Trabalho, aprovado pelo DL 480/99, de 9/11 (na versão anterior à introduzida pelo DL 295/2009, de 13/10), e não tendo o referido Código sido alterado pelo DL 303/2007, de 27/4 (que reformou o regime de recursos em processo civil), o agravo manteve-se, continuando a existir.

II – O agravo que tenha por objecto apreciar da inadmissibilidade, invocada pelo autor/trabalhador, de produção de prova sobre o conteúdo de mensagens abrangidas pelo direito de reserva e confidencialidade consagrado no art. 21º do Código do Trabalho (na redacção da lei 99/2003, de 27/8), sobe imediatamente (art. 84º, nº 2 do CPT), uma vez que a sua retenção, implicando a produção de prova, o tornaria absolutamente inútil já que produziria o efeito (divulgação do que é confidencial) que a lei pretendeu preservar ao consagrar tal direito.

III – O conteúdo das mensagens, de natureza pessoal, enviadas ou recebidas pelo trabalhador, ainda que em computador da empresa, estão abrangidas pelo direito de reserva e confidencialidade consagrado no art.

---

* Publicado *in Questões Laborais*, nº 34, 2011.

21º do Código do Trabalho (2003) não podendo, em consequência e sem o consentimento do trabalhador, ser utilizado para fins disciplinares, nem produzida prova, designadamente testemunhal, sobre tal conteúdo"[1].

1. O acórdão em análise reveste-se de relevo porque, mais uma vez[2], um Tribunal nacional teve de debruçar-se sobre a (in)admissibilidade do conteúdo do *e-mail* pessoal ser utilizado para fins disciplinares, nomeadamente para aferir da existência de justa causa de despedimento.

Esta decisão parece-nos muito positiva pois colocou, mais uma vez, nos devidos termos a questão do controlo dos *e-mails* de natureza pessoal dos trabalhadores na medida em que se baseou na tutela do direito ao sigilo da correspondência.

2. O *e-mail* é, actualmente, um instrumento de trabalho indispensável, trazendo inúmeras vantagens para as empresas. Mas este meio de comunicação, embora constitua, primordialmente, uma ferramenta de trabalho, permite, ainda, um notável uso social, que merece algum tipo de protecção e de reconhecimento de determinados efeitos jurídicos.

O *e-mail*, enquanto processo de comunicação, é perfeitamente assimilável aos outros tipos de comunicação clássicos, com a única diferença que é um pouco mais vulnerável. As mensagens electrónicas transmitem-se por um canal fechado de comunicação, pressupondo por parte dos intervenientes uma razoável expectativa de segredo. Deve, desta forma, estar protegido pelo direito ao sigilo das comunicações e a facilidade técnica para a sua intercepção não o extingue pois a garantia jurídica deste sigilo é independente da garantia técnica do segredo.

A vulneração das comunicações, para além de supor a lesão de um direito fundamental, gera um clima de insegurança que tem uma reper-

---

[1] O acórdão, cuja relatora foi a Desembargadora Paula Leal de Carvalho, pode ser consultado em www.dgsi.pt. Apenas se irá proceder à analise breve desta última parte da decisão.
[2] Anteriormente já o STJ tinha decidido, em 05 de Julho de 2007, pela inadmissibilidade do conteúdo de *e-mails* pessoais e, mais tarde, o Tribunal da Relação de Lisboa, em 5 de Junho de 2008, perfilhou o mesmo entendimento. Aliás, quer o acórdão do Tribunal da Relação de Lisboa, quer o acórdão objecto de análise, baseiam-se no decidido pelo STJ para chegarem à conclusão da inadmissibilidade dos *e-mails*.
Ambas as decisões podem ser consultadas em www.dgsi.pt.

cussão directa tanto na dignidade da pessoa como no livre desenvolvimento da sua personalidade.

3. Parece-nos, em primeiro lugar e relativamente ao controlo do *e-mail*, que terá de ter-se em atenção toda a protecção constitucional dada não só ao direito à privacidade, na sua vertente de direito à autodeterminação informativa, mas, sobretudo, ao direito previsto no art. 34º de segredo de correspondência.

Este artigo aplica-se ao *e-mail*, sendo que se trata de um direito inviolável, existindo uma proibição de ingerência nos meios de comunicação. A garantia prevista legalmente é bastante ampla porque se proíbe toda a intromissão, abrangendo tanto a liberdade de envio e de recepção de correspondência, como a proibição de retenção ou de apreensão, e, ainda, a interferência telefónica ou através de outra forma. Tudo isto implica o direito que ninguém as viole ou as devasse, no sentido de que a tomada de conhecimento não autorizada do conteúdo da correspondência é, em si própria, ilícita. A lei vai mais além e proíbe a sua divulgação, estabelecendo o direito de que os terceiros que a elas tenham acesso as não divulguem.

A protecção prevista neste artigo abrange não só o conteúdo da comunicação como o seu *tráfego*, e engloba também os anexos dos *e-mails*.

4. Estes princípios, quer constitucionais, quer penais[3], têm de ser atendidos quando se pretende regular o controlo dos *e-mails* dos trabalhadores por parte dos empregadores, tendo ainda em atenção o art. 22º do CT. Este, no nº 1, estabelece o direito à confidencialidade das mensagens de natureza pessoal dos trabalhadores através de vários meios de comunicação, nomeadamente o *e-mail*. Este artigo estabelece assim, para além da reserva, a própria confidencialidade no sentido de que o trabalhador tem não apenas o direito de controlar ou impedir o acesso às suas mensagens, como também o direito de controlar ou impedir a sua divulgação.

---

[3] O acórdão chama a atenção para estes aspectos logo nas pp. 10-12, citando o decidido no acórdão do STJ, de 5 de Julho de 2007.

5. Concorda-se inteiramente com o decidido no acórdão em análise no sentido de que o empregador não pode invocar os seus legítimos poderes de organização, direcção e controlo para limitar o exercício do direito constitucional previsto no art. 34º e, também, no art. 22º do CT. Estes artigos tutelam quer o sigilo das comunicações, quer a própria liberdade de exercício, proibindo a sua gravação.

Acrescenta-se, ainda, subscrevendo, mais uma vez, o referido na decisão, que a titularidade do meio utilizado não justifica, por si mesma, o acesso às comunicações electrónicas realizadas através da empresa. O contrato de trabalho não transforma o empregador num interlocutor da mensagem ou num terceiro qualificado para transgredir o sigilo das comunicações. O empregador é um terceiro e o acesso deste ao conteúdo dos *e-mails* enviados ou recebidos pelo trabalhador pode vulnerar o sigilo das comunicações[4].

Não pode esquecer-se, ainda, que o controlo exercido pelo empregador tem de respeitar sempre a dignidade da pessoa humana e, por isso, não é pelo facto de colocar à disposição do trabalhador uma conta de correio electrónico que pode automaticamente defender-se o poder de controlar arbitrariamente as comunicações realizadas através da mesma.

Entende-se, assim, que o empregador fica limitado no seu poder de controlo electrónico, ficando inibido de aceder ao conteúdo dos *e-mails* pessoais[5].

6. Este era o caso das mensagens referidas no acórdão, sendo o próprio empregador quem expressamente o refere e aceita no art. 4º da nota de culpa[6].

Concorda-se com o referido no acórdão, quando transcreve o decidido pelo STJ, de 5 de Julho de 2007, e diz que "não são apenas as comunica-

---

[4] Defende-se, assim, a ideia de que a titularidade dos meios de comunicação não elimina o direito ao segredo e às garantias constitucionais. Veja-se o referido no acórdão em análise e, mais uma vez, o acórdão do STJ, de 5 de Julho de 2007, onde pode ler-se no ponto IV do sumário que – "não é pelo facto de os meios informáticos pertencerem ao empregador que afasta a natureza privada da mensagem e legitima este a aceder ao seu conteúdo".

[5] Veja-se, para mais desenvolvimentos, TERESA COELHO MOREIRA, *A Privacidade dos Trabalhadores e as Novas Tecnologias de Informação e Comunicação: contributo para um estudo dos limites do poder de controlo electrónico do empregador*, Almedina, Coimbra, 2010, pp. 782 e ss..

[6] Veja-se o acórdão, p. 12.

ções relativas à vida familiar, afectiva, sexual, saúde, convicções políticas e religiosas do trabalhador, e mencionadas no art. 16º, nº 2 do CT, que revestem a natureza da comunicações de natureza pessoal, nos termos e para os efeitos do art. 21º[7]. Como aí se referiu, a definição de natureza particular da mensagem obtém-se por contraposição à natureza profissional da comunicação, relevando, para tal, antes de mais, a vontade dos intervenientes da comunicação, ao postularem, de forma expressa ou implícita, a natureza profissional ou privada das mensagens que trocam. O art. 21º[8] do CT situa-se no âmbito da tutela da confidencialidade do conteúdo das mensagens de natureza pessoal, enquanto que o art. 16º visou uma finalidade distinta, a de estabelecer os limites que se impõem a ambas as partes quanto à possibilidade de recolha e divulgação de informações, no âmbito da relação laboral, *v.g.*, aquando do início dessa relação. E não é pela circunstância dos intervenientes se referirem a aspectos da empresa que, por essa simples razão, a comunicação assume desde logo um carácter profissional, legitimando a sua intercepção pelo empregador".

Assim, no caso de se tratar de mensagens marcadas como pessoais ou de mensagens que não estão qualificadas como tais mas que pelo teor dos dados externos se deduz que o sejam a situação é totalmente diferente[9].

Nestes casos as mensagens estão protegidas pelo direito ao sigilo das comunicações nos termos constitucionais e também pelo art. 22º do CT, sendo, assim, invioláveis. O empregador não pode controlar o conteúdo destas mensagens nem mesmo em situações excepcionais em que há suspeitas de abuso.

---

[7] Actual art. 22º.
[8] Actual art. 22º.
[9] Mas não só. Mesmo que aparentemente pareçam profissionais, se o empregador as visualizar e notar que são pessoais, tem a obrigação de não as divulgar a terceiros e parar a leitura quando se aperceber desse teor pessoal. Isto foi também o defendido quer pelo acórdão em análise, na p. 12, quer pelo acórdão do STJ, de 5 de Julho de 2007, que estabeleceu no ponto VIII do sumário que "a falta de referência prévia, expressa e formal da "pessoalidade" da mensagem não afasta a tutela prevista no art. 21º, nº 1, do CT." E, mais à frente, estabeleceu que "IX – Tendo o Director da Divisão de após Venda acedido à pasta de correio electrónico, ainda que de boa fé por estar de férias a destinatária da mensagem em causa, e tendo lido esta, a natureza pessoal do seu conteúdo e a inerente confidencialidade impunham-lhe que desistisse da leitura da mensagem logo que se apercebesse dessa natureza e, em qualquer caso, que não divulgasse esse conteúdo a terceiros".

Como bem se refere no acórdão, "a essa natureza não obsta o carácter eventualmente ofensivo ou difamatório do conteúdo das mensagens imputadas (o que vale também para a natureza "conspirativa"), não sendo esses os factores determinantes da sua natureza pessoal ou profissional. Com efeito, o conteúdo dessa correspondência, ainda que visando os representantes da Ré, não tem por objecto a execução de qualquer tarefa que, no âmbito do contrato de trabalho, estivesse cometida ao A., assim como não se insere no âmbito da execução da prestação laboral".

Qualquer acto de intercepção da comunicação contida nesta parte da caixa postal constituirá uma violação dos preceitos referidos anteriormente, sendo que a prova obtida será considerada nula nos termos do art. 32º, nº 8, da CRP[10].

Entende-se, desta forma, que perante suspeitas razoáveis de incumprimentos contratuais por parte do trabalhador, o empregador não poderá controlar o conteúdo sem uma prévia autorização judicial, nos termos do art. 34º da CRP, mesmo que aquele tenha violado as regras estabelecidas pelo empregador, na medida em que a propriedade dos meios não retira a titularidade do direito e a infracção cometida pelo trabalhador é, quando muito, uma infracção disciplinar[11].

Bem esteve, quanto a nós, o Tribunal ao decidir, no seguimento de decisões anteriores, não aceitar como prova o *e-mail* de natureza pessoal.

---

[10] No acórdão pode ler-se, p. 12, que "o conteúdo dessas mensagens que a Ré transcreve e imputa ao A., não tem natureza profissional, estando o seu acesso coberto pelo direito, nos termos das disposições legais citadas, à confidencialidade, o que impede, perante a falta de autorização do A., quer o acesso, pela Ré, ao seu conteúdo, quer a sua divulgação a terceiros e, por consequência, impede também que sobre a factualidade em questão seja produzida prova, mormente testemunhal, que, a ter lugar, seria nula".
Veja-se, no mesmo sentido, o decidido pelo acórdão do STJ, de 5 de Julho de 2007, ao estipular em relação aos *e-mails*, que "X – A tutela legal e constitucional da confidencialidade da mensagem pessoal (arts. 34º, nº 1, 32º, nº 8 e 18º da CRP, 194º, nºs 2 e 3 do CP e 21º do CT) e a consequente nulidade da prova obtida com base na mesma, impede que o envio da mensagem com aquele conteúdo possa constituir o objecto de processo disciplinar instaurado com vista ao despedimento da trabalhadora, acarretando a ilicitude do despedimento nos termos do art. 429º, nº 3 do CT".
[11] Veja-se, neste sentido, GUILHERME DRAY, *Direitos de personalidade – Anotações ao Código Civil e ao Código do Trabalho*, Almedina, Coimbra, 2006, pp. 88-89, escrevendo que "o incumprimento das regras de utilização fixadas nos termos do nº 2 consubstancia uma infracção disciplinar, mas não legitima a violação, pelo empregador, do direito à confidencialidade a que se refere o nº 1". No mesmo sentido *vide* MENEZES LEITÃO, "A protecção dos dados pessoais no contrato de trabalho", *in A reforma do Código do Trabalho*, Coimbra Editora, Coimbra, 2004, p. 135.

Limites à Liberdade de Expressão de Sindicalistas: Comentário à Decisão do TEDH, de 8 de Dezembro de 2009 – *Aguilera Jiménez e outros c. Espanha*[*]

Seis sindicalistas espanhóis foram despedidos em 3 de Junho de 2002 por haverem incorrido em falta grave, após um conflito com o empregador, conflito não só pessoal, como sindical e interpessoal[1].

O sindicato publicava um boletim mensal. Na capa do boletim de Abril de 2002 estava um desenho "que mostrava uma caricatura do director de recursos humanos, sentado numa secretária num escritório onde se encontrava uma pessoa de cócoras e de costas e, ao lado, duas outras pessoas, *A* e *B*, igualmente trabalhadores da sociedade *P.*, que contemplavam a cena e aguardavam para ocupar o lugar do primeiro e satisfazer, por sua vez, o director. Nesse boletim dois artigos denunciavam, com termos rudes e grosseiros, que essas duas pessoas tinham testemunhado a favor da sociedade *P* num processo instaurado pelos requerentes"[2], enquanto representantes sindicais. O boletim foi distribuído entre os trabalhadores

---

[*] Comentário a publicar em número próximo da revista *Questões Laborais*.
[1] O que, sem dúvida, influenciou a decisão adoptada na medida em que os trabalhadores despedidos também tinham criticado vivamente dois colegas de trabalho que tinham testemunhado a favor do empregador num processo judicial que contra este fora movido.
[2] Um dos artigos intitula-se "Témoins...de qui? D'eux-mêmes", aparecendo as caricaturas dos trabalhadores *A* e *B*, com a boca tapada com um lenço e o texto, sendo que o segundo texto intitulava-se "qui loue son cul ne chie pas quand il veut".

e afixado no quadro de avisos do sindicato situado no interior da empresa[3].

Entendendo que o verdadeiro motivo para o despedimento não tinha sido o conteúdo do boletim mas a sua condição de sindicalistas, os trabalhadores recorreram da decisão, primeiro para os tribunais nacionais[4] e, de seguida, para o TEDH, invocando violação dos arts. 10º e 11º da CEDH.

O caso *Aguilera Jiménez e outros c. Espanha*, de 8 de Dezembro de 2009, reveste-se de particular importância uma vez que examina os possíveis

---

[3] No artigo 465º do CT pode ler-se que "o delegado sindical tem o direito de afixar, nas instalações da empresa e em local apropriado disponibilizado pelo empregador, convocatórias, comunicações, informações ou outros textos relativos à vida sindical e aos interesses socioprofissionais dos trabalhadores, bem como proceder à sua distribuição, sem prejuízo do funcionamento normal da empresa".

[4] Em primeiro lugar para o tribunal do trabalho de Barcelona que, a 8 de Novembro de 2002, decidiu que os despedimentos tinham sido justificados e em conformidade com o art. 54.1 e 2 do *Estatuto de los Trabajadores*. O tribunal entendeu que o despedimento tinha sido fundado numa "causa real e séria", relacionada com a publicação e afixação do boletim que continha a caricatura e "dois artigos que eram ofensivos e que implicavam violação da dignidade das pessoas em causa"[682]. O tribunal decidiu ainda que a causa do despedimento baseava-se no conteúdo do boletim e não na filiação sindical dos trabalhadores, considerando que o conteúdo de todo o boletim "era ofensivo e ultrapassava os limites da liberdade de expressão e de informação, traduzindo um atentado à honra e à dignidade do director de recursos humanos, dos dois trabalhadores visados e da própria sociedade".
Os trabalhadores recorreram da decisão e o Supremo Tribunal da Catalunha, em 7 de Maio de 2003, só acolheu parcialmente o recurso relativamente a dois trabalhadores que se encontravam, à data dos factos, em situação de incapacidade temporária e ausentes da sociedade, confirmando o resto da sentença.
Invocando os arts. 20º, 24º e 28º da Constituição Espanhola, os trabalhadores recorreram para o Tribunal Constitucional. Este, a 11 de Janeiro de 2006, não aceitou o recurso porque o consideraram "desprovido de conteúdo constitucional". O tribunal decidiu que o direito à liberdade de expressão não compreende o direito ao insulto. Embora a Constituição não impeça, em todos os casos, a utilização de expressões ofensivas e constrangedoras, não pode abranger expressões "vexatórias que, independentemente da sua veracidade, são ofensivas, vergonhosas e sem pertinência para exprimir as opiniões ou as informações em causa". Os desenhos e os textos utilizados "foram ofensivos e humilhantes para as pessoas em causa e traduziram uma violação da sua honra e reputação". Entendeu, desta forma, que "os desenhos e as expressões não tinham sido necessários para contribuir para a formação da opinião sobre os factos que os trabalhadores pretendiam denunciar, sendo desnecessários para exercer a liberdade de expressão no domínio sindical".

limites à liberdade de expressão de trabalhadores sindicalistas, colocando questões de inegável interesse para o Direito do trabalho relacionadas com situações de injúria e de difamação[5] e, também, abordando, mais uma vez, o efeito horizontal da CEDH nas relações entre particulares, nomeadamente em matéria de despedimento com justa causa[6].

O que nos parece revestir enorme importância neste caso é a questão sobre o eventual grau de tolerância perante um documento injurioso[7] publicado num boletim sindical e se este deve ser enquadrado no conceito de exercício da liberdade sindical. Será que a liberdade de expressão dos sindicalistas, à semelhança da dos jornalistas[8][9], merecerá maior pro-

---

[5] Os sindicatos são associações que, com o objectivo de defender interesses dos trabalhadores poderão utilizar processos que, por vezes, suscitam várias questões jurídicas. Neste sentido veja-se a decisão da *Cour de Cassation*, de 5 de Março de 2008, referida por JEAN-EMMANUEL RAY, "Actualité des TIC", *in DS*, nº 3, 2010, p. 53, nota nº 53, p. 277, em que um sindicato tinha difundido informações confidenciais no seu *site* da *internet* e onde se pode ler que: "se um sindicato tem o direito de comunicar livremente informações no seu *site* de *internet*, essa mesma liberdade pode ser limitada na medida em que seja necessário para evitar que a divulgação de informações confidenciais produza um atentado aos direitos de terceiros". No nosso ordenamento jurídico, o art. 412º, nº 1, do CT, com a epígrafe: *Informações confidenciais*, prescreve que "o membro de estrutura de representação colectiva dos trabalhadores não pode revelar aos trabalhadores ou a terceiros informações que tenha recebido, no âmbito de direito de informação ou consulta, com menção expressa da respectiva confidencialidade". Conforme refere LUIS GONÇALVES DA SILVA, na anotação a este artigo *in* PEDRO ROMANO MARTINEZ e outros, *Código do Trabalho Anotado*, 7ª edição, Almedina, Coimbra, 2009, p. 921, este dever de confidencialidade é facilmente compreensível devido "aos efeitos nefastos que pode ter a divulgação de informação interna de uma empresa". Cf., ainda, PAULA QUINTAS, "O *Direito* à Palavra no Mundo do Trabalho: Liberdade de Expressão ou Delito de Opinião", *in PDT*, nºs 76-77-78, 2007, pp. 155 e ss..

[6] Vejam-se os casos decididos anteriormente pelo TEDH, *Schmidt et Dahlström c. Suede*, de 6 de Fevereiro de 1976, sobretudo § 33-36, acerca do direito à greve e sindicatos, *Young, James et Webster c. Royaume Uni*, de 13 de Agosto de 1981, sobretudo § 55, relacionado com a liberdade sindical negativa e de um acordo de *closed shop*. Cf., ainda, e sobretudo, o caso *Fuentes Bobo c. Espagne*, de 29 de Fevereiro de 2000, relativo ao despedimento de um jornalista da televisão espanhola.

[7] Veja-se nota nº 2 e o caso, § 6.

[8] No caso *Fuentes Bobo c. Espagne*, já referido anteriormente, o tribunal entendeu que o despedimento de um realizador que numa entrevista radiofónica tinha criticado o seu empregador de forma ofensiva e grosseira, tinha violado o seu direito à liberdade de expressão prevista no art. 10º da CEDH, porque ocorridas num quadro de conflito de trabalho, no seio de um debate público. Cf. JEAN-PAUL COSTA, "La liberté d'expression selon la jurisprudence de la Cour européenne des droits de l'homme de Strasbourg", *in Actualité et Droit International*, juin 2001,

tecção e tolerância superior, de forma a que não fique a liberdade sindical esvaziada de conteúdo[10]?

O TEDH, contudo, não decidiu desta forma. Em 8 de Dezembro de 2009 sustentou que e a liberdade de expressão, consagrada no art. 10º, nº 1, da CEDH, constitui um dos "fundamentos essenciais de uma sociedade democrática, uma das condições do seu progresso e do desenvolvimento de cada um"[11]. Entendeu, ainda, que sem prejuízo do disposto no nº 2 deste artigo, este direito abrange não só as ideias que são consideradas como inofensivas ou que geram indiferença mas também "as que chocam, ofendem, ou inquietam o Estado ou um sector da população", na medida em que o pluralismo, a tolerância e "o espírito de abertura" são essenciais para que possamos estar numa "sociedade democrática"[12]. As

___

www.ridi.org/adi, p. 3, WAQUET, *L'entreprise et les libertés du salarié – du salarié-citoyen au citoyen-salarié*, Editions Liaisons, Paris, 2003, pp. 183-184. Cf., ainda, BARBARA PALLI, "La liberté syndicale aux prises avec la liberté d'expression", *in DO*, nº 742, Maio 2010, pp. 282-283, e J.-P. MARGUÉNAUD e J. MOULY, "Licenciement, droit à la liberté d'expression du salarié et principe de proportionnalité", *in D.*, 2001, 574.

[9] Os jornalistas são vistos pelo Tribunal Europeu como uma espécie de *chien de garde*, ou *watchdog*, sendo as limitações à liberdade de expressão nos artigos de imprensa extremamente restritivas. São considerados como *Chiens de garde de la démocratie*, não podendo desempenhar correctamente o seu papel de informação sem protecção contra todas as pressões políticas ou económicas. Veja-se, a título meramente exemplificativo, o caso *Urbano Rodrigues c. Portugal*, de 29 de Novembro de 2005, onde, no § 25, ii, se pode ler em relação à imprensa que "Se esta não deve ultrapassar os limites fixados com o objectivo, em particular, da «protecção da reputação de outrem», incumbe-lhe no entanto comunicar informações e ideias sobre as questões políticas bem como sobre os outros temas de interesse geral. A garantia que o artigo 10º oferece aos jornalistas no que respeita às contas que prestam sobre as questões de interesse geral é subordinada à condição que os interessados agem de boa fé de forma a fornecer informações exactas e dignas de crédito no respeito da deontologia jornalística". Cf., ainda, *Bladet Tromsø et Stensaas c. Norvège* [GC], nº 21980/93, nº 65, CEDH, 1999, III, sendo que, para o Tribunal a mesma regra deve aplicar-se às outras pessoas que se empenham no debate público, tendo o TEDH reconhecido que "a liberdade jornalística compreende também o possível recurso a uma determinada dose de exagero, mesmo de provocação" – caso *Bladet Tromsø* §59, ou *Präger et Oberschlick c. Autriche*, acórdão de 26 de Abril de 1995, §38).

[10] Veja-se, em idêntico sentido, BARBARA PALLI, *op.* cit., p. 282.

[11] Caso *Aguilera Jiménez*, § 25.

[12] Vejam-se os casos *Handyside*, de 1976, *Muller et autres c. Suisse*, de 24 de Maio de 1988, *Jersild c. Danemark*, de 23 de Setembro de 1994, *Janowski c. Pologne* [GC], nº 25716/94, nº 30, CEDH 1999-I, e *Nilsen et Johnsen c. Norvège*, [GC], nº 23118/93, nº 43, CEDH 1999-VIII.

eventuais excepções a este direito têm de ser interpretadas muito restritamente e sempre atendendo à existência de uma "necessidade social imperiosa".

A verificação do carácter "necessário numa sociedade democrática" da ingerência litigiosa impõe que o Tribunal averigue se esta corresponde a uma "necessidade social imperiosa", se é proporcional aos fins legítimos prosseguidos e se os fundamentos apresentados pelas autoridades nacionais para a justificarem são pertinentes e suficientes[13].

Para determinar se existe tal *necessidade* e que medidas devem ser adoptadas para lhe dar resposta, as autoridades nacionais gozam de uma certa margem de apreciação. Porém, esta não é ilimitada e está sujeita ao controlo exercido pelo Tribunal Europeu que decide em última instância se uma restrição se concilia com a liberdade de expressão tal como decorre do artigo 10º. O Tribunal não tem o papel, quando exerce esta função, de se substituir às jurisdições nacionais: trata-se apenas de controlar, à luz do artigo 10º e do contexto do caso, se as decisões proferidas estão em conformidade com o seu poder de apreciação[14].

No caso em apreço o Tribunal tinha que decidir se a sanção imposta aos trabalhadores estava de acordo com esta "necessidade social imperiosa" e se tinha sido proporcional ao fim legítimo pretendido, devendo ainda ter que verificar se os motivos invocados pelas autoridades nacionais tinham sido "pertinentes e suficientes"[15].

O TEDH entendeu que os tribunais nacionais, "graças aos seus contactos directos e constantes com a realidade do país, estão em melhor posição que o juiz internacional para precisar onde se situa o equilíbrio a realizar"[16], subtraindo-se, pois, do seu controlo de apreciação.

Assim, decidiu que o conteúdo dos dois artigos dos trabalhadores não se enquadrava em nenhum debate público relativamente a questões de interesse geral mas a questões específicas da sociedade empregadora. Entendeu, ainda, que o desenho e os textos constituíam, pelo seu tom e gravidade, ataques pessoais, ofensivos e gratuitos, sem qualquer necessi-

---

[13] Acórdão *Sunday Times c. RoyaumeUni*, de 26 de Abril de 1979, § 62.
[14] Ver, quanto a este ponto, a decisão muito recente, de 6 de Maio de 2010, *Brunet Lecomte et Lyon Mag c. France*.
[15] Tal, aliás, como o decidido em 29 de Fevereiro de 2000, no caso *Fuentes Bobo c. Espagne*,.
[16] *Aguilera Jiménez*, § 33.

dade para a defesa dos interesses dos trabalhadores, tendo estes ultrapassado os limites aceitáveis do seu direito de crítica, concluindo pela exclusão de qualquer violação do art. 10º da CEDH.

Prima facie, esta decisão parece-nos criticável porque exclui imediatamente a aplicação do art. 11º da Convenção, relacionado com a liberdade de associação.

Somos de opinião que, no caso em análise, não é possível deixar de considerar que os acontecimentos imputados aos trabalhadores ocorreram porque eles agiram enquanto representantes sindicais, num período imediatamente a seguir a um litígio com a empresa. Atendendo a estes factos, acompanhamos o voto de vencido do juiz POWER, quando entende que a sanção que lhes é aplicada, a sanção máxima, só poderá ser utilizada como a *ultima ratio* e quando a subsistência da relação de trabalho seja praticamente impossível, obrigando a uma análise rigorosa do princípio da proporcionalidade.

Por outro lado, parece-nos que teria sido preferível ter-se analisado se o despedimento constituiu uma "ingerência injustificada no exercício dos direitos dos trabalhadores à luz do art. 11º"[17], na medida em que o facto de os trabalhadores terem o estatuto de representantes sindicais não pode ser esquecido. Neste caso a liberdade de expressão está intrinsecamente relacionada com a liberdade de associação e com o estatuto dos trabalhadores.

A necessária conciliação de direitos que terá de ocorrer não poderá implicar que os trabalhadores sindicalistas, com receio ou medo de sanções disciplinares, deixem de cumprir o seu papel, que é o de defender e tentar fazer valer os direitos dos seus associados.

O TEDH já decidiu em diversos arestos que a liberdade de expressão constitui um dos fundamentos essenciais da existência de uma sociedade democrática, limitando-se o seu papel ao de assegurar que toda a ingerência ao exercício deste direito esteja prevista em lei e que vise atingir um fim legítimo e necessário numa sociedade democrática.

---

[17] Secundando o juiz POWER.

Considerando esta situação, parece-nos[18] que o TEDH não teve em suficiente consideração os factos particulares do caso. Não se afigura que seja irrelevante, bem pelo contrário, o facto de os trabalhadores pertencerem à direcção de um sindicato muito recentemente constituído pelo impulso dos próprios. E embora a situação dos sindicalistas e jornalistas não seja totalmente equivalente, não pode deixar de ter-se em linha de conta que o papel dos primeiros é o de defender, maioritariamente perante o empregador[19], os interesses públicos do sindicato e dos seus associados nas matérias da sua competência[20].

Os sindicalistas tinham o direito de proteger os interesses dos trabalhadores filiados no sindicato e de manifestar as suas opiniões. As publicações em causa foram feitas imediatamente após um litígio social e, embora os trabalhadores se tenham exprimido num tom grosseiro, provocatório e, até, insultuoso, não pode ser esquecido todo o contexto[21].

---

[18] Tal como ao juiz POWER no seu voto de vencido.

[19] GOMES CANOTILHO e VITAL MOREIRA, *Constituição da República Portuguesa Anotada – arts. 1º a 107º*, 4ª edição, Coimbra Editora, Coimbra, 2007, p. 730, escrevem, a propósito do art. 55º da CRP, que o propósito do sindicato é o de defender os direitos e interesses dos trabalhadores.

[20] A CRP, no art. 46º consagra o direito geral de associação, entendendo-o como um direito, liberdade e garantia pessoal, e, depois, especificamente em relação às associações sindicais, os arts. 55º e 56º. O art. 56º nº 1, estabelece que compete às associações sindicais "defender e promover a defesa dos interesses dos trabalhadores que representem". Também o art. 440º, nº 1 do CT estabelece que "os trabalhadores têm o direito de constituir associações sindicais a todos os níveis para defesa e promoção dos seus interesses sócio-profissionais".

[21] Numa outra decisão, onde estavam em causa imagens que poderiam ser consideradas bastante ofensivas, o tribunal considerou que existia uma violação do art. 10º. Trata-se do caso *Vereinigung Bildender Künstler c. Autriche*, de 25 de Janeiro de 2007. Nesta decisão estava em causa a liberdade de expressão na sua vertente de liberdade artística. A *Vereinigung Bildender Künstler* era uma associação de artistas que de 3 de Abril a 21 de Junho de 1998 decidiu organizar uma exposição, aberta ao público mediante um pequeno pagamento, intitulada *O século da liberdade artística*. Entre as várias obras expostas estava uma intitulada "Apocalipse", que consistia numa colagem que mostrava diversas personalidades como a Madre Teresa, o Cardeal austríaco Hermann Groer e o ex-presidente do Partido Austríaco da Liberdade (FPÖ), Jorg Haider, em posições sexuais. Os corpos nus dos personagens foram pintados, enquanto as cabeças e os rostos eram representadas por fotografias ampliadas de jornais. Os olhos de alguns personagens foram escondidos por uma linha preta. Este foi o caso do Sr. Meischberger, secretário-geral do Partido da Liberdade até 1995, que na altura era deputado, mandato que manteve até finais de 1999.
Estas imagens parecem-nos que poderão ser muito mais chocantes, escandalosas e ofensivas do que as publicações em causa, atendendo, até, ao seu carácter completamente público.

Não pode deixar de atender-se que todas as limitações ao art. 10º, nº 1, da CEDH, têm de respeitar o princípio da proporcionalidade, sobretudo na vertente da necessidade, relacionada com a existência de uma "necessidade social imperiosa"[22].

Assim, somos de opinião que o Tribunal não procedeu a um controlo de proporcionalidade correcto na medida em que não nos parece que tivesse em devida conta o estatuto sindical dos trabalhadores visados nem todo o contexto global da situação em apreço.

E embora tenha referido, e quanto a nós muito bem, que os membros de um sindicato "podem e devem fazer valer perante os empregadores as suas reivindicações para tentar melhorar a situação dos trabalhadores no seio da empresa. Se as suas ideias, propostas e acções podem ser acolhidas favoravelmente, elas podem também chocar, ferir ou inquietar. Um sindicato que não pode exprimir livremente as suas ideias dentro deste quadro seria automaticamente esvaziado do seu objectivo e do seu conteúdo", não retirou qualquer consequência das suas próprias afirmações. Pelo contrário. Na verdade, considerou, ainda, que, diferentemente do caso *Fuentes Bobo c. Espagne*, "os termos litigiosos não tinham sido proferidos no quadro de uma troca oral, rápida e espontânea, e antes que se tratava de expressões e opiniões escritas, publicadas e afixadas no seio da

---

Contudo, o Tribunal entendeu qualificar a situação como uma "caricatura das pessoas em causa através de elementos satíricos", relembrando que "a sátira é uma forma de expressão artística e de comentário social que, para além de um certo exagero e deformação da realidade, visa naturalmente provocar e agitar", considerando que a sanção aplicada tinha sido desproporcionada perante o fim pretendido e violava o art. 10º da CEDH.

Ora, no caso em análise, também poderá considerar-se que os trabalhadores recorreram à sátira e à caricatura, exagerando e deformando a realidade, para conseguirem provocar alguma agitação. Não se nos afigura que ocorram tantas diferenças entre estes dois arestos que justifiquem decisões tão díspares e, principalmente, se atendermos que a sanção para os trabalhadores implicou a perda do seu trabalho e do seu *ganha pão*.

[22] É certo que numa decisão de 5 de Março de 2009, *Barraco c. France*, o TEDH, decidiu que a liberdade de reunião não exclui uma condenação por entrave à circulação. No caso estavam em causa vários motoristas que, no quadro de uma acção sindical, decidiram ocupar toda a faixa de rodagem e conduzir muito lentamente. Após várias tentativas de conciliação, os motoristas foram condenados por delito de entrave à circulação. O Tribunal Europeu, após ter analisado o caso à luz do § 26, "liberdade de reunião pacífica", e relacionando-o com o direito à liberdade de expressão consagrado no art. 10º, entendeu que a restrição não foi "desproporcionada face à finalidade pretendida" – § 48.

sociedade do empregador", que relevavam de um assunto interno e que não tinham sido proferidas num quadro de debate geral, público, sobre o assunto.

Reconhecendo que a questão não é linear e que os actos dos trabalhadores sindicalistas foram grosseiros, ofensivos e chocantes, revestindo uma certa gravidade, não se nos afigura, contudo, atendendo a todas as circunstâncias do caso, que a sanção disciplinar máxima aplicada tivesse sido adequada. Não nos parece, atendendo aos princípios defendidos pelo TEDH em matéria de exercício do direito à liberdade de expressão, que estivéssemos perante uma "necessidade social imperiosa", nem "necessária numa sociedade democrática" que justificasse a aplicabilidade daquela sanção disciplinar.

Somos de opinião que no caso concreto não foi provada a "necessidade social imperiosa" que originasse a necessidade de aplicação aos trabalhadores da sanção mais grave, expulsiva. Parece-nos que, atendendo ao princípio da proporcionalidade, e não negando que os factos praticados pelos trabalhadores revestem gravidade, podendo ferir direitos fundamentais de outros, poderia ter sido aplicada aos trabalhadores uma sanção menos grave, nomeadamente a suspensão, respeitando o princípio da proporcionalidade. Somos de opinião que o despedimento não foi necessário nem proporcional ao fim pretendido[23].

Parece-nos, ainda, que após esta decisão do TEDH, a liberdade de expressão dos sindicalistas encontra-se particularmente cerceada, embora não possa ser esquecido o contexto particularmente ofensivo das publicações em causa.

---

[23] Secunda-se a opinião dissidente do juiz POWER.

Discriminação com Base na Orientação Sexual dos Trabalhadores: Anotação ao Acórdão do TJUE, *Jürgen Römer vs. City of Hamburg*, de 5 de Maio de 2011, Processo C-147/08

Sumário:
"1) A Directiva 2000/78/CE do Conselho, de 27 de Novembro de 2000, que estabelece um quadro geral de igualdade de tratamento no emprego e na actividade profissional, deve ser interpretada no sentido de que não escapam ao seu âmbito de aplicação material, nem em razão do seu artigo 3º, nº 3, nem em razão do seu vigésimo segundo considerando, as pensões complementares de reforma como as pagas aos antigos empregados da Freie und Hansestadt Hamburg e aos seus sobrevivos a título da Lei do *Land* de Hamburgo relativa às pensões complementares de reforma e de sobrevivência dos trabalhadores da *Freie und Hansestadt Hamburg* (*Erstes Ruhegeldgesetz der Freien und Hansestadt Hamburg*), na sua versão de 30 de Maio de 1995, que constituem remuneração na acepção do artigo 157º TFUE.

2) As disposições conjugadas dos artigos 1º, 2º e 3º, nº 1, alínea c), da Directiva 2000/78 opõem-se a uma disposição nacional como o § 10, nº 6, da referida lei do *Land* de Hamburgo, por força da qual um beneficiário que é parceiro numa união de facto registada recebe uma pensão complementar de reforma de montante inferior à atribuída a um beneficiário casado que não viva duradouramente separado, se,

– no Estado-Membro em questão, o casamento estiver reservado a pessoas de sexo diferente e coexistir com uma união de facto como a prevista pela Lei da união de facto registada (*Gesetz über die Eingetragene Lebenspartnerschaft*), de 16 de Fevereiro de 2001, que está reservada a pessoas do mesmo sexo, e
– existir uma discriminação directa em razão da orientação sexual devido a, no direito nacional, o referido parceiro numa união de facto registada se encontrar numa situação jurídica e factual comparável à de uma pessoa casada no que respeita à referida pensão. A apreciação da comparabilidade é da competência do órgão jurisdicional de reenvio e deve centrar-se nos direitos e obrigações respectivos dos cônjuges e das pessoas vinculadas por uma união de facto registada, tais como são regidos no quadro das correspondentes instituições, que sejam pertinentes tendo em conta o objectivo e as condições de atribuição da prestação em questão.
3) Na hipótese de o § 10, n.º 6, da referida lei do *Land* de Hamburgo relativa às pensões complementares de reforma e de sobrevivência dos trabalhadores da *Freie und Hansestadt Hamburg*, na sua versão de 30 de Maio de 1995, constituir uma discriminação na acepção do artigo 2º da Directiva 2000/78, o direito à igualdade de tratamento só poderá ser invocado por um particular como o recorrente no processo principal após o termo do prazo de transposição da referida directiva, a saber, a partir de 3 de Dezembro de 2003, e isto sem que tenha de esperar que a referida disposição seja posta em conformidade com o direito da União pelo legislador nacional.".

1. O acórdão em análise reveste-se de relevo porque, mais uma vez, o Tribunal de Justiça da União Europeia teve de debruçar-se sobre a igualdade de tratamento no emprego e na actividade profissional e sobre a discriminação baseada na orientação sexual.

Anteriormente podem ser mencionadas várias decisões sobre a problemática da discriminação com base na orientação sexual.

A primeira reporta-se ao processo nº C-13/94, de 30 de Abril de 1996, *P. e S. e Cornwall County Council*. Tratava-se de uma sentença que analisava o despedimento de um transexual que começou por prestar os seus serviços como administrativo de um colégio e que, posteriormente, decidiu realizar uma intervenção cirúrgica de mudança de sexo tendo sido despedido antes da operação definitiva embora já tendo realizado várias operações que lhe trouxeram algumas mudanças parciais, pelo que o empregador já sabia da sua intenção em mudar totalmente, até porque P. já tinha comunicado a S., director e responsável administrativo do estabelecimento em causa, a sua intenção de se submeter à intervenção cirúrgica. Quando P. comunicou que voltaria ao trabalho vestido de mulher a administração do estabelecimento de ensino dispensou-o de todo e qualquer serviço. Em 13 de Março de 1993 P. intentou uma acção alegando ter sido vítima de discriminação em função do sexo mas o estabelecimento de ensino alegou, por seu lado, que P. tinha sido despedido por "excesso de pessoal".

O tribunal *a quo* considerou que embora existisse "excesso de pessoal", o verdadeiro motivo de despedimento tinha sido a oposição do Conselho de Administração do estabelecimento à intenção de P. se submeter a uma intervenção cirúrgica para mudança de sexo. Este tribunal recorreu a título prejudicial para o Tribunal de Justiça que sustentou que a Directiva 76/207/CEE, de 9 de Fevereiro, não pode reduzir-se unicamente às discriminações que derivam da pertença a um ou a outro sexo, pois tendo em atenção os princípios e os objectivos que visa alcançar tem de entender-se aplicável igualmente às discriminações que ocorrem por mudança de sexo pois tais discriminações fundam-se essencialmente sobre o sexo do interessado. Portanto, quando uma pessoa é despedida por ter a intenção de se submeter a uma intervenção cirúrgica de mudança de sexo recebe um tratamento desfavorável perante as pessoas do sexo ao qual se considerava que pertencia anteriormente. Defendeu ainda que "tolerar tal discriminação suporia atentar contra o respeito que é devido à dignidade e à liberdade que a essa pessoa tem direito e que o Tribunal de Justiça deve proteger".

Numa outra decisão do Tribunal de Justiça de 17 de Fevereiro de 1998, processo nº C-249/96, *Lisa Grant v. South West Trains, Ltd.*, existiu como que um retorno a uma concepção mais clássica da ideia de discriminação por razão de sexo. No caso em apreço estava em causa averiguar se a recusa por parte da empresa *South West Trains* de conceder benefícios nos transportes à companheira da trabalhadora constituía uma discriminação em função do sexo. Na cláusula 18 da convenção colectiva de trabalho previa-se que a trabalhadora teria direito a transportes gratuitos e a reduções no preço dos transportes aplicáveis aos casais unidos tanto por um vínculo matrimonial como àqueles casais heterossexuais que vivessem em união de facto. Perante esta cláusula a trabalhadora pretendia que se concedessem reduções nos transportes à sua companheira com quem tinha uma ligação estável há mais de dois anos. O empregador recusou-se a conceder esta redução baseando-se no fundamento de que para casais não casados o direito pressupõe que sejam de sexo oposto. A Sr.ª Grant interpôs um processo no Tribunal de Southampton invocando que esta recusa constituía uma discriminação por razão de sexo, contrária à *Equal Pay Act* de 1970, ao art. 119º do TCE e à Directiva 76/207/CEE, referindo ainda que o seu antecessor no posto de trabalho – um homem – tinha declarado manter uma relação estável com uma mulher há mais de dois anos tendo conseguido obter a redução nos transportes.

Perante este caso o tribunal *a quo* colocou várias questões prejudiciais perante o Tribunal de Justiça. Apesar das expectativas criadas, devido ao caso referido anteriormente, este Tribunal considerou que "no estado actual do direito no seio da Comunidade, as relações estáveis entre duas pessoas do mesmo sexo não são assimiláveis às relações entre pessoas casadas ou às relações estáveis fora do casamento entre pessoas de sexo diferente. Consequentemente, um empregador não é obrigado a assimilar a situação de uma pessoa que tem uma relação estável com um parceiro do mesmo sexo à de uma pessoa que é casada ou que tem uma relação estável fora do casamento com uma pessoa do sexo oposto". Para este Tribunal a discriminação por razão de sexo não abarca a discriminação por razão de orientação sexual, entendendo ainda que o art. 119º do Tratado deve entender-se segundo o seu teor literal e o seu objectivo, assim como o lugar que ocupa no sistema do Tratado e no contexto jurídico em que se integra, pelo que o TJCE concluíu que tal preceito não poderia tutelar este tipo de discriminação por razão de orientação sexual.

Diferentemente do que ocorreu na decisão anterior, o Tribunal somente analisa se a conduta empresarial vulnera o artigo 119º do Tratado, a Directiva 76/207/CEE e a Directiva 75/117/CEE, sem ter em atenção outro tipo de valores como seria se a conduta afectasse a dignidade do trabalhador ou o livre desenvolvimento da sua personalidade.

Ainda numa outra decisão do Tribunal de Justiça de 31 de Maio de 2001, processos apensos C-122/99 e C-125/99, *D e Reino da Suécia contra Conselho da União Europeia*, voltou a colocar-se a questão do reconhecimento das uniões de facto entre pessoas do mesmo sexo. No caso em apreço D, funcionário do Conselho da União Europeia, mantinha desde Junho de 1995, uma união de facto registada segundo a lei sueca com uma pessoa do mesmo sexo. Com base nesta solicitou ao Conselho que equiparasse o seu estado de parceiro registado ao de casado para poder beneficiar do abono de lar.

Analisando quer a decisão, quer as conclusões do advogado-geral, há a referir que, em primeiro lugar, o Conselho não contestou o estado civil de D no direito sueco, que é o de parceiro registado, nem a documentação correspondente apresentada pelas autoridades suecas. A questão que se coloca é a de saber se este estado civil de parceiro registado deve ser equiparado ao de pessoa casada no âmbito de aplicação do Estatuto dos Funcionários das Comunidades Europeias. O Tribunal decidiu que o conceito de casamento segundo a definição comummente aceite pelos Estados-Membros designa uma união entre duas pessoas de sexo diferente e que, muito embora desde 1989 um número cada vez maior de Estados-membros tenham vindo a instituir, ao lado do casamento, regimes legais que estabelecem o reconhecimento jurídico através de diversas formas de relações entre parceiros do mesmo sexo ou de sexo diferente, existe, contudo, ainda uma grande diversidade e heterogeneidade nestes regimes e que têm sido sempre entendidos como diferentes do casamento Tendo em atenção esta situação o Tribunal não considerou que pudesse interpretar o Estatuto de forma a equiparar o casamento a situações legais que dele são distintas, tendo sido só às pessoas casadas que o Estatuto pretendeu conceder o benefício do abono do lar.

Também no que concerne à violação da igualdade de tratamento que existe entre os funcionários em virtude da sua orientação sexual, o Tribunal entendeu que não era o sexo do parceiro que constituía a condição da concessão do abono do lar mas sim a natureza jurídica da relação que o une ao funcionário. Mais, entendeu que o princípio da igualdade de tratamento só pode aplicar-se a pessoas que estejam em situações comparáveis e, dada a grande diversidade de regimes em relação ao reconhecimento das uniões de facto entre pessoas do mesmo sexo ou de sexo diferente, e por existir uma falta de equiparação, nalgumas situações, ao casamento, esta é de afastar.

Nesta decisão do Tribunal não estava em causa uma discriminação com base na orientação sexual já que, independentemente dela, a união de facto não poderia ser equiparada ao casamento, aliás conforme este

Tribunal referiu, dada a enorme diversidade e heterogeneidade de regimes existentes nos vários Estados-Membros. Esta parece-nos ser uma das diferenças com a decisão anterior já que naquela era conferida a redução do preço aos trabalhadores não unidos por um vínculo matrimonial mas com pessoas de sexo diferente e não o era a pessoas que mantinham uma união de facto com outras pessoas do mesmo sexo.

Por último, relativamente ao processo C-117/01 e às conclusões apresentadas pelo advogado-geral em 10 de Junho de 2003, estava em causa um pedido de decisão prejudicial apresentado pelo *Court of Appeal* do Reino Unido. Os factos eram os seguintes: K. B. era uma trabalhadora britânica que pretendia que o seu companheiro R, que se tinha submetido a uma operação de mudança de sexo de mulher para homem, pudesse, um dia, ter direito à pensão de viuvez que lhe corresponderia como cônjuge sobrevivo. A legislação actual do Reino Unido impede o casamento de um transexual com base no seu novo sexo e, por isso, a trabalhadora considera-se vítima de uma discriminação sexual de carácter salarial.

Nas conclusões do advogado-geral refere-se, logo à partida, que "é jurisprudência reiterada que as prestações obtidas em virtude de um regime de pensões, que é função do emprego que ocupava o interessado, fazem parte da remuneração". Por outro lado, socorrendo-se do defendido na decisão *P.S.* de 1996, defende que "o âmbito de aplicação da Directiva não pode reduzir-se apenas às discriminações resultantes da pertença a um ou outro sexo, incluindo aquelas que têm a sua origem na mudança de sexo do interessado". Após uma análise de vária jurisprudência comunitária chega à conclusão que a impossibilidade dos transexuais britânicos casarem com base no seu novo sexo fisiológico é contrária a um princípio geral de Direito comunitário e por vários motivos. Em primeiro lugar, "é jurisprudência assente do Tribunal de Justiça que, em matéria de direitos fundamentais, o conteúdo dos princípios gerais do direito comunitário tem de ser averiguado a partir das tradições constitucionais comuns aos Estados-Membros, à luz das indicações obtidas dos instrumentos internacionais relativos à protecção dos direitos humanos ratificados pelos Estados-Membros [...] e a Convenção Europeia dos Direitos do Homem reveste especial relevância". Não se pode deixar de ter em atenção que na maioria dos Estados-membros é aceite a possibilidade do casamento dos transexuais com pessoas do seu sexo biológico já que é possível a mudança do registo civil e, assim, "esta circunstância deve bastar [...] para que este direito faça parte do património jurídico comum". Há ainda que atender às decisões do TEDH de 11 de Julho de 2002. Com base nelas este direito faz parte do conteúdo do art. 12º da Convenção. O problema que surge neste caso é o de que se trata de uma discriminação que não afecta imediatamente o gozo de um direito protegido pelo Tratado mas um dos seus pressupostos: a capacidade para contrair casamento. Mas, conforme o advogado-geral conclui, trata-se de uma questão que diz respeito à dignidade e liberdade a que os transexuais têm direito e, por isso, considera que a resposta à questão submetida pelo *Court of Appeal* do Reino Unido deveria ser: "A proibição da discriminação em razão do sexo, consagrada no art. 141º CE opõe-se a uma legislação nacional que, ao negar o direito dos transexuais a contraírem casamento em conformidade com o seu sexo adquirido, os priva de aceder a uma pensão de viuvez".

O Tribunal decidiu este caso no Acórdão de 7 de Janeiro de 2004 e seguiu a opinião do advogado-geral já que defendeu que "uma legislação como a que está em causa no processo principal, que, em violação da CEDH, impede um casal, como K.B. e R., de preencher a condição de casamento necessária para que um deles possa beneficiar de um elemento de remuneração do outro deve ser considerada, em princípio, incompatível com as exigências do artigo 141º CE.".

Uma outra decisão que reveste grande importância para o caso em análise é a decisão *Tadao Maruko vs. VddB*, processo nº 267/06, de 1 de Abril de 2008[1]. Esta decisão situa-se no âmbito da igualdade de tratamento do emprego e na actividade profissional, e analisa a aplicação da Directiva 2000/78/CE.

Neste caso colocava-se a questão de saber se seria considerada discriminação com base na orientação sexual a recusa de concessão de prestações de sobrevivente a parceiros do mesmo sexo previstas por um regime socioprofissional de pensões de inscrição obrigatória.

A matéria de facto deste caso era a seguinte: Em 8 de Novembro de 2001, T. Maruko constituiu, nos termos do §1 da *LPartG*, na sua versão inicial, uma união de facto com um desenhador de vestuário para teatro.

---

[1] *Vide* sobre este decisão, entre outros, MARINA NICOLOSI, "Le discriminazioni per orientamento sessuale: osservazioni a margine della sentenza *Maruko*", *in ADL*, nº 1, 2010, pp. 289 e ss..

Este esteve inscrito na *VddB* desde 1 de Setembro de 1959 e continuou a pagar as contribuições para esta caixa a título voluntário durante os períodos em que não esteve inscrito a título obrigatório.

O parceiro de *T. Maruko* morreu em 2005. Perante esta situação o Sr. *Maruko* requereu uma pensão de viúvo à *VddB*. Esta última, contudo, indeferiu o pedido pelo facto dos seus estatutos não preverem os benefícios para os parceiros sobrevivos.

T. Maruko interpôs recurso para o Tribunal. Na sua opinião, a recusa da *VddB* violava o princípio da igualdade de tratamento na medida em que, a partir de 1 de Janeiro de 2005, o legislador alemão estabeleceu uma equiparação entre a união de facto e o casamento, introduzindo nomeadamente o § 46, n.º 4, no Código da Segurança Social. O facto de não conceder a uma pessoa, após a morte do seu parceiro, o benefício de prestações de sobrevivência nas mesmas condições que a um cônjuge sobrevivo constituía uma discriminação baseada na orientação sexual da referida pessoa. Segundo *T. Maruko*, os parceiros são tratados de forma menos favorável do que os cônjuges, embora, como estes, se devam mutuamente auxílio e assistência, se obriguem mutuamente a uma comunhão de vida e assumam responsabilidades um em relação ao outro, sendo que o regime de bens dos parceiros na Alemanha é equivalente ao dos cônjuges.

Várias são as questões importantes neste acórdão, mas apenas faremos referência à discriminação baseada na orientação sexual, parecendo-nos de grande importância o defendido nas Conclusões pelo advogado-geral RUIZ-JARABO COLOMER, que entendeu na conclusão n.º 78 que: "direito à não discriminação em razão da orientação sexual integra-se no artigo 14.º da Convenção Europeia para a Protecção dos Direitos do Homem e das Liberdades Fundamentais de 1950, e é explicitamente acolhido no artigo 21.º da Carta dos Direitos Fundamentais da União Europeia. O seu carácter fundamental implica, segundo o artigo 6.º UE, que a União garanta o seu respeito".

Acresce que, nas conclusões n.ºs 83 a 86, refere-se à evolução do conceito de igualdade e não discriminação que passou a abranger, também, a orientação sexual, deixando para trás preconceitos enraizados contra determinados grupos. Na verdade, a homossexualidade, a bissexualidade e a transexualidade têm sido desde sempre objecto de críticas severas por parte da sociedade e têm originado exclusão social, exclusão esta que conduz muitas vezes a actos discriminatórios com uma enorme transcendência jurídica nas diversas facetas do Direito[2] [3].

[2] "Juntamente com o princípio da livre circulação, o princípio da igualdade é o mais tradicional e arreigado no ordenamento jurídico europeu; além disso, evoluiu com o tempo, superando os limites da equiparação remuneratória entre trabalhadores masculinos e femininos e alargando-se a outros contextos e sujeitos, como mostra a referida Directiva 2000/43. Desde a sua precoce aparição no Tratado, foi sendo sucessivamente ampliado e fortalecido, convertendo-se num «quadro geral» para impedir as desigualdades injustificadas e promover uma identidade de tratamento real e efectiva.
Pelo caminho ficaram os preconceitos morais e a rejeição social contra grupos em que existiam certas especificidades relativas ao sexo. Assim, embora a luta tenha tido início para combater as discriminações da mulher, o impulso seguinte foi dirigido contra as que afectavam os homossexuais – com um primeiro passo para despenalizar as relações entre pessoas do mesmo sexo – ou os transexuais, às quais se juntam as relativas à bissexualidade.
O Tratado de Amesterdão propôs-se ampliar o princípio, como se depreende do artigo 13º, nº 1, CE, que evidencia uma preocupação em abolir todas as discriminações em razão da opção sexual.
A incorporação no Tratado do direito ao respeito pela orientação sexual assume maior relevo quando se observa que nem todos os Estados-Membros repudiavam este tipo de discriminação e que a Convenção Europeia para a Protecção dos Direitos do Homem e das Liberdades Fundamentais também não o menciona, ainda que o Tribunal Europeu dos Direitos do Homem o tenha considerado incluído no artigo 14º da Convenção".

[3] Ao nível do TEDH podem referir-se várias decisões relevantes nesta matéria. Paradigmática é a sentença de 22 de Outubro de 1981, no caso *Dudgeon contra o Reino Unido*. Nesta decisão tratava-se de uma reclamação interposta devido ao facto de que na Irlanda do Norte o demandante, em virtude da sua orientação sexual, ser passível de ser perseguido penalmente o que lhe causava medo, sofrimento e perturbações psicológicas, incluindo o receio de ser alvo de chantagem. Outra sentença relevante nesta matéria é a de 21 de Dezembro de 1999, no caso *Da Silva Mouta contra Portugal*, ac. TEDH 72/1999, embora esta decisão faça parte do Direito da família. Tratava-se de uma reclamação interposta pelo pai de uma criança baseada no facto de se ter violado o art. 8º da *Convenção*, quer considerado este como independente, quer conjugado com o art. 14º, na medida em que o Tribunal da Relação de Lisboa tinha concedido o poder paternal à mãe da criança baseando-se, exclusivamente, na orientação sexual do autor da reclamação que vivia com outro homem desde 1990, altura em que se tinha separado do cônjuge, mãe da criança. Nesta sentença, opera-se uma mudança jurisprudencial com a consideração da discriminação por razão de orientação sexual como uma das causas de discriminação contida no art. 14 da *Convenção*, como um pressuposto de atribuição do poder paternal. O tribunal consolidou uma doutrina que equacionava o problema da discriminação por razão de orientação sexual desde o tratamento do princípio da igualdade e não discriminação previsto no art. 14º da *Convenção*. Também no caso *Smith contra Reino Unido*, de 1999, decidiu-se ser contrária ao art. 8º a proibição de pessoas homossexuais servirem no exército. Cf., ainda, a decisão mais recente, o caso *Schalke & Kopf vs. Austria*, de 24 de Junho de 2010. Ver com mais

E, neste caso, o advogado-geral conclui pela existência de uma discriminação indirecta com base na orientação sexual, entendendo que: "1 – Uma pensão de sobrevivência como a requerida no processo principal, que decorre da relação laboral do recorrente, é abrangida pelo âmbito de aplicação da Directiva 2000/78/CE do Conselho, de 27 de Novembro de 2000, que estabelece um quadro geral de igualdade de tratamento no emprego e na actividade profissional, não constituindo um pagamento efectuado por um regime público de segurança social ou equiparado.

2-Recusar a referida pensão por não ter sido celebrado casamento, instituto que está reservado às pessoas de sexo diferente, quando foi registada uma união com efeitos substancialmente idênticos entre pessoas do mesmo sexo, constitui uma discriminação indirecta em razão da orientação sexual, contrária à referida Directiva 2000/78, competindo ao órgão jurisdicional nacional verificar se a posição jurídica dos cônjuges é semelhante à dos membros das uniões de facto registadas".

Estas conclusões parecem-nos de aplaudir e o Tribunal seguiu-as na sua decisão de 1 de Abril de 2008. Decidindo que: "1 – Uma prestação de sobrevivência concedida no âmbito de um regime socioprofissional de pensões como o gerido pela *Versorgungsanstalt der deutschen Bühnen* está abrangida pelo âmbito de aplicação da Directiva 2000/78/CE do Conselho, de 27 de Novembro de 2000, que estabelece um quadro geral de igualdade de tratamento no emprego e na actividade profissional.

2 – As disposições conjugadas dos artigos 1º e 2º da Directiva 2000/78 opõem-se a uma legislação como a que está em causa no processo principal, por força da qual, após a morte do seu parceiro, o parceiro sobrevivo não recebe uma prestação de sobrevivência equivalente à concedida a um cônjuge sobrevivo, apesar de, segundo o direito nacional, a união de facto colocar as pessoas do mesmo sexo numa situação comparável à dos cônjuges no que respeita à referida prestação de sobrevivência. Incumbe ao órgão jurisdicional de reenvio verificar se um parceiro sobrevivo está

---

desenvolvimento sobre esta matéria CONSUELO CHACARTEGUI JÁVEGA, *Discriminación y orientación sexual del trabajador*, Editorial Lex Nova, Valladolid, 2001, p. 29 e ss.. Cf., ainda, TERESA COELHO MOREIRA, "A conduta e a orientação sexuais do trabalhador", *in Estudos de Direito do Trabalho em Homenagem ao Prof. Manuel Alonso Olea*, Almedina, Coimbra, 2004, "Discriminação pela conduta e orientação sexuais do trabalhador", *in Minerva – Revista de Estudos Laborais*, Ano III, nº 5, 2004, e *Da esfera privada do trabalhador e o controlo do empregador*, Studia Iuridica, nº 78, Coimbra Editora, Coimbra, 2004.

numa situação comparável à de um cônjuge beneficiário da prestação de sobrevivência prevista pelo regime socioprofissional de pensões gerido pela *Versorgungsanstalt der deutschen Bühnen*".

E face a esta decisão, o Tribunal alemão competente decidiu em 30 de Outubro de 2008 atribuir a pensão de sobrevivência ao companheiro do Sr. *Maruko*.

Parece-nos ainda relevante, para se atender à importância desta decisão, notar que o *Bundesverfassungsgericht* decidiu em 7 de Julho de 2009 que, no que respeita ao estatuto relativo ao regime de previdência profissional, não se justificava uma distinção entre o casamento e a união de facto registada e que, consequentemente, uma pessoa que tinha vivido em união de facto registada tinha, tal como uma outra que se tivesse casado, direito a uma pensão de sobrevivência em caso de morte do seu parceiro. Para decidir assim, fundamentou o seu raciocínio nas disposições do direito alemão, designadamente no § 3, nº 1, da *GG*, que consagra o princípio da igualdade de todos os seres humanos perante a lei, mas remeteu também para o acórdão *Maruko* a respeito da existência de uma discriminação em razão da orientação sexual. O *Bundesverfassungsgericht* pronunciou-se claramente sobre os efeitos que o disposto no § 6, nº 1, da *GG* pode ter na matéria, considerando que o facto de se referir ao casamento e à sua protecção ao abrigo das disposições da Constituição, e particularmente nos termos do referido parágrafo, não era neste caso bastante para justificar um tratamento desigual.

2. No caso em análise, o Tribunal debruçou-se, mais uma vez, sobre a interpretação da Directiva 2000/78/CE do Conselho, de 27 de Novembro de 2000, que estabelece um quadro geral de igualdade de tratamento no emprego e na actividade profissional, bem como dos princípios gerais do direito da União e do artigo 141º CE[4], no tocante à discriminação em razão da orientação sexual no emprego e na actividade profissional.

A orientação sexual dos trabalhadores inclui-se no conceito de vida privada destes e deve, em princípio, estar protegida de toda e qualquer indagação por parte do empregador, quer na fase de acesso e formação do contrato de trabalho, quer na sua execução, impedindo comportamentos discriminatórios ou juízos de censura por parte de todos.

---

[4] Corresponde actualmente o artigo 157º TFUE.

3. A matéria de facto do acórdão pode resumir-se ao seguinte: as partes não estavam de acordo no que tangia ao montante da pensão a que tinha direito *J. Römer* a partir de Novembro de 2001.

De 1950 até ter ficado incapacitado para o trabalho em 31 de Maio de 1990, *J. Römer* trabalhou para a *Freie und Hansestadt Hamburg* como empregado administrativo. A partir de 1969, tinha vivido de forma ininterrupta com U. Em 15 de Outubro de 2001 *J. Römer* e o seu companheiro celebraram uma união de facto registada ao abrigo da *LPartG*. *J.Römer* e comunicou o facto ao seu antigo empregador por carta de 16 de Outubro de 2001. Através de uma nova carta, datada de 28 de Novembro de 2001, requereu que fosse recalculado o montante da sua pensão de reforma por aplicação da retenção mais vantajosa que decorria do recurso ao escalão III do imposto, com efeitos a partir de 1 de Agosto de 2001, sendo que afirmava que apenas requereu este aumento da sua pensão de reforma com efeitos a partir de 1 de Novembro de 2001.

Por ofício de 10 de Dezembro de 2001, a *Freie und Hansestadt Hamburg* informou *J. Römer* que não podia beneficiar da aplicação do escalão III do imposto em vez do escalão I porque, nos termos do § 10, n.º 6, ponto 1, da Primeira RGG, o escalão III do imposto era unicamente aplicável aos beneficiários casados que não viviam duradouramente separados e aos beneficiários que tinham direito a beneficiar do abono de família ou de prestações equivalentes.

J. Römer considerava que tinha direito a ser tratado como um beneficiário casado que não vivia duradouramente separado para efeitos do cálculo da sua pensão com base no disposto no § 10, n.º 6, ponto 1, da Primeira RGG. Alegava que o critério do "beneficiário casado que não vive duradouramente separado", previsto pela referida disposição, deveria ser interpretado no sentido a incluir os beneficiários que tivessem celebrado uma união de facto registada ao abrigo da *LPartG*.

J. Römer considerava que o seu direito à igualdade de tratamento com os beneficiários casados que não vivem duradouramente separados resulta, em qualquer caso, da Directiva 2000/78. Em sua opinião, a justificação para a diferença de tratamento entre os beneficiários casados e os que celebraram uma união de facto, relativa à capacidade de procriação dos cônjuges, não era convincente dado que, mesmo no quadro das uniões de facto celebradas entre pessoas do mesmo sexo, as crianças concebidas por um dos parceiros da união são educadas e podem ser adoptadas por um par formado por pessoas que vivem em união de facto.

Referia igualmente que, uma vez que não foi transposta para o direito interno no prazo estipulado no artigo 18º, nº 2, ou seja, o mais tardar até 2 de Dezembro de 2003, a referida directiva era directamente aplicável à empresa.

A *Freie und Hansestadt Hamburg* concluiu pela negação de provimento ao recurso. Argumentava que o termo "casado", na acepção do § 10, nº 6, ponto 1, da Primeira *RGG*, não podia ser interpretado no sentido pretendido por *J. Römer*. Essencialmente, invocava que o § 6, nº 1, da *GG* colocava o casamento e a família sob a protecção especial da ordem pública, por constituírem desde há muito tempo a unidade de base da comunidade nacional e, por essa razão, o casamento sem filhos – deliberado ou não – também é protegido, pois permitia o equilíbrio dos sexos no primeiro nível da comunidade nacional. Além disso, em seu entender, o casamento constitui, em, geral, o passo prévio à fundação de uma família, na medida em que, sendo a forma mais corrente de comunidade entre um homem e uma mulher reconhecida pelo direito, constitui o quadro para o nascimento dos filhos e, consequentemente, a transformação do par unido pelo casamento em família.

4. O Tribunal, socorrendo-se em parte das conclusões do advogado-geral N. JÄÄSKINEN, de 15 de Julho de 2010, e do anterior acórdão *Maruko*, entendeu que "A Directiva 2000/78/CE do Conselho, de 27 de Novembro de 2000, que estabelece um quadro geral de igualdade de tratamento no emprego e na actividade profissional, deve ser interpretada no sentido de que não escapam ao seu âmbito de aplicação material, nem em razão do seu artigo 3º, nº 3, nem em razão do seu vigésimo segundo considerando, as pensões complementares de reforma como as pagas aos antigos empregados da *Freie und Hansestadt Hamburg* e aos seus sobrevivos a título da Lei do *Land* de Hamburgo relativa às pensões complementares de reforma e de sobrevivência dos trabalhadores da Freie und Hansestadt Hamburg" e considerou poder existir, eventualmente, uma discriminação directa em razão da orientação sexual.

5. Esta decisão parece-nos, tal como a anterior *Maruko,* muito positiva, principalmente se atendermos a algumas das considerações que foram feitas, nomeadamente pelo advogado-geral.

Desde logo, parece-nos bastante importante a precisão que faz em relação ao estado civil e às prestações que dele decorrem, na acepção do vigésimo segundo considerando da Directiva 2000/78, pois embora tenha referido, tal como na decisão *Maruko*, que são matérias da competência dos Estados-Membros, há que ter em atenção, contudo, que estes devem, no exercício dessa competência, respeitar o direito comunitário, nomeadamente as disposições relativas ao princípio da não discriminação[5].

E ainda mais relevante nos parece a opinião formulada que, por hipótese, em caso de um Estado-Membro não admitir qualquer forma de união legalmente reconhecida que esteja aberta às pessoas do mesmo sexo poder ser considerado como uma discriminação em razão da orientação sexual, passível de derivar do princípio da igualdade, conjugado com o dever de respeito da dignidade humana das pessoas homossexuais, o que origina a obrigação de lhes reconhecer a faculdade de viverem uma relação afectiva duradoura no quadro de um compromisso juridicamente consagrado[6].

Não deixa de merecer atenção, ainda, a opinião tecida na conclusão nº 129 de que não há qualquer justificação para uma aplicação menos vigorosa do princípio da igualdade de tratamento no que respeita às discriminações em razão da orientação sexual relativamente às fundadas nas outras razões mencionadas no artigo 13º CE. "O facto de se admitir a existência neste domínio de sensibilidades especiais que assumissem relevância jurídica significaria que o Tribunal de Justiça atribuiria importância a preconceitos injustificados, qualquer que seja a sua origem, e negaria uma protecção jurídica igualitária às pessoas de orientação sexual minoritária". Não podemos deixar de concordar inteiramente com esta afirmação, preconizando, tal como o advogado-geral, que à semelhança do que o Tribunal de Justiça já decidiu no que respeita à discriminação em razão da idade, a proibição da discriminação em razão da orientação sexual deve ser considerada um princípio geral do direito da União.

Há que atender ao princípio do primado do Direito da União em matéria de igualdade de tratamento e, por isso, tal como defende o advo-

---

[5] Veja-se a conclusão nº 74.
[6] Conclusão nº 76.

gado-geral, as normas da *GG* que visam a protecção do casamento e da família, ainda que sejam de nível constitucional, "não podem afectar a validade ou a aplicação do princípio da não discriminação consagrado no direito da União. Se o direito da União se opuser a disposições do direito nacional, o seu primado impõe ao juiz nacional a aplicação do direito da União e a não aplicação das disposições nacionais contrárias"[7].

Contudo, no caso concreto, não parece que seja necessário invocar este princípio pois, tal como já foi referido anteriormente, o *Bundesverfassungsgericht* decidiu em 7 de Julho de 2009 que, no que respeita ao estatuto relativo ao regime de previdência profissional, não se justificava uma distinção entre o casamento e a união de facto registada, tendo propugnado também que a instituição do casamento pode ser protegida sem que seja necessário colocar em desvantagem outros modos de vida.

6. Esta posição do Tribunal significa um avanço na tentativa de erradicação da discriminação em razão da orientação sexual que nos parece ser de aplaudir. Na verdade, não nos podemos esquecer que existem ainda vários ordenamentos jurídicos que consideram a prática de actos homossexuais como crime, inclusive punível com a pena de morte[8].

O acórdão do TJCE reveste, quanto a nós, grande importância pois parece-nos conduzir à ideia de que, mesmo que um Estado-membro prefira instituir um regime diferente do casamento para as uniões entre pessoas do mesmo sexo tem, contudo, de lhes garantir o acesso a todos os benefícios laborais a este nível que as pessoas casados usufruem. Se a lei separa os dois regimes tem, porém, de lhes conferir os mesmos direitos e obrigações neste sector.

---

[7] Conclusão nº 166.
[8] Ver os dados referidos por CONSUELO CHACARTEGUI JÁVEGA, *op.* cit., pp. 23-24, notas nºs 2 e 3, e o *site* da *European Agency for Fundamental Rights*, www.fra.europe.eu, assim como o *European Comission on Sexual Orientation Law*.
Vide, ainda, que, segundo o relatório do Eurobarómetro, *Discrimination in the EU in 2009*, p. 85, 47% dos europeus entende que a discriminação em razão da orientação sexual está "espalhada" na UE. E se confrontarmos com os resultados nacionais, esta discriminação é entendida como mais "espalhada" nos países mediterrâneos como o Chipre – 66%, a Grécia – 64%, e a Itália e França – 61%.

Os Ilícitos Disciplinares dos Trabalhadores Detectados através de Sistemas de Videovigilância e a sua Admissibilidade como Prova – Comentário aos Acórdãos da Relação de Évora, de 9 de Novembro de 2010, e da Relação do Porto, de 9 de Maio de 2011

Sumário do Acórdão da Relação de Évora[1]

"I – A R obteve autorização para instalar no seu estabelecimento comercial de Setúbal um sistema de videovigilância, para recolha de imagens e som com vista a garantir a protecção de pessoas e bens e segurança das instalações, não tendo A questionado a legalidade da sua instalação.

II – A limitação constante do nº 1 do artigo 20º do CT/2003, não deve ser acolhida quando a violação cometida pelo trabalhador seja igualmente atentatória da finalidade de protecção e segurança de pessoas e bens para que foi concedida, pois seria <u>estranho que a videovigilância, instalada e utilizada para a protecção e segurança de pessoas e bens, não pudesse fundamentar uma actuação contra aqueles que, pelas funções que desempenham, mais poderão atentar contra as finalidades que a instalação visa defender</u>[2].

---

[1] Trata-se do Processo nº 292/09.0TTSTB.E1.
[2] Sublinhado do acórdão.

III – Por isso e não se tendo admitido o visionamento do DVD com as imagens contendo actuação duma trabalhadora eventualmente atentatória da protecção e segurança de bens vendidos no estabelecimento da agravante, tem que se anular o processado desde o despacho impugnado com repetição de toda a prova."

Sumário do Acórdão da Relação do Porto[3]:
"O empregador não pode, em processo laboral e como meio de prova, recorrer à utilização de imagens captadas por sistema de videovigilância para fundamentar o exercício da acção disciplinar, ainda que a infracção disciplinar possa, simultaneamente, constituir ilícito penal."

1. Os acórdãos em análise revestem-se de relevo porque, mais uma vez[4], os Tribunais nacionais tiveram de debruçar-se sobre a (in)admissi-

---

[3] O acórdão pode ser visualizado em texto integral em www.dgsi.pt. Aliás, as referências jurisprudenciais que se mencionam no texto sem indicação da fonte encontram-se neste *site*.

[4] Existem várias decisões judiciais sobre esta matéria referidas, aliás, neste acórdão da Relação de Évora, umas aceitando a prova por videovigilância e outras em sentido contrário. A nível jurisprudencial aceitou-se a prova em processo disciplinar das gravações realizadas por um sistema de controlo audiovisual, como aconteceu no acórdão do STJ, de 9 de Novembro de 1994, onde o Tribunal decidiu serem "válidas as gravações vídeo feitas pela dona de casino, na sua propriedade em que explora a indústria de jogo de fortuna e azar, com a finalidade de detecção de eventuais anomalias no acesso a máquinas ou fichas de jogo", acrescentando que "nestes casos, a utilização das gravações como meio de prova contra a actuação dos seus trabalhadores não se pode considerar intromissão ou devassamento da vida privada de outrem". No mesmo sentido pode ver-se a decisão da Relação do Porto, de 20 de Setembro de 1999, onde se sustentou que "A lei do jogo não proíbe que as imagens gravadas nas salas de jogo sejam usadas como meio de prova em acção emergente de contrato de trabalho, quando nela se discutam comportamentos imputados ao trabalhador que exercia funções no Bar de uma sala de jogo". Neste caso o recorrente invocou que a *cassete* de vídeo não poderia ser admitida como prova atendendo ao disposto no art. 52º, nº 4, da Lei do Jogo, e argumentando que o equipamento de vigilância e controlo "apenas pode ser utilizado para a fiscalização dos intervenientes do jogo e da actividade relacionada com o jogo". Contudo, o Tribunal entendeu que as salas de jogo sendo dotadas obrigatoriamente de equipamento electrónico de vigilância e controlo, como medida de protecção e segurança das pessoas e bens e as "gravações de imagem e som feitas através do equipamento de vigilância e controlo previsto neste artigo destinam-se exclusivamente à fiscalização das salas de jogos, sendo proibida a sua utilização para fins diferentes e obrigatória a sua destruição pela concessionária no prazo de 30 dias, salvo quando, por conterem matéria de investigação ou susceptível de o ser, se devem manter por mais tempo, circunstância em que serão imediatamente entregues ao serviço de inspecção

bilidade como prova das gravações obtidas através de meios audiovisuais para fins disciplinares.

2. A áudio e a videovigilância têm-se tornado, nos tempos que correm, e pelos mais diversos motivos[5], num fenómeno omnipresente na nossa

[...]", obrigam a fiscalizar tudo o que se passa nas salas de jogos e não apenas o que se passa nas mesas de jogos.
Mais recentemente parece que o entendimento jurisprudencial tem vindo a mudar, podendo ver-se os acórdãos da Relação de Lisboa de 18 de Maio de 2005 e de 3 de Maio de 2006, onde se defendeu que a "licitude da videovigilância afere-se pela sua conformidade ao fim que a autorizou". Nesta última decisão entendeu-se que o fim visado pela videovigilância instalada numa farmácia era de <u>exclusivamente</u> prevenir ou reagir a casos de furto, vandalismo ou outros referentes à segurança do estabelecimento, relacionados com o público e, ainda assim, com o necessário aviso a todos os que se encontravam no estabelecimento, só assim se tornando legítima. Mas não era esta a situação em apreço já que se pretendia que a cassete de vídeo entregue e que continha imagens de um trabalhador ao balcão da farmácia, pudesse servir como prova dos factos imputados a esse trabalhador que conduziram ao seu despedimento. O tribunal entendeu que a mesma não tinha sido licitamente obtida, para o fim a que foi junto aos autos, entendendo que "constitui, de resto, entendimento pacífico que a videovigilância não só não pode ser utilizada como forma de controlar o exercício da actividade profissional do trabalhador, como não pode, por maioria de razão, ser utilizada como meio de prova em procedimento disciplinar".
No mesmo sentido pode ver-se, ainda, o acórdão deste Tribunal de 19 de Novembro de 2008, in CJ, tomo V, p. 159, onde se entendeu que a captação de imagens por videovigilância não só não pode ser utilizada como forma de controlar o exercício da actividade profissional do trabalhador, como não pode ser utilizada em sede de procedimento disciplinar, não sendo admissível em processo laboral e como meio de prova a utilização de imagens captadas por sistema de videovigilância, envolvendo o desempenho do trabalhador ou os actos disciplinarmente ilícitos por ele praticados nesse mesmo desempenho.
Cf., ainda, neste mesmo sentido da inadmissibilidade, o acórdão deste tribunal de 9 de Dezembro de 2008, in PDT, nº 82, p. 123, assim como da Relação do Porto, o acórdão de 26 de Junho de 2008.
Ver, ainda, sobre esta problemática, TERESA COELHO MOREIRA, – *A Privacidade dos Trabalhadores e as Novas Tecnologias de Informação e Comunicação: contributo para um estudo dos limites do poder de controlo electrónico do empregador*, Almedina, Coimbra, 2010, pp. 489 e ss., e "Limites à instalação de sistemas de videovigilância – Comentário ao acórdão do STA, de 24 de Fevereiro de 2010", in *Revista do Ministério Público*, nº 123, 2010.

[5] Podem ver-se vários motivos para a utilização desta forma de controlo em CLAUDINE GUERRIER, "La vidéosurveillance est-elle conciliable avec la liberté de circulation?", in www.juriscom.net. Também AILEEN B. XENAKIS, "Washington and CCTV: It's 2010, not Nineteen Eigthty-Four", in *Case W. Res. J Int'L L.*, vol. 42, 2010, pp. 574 e ss., refere várias causas para a utilização desta forma de vigilância.

realidade dando origem a grandes discussões, debates e controvérsias quanto aos benefícios e/ou perigos sobre esta forma de vigilância e de controlo[6].

O tipo de utilização empregue já não pode circunscrever-se a razões de segurança de pessoas e de bens[7]. Relaciona-se, ainda, com outro tipo de interesses, pois é um excelente meio de controlo da actividade laboral dos trabalhadores[8], e uma nova forma de governar as relações laborais, especialmente baseada no conhecimento e no fluxo de informação que proporciona.

Desde logo, a vigilância através destes meios aumenta a capacidade de controlo do empregador, superando a capacidade de vigilância humana, já que este controlo é praticamente total, tornando toda a realidade transparente, provocando a visibilidade do que até aí era ignorado ou invisível.

Por outro lado, este tipo de vigilância permite grande poupança ao empregador já que é mais económico do que o controlo humano na medida em que o seu preço não é elevado e os custos de manutenção são muito menores que os associados à contratação de trabalhadores.

3. A instalação e o uso de sistemas audiovisuais podem conduzir à colisão com vários direitos de personalidade dos trabalhadores. Tem-se entendido, desta forma, que a utilização de instrumentos de captação de imagem e de som compromete a personalidade do trabalhador na relação de trabalho[9] e vários dos seus direitos fundamentais com especial relevo

---

[6] Cf. CHARLES D. RAAB e DAVID MASON, "Privacy, surveillance, trust and regulation: CCTV: identities, accounts and legal rulings", in *Information, Communication & Society*, vol. 7, nº 2, 2004, pp. 250-251, assim como, SEAN HIER, KEVIN WALBY e JOSH GREENBERG, "Supplementing panoptic paradigm: surveillance, moral governance and CCTV", in *Theorizing Surveillance – The panopticon and beyond*, (coord. DAVID LYON), Willan Publishing, reimp., Londres, 2008, pp. 230-231, e ÉRIC SADIN, *Surveillance Globale – enquête sur les nouvelles formes de controle*, Climats, Éditions Flammarion, Paris, 2009, pp. 61 e ss..

[7] No mesmo sentido pode ver-se DANIEL NEYLAND, "Closed Circuits of Interaction? The mobilization of images and accountability through high-street CCTV", in *Information, Communication & Society*, vol. 7, nº 2, 2004, pp. 253-255, assim como ELOISE GRATTON, "The Legality of Use of Video Surveillance by Québec Employers", in *Canadian Privacy Law Review*, vol. 4, nº 6, 2007, pp. 65-66.

[8] Ainda que este controlo seja legalmente proibido pelo art. 20º, nº 1, do CT.

[9] Vide GOÑI SEIN, *El respeto a la esfera privada del trabajador – un estudio sobre los límites del poder de control empresarial*, Civitas, Madrid, 1988, p. 142, e MARTÍNEZ FONS, "El poder de control empre-

nessa relação, como é o caso, *inter alia*, da liberdade de expressão, e do direito à imagem[10], ou, em geral, do direito à autodeterminação informativa, no sentido de poder cercear determinadas liberdades e opções no seio da empresa[11]. Na verdade, não se pode deixar de ter em atenção a defesa da dignidade e da própria liberdade dos trabalhadores na medida em que, através deste tipo de controlo e de vigilância, eles não se sentem livres, ainda que sejam conscientes da sua existência, sabendo que os dados recolhidos poderão ser utilizados, e memorizados com o auxílio de computadores, mesmo com uma grande distância temporal. Distância esta que altera a realidade contextual e pode dar lugar, inclusive, a descontextualizações através de uma perpétua disposição de dados nas mãos do empregador que poderá fazer o uso deles que muito bem entender[12]. Esta forma de controlo não é selectiva relativamente ao tipo de imagens que consegue captar, podendo realizar-se um controlo à distância sem se ser visto e de forma permanente, a que acresce a enorme possibilidade de as reproduzir inúmeras vezes, não podendo comparar-se ao controlo humano pois este está limitado pelo "ouvido e o carácter instantâneo"[13] do controlador.

Preconiza-se, desta forma, que o controlo através da vídeo e da áudio-vigilância, enquanto capaz de recolher e armazenar a imagem e o som, sendo um meio eficaz de recolha de dados pessoais, só o poderá ser desde que respeite os princípios relativos a esta recolha e tratamento.

---

sarial ejercido a través de medios audiovisuales en la relación de trabajo – A propósito de las SSTC 98/2000, de 10 de abril y 186/2000, de 10 de julio, *in RL*, nº 4, 2002, p. 32.

[10] Vários são os autores que aludem a esta possível violação do direito à imagem. Assim, DAVID DE OLIVEIRA FESTAS, "O direito à reserva da intimidade da vida privada do trabalhador no Código do Trabalho", *in ROA*, Ano 64, vol. I/II, 2004, p. 42, nota nº 114, refere que, por vezes, a utilização deste tipo de controlo possibilita a violação deste direito.

[11] Ver SALVADOR DEL REY GUANTER, *Libertad de expresión e información y contrato de trabajo: un análisis jurisprudencial*, Civitas, Madrid, 1994, pp. 133 e ss., referindo-se ao papel reivindicativo e de pressão que tem o direito à liberdade de expressão no seio da relação jurídico-laboral.

[12] Vejam-se BELLAVISTA, *Il controllo sui lavoratori*, Giappichelli Editore, Turim, 1995, e SONIA FERNÁNDEZ SÁNCHEZ, "Variaciones sobre el poder de control a distancia: el espejo de la madrasta", *in El poder de dirección del empresário: nuevas perspectivas*, (coord. ESCUDERO RODRÍGUEZ), La Ley, Madrid, 2005, pp. 88-89.

[13] THIBAULT ARANDA, *El control multimédia de la actividade laboral*, Tirant lo Blanch, Valencia, 2006, p. 18. Cf., ainda, GOÑI SEIN, "Controles empresariales: geolocalización, correo electrónico, Internet, videovigilância y controles biométricos", *in Justicia Laboral*, nº 39, 2009, p. 42.

Entende-se, desta forma, que o juízo de legitimidade para a instalação e emprego deste tipo de meios de controlo por parte do empregador não pode fundar-se somente na ideia de possíveis intromissões ilegítimas na intimidade ou na vida privada das pessoas dos trabalhadores.

Defende-se, assim, que para a apreciação jurídica e a valoração da aceitação das medidas de controlo deste tipo, não pode aceitar-se somente uma dimensão negativa, de *ius excludendi*, do direito à intimidade na medida em que há outros direitos em causa, principalmente o direito à autodeterminação informativa, que se encontram compreendidos no âmbito do direito à privacidade[14], não podendo deixar de atender-se que, quer as imagens, quer os sons gravados, são dados pessoais[15].

Torna-se necessário, desta forma, efectuar um juízo prévio acerca da legitimidade do interesse do empregador e também um controlo *a posteriori* sobre o conteúdo do filmado e sua conservação, assim como o tratamento e a identificação dos seus responsáveis, sendo, ainda, necessário ter em atenção todos os direitos que assistem aos trabalhadores enquanto titulares dos dados pessoais objecto de tratamento, nomeadamente o direito de acesso e de rectificação, assim como o de cancelamento de dados inexactos ou incorrectos[16].

---

[14] Veja-se a Deliberação nº 61/2004, da CNPD, relativa aos *Princípios sobre Tratamento de Videovigilância*, disponível em www.cnpd.pt, pp. 1-2, onde se entende que os sistemas de videovigilância envolvem a restrição de inúmeros direitos, liberdades e garantias, como o direito à imagem, à liberdade de movimentos, direito à reserva da vida privada, e direito à autodeterminação informativa, cabendo à Lei, nos termos do art. 18º, nº 2, da CRP, estabelecer em que medida estes aparelhos e sistemas poderão ser utilizados e, especialmente, assegurar que numa situação de conflito entre direitos fundamentais, as restrições se limitem "ao necessário para salvaguardar outros direitos ou interesses fundamentais".

[15] Na lei de autorização legislativa do DL nº 35/2004, de 21 de Fevereiro, que se reporta às empresas que exercem actividade no âmbito da segurança privada, pode ler-se que a Assembleia da República delegou no Governo a tarefa de "definir, no respeito pelo regime geral em matéria de protecção de dados, as regras respeitantes à utilização dos equipamentos electrónicos de vigilância", estabelecendo que "o tratamento dos dados visa exclusivamente a protecção de pessoas e bens, delimitando temporalmente a conservação dos dados recolhidos, garantindo o conhecimento pelas pessoas da utilização daqueles meios, bem como restringindo a utilização de dados recolhidos nos termos previstos na legislação processual penal", de acordo com o art. 2º, alínea h) – sublinhado nosso.

[16] Sobre esta matéria *vide* NATALIA MUÑIZ CASANOVA e ENEKO LÓPEZ DE CASTRO, "Los datos personales en el desarrollo de la actividad", *in La Protección de Datos en la gestión de Empresas*, (coord. ANA MARZO PORTERA e FERNANDO RAMOS SUÁREZ), Thomson, Aranzadi, Navarra, 2004, pp. 88 e ss..

Relativamente aos casos *sub judice*, não nos parece que o direito que esteja em causa seja o direito à reserva sobre a intimidade da vida privada ou o direito à imagem. Ao contrário, parece-nos que o direito a atender, mais uma vez, é o da autodeterminação informativa, previsto constitucionalmente no art. 35º da CRP. E, desta forma, a prova só podia ser aceite, ao que cremos, se tivessem sido respeitados todos os princípios que deveriam ser observados em matéria de protecção de dados.

4. Começando pela análise do Acórdão da Relação de Évora. No caso concreto, como já há largos meses vinha ocorrendo, a secção de talho do Hipermercado apresentava valores de quebra desconhecidos que o empregador considerava muito elevados. Iniciou-se uma investigação, tendo passado a ser utilizado um sistema de videovigilância. Assim, a utilização deste sistema começou apenas porque existiam fundadas suspeitas de furto[17].

A questão que logo em primeiro lugar nos parece ser essencial é a da proporcionalidade da instalação destas câmaras pois, embora devidamente autorizadas pela CNPD, o sistema encontrava-se instalado em frente à secção de talho de forma a filmar os trabalhadores no exercício das suas funções. Será que, para "protecção de pessoas e bens", finalidade

---

[17] A razão que serviu de motivo para começar a utilizar o sistema de gravação faz-nos lembrar um pouco o controlo defensivo defendido em Itália por um sector minoritário da jurisprudência e por alguma doutrina. Nestas hipóteses, o objecto directo do controlo é o cometimento por parte do trabalhador de ilícitos e/ou a verificação de situações de perigo. Tem-se vindo a aceitar este tipo de controlo com base na ideia de que o legislador não pretendeu favorecer o cometimento por parte dos trabalhadores de actos ilícitos, nem tornar impossível a prevenção de certas situações de perigo. Segundo esta jurisprudência, sobretudo após a sentença da *Cassazione* nº 4746/2002, defende-se que "o controlo que tenha por única finalidade a tutela do património da empresa fica fora do campo de aplicação do art. 4º" do *SL*. Mas, como adverte BELLAVISTA, "La Cassazione e i controlli a distanza sui lavoratori", *in RGLPS*, nº 3, 2010, pp. 464-465, há uma certa superficialidade na argumentação utilizada pela *Cassazione* pois não é possível separar a actividade efectuada pelo trabalhador e a conduta ilícita efectuada pelo mesmo, sob pena deste tipo de controlo tornar-se um autêntico "cavalo de Tróia". Na verdade, o controlo das condutas ilícitas praticadas pelo trabalhador será também, muitas vezes, um controlo sobre a actividade laboral e este parece-nos ser a grande questão em causa. Cf., MICHELA BARI, "Controlli difensivi e utilizzabilità delle prove in assenza della procedura *ex* art. 4 Sat. Lav.", *in RGLPS*, nº 4, 2010, pp. 697-700, e MARINELLA COLUCCI, "L'art. 4 dello Statuto dei Lavoratori: Attualità della norma e procedura ispettive", *in RGLPS*, nº 2, 2010, pp. 276-277.

para a qual foi instalado o sistema, é necessário filmar os trabalhadores, de forma contínua e permanente, enquanto estão a exercer as suas funções?

A exigência da indispensabilidade que é essencial dentro do princípio da proporcionalidade, significa que na adopção destes sistemas de controlo se exclua o controlo generalizado, contínuo e indiscriminado, a não ser por razões de segurança de pessoas e de bens ou pelas características especiais da actividade. Mas, mesmo nestes casos, implica que se adopte a solução menos intrusiva possível na privacidade do trabalhador e que só a eles se recorra quando forem estritamente necessários sendo que, no caso concreto, não temos essa certeza. Na verdade, a exigência empresarial de tentar descobrir o autor de condutas ilícitas contra bens do empregador não parece que assuma uma tal importância que possa conduzir à parcial anulação da garantia do direito à privacidade dos trabalhadores.

O segundo requisito de proporcionalidade que deve ser atendido está relacionado com o princípio da intromissão mínima[18], o que significa que o empregador, na decisão de instalação de sistemas audiovisuais, deve escolher o sistema de gravação que implique a menor captação possível em relação ao fim legítimo que justificou a sua adopção[19].

Em primeiro lugar, para cumprir a finalidade legítima, tem de atender-se ao tipo de sistema adoptado, sendo que em alguns casos será suficiente um sistema que permita só a visualização, sem necessidade de gravação das imagens[20]. Por outro lado, não será necessário recorrer à gravação de som se a simples gravação de imagens é suficiente para satisfazer as necessidades do empregador.

Em segundo lugar, deve atender-se à minimização dos efeitos para a privacidade dos trabalhadores, o que passa pela preferência pela instala-

---

[18] Este princípio significa a necessidade de que a limitação dos direitos fundamentais do trabalhador por parte do empregador seja feita no mínimo possível, isto é, que as actuações limitadoras sejam as menos lesivas para estes direitos dos trabalhadores e que sejam as estritamente necessárias.

[19] Veja-se neste sentido THIBAULT ARANDA, *op.* cit., pp. 30-31.

[20] Neste sentido GOÑI SEIN, *La Videovigilancia Empresarial y la Protección de Datos Personales*, Thomson Civitas, Navarra, 2007, p. 123.

ção de câmaras de vídeo fixas que oferecem maiores garantias de adequação do emprego que as câmaras de vídeo móveis, assim como a preferência pelos circuitos fechados de televisão em detrimento dos sistemas baseados num IP ou sistemas de gravação digitais ligados em rede que aumentam exponencialmente a possibilidade de tratamento de dados pessoais. Deve atender-se, ainda, à localização das câmaras e às modalidades de registo[21].

Por último, tem ainda da atender-se ao tipo de actividade em causa. Assim, o controlo através destes meios tem de ser indispensável, o que origina a exclusão da instalação geral e indiscriminada em toda e empresa e em qualquer lugar, como a gravação sem quaisquer limites temporais[22]. Desta forma, a vigilância contínua só será possível onde as exigências do processo produtivo ou da segurança das pessoas e bens assim o exijam. Tem, pois, de se reduzir o campo visual em função da finalidade desejada ou das zonas em que este tipo de controlo é efectivamente necessário, procedendo à recolha das imagens na esfera estritamente necessária à finalidade prosseguida, dispensando grandes planos ou detalhes não relevantes em função dos objectivos que o empregador pretende atingir.

O requisito da intervenção mínima obriga, ainda, a prestar atenção à intensidade temporal da instalação, na medida em que a adopção deste tipo de sistemas deve limitar-se ao tempo estritamente necessário para satisfazer o legítimo interesse do empregador, não submetendo o trabalhador a um tempo de controlo superior ao estritamente necessário.

Por outro lado, não pode deixar de atender-se que os trabalhadores só podem estar sujeitos a um controlo permanente e contínuo por razões de segurança de pessoas e de bens ou da especial natureza da actividade em causa e, mesmo assim, só em situações excepcionais, dado o seu carácter extremamente intrusivo e que provoca, ou pode provocar, uma ansie-

---

[21] Como refere a CNPD na deliberação nº 61/2004, p. 5, deve aferir-se do registo e conservação das imagens, dos ângulos utilizados, escolha de grandes planos e *scanner* de imagens. Também CATARINA SARMENTO E CASTRO, *Direito da Informática, Privacidade e Dados Pessoais*, Almedina, Coimbra, 2005, p. 150, em relação às câmaras colocadas em locais públicos, o princípio da proporcionalidade determina que as câmaras das fachadas não devem estar colocadas de forma a captar a imagem de quem circula na rua ou no passeio, mas apenas de quem atravessa a entrada do edifício sob vigilância, focando, por isso, apenas as portas e outros acessos ao espaço físico em causa ou os espaços físicos adjacentes.

[22] GOÑI SEIN, última *op.* cit., p. 123.

dade constante que pode chegar a provocar problemas de saúde, quer físicos, quer psicológicos[23]. Pretende-se evitar, desta forma, que o empregador possa realizar um controlo penetrante e total.

Atendendo a este princípio, no caso em apreço não temos a certeza se este terá sido respeitado, nomeadamente em relação ao tipo de câmara em questão e ao *zoom* da mesma. Por outro lado, não faria mais sentido que a câmara estivesse colocada do lado de fora da secção e não de forma permanente para filmar os trabalhadores? Não estará a partir-se do pressuposto que todos os trabalhadores são potenciais delinquentes? Será que num hipermercado, na secção de talho, é necessário que a câmara esteja instalada de forma permanente, contínua e virada para os trabalhadores?

Temos sérias dúvidas quanto ao preenchimento deste princípio essencial na instalação destes meios.

5. Também manifestamos algumas dúvidas perante o que é sustentado no acórdão de que "seria estranho que a videovigilância, instalada e utilizada para a protecção e segurança de pessoas e bens, <u>não pudesse fundamentar uma actuação contra aqueles que, pelas funções que desempenham, mais poderão atentar contra as finalidades que a instalação visa defender</u>"[24]. Este entendimento parece-nos que significa que a finalidade da instalação, que é da protecção de pessoas e de bens, parte da premissa que todos os trabalhadores são potenciais criminosos, pois refere que "pelas funções que desempenham, mais poderão atentar contra as finalidades que a instalação visa defender". Este argumento não parece ser de aceitar.

O princípio da finalidade previsto no art. 6º, nº 1, alínea b), da Directiva 95/46/CE, e no art. 5º, nº 1, alínea b), da Lei de Protecção de Dados Pessoais, significa que os dados de carácter pessoal apenas podem ser recolhidos quando existam motivos determinados, explícitos e legítimos[25], indicando que os dados pessoais dos trabalhadores só podem ser

---

[23] Neste sentido GOÑI SEIN, *La Videovigilancia...*, cit., pp. 124-125.

[24] Sublinhado nosso.

[25] Logo nos termos do art. 35º da CRP tem de existir a especificação das finalidades, tal como escrevem GOMES CANOTILHO e VITAL MOREIRA, *Constituição da República Portuguesa Anotada*, 4ª edição, Coimbra Editora, Coimbra, 2007, p. 552, significando que a finalidade da recolha e o processamento devem ser concretizados logo no momento da recolha.

tratados se respeitarem estes pressupostos, sendo essencial a definição precisa destas finalidades.

Este princípio constitui o princípio verdadeiramente cardinal da protecção de dados[26], sendo os demais função deste na medida em que os dados devem ser adequados, pertinentes e não excessivos em relação à finalidade pretendida; devem ser exactos, completos e actualizados em função da finalidade; e só devem ser conservados pelo tempo que a finalidade exige.

Assim, relativamente ao art. 20º, nº 1 do CT, defende-se a ideia de que a instalação de câmaras de vídeo destinadas a controlar à distância a actividade dos trabalhadores, de uma forma impessoal e ininterrupta e que tenha por único escopo o controlo da execução da prestação laboral por parte dos trabalhadores, deve ser considerada ilícita. Assim, a observação do trabalhador no seu local de trabalho através de câmaras de televisão deve ser considerada, em princípio, proibida.

Por outro lado, o controlo interdito tanto pode ser contínuo como descontínuo, desde que incida sobre a vigilância do desempenho profissional do trabalhador e que possibilite, ainda, um controlo posterior dos dados pessoais captados[27].

Parece-nos, ainda, que para que se concretize a *fattispecie* proibida não é necessário que o controlo seja actual, ou real, bastando que seja potencial, isto é, que ocorra a possibilidade de vir a controlar o desempenho profissional do trabalhador[28].

Defende-se, também, que a circunstância de o trabalhador saber que está a ser filmado não pode relevar para efeitos de integrar a proibição,

---

[26] JORGE MIRANDA e RUI MEDEIROS, *Constituição Portuguesa Anotada, Tomo I*, Coimbra Editora, Coimbra, 2005, p. 382, entendem que o princípio da finalidade "é o elemento essencial da legitimidade do tratamento dos dados".

[27] Como refere ALBERTO LEVI, "Internet e contrato de trabalho no ordenamento italiano", *in RDT*, ano 34, nº 130, 2008, p. 382, a continuidade do controlo não é interpretada somente com base num critério temporal, mas é integrada à luz de um critério lógico, dando como exemplo de proibição uma câmara apontada sobre uma linha de produção, ainda que de forma descontínua e de funcionamento intermitente, porque violadora do art. 4º, nº 1, do SL. No mesmo sentido ver MICHELA BARI, *op. cit.*, p. 698.

[28] Imagine-se uma câmara ligada a um computador e que foca todos os trabalhadores mas que está temporariamente desligada, podendo a qualquer momento ser accionada pelo empregador.

porque quem sabe que está a ser alvo deste tipo de controlo não é livre e nem pode agir livremente. O controlo que incida sobre o desempenho profissional do trabalhador não deixa de ser contrário à sua dignidade e à privacidade pelo facto de ter sido dado conhecimento da sua existência[29].

Também nos parece que o consentimento do trabalhador não pode constituir um pressuposto de legitimidade para originar este tipo de controlo directo já que o consentimento não é, a maior parte das vezes, prestado livremente, não podendo o empregador recorrer a ele como meio de legitimação da restrição de direitos fundamentais do trabalhador se não ocorrer um motivo legítimo para proceder à instalação e consequente captação e gravação de imagens e de sons através de sistemas de videovigilância.

No que concerne à possibilidade de instalação de sistemas audiovisuais no local de trabalho ela implica o tratamento de dados pessoais dos trabalhadores[30] e, por isso, tem de respeitar a necessidade de cumprimento do princípio da finalidade legítima. Assim, tem de existir um fim determinado, explícito e legítimo que justifique a restrição que sofrem os trabalhadores nos seus direitos fundamentais. Entende-se, desta forma, tal como GOÑI SEIN[31], que só poderão adoptar-se sistemas de controlo audiovisuais quando existirem razões objectivas que justifiquem o recurso a tais sistemas, impondo-se, assim, um critério restritivo no que concerne às possibilidades de disposição dos aparelhos de registo das imagens e dos sons. Não poderá admitir-se a instalação deste tipo de meios apenas por mera conveniência ou utilidade da empresa[32].

A utilização destes sistemas de controlo pode ser objectivamente indispensável por motivos de segurança de pessoas e bens ou por razões de organização da produção, relacionadas com a natureza da actividade

---

[29] Em sentido idêntico pode ver-se GOÑI SEIN, última *op.* cit., p. 111, assim como DOMENICO PULITANÒ, "Problemi di imputazione soggettiva e art. 4 dello satatuto dei lavoratori", *in FI*, 1985, p. 297, e BELLAVISTA, última *op.* cit., pp. 465-466.

[30] No mesmo sentido veja-se ALBERTINA PEREIRA, "A vida privada do trabalhador", *in Minerva – Revista de Estudos Laborais*, ano I, nº 1, 2002, p. 46.

[31] *La Videovigilancia...*, cit., p. 107.

[32] Neste sentido cf. acórdão 98/2000 do Tribunal Constitucional Espanhol.

em causa, tanto mais que da sua não implantação poderiam derivar mais perigos e graves transtornos para a empresa e, mesmo, para os trabalhadores. Assim, o facto de comportar, por vezes, um determinado controlo dos trabalhadores que prestam serviço nessas empresas é um dado impossível de eliminar[33] e que deve ser tolerado na medida em que na análise dos diferentes direitos em causa, os interesses do empregador e, por vezes, dos próprios trabalhadores, sobrelevam. É o denominado, pela doutrina e jurisprudência italianas, a propósito do art. 4º, nº 2, do *SL*, controlo *preterintencional*, não sendo considerado ofensivo da dignidade do trabalhador e não lesando a sua liberdade porque não opera na sua esfera qualquer limitação física ou psíquica. Trata-se de um controlo não intencional, meramente acidental, que, embora não desejado, é possível quando o controlo através destes meios audiovisuais é considerado lícito. Trata-se de um factor acessório relacionado com as razões objectivas de instalação deste tipo de sistemas e previstas no art. 20º, nº 2, do CT[34].

6. Um dos primeiros motivos que poderá motivar o controlo lícito do empregador será o do respeito pela segurança de pessoas e bens. Torna-se inquestionável que o empregador deve ter a possibilidade de salvaguardar o seu património e o de terceiros, assim como o dos seus trabalhadores, perante eventuais agressões ou atentados, impedindo ou verificando a sua realização com os instrumentos que a técnica coloca à sua disposição, e, no caso concreto, através da videovigilância. Consideramos, contudo, que têm de ocorrer situações de razoável risco para a segurança ou um perigo concreto e não apenas uma finalidade genérica preventiva ou de segurança.

---

[33] Como refere AMADEU GUERRA, "A privacidade no local de trabalho", in *Direito da Sociedade da Informação, vol. VII*, Coimbra Editora, Coimbra, 2008, p. 170, "colocar sistemas de videovigilância sem captar trabalhadores, os seus movimentos ou, mesmo, os seus postos de trabalho é uma utopia".

[34] No ordenamento jurídico espanhol não existe a diferença entre controlo legítimo e ilegítimo relativamente ao carácter acessório que tem sobre o trabalhador, permitindo-se a fiscalização do seu comportamento desde que relacionado com o cumprimento dos seus deveres laborais. Mas isto não significa que seja possível todo e qualquer tipo de comportamento. Este é limitado pelo próprio conceito e extensão de controlo. Deve realizar-se, assim, tal como refere MARTÍNEZ FONS, *El poder de control...*, cit., p. 78, a distinção entre a adopção de instrumentos de captação da imagem em geral e a sua aplicação concreta, colocando-se a sua legitimidade na conformidade com o respeito pela dignidade pessoal dos trabalhadores.

Concorda-se, desta forma, com o decidido pelo STJ, num acórdão de 8 de Fevereiro de 2006[35]. Neste caso, o Tribunal, após ter salientado que a finalidade para a qual foi autorizada pela CNPD a captação da imagem e do som, era a da protecção dos bens do empregador, procedeu a uma análise sobre o conceito de "segurança de pessoas e bens", entendendo que não se provaram factos bastantes para se concluir com clareza suficiente que a situação em apreço podia ser integrada naquele conceito e considerou que se verificava uma "incidência directa e necessariamente constrangedora sobre o campo de acção dos trabalhadores", entendendo que neste caso esta medida configurava uma "típica medida de polícia", que apenas poderia ser aplicada pelas autoridades policiais"[36]. Decidiu, ainda, que a utilização destes sistemas de videovigilância extravasava o quadro de actuação legítima do empregador[37].

Preconiza-se, desta forma, que a legitimidade do tratamento de dados pessoais tem de ser avaliada em função dos instrumentos de trabalho ou das matérias ou produtos e do risco razoável para a segurança ou do perigo certo e real de alteração dessa segurança. Os sistemas de vigilância através destes meios, tal como as operações de videovigilância em locais

---

[35] *In* www.dgsi.pt.
[36] Neste caso o Tribunal entendeu que a "protecção da segurança das pessoas e bens, enquanto finalidade específica da recolha e tratamento de dados pessoais, tem em vista a prevenção da prática de crimes, o que pressupõe, pela natureza das coisas, que a utilização de videovigilância com esse objectivo deva reportar-se a locais onde exista um razoável risco de ocorrência de delitos contra as pessoas ou contra o património. E isso tanto é válido para a utilização de câmaras de vídeo pelas forças policiais relativamente a espaços públicos [...] como para a vigilância em instalações ou estabelecimentos privados", sendo o "risco potenciado essencialmente pela circunstância de se tratar de locais abertos ao público, e decorre da eventualidade de esses locais serem frequentados por pessoas anónimas sem possibilidade de qualquer prévio controlo de identificação". Porém, da decisão em causa, como bem realçou o STJ, este não era o caso na medida em que "a vigilância incidia sobre os trabalhadores e, portanto, sobre as pessoas que têm acesso autorizado às instalações da empresa e que poderão ser facilmente identificadas pelos seus colegas de trabalho, superiores hierárquicos ou gerentes". Como destaca o Tribunal, não se trata de uma vigilância genérica de natureza essencialmente preventiva mas de uma "vigilância individualmente dirigida que elege todos e cada um dos trabalhadores como potenciais suspeitos de prática de infracções criminais".
[37] Cf. VIRIATO REIS, "Ilicitude da Videovigilância no local de trabalho. Segurança de pessoas e bens. Direito à reserva da intimidade da vida privada e direito à imagem dos trabalhadores", in *RMP*, nº 106, 2006, pp. 181-182.

públicos, terão de cumprir os requisitos estabelecidos no art. 8º da CEDH, e estar relacionados com a existência de riscos concretos e delitos específicos, sempre respeitando o princípio da proporcionalidade.

A videovigilância por razões de segurança ou protecção de pessoas e bens, na medida em que implica o tratamento de dados pessoais através da imagem e do som captados, supondo uma restrição aos direitos fundamentais, principalmente à autodeterminação informativa dos trabalhadores, tem de ser entendida num sentido bastante restrito e limitado aos casos em que exista uma necessidade real de segurança, atendendo à qualidade intrínseca dos bens que hão-de ser protegidos e das tarefas em concreto.

Do exposto resultam sérias dúvidas acerca da legitimidade da instalação de dispositivos de controlo através destes sistemas nos locais de trabalho, não abertos ao público, somente com base numa genérica finalidade preventiva de segurança de pessoas e de bens. Entende-se, pois, que deverá existir um risco razoável para a segurança das pessoas e dos bens, valorando-se não só a existência de um risco mais ou menos geral e genérico, mas também a possibilidade da sua concretização. Por outro lado, defende-se que o recurso a este tipo de sistemas fique circunscrito a situações particularmente graves, insistindo o Grupo de Protecção de Dados do art. 29º que deve evitar-se a instalação deste tipo de sistemas para detecção de infracções menores. Assim, só poderão instalar-se estes sistemas de captação de imagem e de som por motivos de segurança de pessoas e de bens quando, para além de existir um perigo real e certo de alteração dessa segurança, se trate de prevenir infracções graves[38].

Entende-se, ainda, que deverá considerar-se inadmissível a instalação destes sistemas no local de trabalho com carácter continuado com a finalidade de prevenir, evitar ou controlar pequenas infracções ou furtos, ou para desincentivar subtracções de mercadorias e para favorecer, desta forma, uma conduta diligente e fiel dos trabalhadores. Não pode admitir-se essa finalidade de protecção da propriedade de forma geral e indiscriminada, com respeito pelos próprios trabalhadores, porque isso equivaleria a admitir também entre as finalidades da adopção, o controlo dos trabalhadores. Desta forma, o seu controlo deixaria de ser uma consequência meramente acidental, um facto acessório, para converter-se

---

[38] No mesmo sentido GOÑI SEIN, última *op.* cit., p. 113.

numa forma de controlo directo e proibido pela Lei de Protecção de Dados Pessoais e pelo art. 20º, nº 1, do CT.

E no caso em apreço, atendendo à situação e à localização das câmaras que filmavam constantemente os trabalhadores, temos algumas dúvidas sobre se não se estará perante casos destes, principalmente se atendermos a que só se começou a utilizar o sistema após a existência de suspeitas de furto.

A vigilância, incluindo aquela que ocorre por motivos justificados, não pode tornar-se "numa exasperante e incómoda pressão para os trabalhadores, nem convertê-los numa espécie de prisioneiros"[39].

7. Por outro lado, parece-nos que, por parte da empresa, há uma certa tentativa de levar a situação até ao limite, pois se, graças a esta vigilância se apurou que a trabalhadora pesava carne de um determinado tipo marcando-a como sendo de outro tipo, com um preço inferior, situação reiterada em várias ocasiões, durante 4 dias, em que ninguém foi sancionado pela empresa antes do despedimento, leva-nos a entender que talvez tenha existido por parte do empregador uma certa vontade de deixar que a trabalhadora levasse esta infracção até ao máximo de gravidade possível para justificar o despedimento, principalmente atendendo que já trabalhava na empresa há mais de 16 anos.

8. O tratamento posterior pelo empregador das imagens obtidas através de sistemas audiovisuais fica sujeito, ainda, ao princípio da compatibilidade com a finalidade prevista inicialmente. É o que decorre do art. 6º, nº 1, alínea b), da Directiva 95/46/CE, e do art. 5º, nº 1, alínea b), da Lei 67/98, de 26 de Outubro, que transpôs esta Directiva, e que estabelece que "os dados pessoais devem ser recolhidos para finalidades determinadas, explícitas e legítimas, não podendo ser posteriormente tratados de forma incompatível com essas finalidades". Este princípio estabelece a proibição de o empregador aproveitar-se deste tipo de dados para um uso diferente da finalidade originária para a qual foram aceites e impõe uma grande limitação ao poder de controlo electrónico do empregador na medida em que ele não pode fazer um uso livre da informação recolhida.

---

[39] GOÑI SEIN, *La Videovigilancia...*, cit., p. 145.

Assim, como forma de garantir o direito à autodeterminação informativa[40] dos trabalhadores e a possibilidade de controlarem a informação que sobre eles é obtida tem de limitar-se a recolha e o tratamento aos fins para os quais foi aceite e que são conhecidos dos trabalhadores.

Este princípio ocorre porque o uso multifuncional de dados aumenta não só o risco da multiplicação ilimitada dos efeitos prejudiciais causados pelos dados inexactos ou incompletos, mas também a sua descontextualização e, portanto, a possibilidade de distorção da informação. Esta descontextualização pode ser evitada através da fixação de limites à elaboração de dados pessoais e impondo que estes dados, de acordo com o respeito pelo princípio da finalidade, sejam utilizados em estrita conformidade com o contexto originário de referência.

Desta forma, preconiza-se que a única hipótese de excluir o perigo de descontextualização reside na da inibição do uso de dados pessoais para fins diversos e incompatíveis em relação aos fins originários.

Em princípio, como defendemos anteriormente, a aceitação de imagens e sons, ainda que captados ocasionalmente para finalidades diferentes das que justificaram a medida inicial, viola o princípio da finalidade, sendo que a lei não se refere à intencionalidade do sujeito e, por isso, é independente do resultado o facto de ter existido intenção ou não de descontextualizar a informação.

Não parece que possamos retirar da nossa Lei de Protecção de Dados Pessoais e do CT a existência de uma excepção ao princípio da finalidade em relação às informações obtidas ocasionalmente que revelem incumprimentos contratuais ou ilícitos sancionados laboralmente. Acresce, ainda, que nos parece que atribuir relevância disciplinar a comportamentos irregulares conhecidos de forma acidental, quando a finalidade da vigilância é outra, equivaleria a assumir também entre os fins da adopção,

---

[40] Segue-se o defendido por GOMES CANOTILHO e VITAL MOREIRA, op. cit., p. 553, quando referem que em rigor trata-se de um "direito à autodeterminação sobre informações referentes a dados pessoais" que impõe uma protecção manifesta quanto ao "desvio dos fins" a que se destinam com essas informações. Por isso existem as exigências jurídico-constitucionais relacionadas com as finalidades das informações: "legitimidade; determinabilidade; explicitação; adequação e proporcionalidade; exactidão e actualidade; limitação temporal". Todos estes princípios permitem o controlo dos fins, obstando que haja tratamento de dados relativos a finalidades não legítimas ou excessivas em relação à finalidade originária.

o controlo do comportamento do trabalhador, o que é claramente interdito pelo art. 20º, nº 1, do CT.

Defende-se, assim, por regra, que o princípio da compatibilidade gera a impossibilidade de aplicar aos trabalhadores sanções disciplinares com base em incumprimentos contratuais ocasionalmente captados mediante sistemas de videovigilância instalados para cumprir alguma das finalidades previstas no art. 20º, nº 2, do CT.

Porém, é nosso entendimento que, em determinadas circunstâncias, pode ser lícita a utilização de dados com fins disciplinares quando o que se descobre acidentalmente são factos particularmente gravosos, e que constituem ilícitos penais de relevo. Parece, assim, que o princípio da finalidade, tal como defende GOÑI SEIN[41], "não deve amparar a impunidade dos que nele se refugiam para cometer ilícitos, nem lesar o direito do empregador a proteger-se do prejuízo ou da responsabilidade que poderá derivar das acções ilícitas dos seus trabalhadores" como seria o caso, *inter alia*, de agressões, roubos e furtos[42].

Na verdade, tendemos a crer que a interpretação mais correcta da dupla proibição prevista no art. 20º do CT[43] será a de entender que não só é absolutamente proibida a utilização das gravações obtidas para controlar a actividade do trabalhador e a sua diligência na realização da mesma, como também o seu posterior aproveitamento para um procedimento disciplinar. Parece-nos que se visa proibir a utilização para fins disciplinares das imagens que mostrem que o trabalhador não está a cumprir os seus deveres laborais como, *inter alia*, a gravação que mostra que o trabalhador está a dormir em vez de trabalhar.

Porém, entende-se que já não será totalmente vedada a utilização das mesmas se o que se visualizou, ainda que durante a actividade laboral, for um ilícito penal de relevo, isto é, uma infracção grave. Na verdade, o con-

---

[41] *La Videovigilancia...*, cit., p. 179.
[42] No ordenamento jurídico francês, contudo, foi considerada incompatível com a finalidade declarada, a gravação efectuada e a utilização da mesma de uma trabalhadora que se preparava para furtar bens da empresa onde trabalhava pois o sistema de videovigilância tinha sido instalado com a autorização prévia da CNIL para lutar contra os roubos praticados por clientes, embora não tenhamos tanta certeza em relação à decisão de não aceitação da prova. Cf. JEAN-EMMANUEL RAY, "Chronique droit du travail et TIC", *in DS*, nº 1, 2007, p. 2.
[43] Absoluta no nº 1 e relativa no nº 2.

trolo realizado através destes meios incidirá, ainda que indirectamente, por vezes, na actividade laboral dos trabalhadores e não cremos que a solução mais equilibrada seja a de defender que nunca se podem utilizar as gravações para fins disciplinares contra os trabalhadores quando eles pratiquem, e apenas nestes casos, ilícitos penais de relevo. E, embora reconhecendo que o controlo realizado através destes meios incidirá, ainda que indirectamente, por vezes, na actividade laboral dos trabalhadores, não nos parece a solução mais equilibrada defender que nunca se podem utilizar as gravações para fins disciplinares contra os trabalhadores quando eles pratiquem, e apenas nestes casos, ilícitos penais que configurem infracções disciplinares graves. E apesar de se admitir que é um tema extremamente controverso e delicado, sendo muito difícil aferir quando se estão a utilizar as gravações de forma lícita ou como um meio de controlar o desempenho profissional do trabalhador, o que é totalmente vedado pelo art. 20º, nº 1 do CT, considera-se que esta é a melhor solução, embora só casuisticamente é que se consiga avaliar quando se poderão entender como admissíveis para fins disciplinares determinadas gravações. Assemelha-se-nos que não admitir esta possibilidade em situações excepcionais pode traduzir-se numa total anulação dos poderes directivo e sobretudo disciplinar do empregador.

Desta forma, parece-nos defensável que quando através das gravações obtidas se visualiza a prática de ilícitos penais de relevo que consubstanciem infracções disciplinares graves e que, nos termos do art. 18º, nº 1, alínea a), da Lei da Segurança Privada[44], se tenha comunicado de imediato à autoridade judiciária ou policial competente a prática deste crime, podem ser utilizadas para fins disciplinares as imagens obtidas.

Contudo, tendo em atenção que este processamento de dados com fins disciplinares constitui uma quebra do princípio da finalidade, só pode ocorrer em situações excepcionais, até porque quando a Lei exige a compatibilidade com a finalidade declarada não só está a impor um critério restritivo que visa alcançar o objectivo de controlo pretendido, como também está a criar uma "razoável expectativa" de privacidade nos trabalhadores no sentido de que a intromissão consentida no seu âmbito

---

[44] DL nº 35/2004, de 21 de Fevereiro.

reservado através de imagens e de sons vai limitar-se à estrita satisfação dos interesses invocados e de que tudo o que não estiver orientado para esse fim está protegido por essa reserva. Se fosse possível essa utilização para fins diferentes fora dos casos excepcionais estaria a ocorrer uma compressão deste direito e uma instrumentalização da informação adquirida que consubstanciaria, em última instância, um acto lesivo da dignidade do trabalhador.

9. Porém, e no que concerne ao entendimento no caso concreto, a utilização posterior destas imagens para fins disciplinares não parece que possa ser sempre realizada com base na ideia de segurança de pessoas e bens, sob pena de abarcar todas as situações. Na verdade, praticamente tudo poderá, em última instância, enquadrar-se nesta perspectiva de segurança. Não podemos esquecer a razão inicial que levou a passarem a ser utilizadas aquelas imagens e que foi uma suspeita do empregador relacionada com quebra acentuada no valor obtidos na secção de talho. Ora, a aceitar, sem mais, que por razões de segurança de pessoas e de bens, se possam utilizar as imagens, podendo até existir um desvio das câmaras para focar um trabalhador suspeito, não pode ser um argumento a aceitar, sob pena de se violarem vários dos princípios essenciais em matéria de protecção de dados das pessoas em geral, e dos trabalhadores em especial.

Se, efectivamente, o princípio da finalidade não "deve amparar a impunidade dos que nele se refugiam para cometer ilícitos, nem lesar o direito do empregador a proteger-se do prejuízo ou da responsabilidade que poderá derivar das acções ilícitas dos seus trabalhadores"[45], também não poderá ser interpretado de forma a abarcar todas as situações, sob pena de passar a existir não um controlo indirecto, preterintencional, mas sim um controlo directo que incide apenas sob a actividade laboral do trabalhador, passando a ser uma vigilância proibida pelo art. 20º, nº 1 do CT.

E, no caso concreto, ao referir-se que a câmara instalada visualizava de forma permanente os trabalhadores a exercerem a sua actividade laboral não se estará a praticar este controlo? Não estará a tentar criar-se uma conduta diligente e fiel dos trabalhadores condicionando-os e impondo-lhes os *valores* de uma máquina?

---

[45] GOÑI SEIN, última *op.* cit., p. 179.

10. Assim, se concordamos, contrariando alguma jurisprudência mais recente, que, em certos casos, quando estejam em causa ilícitos penais de relevo, como, *inter alia*, roubo e agressões, se podem utilizar, para finalidades disciplinares, as imagens, não podemos defender o entendimento, preconizado no Acórdão, segundo o qual a interpretação que deve ser feita do art. 20º do CT compreende que a ideia de segurança de pessoas e bens implica uma actuação "contra aqueles que, pelas funções que desempenham, mais poderão atentar contra as finalidades que a instalação visa defender". Parece-nos que partir deste pressuposto é entender que todos os trabalhadores poderão vir a atentar contra a segurança de pessoas e bens.

Entende-se que as gravações só podem ser aceites em casos verdadeiramente excepcionais, funcionando apenas como *ultima ratio* e na estrita medida em que estejam em causa infracções particularmente graves que constituam ilícitos penais de relevo e com respeito por todos os princípios essenciais do direito à autodeterminação informativa. Se isto não acontecer a prova não poderá ser admitida[46].

11. Por outro lado, entendemos que é essencial aferir, previamente à aceitação da gravação como meio de prova, se não existem outros meios menos gravosos, dentro da necessária aplicação do princípio da proporcionalidade, para conseguir o mesmo objectivo. E se se chegar à conclusão que não existem outros meios, tem de atender-se ao princípio da proporcionalidade relativamente àquele meio em concreto. E, *in casu*, como já se referiu, temos dúvidas acerca do preenchimento deste requisito.

12. Relativamente ao Acórdão da Relação do Porto, a situação é um pouco diferente.

Em primeiro lugar, não podemos deixar de constatar que, normalmente, recorre-se à videovigilância nas empresas sem ter em atenção as limitações legais existentes relativamente ao pessoal autorizado para a sua utilização e visualização.

Tendo em atenção o caso concreto parece-nos que, desde logo, convém ter em atenção a Lei de Protecção de Dados Pessoais, que distin-

---

[46] *Vide* os acórdãos da *Corte d'Apelo* de Florença de 19 de Janeiro de 2010 e da *Cassazione* de 23 de Fevereiro de 2010 sobre esta questão, *in* www.ediesseonline.it/riviste/rgl.

gue dois tipos de agentes capazes de gerir as operações de tratamento de dados.

Assim, há, nos termos do art. 3º, alínea d), o "responsável pelo tratamento" que é: "a pessoa singular ou colectiva, a autoridade pública, o serviço ou qualquer outro organismo que, individualmente ou em conjunto com outrem, determine as finalidades e os meios de tratamento dos dados pessoais; sempre que as finalidades e os meios do tratamento sejam determinados por disposições legislativas ou regulamentares, o responsável pelo tratamento deve ser indicado na lei de organização e funcionamento ou no estatuto da entidade legal ou estatutariamente competente para tratar os dados pessoais em causa"; e nos termos do art. 3º, alínea e), há o "subcontratante" que é "a pessoa singular ou colectiva, a autoridade pública, o serviço ou qualquer outro organismo que trate os dados pessoais por conta do responsável pelo tratamento".

Entre ambos existe uma relação de hierarquia relativamente ao tratamento de dados pessoais onde o superior, o responsável pelo tratamento, exerce sobre o inferior, o subcontratante, uma autoridade referindo qual a finalidade e a modalidade de tratamento e onde o encarregado carece, em princípio, de autonomia, bastando ver o art. 14º, nºs 2 e 3, onde se estabelece que: "O responsável pelo tratamento, em caso de tratamento por sua conta, deverá escolher um subcontratante que ofereça garantias suficientes em relação às medidas de segurança técnica e de organização do tratamento a efectuar, e deverá zelar pelo cumprimento dessas medidas" e que "A realização de operações de tratamento em subcontratação deve ser regida por um contrato ou acto jurídico que vincule o subcontratante ao responsável pelo tratamento e que estipule, designadamente, que o subcontratante apenas actua mediante instruções do responsável pelo tratamento e que lhe incumbe igualmente o cumprimento das obrigações referidas no nº 1".

Este artigo estabelece um enorme grau de complexidade na prática na relação que se estabelece entre o responsável pelo tratamento e o subcontratante.

E este é o caso do acórdão em análise pois, para gerir as medidas de segurança vigentes na empresa, subcontratou-se uma empresa de segurança privada.

13. Atendendo à situação em causa há que analisar, ainda, a Lei de Segurança Privada, pois estamos perante um caso em que o empregador, uma vez decidida a necessidade de instalação de câmaras de videovigilância no local de trabalho, não pode realizar as operações sozinho, tendo de recorrer a uma empresa de segurança previamente autorizada. O empregador só poderá instalar por si mesmos aparelhos e equipamentos de vigilância quando tiver organizado um serviço de autoprotecção nos termos dos arts. 1º, nº 3, alínea b), e 3º da Lei de Segurança Privada.

Por isso, desde logo, importa distinguir, e não nos parece que no acórdão isto tenha sido feito de forma clara, entre responsável pelo tratamento, que é o empregador, e o subcontratante, que é a empresa de segurança privada.

Esta, e nomeadamente os vigilantes por si contratados, não podem exercer um controlo sobre os trabalhadores nem, desta forma, imputarem factos ou acontecimentos aos mesmos fora da protecção de pessoas e bens.

Por outro lado, estas entidades de segurança privada estão sujeitas a algumas restrições no que concerne às faculdades de actuação em caso de delitos que presenciem ou visualizem. Assim, nos termos do art. 18º, nº 1, alínea a), da Lei de Segurança Privada, estão obrigadas a comunicar de imediato à autoridade judiciária ou policial competente quando observarem a prática de qualquer crime no exercício das suas funções.

14. Porém, uma questão importante é a de saber se devem ser transmitidos ao responsável pelo tratamento os ilícitos observados e esta questão é essencial no caso *sub judice*. A Lei de Segurança Privada impede esta comunicação ou permite-a? Não tendo a certeza, e embora reconhecendo a delicadeza da questão, e mesmo tendo em consideração o art. 13º, nº 2, que estabelece a destruição das imagens passados 30 dias, só podendo ser utilizadas nos termos da legislação penal, o que é certo é que nos parece de difícil entendimento a total anulação dos poderes directivo e disciplinar do empregador se não for possível, ainda que em casos extremos, a comunicação de ilícitos penais cometidos[47] ao responsável pelo

---

[47] E não meras suspeitas.

tratamento, isto é, ao empregador, por quaisquer pessoas e, designadamente, pelos trabalhadores.

Contudo, estamos em crer que a obrigação imposta no art. 18º, nº 1, alínea a), da Lei de Segurança Privada, de comunicar imediatamente à autoridade judiciária ou policial competente revela duas coisas: a primeira é que, desde logo, a função destes vigilantes de segurança não é a de fiscalizar pequenas faltas disciplinares, mas sim, prevenir infracções graves, isto é, delitos penais que coloquem em causa a protecção de pessoas e bens. E, em segundo lugar, que o acesso à recolha de informações, nomeadamente as imagens obtidas fica restringido a um número muito limitado de pessoas que, inclusive, está sujeita ao segredo profissional nos termos do art. 19º deste diploma legal[48].

Assim, os vigilantes de segurança não podem utilizar os equipamentos de vigilância para controlarem o desempenho profissional dos trabalhadores ou para visualizarem infracções de menor importância, relacionadas mais com deveres específicos da actividade laboral dos trabalhadores do que com a protecção de pessoas e bens. E neste caso parece ter sido o que sucedeu.

Esta situação tem mais possibilidade de ocorrer nos serviços que dispõem de um sistema de autoprotecção. Veja-se, a título de exemplo, o caso de despedimento de um trabalhador do Corte Inglês, pelo facto de ter bebido sumo de uma garrafa sem autorização da empresa e em que o Tribunal admitiu como prova incriminadora da falta cometida as imagens gravadas por uma câmara de segurança permanentemente activada[49]. Não pode concordar-se com a sentença que considerou perfeitamente lícita a utilização das imagens pois, sob o pretexto de protecção do património, acaba-se por se legitimar o emprego do pessoal de segurança privado nas tarefas típicas de vigilância do desempenho profissional e num controlo sobre a actividade dos trabalhadores.

A utilização dos serviços de segurança privada para estes fins, invocando a defesa da propriedade privada ou atentados contra os bens do

---

[48] Secunda-se o defendido por GOÑI SEIN, *La Videovigilancia Empresarial y la Protección de Datos Personales*, Thomson Civitas, Navarra, 2007, p. 153.

[49] Caso do TSJ da Andaluzia, de 9 de Março de 2001, referido por GOÑI SEIN, *op.* cit., pp. 155--156.

empregador, para verificar pequenas faltas ou inexactidões, reduz, e muito, o rigor com que devem ser interpretadas as funções destas empresas de segurança privada ou os serviços de autoprotecção.

Parece que nestes casos a actividade de vigilância tornar-se-á uma actividade de controlo do desempenho profissional dos trabalhadores que é completamente vedada pois não faz parte das funções específicas das empresas de segurança.

Situação que nos parece totalmente diferente, e esta sim passível de ser aceite e razoável, é a do caso julgado pelo TSJ da Galiza de 3 de Fevereiro de 2004, em que o segurança de um aeroporto visualizou através das imagens que um trabalhador estava a examinar o conteúdo de uma mala que previamente tinha aberto. O segurança deslocou-se ao local e, após ter visualizado que a mala estava aberta, chamou imediatamente a Guarda Civil do aeroporto. Neste caso o Tribunal entendeu como lícita a utilização das gravações e aceitou como possível a utilização deste meio como prova do facto ilícito praticado pelo trabalhador no âmbito disciplinar pois tratou-se de um caso em que a actividade de vigilância tinha sido exercida em conformidade com as normas vigentes em matéria de segurança privada[50].

15. No caso em apreço, contudo, e contrariamente ao que constava da Autorização nº 570/2007 da CNPD, a entidade responsável pelo tratamento de dados não enviou ao órgão de polícia criminal as imagens recolhidas, limitando-se a utilizá-las em termos disciplinares, pelo que a empresa não actuou dentro da finalidade para a qual foi dada a autorização.

16. Atendendo à legislação referida anteriormente não podemos concordar com o acórdão quando entende que o responsável pelo tratamento é a empresa de segurança privada. Esta empresa é uma subcontratada nos termos da LPDP, embora tenha como dever, nos termos do art. 18º da Lei de Segurança Privada, o de utilizar as imagens nos termos de legislação penal. Desta forma entendemos que quando na respectiva autorização da CNPD, no nº 3, se estabelece que "uma vez detectada a

---

[50] No mesmo sentido GOÑI SEIN, *op.*cit., pp. 155-158.

prática de infracção penal, a entidade responsável pelo tratamento deve
– com a respectiva participação – enviar ao órgão de polícia criminal ou
à autoridade judiciária competente as imagens recolhidas" coloca logo o
problema de saber quem será esta entidade. E neste caso a empresa de
segurança privada embora proceda ao tratamento das imagens enquanto
subcontratante, não é a responsável pelo mesmo nos termos do art. 3º,
alínea d) da LPDP.

Parece-nos, contudo, que perante ilícitos penais o subcontratante
poderá realizar um tratamento de dados pessoais sem necessitar de recorrer a instruções do responsável, atendendo à necessária conciliação entre
o art. 16º da LPDP e os arts. 13º e 18º da Lei de Segurança Privada.

17. No que concerne à possível utilização das imagens para fins disciplinares concorda-se com a decisão do Tribunal neste caso concreto mas
não se entende como absolutamente vedada a possibilidade de utilização
destas imagens para fins disciplinares.

Em primeiro lugar, porque a argumentação de que a empresa de segurança privada é que é a titular das imagens e, como tal, só podia utilizá-las para fins penais e não para comunicar ao empregador o ocorrido não
nos parece o melhor argumento. Casos há em que é possível que existam
serviços de autoprotecção e, por outro lado, não nos parece que o titular
das imagens seja a empresa de segurança privada na medida em que não
é ela a responsável pelo tratamento.

Em segundo lugar, entende-se que, embora na maior parte dos casos
não seja possível a utilização para fins disciplinares, na medida em que
há uma incompatibilidade com a finalidade declarada inicialmente, há
casos em que essa utilização nos parece possível, como acontece nos casos
de ilícitos penais que consubstanciem infracções disciplinares graves e
em que a imagem não é a única prova[51][52], desde que comunicado também
às autoridades judiciárias ou policiais competentes, nos termos do art.

---

[51] A imagem não pode ser a única prova pois o art. 13º da LPDP, estabelece a proibição de decisões individuais automatizadas, isto é, baseadas exclusivamente com base num tratamento automatizado de dados.
[52] No caso em análise o procedimento disciplinar instaurado contra a trabalhadora tinha como único meio de prova as imagens recolhidas.

18º, nº 1, alínea a), da Lei de Segurança Privada, o que não aconteceu no caso *sub judice*.

Assim, parece-nos que, em determinadas circunstâncias, pode ser lícita a utilização destes dados pessoais para fins disciplinares quando o que se descobre acidentalmente são factos particularmente gravosos e que constituem ilícitos penais de relevo, nos termos defendidos anteriormente relativamente ao acórdão da Relação de Évora.

18. No caso concreto concorda-se com a decisão final pois das primeiras imagens não se visualizou um ilícito grave que justificasse a necessária comunicação às autoridades policiais, começando a visualizar-se tudo para trás por meras suspeitas.

E no caso em apreço, atendendo à situação em concreto, parece que esteve mais em causa o controlo do desempenho profissional do trabalhador, na medida em que nem a empresa de segurança privada, nem o empregador, comunicou às autoridades judiciárias ou policiais competentes o eventual ilícito penal, parecendo que o objectivo era tão só o de punir disciplinarmente o trabalhador.

PUBLICAÇÕES

1. Obras da autora

1.1. Livros
- *Da esfera privada do trabalhador e o controlo do empregador*, Studia Iuridica, n.º 78, Coimbra Editora, Coimbra, 2004.
- *A Privacidade dos Trabalhadores e as Novas Tecnologias de Informação e Comunicação: contributo para um estudo dos limites do poder de controlo electrónico do empregador*, Almedina, Coimbra, 2010.

1.2. Artigos
- "*A Concertação Social em Causa – Brevíssimas notas para uma discussão*", comunicação apresentada ao I Congresso Nacional de Direito do Trabalho – Lisboa, 20 e 21 de Novembro de 1997, e publicado nas *Memórias* do mesmo.
- "O respeito pela esfera privada do trabalhador: natureza jurídica das faltas cometidas por motivo de prisão baseada em crimes praticados fora do trabalho", *in Questões Laborais*, n.º 18, 2001.
- "Interrogações sobre o poder de controlo do empregador e a esfera privada do trabalhador", *in Minerva – Revista de Estudos Laborais*, Ano II, n.º 3, 2003.
- "Das revistas aos trabalhadores e aos seus bens em contexto laboral", *in Estudos em Comemoração do Décimo Aniversário da Licenciatura em Direito da Universidade do Minho*, Almedina, Coimbra, 2004.
- "A conduta e a orientação sexuais do trabalhador", *in Estudos de Direito do Trabalho em Homenagem ao Prof. Manuel Alonso Olea*, Almedina, Coimbra, 2004.
- "Esfera privada dos trabalhadores e novas tecnologias", *in Minerva – Revista de Estudos Laborais*, Ano II, n.º 4, 2004.
- "Intimidade do trabalhador e tecnologia informática", *in VII Congresso Nacional de Direito do Trabalho – Memórias*, Almedina, Coimbra, 2004.
- "Discriminação pela conduta e orientação sexuais do trabalhador", *in Minerva – Revista de Estudos Laborais*, Ano III, n.º 5, 2004.

- "Discriminação pela conduta e orientação sexuais do trabalhador", *in VIII Congresso Nacional de Direito do Trabalho – Memórias*, Almedina, Coimbra, 2006.
- "O poder directivo do empregador e o direito à imagem do trabalhador", *in Estudos jurídicos em homenagem ao Prof. Doutor António Motta Veiga*, Almedina, Coimbra, 2007.
- "O poder de controlo do empregador através de meios audiovisuais: análise do art. 20º do Código do Trabalho", *in Nos 20 anos do Código das Sociedades Comerciais – Homenagem aos Profs. Doutores A. Ferrer Correia, Orlando de Carvalho e Vasco Lobo Xavier*, Coimbra Editora, Coimbra, 2007.
- "Limites à instalação de sistemas de videovigilância – Comentário ao acórdão do STA, de 24 de Fevereiro de 2010", *in Revista do Ministério Público*, nº 123, 2010
- "As novas tecnologias de informação e comunicação e o poder de controlo electrónico do empregador", *in Scientia Iuridica*, nº 323, 2010
- "As NTIC, a privacidade dos trabalhadores e o poder de controlo electrónico do empregador", *in Memórias do XIV Congresso Ibero Americano de Derecho e Informática*, Tomo II, México, 2010
- "Controlo do correio electrónico dos trabalhadores: comentário ao acórdão do Tribunal da Relação do Porto, de 8 de Fevereiro de 2010", *in Questões Laborais*, nº 34, 2011
- "A privacidade dos trabalhadores e as novas tecnologias de informação e comunicação", *in Actas do Colóquio Internacional de Segurança e Higiene Ocupacionais*, (coord. PEDRO AREZES e outros), Sociedade Portuguesa de Segurança e Higiene Ocupacionais, Guimarães, 2011
- "O controlo das comunicações electrónicas do trabalhador", *in Direito do Trabalho + Crise = Crise do Direito do Trabalho?*, (coord. CATARINA CARVALHO e JÚLIO GOMES), Coimbra Editora, Coimbra, 2011
- "Direitos de personalidade", *in Código do Trabalho – A revisão de 2009*, (coord. PAULO MORGADO DE CARVALHO), Coimbra Editora, Coimbra, 2011
- "A privacidade dos trabalhadores e o controlo electrónico da utilização da Internet", *in Questões Laborais*, nºs 35-36, 2011

2. Obras em co-autoria

2.1. Livros

- Colaboração no livro *Compêndio de Leis do Trabalho*, de António José Moreira, a partir da 6ª edição – Outubro de 1999.
- Colaboração na tradução da obra *Direito do Trabalho e Ideologia*, de Manuel-Carlos Palómeque López, Almedina, 2001.
- *Código do Trabalho*, Almedina, Coimbra, 2004, em co-autoria com António José Moreira.

2.2. Artigos

- "Every breath you take, every move you make: a privacidade dos trabalhadores e o controlo através de meios audiovisuais", em co-autoria com António José Moreira, *in Prontuário de Direito do Trabalho*, nº 87, 2011.

ÍNDICE

NOTA PRÉVIA 7

ARTIGOS 9

- As novas tecnologias de informação e comunicação e o poder de controlo electrónico do empregador 11
- O controlo das comunicações electrónicas dos trabalhadores 35
- Direitos de personalidade 65
- A privacidade dos trabalhadores e o controlo electrónico da utilização da *Internet* 85
- A privacidade dos trabalhadores e a utilização de tecnologias de identificação por radiofrequência 145
- Diálogo social y empleo: nuevos yacimientos, estabilidad y calidad desde el Derecho portugués 175
- Novas Tecnologias: *Um Admirável Mundo Novo do Trabalho?* 191

COMENTÁRIOS A JURISPRUDÊNCIA 225

- Limites à instalação de sistemas de videovigilância
  – comentário ao acórdão do STA, de 24 de Fevereiro de 2010 227
- Controlo do correio electrónico dos trabalhadores: comentário ao acórdão do Tribunal da Relação do Porto, de 8 de Fevereiro de 2010 239
- Limites à liberdade de expressão de sindicalistas: comentário à decisão do TEDH, de 8 de Dezembro de 2009 – *Aguilera Jiménez e outros c. Espanha* 245
- Discriminação com base na orientação sexual dos trabalhadores: anotação ao acórdão do TJUE, *Jürgen Römer vs. City of Hamburg*, de 5 de Maio de 2011, processo C-147/08 255

- Os ilícitos disciplinares dos trabalhadores detectados através de sistemas de videovigilância e a sua admissibilidade como prova – comentário aos acórdãos da Relação de Évora, de 9 de Novembro de 2010, e da Relação do Porto, de 9 de Maio de 2011   271

PUBLICAÇÕES   299
ÍNDICE   301